CW00503252

Enzo Biagi in BUR

Addio a questi mondi
Saggi - Pagine 342 - ISBN 1710712

✧

L'albero dai fiori bianchi
Saggi - Pagine 198 - ISBN 1711686

✧

Amori
Saggi - Pagine 224 - ISBN 1711528

✧

Anni di guerra (Cof. 3 voll.)
Saggi - Pagine 1050 - ISBN 1700895

✧

La bella vita
Saggi - Pagine 196 - ISBN 1701422

✧

Cara Italia
Saggi - Pagine 286 - ISBN 1786403

✧

Dizionario del Novecento
Saggi - Pagine 406 - ISBN 1711706

✧

Disonora il padre
Scrittori contemporanei - Pagine 192 -
ISBN 1702521

✧

Era ieri
Saggi - Pagine 308 - ISBN 1701345

✧

Ferrari
Saggi - Pagine 182 - ISBN 1712545

Giro del mondo
Saggi - Pagine 208 - ISBN 1712931

✧

"i" come italiani
Saggi - Pagine 238 - ISBN 1711660

✧

**L'Italia domanda
(con qualche risposta)**
Saggi - Pagine 368 - ISBN 1700836

✧

**Lettera d'amore a una ragazza
di una volta**
Saggi - Pagine 208 - ISBN 1700290

✧

Lunga è la notte
Saggi - Pagine 224 - ISBN 1711811

✧

Odore di cipria
Saggi - Pagine 160 - ISBN 1712591

✧

Quante donne
Saggi - Pagine 280 - ISBN 1700528

✧

Scusate, dimenticavo
Saggi - Pagine 196 - ISBN 1725835

✧

Il Signor Fiat
Saggi - Pagine 192 - ISBN 1700229

✧

Sogni Perduti
Saggi - Pagine 252 - ISBN 1711832

Enzo Biagi

IO C'ERO

Un grande giornalista racconta l'Italia del dopoguerra

Prefazione di
Loris Mazzetti

S A G G I

ISBN 978-88-17-03718-1

Prima edizione Rizzoli 2008
Prima edizione BUR Saggi ottobre 2009
Seconda edizione BUR Saggi ottobre 2009

Per conoscere il mondo BUR visita il sito **www.bur.eu**

Prefazione

Tante volte Biagi mi ha raccontato il suo sogno di ragazzo: fare il giornalista per scoprire il mondo. Era rimasto affascinato da una foto di un illustre inviato speciale con una valigia su cui erano attaccate tante etichette di alberghi.

Il mio sogno invece era quello di lavorare con Enzo.

Alla fine degli anni Settanta ero in Rai a Milano per ultimare un mio film e la mia postazione era esattamente davanti alla sua. Biagi stava montando la sua inchiesta *Douce France* e quindi sentivo le interviste a François Mitterrand, Giscard d'Estaing, Jacques Chirac, Pierre Cardin, Yves Montand, all'attrice Anouk Aimée e al regista François Truffaut. Ascoltando quelle voci, avevo la sensazione che con lui avrei potuto incontrare grandi personaggi, viaggiare per il mondo ed essere proprio lì dove i fatti accadevano. Fu così che nacque il mio sogno.

Biagi aveva due botteghe, entrambe a Milano: una sopra la libreria Rizzoli in Galleria Vittorio Emanuele e una alla Rai, al quinto piano di corso Sempione; aveva un'unica redazione, quella con cui realizzava le sue trasmissioni, e una straordinaria segretaria, Pierangela Bozzi (che lui chiamava Pier) nel suo studio in Galleria. Fu proprio lì che lo incontrai la prima volta: l'inizio di un lungo viaggio di lavoro. Dopo pochi minuti Enzo mi disse: «Due bolognesi devono darsi del tu, non del lei». Era il primo passo verso la nostra amicizia. Per me, l'avverarsi del sogno.

Biagi era un compagno di lavoro straordinario, non solo un grande professionista (non ho mai conosciuto un giornalista scrivere con la sua velocità e quando improvvisava un pezzo, dettandolo, risultava alla lettura perfetto anche nelle virgole), ma un *passepartout* in grado di aprire tutte le porte (fummo la prima troupe televisiva che entrò a *Ground Zero* dopo l'attentato dell'11 settembre). Questo perché era sempre a fianco della sua squadra, in ogni momento delle riprese. Diceva: «Io vado dove vanno loro e loro vengono dove vado io. Se ci sono rischi li dobbiamo correre insieme».

Un giorno avevo avuto una breve discussione con il nostro direttore su quale argomento affrontare per la puntata del *Fatto*. Giuseppe Pardieri (l'amico di una vita) mi rassicurò, toccandosi con un dito il naso: «Ricordati che Enzo ha un grande fiuto». Non si sbagliava: il giorno dopo la nostra puntata era sulle prime pagine di tutti i giornali.

Il suo carattere, qualche volta un po' umorale, non era una delle sue migliori qualità. Alla mattina, verso le nove, Biagi arrivava in redazione, appoggiava su una scrivania il cabaret delle brioches e poi andava nel suo ufficio. Da come chiudeva la porta si capiva tutto: se c'era il botto erano cavoli nostri.

In quei casi le riunioni iniziavano sempre con un grande silenzio. Poi, alla sua prima immancabile battuta, l'atmosfera cambiava come d'incanto e lui tornava a essere il «nonno». È così che lo chiamavamo, non tanto per l'età quanto per quei capelli bianchi che aveva già a quarant'anni. Tra di noi, in redazione, non lo chiamavamo mai Biagi o il direttore: «Il nonno ha detto», «Il nonno ha fatto», «Bisogna chiederlo al nonno» e via dicendo.

Lavoratore infaticabile. Tre volte in sala operatoria per ragioni di cuore. La seconda volta coincise con la morte di Papa Luciani e Biagi scrisse – mentre era in rianimazione – l'editoriale per il «Corriere della Sera». In quei momenti di grande difficoltà, gli era d'aiuto ricordare le parole del suo amico Federico Fellini: «Enzo, pensa al prossimo lavoro che devi fare».

Durante uno dei nostri primi viaggi mi parlò della sua vita da partigiano nella Brigata Giustizia e Libertà. Di quel periodo andava orgoglioso, diceva che era stato il più importante della sua vita. Negli ultimi anni lo ripeteva spessissimo. Ricordava tutti i nomi dei partigiani che erano stati sui monti con lui. Li chiamava: «I miei amici mascalzoni». Quando accadeva qualcosa che metteva in discussione la sua permanenza in Rai diceva: «Io ho avuto a che fare con Hitler e Mussolini. Posso preoccuparmi di questo?». Il suo comportamento mi rendeva orgoglioso di fare parte della sua redazione: affrontava di persona tutte le contestazioni, di qualsiasi natura fossero. Un giorno lesse su di un giornale un titolo a otto colonne che citava le parole di un ministro: «Prenderò provvedimenti nei confronti di Biagi». Enzo lo chiamò al telefono cominciando a parlare con la centralinista: «Sono un giornalista, mi chiamo Enzo Biagi, vorrei parlare con il ministro». Passando per segreterie, segretari particolari, portavoce, arrivò finalmente al ministro: «Signor ministro, per ventiquattro ore sono stato chiuso in una stanza con una pistola di un soldato tedesco puntata alla testa. Secondo lei dovrei preoccuparmi dei suoi provvedimenti?».

Il giornalismo di Enzo Biagi è stato straordinariamente innovativo e ha dato più spazio alle storie della gente: a «Epoca» ha inventato la critica televisiva, le lettere al direttore; al «Carlino» il supplemento con i programmi tv; con *Il Fatto* ha rivoluzionato il linguaggio televisivo. Ha realizzato anche un record: la politica lo ha fatto licenziare da ogni giornale che ha diretto. Fu mandato via da «Epoca» per aver scritto un editoriale dal titolo «Dieci poveri inutili morti», dopo i fatti di Reggio Emilia durante il governo Tambroni. Stessa sorte al «Resto del Carlino» per aver difeso due giornalisti accusati di essere comunisti. Disse all'editore, che gli chiedeva di cacciarli: «Deve cominciare da me, perché io non lo farò mai». In tv la goccia che fece traboccare il vaso arrivò quando, dopo un incidente ferroviario, telefonarono in redazione perché fosse mandato in onda un telegramma di solidarietà ai familiari delle vittime inviato dal presidente del Consiglio. Biagi rispose: «Siamo giornalisti, non postini» e il telegramma non fu letto. Poi con l'editto bulgaro fu messo nelle condizioni di lasciare la Rai.

Enzo Biagi è l'unico giornalista che ha saputo essere grande sia sui giornali che in televisione. Ci lascia un'eredità enorme e questo libro ne è una testimonianza.

La sua storia professionale è un esempio per chi vuole intraprendere questo mestiere: dalla politica bisogna farsi dare del *lei*. Biagi c'è riuscito.

Loris Mazzetti

IO C'ERO

Sono un vecchio cronista e ho passato gli ottanta. So che non mi attendono molte primavere. Ho vissuto, e raccontato, molte vicende del secolo che è appena passato: dal Vietnam a Sarajevo, ho navigato sul Mississippi e sul Mekong, ho visto cadere un regime e la sagra dei voltagabbana. Mi sento un po' come certi reduci: io c'ero.

E.B.

1940

Il mestiere del cronista

Ho sempre sognato di fare il giornalista, lo scrissi anche in un tema alle medie: lo immaginavo un «vendicatore» capace di riparare torti e ingiustizie; forse perché uno dei libri che hanno lasciato in me un segno è stato *Martin Eden* di Jack London e perché ero convinto che quel mestiere mi avrebbe portato a scoprire il mondo. Ero rimasto affascinato dalla fotografia di un inviato speciale pubblicata su un giornale, Mino Doletti: sulla sua valigia erano attaccate tante etichette di alberghi. Doletti era stato a Hollywood e lo presentarono anche a Jean Harlow, la «bionda platino». Fu impressionato soprattutto dal seno della diva; scrisse che la celebre attrice meritava di essere decorata, ma gli sarebbe piaciuto che avessero affidato a lui l'incarico di appuntare la medaglia.

Non pensavo di diventare il futuro Henry Stanley, chiamato un giorno da un direttore di un qualunque Herald per ricevere l'incarico di rintracciare un intraprendente missionario, il David Livingstone di turno, disperso in una boscaglia dell'Africa misteriosa.

Il mio modello era un tale Emilio Di Crescenzio, redattore del «Resto del Carlino»: aveva seguito fino a Vienna i «centauri» della Decima Legio, loro in moto e lui sull'automobile, e mandava le sue corrispondenze. C'era dentro tutto: Franz Schubert, gli Elmi di Acciaio, la tragedia di

Mayerling, e il sincero cameratismo tra gli ex nemici del Piave, riappacificati, finalmente, sulle rive del Danubio.

Le scuole superiori le feci al Pier Crescenzi, studiavo ragioneria: era importante portare a casa un diploma. Poi all'università ci avremmo pensato. In quegli anni, con alcuni compagni, feci il mio primo giornale, «Il Picchio», sottotitolo: «Picchia a destra, picchia a manca, sempre picchia mai si stanca». Facevamo le cronache della vita scolastica con qualche riferimento a quello che accadeva intorno e veniva preparato in ciclostile in via Zamboni. Ovviamente il giornalino non aveva i regolari permessi, e così un giorno la Questura venne a fare una perquisizione in casa nostra, con tutta la gente alla finestra e mia madre si alterò molto. Cercarono persino sotto il mio letto per vedere se c'era la stamperia clandestina. Così si chiuse l'avventura del «Picchio».

Avevo diciassette anni quando ho iniziato a scrivere i miei primi articoli, era il 1937, e a ventuno ero giornalista professionista. Sono entrato nel mondo della stampa dalla porta principale. Non lo dico per orgoglio, ma perché non conoscevo proprio nessuno che potesse aiutarmi. Il primo articolo che riuscii «a piazzare» affrontava un angosciante problema letterario, nato da un equivoco col professore di Italiano che non aveva risposto alle mie domande: «Marino Moretti è crepuscolare?».

Portai i miei fogli sul poeta di Cesenatico a un anziano insegnante di filosofia che curava la pagina culturale dell'«Avvenire d'Italia», un giornale cattolico, li lesse e li presentò così: «In tema di revisioni pubblichiamo questo saggio del nostro giovane collaboratore perché oltrepassa un certo sistema troppo cristallizzato sull'opera del Moretti: esso può costituire un punto di vista artistico interessante che ha però bisogno di essere completato da un'analisi anche etica più profonda dell'opera stessa, con più esatti rilievi su quei chiaroscuri che la produzione morettiana presenta, soprattutto in rapporto alla concezione morale».

Cominciai a collaborare in pianta stabile all'«Avvenire

d'Italia»: un po' di cronaca, di colore, articoli di commento e qualche breve intervista ai cantanti lirici. Mi piaceva molto una *Lucia di Lammermoor* con la frangetta bruna. Il baritono, mentre stava togliendosi il trucco, mi disse: «Posso farle una domanda? Lei mi sembra un giovanotto svelto. Ho cantato cento volte una romanza che attacca: "Afferro il brando". Ma questo cavolo di brando cos'è?».

Alla fine del mese ebbi anche un vaglia col compenso: venticinque lire. Comperai un pollo importato dalla Jugoslavia, che in casa mi fece considerare già sulla via di chi sa quali conquiste, potei invitare a cena dalla Cesarina il mio amico Enrico e poi andammo alla recita della *Principessa della Czarda*.

Il primo giornale che mi assunse, nel 1940, fu «Carlino-Sera»: facevo l'estensore delle notizie, cioè quello che metteva a posto gli appunti portati dai reporter. Mi viene in mente il migliore, Ezio Cesarini, che fu un grande cronista e amico di marescialli e di piantoni, sempre con il sigaro tra i denti e sempre disponibile per una sosta al bar.

Venne fucilato da quelli di Salò e scrisse ai figli che moriva come Nazario Sauro.

La redazione aveva un sovrano, il direttore, ma era suddivisa in molti feudi, lo sport e la finanza, gli spettacoli e la cronaca, la politica interna e quella estera. Il mio capo interveniva raramente per dare ordini, rileggeva però tutto, gli premeva non avere noie con le autorità e la domanda era sempre la stessa: «Siamo proprio sicuri? Chi l'ha detto, il prefetto? E il questore lo avete sentito?». Era la sua ossessione.

Lavoravo accanto ad un collega ebreo che era protetto dal ministro Dino Grandi, il nostro editore, un romagnolo «quadrumviro della rivoluzione fascista», che era stato ambasciatore presso Sua Maestà il re d'Inghilterra, dalle idee aperte o forse liberali. Davide era di sicuro molto intelligente, un ottimo impaginatore e, con la scusa che faceva il tecnico, non gli rompevano le scatole. Non poteva inquinare l'ideologia.

Il mio primo, vero articolo lo firmai E.B., solo qualche tempo dopo mi permisero di aggiungere qualche lettera, En.Bia. e finalmente, vittoria: Enzo Biagi. Era prestigioso essere una firma. Certo non immaginavo che un giorno una faccia, grazie alla televisione, sarebbe diventata più importante, per la gente, di una firma.

Quando leggevo il «Corriere della Sera», il quotidiano che è sempre stato il più autorevole, ero attratto dai titoli e prima di cominciare l'articolo andavo a vedere chi l'aveva scritto: Orio Vergani e Paolo Monelli, che mi apparivano irraggiungibili, il primo parlava con tutti, Pirandello, Girardengo, De Pisis, la danzatrice Jia Ruskaja; l'altro era l'autore di un racconto nel quale gli alpini, invece di cantare, bestemmiavano, e mi era piaciuto tanto. Due giganti, a mio parere, che lavoravano per i posteri.

Poi Luigi Barzini, Virgilio Lilli, Indro Montanelli, Dino Buzzati, Vittorio G. Rossi e Curzio Malaparte, la galleria dei maestri. Ogni ragazzo sceglie i suoi modelli, questi erano i miei. Malaparte, fu un grande corrispondente di guerra, io lo avevo ammirato quando leggevo i suoi articoli dall'Unione Sovietica. Indimenticabili. Era avvolto dalla fama del bastian contrario, del maledetto. Era stato un gran fascista, era l'inventore dei versi: «Spunta il sole e canta il gallo Mussolini monta a cavallo». Poi aveva criticato il regime e lo avevano mandato al confino. Per le «grandi firme» usavano un certo riguardo e sceglievano località amene: Capri, nel suo caso. Lo conobbi anni dopo a Roma. Era estate e gli faceva compagnia una stupenda ragazza americana. Una indossatrice, dicevano. Aveva gli occhi azzurri come il vestito, gambe nere e lunghissime, sfoggiava sandali che assomigliavano a calzari. Malaparte non la portava in giro, la esibiva. Lui era un bell'uomo: abbronzato, capelli in ordine, begli abiti. «A una certa età» consigliava «niente camicie e cravatte. Sottolineano le rughe del collo. Morbidi maglioni, invece.» Quando stava per morire, confessò che gli dispiaceva andarsene prima di Montanelli.

Al «Carlino», nei miei primi anni, puntualmente, ogni

sera, arrivava il foglio delle disposizioni e Mussolini ordinava. Un esempio: quando la Wehrmacht invase la Polonia, e noi eravamo fermi, il Duce ci impose di non parlare di neutralità ma di non belligeranza. Un altro ordine, il primo settembre, da Palazzo Venezia: «Il comunicato del Consiglio dei ministri va dato su otto colonne. È vietato ogni strillonaggio. Il telegramma del Führer al Duce va pubblicato in "palchetto" (cioè incorniciato). Non abboccare a notizie tendenziose di fonte straniera. Infine, astenersi da qualsiasi commento».

Come è lontana la Bologna di quegli anni. C'erano ancora i ruscaroli, con il carro trainato da un grosso cavallo, suonavano la tromba e le donne scendevano con i rifiuti. C'erano i fiaccherai che guidavano le carrozze, con la bombetta e la giacca di stoffa lucida. Davanti alle porte delle chiese i ciechi, che indossavano tutti una palandrana rossa, stendevano la mano per chiedere l'elemosina.

Mi passarono all'edizione del mattino: avevo fatto un passo avanti nella mia «carriera». Subito ricevetti le istruzioni d'uso: tutto maiuscolo, il Prefetto, il Maresciallo, il Monsignore. Le abbuffate delle autorità, in occasione delle ricorrenze, dovevano essere definite «ranci camerateschi». Io, due volte al giorno, facevo diligentemente le stesse visite: il commissariato della stazione, il comando dei carabinieri e l'Ospedale Maggiore. Il «Carlino» mi aveva abbonato alla rete tranviaria e dato un tesserino dove c'erano la mia fotografia – un giovanottino magro tutto occhiali – la firma del direttore e la richiesta alle autorità di facilitare, fin dove era possibile, il mio lavoro di cronista.

Ebbi un'occasione per distinguermi. In un sotterraneo di via Ugo Bassi si esibiva un fachiro di nome Cadranel, che aveva delle doti soprannaturali destinate a colpire l'immaginazione dei bolognesi. Era capace di digiunare per un mese. Niente, neppure un goccio d'acqua. Stava in una specie di bara di vetro, sigillata da un notaio, ed esposta al pubblico ininterrottamente, giorno e notte, ingresso a pagamento, ma continuato.

Dopo tre settimane c'era la ressa. Da tutta l'Emilia arrivavano i pellegrini a controllare il fenomeno. Durante le mie visite al comando della stazione avevo conosciuto il dottor Vincenzo Cuccurullo, un funzionario di Ps, con i baffetti alla Clark Gable, calabrese, che più di una volta, compiendo qualche irregolarità, mi faceva entrare nel suo ufficio, concedendomi di assistere agli interrogatori. Cuccurullo, passeggiando sulla pensilina, perché non si sa mai, qualcuno ci poteva sentire, mi espresse, facendomi giurare il silenzio, i suoi sospetti. C'era un trucco, ci doveva essere per forza. «Se non si mangia, dopo un po' si va all'altro mondo.» Cuccurullo aveva un piano: voleva tener d'occhio, senza mollarla un istante, l'amica di Cadranel, una ragazza di Belluno che faceva la cameriera. Il fachiro si chiamava in realtà Ciro Sanna, nato a Sassari e mai stato in India. «Lei mi stia accanto, e vedrà che ce la facciamo.» Mi sentii onorato. Quando riuscì a dimostrare che Cadranel, durante la pulizia del locale, ne approfittava per farsi passare rapidamente zucchero e carne tritata, grazie a un cacciavite che nascondeva in un'insospettabile cavità e che serviva per sollevare il coperchio della bara, io portai la sensazionale notizia.

Il giornale fece una edizione straordinaria e la vendita segnò un primato assoluto: non era andata così neanche per la presa di Addis Abeba. Lanciarono anche una canzonetta: *Attenti al cacciavite*, Cuccurullo fu promosso alla Mobile, io ebbi cinquanta lire di premio e una lettera del capo che elogiava il mio comportamento. Mi dispiacque quando vidi Cadranel porgere i polsi sottili alle manette. «Non devi farci caso» disse il capo «noi siamo come i chirurghi in sala operatoria, non possiamo commuoverci.»

1945-1949
Il duro ritorno alla vita

*Avere avuto vent'anni nel giugno
del 1940 ha segnato uno spartiac-
que: dopo fu il diluvio. Ogni tanto, quando il sonno tarda ad arrivare, faccio degli appelli: una Terza B, un battaglione universitario, uno stanzone dove l'aria sa di
fumo e di bozze bagnate, la redazione. Come tutto è ormai lontano, e tutto è passato in fretta.*

E.B.

1945

Il primo giorno del dopoguerra

Gli antichi sovrani ritornano nelle capitali che lasciarono al momento dell'invasione. Il regno di qualcuno sarà assai breve: dovrà andarsene ancora, tra un paio d'anni, Michele di Romania; Umberto di Savoia porterà la corona un mese, qualcuno lo battezza «il re di maggio»; un figlio di Boris III, Simeone, non entrerà mai nella corte di Sofia. Grandi feste attendono invece il vecchio Haakon di Norvegia: i suoi sudditi lo vedono tornare diritto, sul ponte di una nave. Per sette ore se ne sta a un balcone della reggia e il suo popolo sfila lentamente.

Ritorna Guglielmina d'Olanda. Ha ormai sessantacinque anni. È stanca, veste sempre di nero. Un diplomatico che la conosce bene dice: «È una donna troppo delusa». Va ad abitare in una villa modesta, a Scheweningen; non è difficile vederla passare in bicicletta con la figlia Giuliana.

Anche Federico di Danimarca ha conservato il rispetto dei suoi compatrioti; non proverà, come Leopoldo del Belgio, l'umiliazione di sentirsi respinto. Ha sempre diviso i dolori del suo popolo, la sua vita è come quella della sua gente: accompagna la regina a fare la spesa nei negozi di Copenaghen, come fanno i bravi agricoltori e gli artigiani; ha il petto tatuato con allegre sirenette, come i suoi marinai; quando può, dirige l'orchestra del teatro reale.

Gli americani organizzano la «Operation Paperclip», la

caccia allo scienziato. Qualcuno è scomparso: come Gröttrop, un genio dell'elettronica, e Putzer, che era definito «il mago dell'organizzazione», e Schierhorn, un'autorità in materia di leghe d'alluminio. Siegrid Günter cerca di mettersi in contatto con gli Alleati, ma inutilmente: così va dai russi a progettare i Mig 15 e 17, due caccia dalle eccezionali prestazioni. Nell'ottobre del 1946 Peter Lertes, uno studioso di elettronica, viene prelevato nella sua casa di Berlino e spedito nell'Urss. Laggiù si trovano già trentamila scienziati, tecnici, e specialisti tedeschi. Darà il suo contributo alla costruzione degli automatismi per gli organi di guida dei razzi.

Werner von Braun è fuggito da Peenemünde, dov'era la base delle V1 e delle V2, e si è rifugiato con un centinaio di collaboratori nelle Alpi bavaresi. «I nostri segreti militari» dice «devono andare nelle mani di un popolo che legge la Bibbia.» Parte per l'America. E laggiù va anche Hermann Oberth, «il padre dell'astronautica», il maestro di von Braun.

Nel castello del principe ereditario di Norvegia, a Oslo, Vidkun Abrahm Laurents Quisling riceve la visita di un altro amico dei nazisti: è il belga Léon Degrelle, comandante della Legione Vallona. Quisling è smarrito, batte nervosamente le dita sul tavolo, non segue i discorsi. Si fa portare da bere, guarda la moglie, Maria, che fu bellissima e che è precocemente sfiorita, quasi con odio: anche lei ha incoraggiato la sua vanità, la sete di potere. Il suo nome è diventato, in tutto il mondo, sinonimo di vergogna. Quisling vuol dire «traditore della propria patria». Degrelle fugge a bordo di un Heinckel, e va a finire sulla spiaggia di San Sebastiano, fra le braccia accoglienti di due guardie civili. Quisling ispeziona inutilmente l'auto blindata che il Führer gli regalò due anni fa, in occasione del suo compleanno; pesa più di quattro tonnellate ed è armata di fucili mitragliatori. E pronta, in ordine perfetto, c'è anche una larga riserva di benzina, ma ormai è troppo tardi.

Cominciano i processi ai collaborazionisti. Quisling è

impiccato. Lo scrittore Knut Hamsun viene chiuso in un ospizio per vecchi nel nord della Norvegia. Ha ottantacinque anni, è sordo, e una perizia psichiatrica lo giudica infermo di mente. Ancora il sette maggio ha voluto dettare un necrologio in memoria di Hitler definendolo «difensore dei diritti dei popoli». Più tardi ha qualche dubbio: «So che gli scritti a favore dei nazisti mi hanno molto degradato nella stima dei miei compatrioti. Mi pento amaramente di quanto ho fatto perché ora ho compreso il mio grande errore».

John Amery, quando lo conducono alla forca, ha trentatré anni. Ha tradito la Gran Bretagna per una donna, Jeanine Barde. Era innamorato, e Jeanine gli disse: «Ti sposerò se ti impegni ad aiutarci perché Francia, Germania e Inghilterra si uniscano contro la Russia». La London Central Criminal Court lo ha riconosciuto colpevole di aver indotto prigionieri di guerra inglesi ad arruolarsi nella «Legione di San Giorgio», un reparto organizzato dai tedeschi. Parlava dalle stazioni radio italiane di Genova, Torino e Milano. Era andato a far propaganda nei campi di concentramento in Germania. Ammirava Hitler. Ora anche la fanatica ed amata Jeanine se ne è andata: la polmonite l'ha uccisa. John Amery non ha rimpianti. Quando il cappellano si presenta per confortarlo lo respinge garbatamente: «Non ho bisogno di voi, ma vi ringrazio di essere venuto». Il boia telefona alla madre del condannato: «È morto con decoro». Il plotone di esecuzione viene comandato per Laval, per il poeta Brasillach; Pétain, l'eroe di Verdun, finisce la lunga vita in fortezza. Si salva invece il crudele Poglavnik della Croazia; trova prima un sicuro rifugio a Roma, poi in Argentina, e infine va a morire, alla bella età di settant'anni, nel Hospicio Alemano di Madrid. In *Kaputt*, Curzio Malaparte ricorda un breve dialogo con Ante Pavelic «Che cos'ha in questa cesta?» domanda lo scrittore toscano. «Ostriche?» «No» risponde Pavelic «questi sono occhi dei serbi.»

Chi perde paga. Gli Alleati presentano il conto al nuovo governo italiano. Lo presiede Ferruccio Parri; c'è tanto lavoro da sbrigare e «Maurizio» si è fatto mettere una branda vicino al suo studio. Una finestra del Viminale è sempre illuminata, anche di notte. Agli Esteri è un democristiano, De Gasperi, alla Giustizia un comunista, Togliatti. Dobbiamo 100 milioni di dollari all'Urss, 125 alla Jugoslavia, 105 alla Grecia, 25 all'Etiopia e 5 all'Albania. E le cose vanno tutt'altro che bene: manca il grano, scarseggiano gli alloggi, le comunicazioni non esistono, ci sono i banditi e prospera il mercato nero, «segnorine» e «sciuscià» affollano le strade, i detenuti si ribellano alle guardie, armati di pistole fabbricate con la mollica di pane. Abbiamo anche due reti radiofoniche, residuo della Linea gotica: quella di Roma si chiama Rai, quella di Milano Ri. Ha molto successo la rivista: Macario presenta «Febbre azzurra» (la giovane soubrette, Lea Padovani, era allieva dell'Accademia di arte drammatica) e incassa in una recita 458.915 lire. Un primato. «È anche vero» precisa un cronista «che il palcoscenico è affollato di donne svestitissime e, in alcuni quadri, completamente nude.»

A Berlino la gente abbatte gli alberi dei viali o scava tra le macerie per cercare un po' di legna. Nell'Unter Den Linden cade il cavallo che trascina una carretta russa, e si azzoppa; lo uccidono. Accorrono donne da tutte le parti, e si azzuffano per squartarlo. I ragazzi vanno a scuola per due ore. Escono solo tre quotidiani, di formato ridottissimo. Si è aperto un locale notturno che si chiama «Femmina»; l'orario è dalle 16 alle 18, dalle 19 alle 22. È illuminato con le candele. Il cenino consiste in patate, verdure e pane nero; la bevanda che servono è colorata di rosso, assomiglia al vino. È gremito di belle ragazze, la cui compagnia costa cinque sigarette.

Il 17 luglio si inaugura la conferenza di Potsdam. Qui era la residenza di Federico II; c'è ancora, a Sans Sauci, la poltrona di seta color argento, sulla quale morì il grande re. Stava col capo abbandonato sulla spalliera, sentiva i canti di un uccello notturno. Gli orologi si fermarono quando il sovrano emise l'ultimo respiro.

Harry S. Truman avrebbe un suo progetto; spartire la Germania in tre Stati. La proposta non trova molti consensi, ma Truman non si preoccupa. Ha ricevuto da Washington un telegramma segretissimo. Dice: «I bambini sono nati felicemente». Significa che certi esperimenti che si stavano effettuando nel Nuovo Messico hanno avuto buon esito; la bomba atomica, insomma, funziona. È costata due miliardi e seicento milioni di dollari. Il 26 luglio Dwight Eisenhower dà l'ultimatum al Giappone. Truman, senza entrare in particolari, dice a Stalin: «Abbiamo una nuova arma».

«Che ne fate?» chiede Stalin.

«L'adopreremo contro i giapponesi.»

«È una buona idea» commenta il generalissimo.

1946

Da partigiani a briganti

Non so se ne avete memoria, ma alla fine della guerra ne parlarono tutti i giornali. Il dopoguerra si porta dietro anche fatti negativi, come la vicenda di Secondo Lenzi e Mario Rosalba, due tra i più truci capi del banditismo in Emilia. È vero che i «fattacci» si moltiplicano, e non è più come una volta, quando un assassino riempiva le cronache, e i cantastorie ci cantavano una canzonetta da lanciare nelle fiere: noi siamo abituati alla morte, noi da anni vediamo la gente morire.

Lenzi e Rosalba erano stati partigiani con me. La sera del 16 novembre 1945 Gaggio Montano fu occupato da dodici banditi, dal volto mascherato come nei film del West, che imprigionarono i carabinieri, uccisero l'ex segretario del Fascio, svaligiarono una banca, portarono via biancheria, oggetti e denaro e se ne andarono prelevando quattro persone che furono trovate poco dopo uccise dietro un argine, in un boschetto di giovani querce. Qualche cadavere era stato deturpato da colpi di piccone alla nuca. I quattro disgraziati erano, oltre all'ex fascista, un ragazzo di vent'anni che, richiamato, aveva servito qualche mese nell'esercito della «Repubblica», una donna che diceva che i tedeschi non le erano antipatici e un fascista che aveva aderito dopo l'8 settembre. Cominciarono le indagini e si seppe che il capo dei delinquenti, come diceva la stampa, o dei giustizieri, come dicevano i protagonisti della faccenda, era un giovanotto poco più che ventenne, Secondo Lenzi, evaso dalle carceri di San Giovanni in Monte, dove era detenuto perché colpevole di aver strangolato, con un filo da telefono, un povero sciancato che aveva avuto la sfortuna di sapere e di vedere delle cose non belle. Secondo Lenzi, il brigante, l'omicida Secondo Lenzi, era mio amico. Voglio dire che lo conoscevo bene, che l'ho visto tante volte, che gli ho parlato, che un giorno ho litigato con lui, che ho in mente i suoi occhi allucinati, i capelli neri e lunghi, pettinati all'indietro, che gli ho dormito tante notti accanto in una stalla, tranquillo, senza pensare ai fili o ai picconi.

Io l'ho conosciuto quando i tedeschi stavano su Monte Belvedere e gli americani sotto, e i brasiliani, sconvolti e congelati dalla neve, poco più in là, e Secondo Lenzi che era capitato a fare il partigiano, faceva la loro guida, ma non mi pareva un sanguinario, piuttosto un ragazzo che poteva avere paura dei colpi di 205 che piovevano dalla pattuglia di «Alpenjagher». Gli piaceva giocare a carte vicino al fuoco, aveva sempre freddo. Litigammo una volta per una bottiglia di cognac, che voleva e non gli spettava, ma Dio santo può capitare a tutti, nelle migliori compagnie: lui non estrasse la rivoltella e io finii per dagli la bottiglia. Forse quando giocavano alle carte parlavano di politica, qualcuno gli avrà detto che se lui aveva fame c'era chi mangiava, che bastava ammazzare chi aveva il pane e dopo tutti saremmo stati a posto. Si era accorto che ammazzare non era difficile, anzi chi più ne uccideva più era bravo. Aveva visto dei partigiani impiccati e dei tedeschi chiedere pietà al plotone di esecuzione. In quella sua testa piccola e lunga era entrata una «idea», l'idea di una giustizia fatta alla svelta, del mondo diviso in due: da una parte i tanti Secondo Lenzi che se non uccidono qualcuno non hanno le scarpe, dall'altra i «tognini» prima, i «signori» dopo, che non le vogliono dare le scarpe.

Allora i Secondo Lenzi sparano e strangolano e fanno «l'epurazione sul serio».

L'hanno preso poco dopo in un fienile dove si era rifugiato, e sotto la paglia c'era un intero arsenale. Attorno al collo aveva un drappo rosso, e se n'è andato fiero, contento di aver servito l'«idea», che covava dietro a quegli occhi allucinati, contento di aver «fatto fuori» dei fascisti e dei borghesi.

Anche Mario Rosalba era mio amico. Nella vita viene il momento in cui bisogna imbarcarsi, ed è sempre più difficile conoscere l'equipaggio. A Castelfranco, dopo la fine della guerra, sono scomparse, chiarisco, morte, una quarantina di persone. Tutti sanno chi sono i colpevoli, lo sa anche la polizia ma nessuno si muove, perché, come è risaputo, chi muore giace e chi vive, prima o poi, finisce per darsi pace. Mario Rosalba si è presentato alle autorità dicendo di sapere molti particolari sui delitti di Castelfranco e che voleva dare il suo contributo perché fosse fatta luce. Facendo luce sugli altri ha illuminato anche se stesso. Così ha confessato di essere stato con i partigiani – e questo è vero – e nelle brigate nere – e questo non lo sapevo; in Spagna, dove i «garibaldini» lo cacciarono, e nella Legione straniera, di essersi promosso capitano (aveva tre belle stelle d'oro, su un triangolo rosso, e tra le ragazze faceva tanta figura), e di aver compiuto furti in Germania. Ha confessato poi di aver ammazzato svariate persone, dicono anche bambini, e di averle seppellite sotto le baracche di un centro profughi, e ha detto pure di essere andato all'attacco di agenti della polizia lungo la via Emilia. Mario Rosalba era alto due metri, spalle da lottatore, faccia da scimmione e parlava sei lingue. Quando l'ho visto la prima volta, al fronte, veniva da Roma, con un portafoglio pieno di attestati, e una divisa assai elegante da paracadutista, con annessa bussola, pugnale e carta topografica stampata su di un pezzo di seta. Al mio comandante il tenente Rosalba non piaceva (allora era soltanto tenente) e lo mandò per accertamenti all'Oss (Office Strategic Service). Lì lo interrogarono, lo trovarono perfettamente a posto e lui se ne uscì con la coscienza tranquilla e in più un bel fazzoletto di lino ricamato che l'ufficiale inquisitore aveva distrattamente appoggiato sul tavolo. Mario Rosalba era bravissimo nel rubare agli alleati scatoloni di «razione C», e sacchi di indumenti. Possedeva uno splendido corredo e avrebbe potuto dar da mangiare a un orfanotrofio. Parlava l'inglese alla perfezione, l'italiano, invece, lo sapeva maluccio, peggio del tedesco, del francese, dello slavo e dello spagnolo. Era comunista, conosceva Marx, io credo, meglio di Togliatti. A memoria. Bastava provocarlo, era come spingere un bottone, accendere la radio, e Rosalba snocciolava tutto il Manifesto. Nel testone, diviso a scompartimenti, aveva tutte le risposte già pronte. Mi diceva spesso: «Tu niente comunista. Tu intellettuale. Comunista fisico, molto fisico». Guardava le mie spalle modeste, i miei occhiali. «Tu intellettuale. Tu un giorno fucilare. Tutti fucilare.»

Credo però che mi volesse bene. Mi raccontava tante storie della Legione straniera, di quel mezzo mondo che aveva visto. Lo ritrovai dopo la Liberazione. Gli chiesi come andava il partito, cosa faceva, mi disse che era stato espulso, «perché io scritto contro Togliatti». Voleva fare il giornalista, andare in Jugoslavia a vedere Tito. Intellettuale, anche lui.

Io l'ho sempre considerato una specie di grosso cane, di quelli che si lasciano cavalcare dai bambini. Invece Mario Rosalba era capace di mordere, era nato per ogni genere di avventura, anche quelle che si concludono con il sangue. Probabilmente in carcere Secondo Lenzi e Mario Rosalba si saranno incontrati di nuovo, ma avranno avuto tante cose a cui pensare da soli.

1947

Trieste: ultima speranza per le coppie infelici

Nel mio scompartimento c'erano due sposini in viaggio di nozze. Scesero a Mestre, andavano a Venezia. Fui per qualche ora testimone involontario delle loro effusioni, vidi come il marito si preoccupava che nulla mancasse alla giovane consorte dal petto ancora adorno di un mazzetto di fiori di arancio: ad ogni fermata le acquistava giornali che la donna non leggeva, poi la bottiglia con l'acqua minerale, o l'aranciata, o la birra, e da una bella valigia, così nuova che odorava ancora di cuoio, estraeva continuamente panini con burro o prosciutto, e biscotti e marmellate, perché non pesasse all'amato bene il noioso tragitto.

Pensai che, probabilmente, fra qualche mese, su quello stesso vagone, nello stesso scompartimento, se nello Stato Libero di Trieste sarà ammesso, come alcuni vogliono e come molti sperano, il divorzio, altre coppie avrebbero preso posto, ma guardandosi appena, ma senza che l'uomo si desse da fare per acquistar panini, birra e riviste illustrate, perché quei due che Dio aveva un giorno uniti andavano alla ricerca di un magistrato che potesse separarli.

Trieste è, per le coppie disgraziate mal riuscite, infelici, l'estrema speranza: poiché nella Repubblica democratici cristiani e comunisti hanno deciso che il divorzio è immorale, non resta, a chi vuol cambiare condizione civile, che aver fede nello staterello che, all'insegna del compromesso, sta per nascere sulla lontana riva adriatica.

Qualcuno si è illuso, o forse la ragione sta nell'ignoranza delle cose di laggiù, che nella zona A si possa pure oggi rompere quel nodo che lega per sempre anche individui decisi a un certo momento ad andarsene per proprio conto: così alcuni quotidiani hanno pubblicato, con molta esagerazione, che quindicimila persone avrebbero avanzato domanda (ma a chi?) per lo scioglimento del loro matrimonio. Per il momento a Trieste vige la legge italiana, né sorgerà tanto presto il giorno in cui nuove norme entreranno in vigore nella città di San Giusto, norme tali da rendere possibile oltre Pierris ciò che è proibito in Italia.

Soltanto l'Assemblea legislativa, che i triestini eleggeranno quattro mesi dopo la ratifica del trattato di pace, potrà concedere ai tribunali la facoltà di istruire processi per l'annullamento di matrimoni. E occorrerà che il governatore, che secondo lo statuto ha il diritto di porre il veto, dica di sì, e che i rappresentanti del popolo siano – nella maggioranza – dello stesso parere. Il che, guardando i fatti, non dovrebbe essere impossibile. A Trieste non c'è una forte coscienza religiosa: scarsissime e non gremite le chiese, largo l'influsso di concezioni che nulla hanno a che vedere con la dottrina cattolica. L'areligiosità è, forse, uno dei caratteri più vivi di questa gente, a contatto da secoli con altri mondi, che ha tra sé molti stranieri o famiglie che pure assorbite dall'atmosfera o dai costumi del luogo, non hanno rinnegato la fede degli avi, così si notano ebrei, protestanti, ortodossi, mentre la maggioranza cattolica non ha grande dimestichezza con le pratiche del culto e un avvertibile spirito di insofferenza regola i rapporti tra i pastori e il gregge delle anime. Voglio dire che la pregiudiziale cristiano-cattolica non ha qui il peso che ha in altre regioni, magari nello stesso Veneto, anche se la guerra ha ridestato, per l'opera meritoria del vescovo mons. Santin, che tanto ha fatto per i perseguitati sia da Hitler che da Tito, molte sopite simpatie per la chiesa di Roma.

Certamente monsignor Santin che ha al suo fianco un prete battagliero, don Marzari, bersaglio quotidiano della stampa filoslava, condurrà decisamente la lotta per salvare i princìpi che devotamente professa, ma troverà il più forte avversario nell'apatia che pervade gli abitanti quando si tratta di questioni religiose.

Ho chiesto ad alcuni avvocati fra i più noti il loro pare-

re: Giannini, il difensore di Maria Pasquinelli, mi ha detto
che del problema non si era adeguatamente interessato e
quindi riteneva opportuno non pronunciarsi, Remigio Tamaro dice che dipenderà dall'Assemblea e dal contegno
degli appartenenti ai gruppi di sinistra, soltanto l'avvocato
Sandrini che ha, in materia, una riconosciuta competenza,
pensa che ci siano molte buone ragioni per avanzare l'ipotesi di una conclusione positiva: lui, anzi, si darà da fare
perché a Trieste sia concesso, in casi ben precisati e gravi
(ad esempio: adulterio, condanna di uno degli sposi all'ergastolo) il divorzio. Mi precisa che l'Austria, in una legge
del 1807, lasciava almeno ai sudditi che si dichiaravano
non cattolici, la possibilità di sciogliere il matrimonio.

Se l'avvocato Sandrini, come io penso, è buon profeta,
ne ricaveranno un notevole vantaggio, oltre che i coniugi
infelici e naturalmente gli avvocati, le finanze dello Stato
Libero, e gli albergatori che oggi ben poco possono guadagnare perché i loro locali sono, per la maggior parte, re-
quisiti. Gli americani, che ora hanno in mano la città, hanno fatto sloggiare, nei dintorni, i camerati inglesi.

Non c'è, come qualche allarmista ha affermato, un senso di preoccupazione, né si notano movimenti o preparati-
vi bellici: nel porto fa la guardia, in questo momento, un solo incrociatore americano, e le truppe di occupazione consistono in tre divisioni supercorazzate se pure con effettivi
che superano di gran lunga il normale: l'88ª, detta dei Dia-
voli Blu (americana), e due inglesi: la «Pugno di ferro», e
56ª, la «London». Niente, quindi, di straordinario.

C'è, è vero, l'Esercito della Salvezza, anziane signore in
divisa, che vanno in giro per salvare le anime. Sciagurata-
mente la loro sede è nello stesso stabile dove funziona una
«Profilatic Station»: così i peccatori li hanno a portata di
mano.

La gente pensa che, se ci sarà una battaglia, sarà per il
divorzio. Perché, almeno in questi giorni tutto è calmo: gli
slavi vivono sul ricordo della sfilata del primo maggio, gli
italiani hanno ancora in sé l'eco del Piave cantato da una

folla enorme, inginocchiata, il 24 maggio, attorno al castello di San Giusto.

1948

Ho visto morire a Torino l'ultimo «café chantant»

L'ultimo «paradiso di voluttà» sta morendo, ucciso dai tempi e da una delibera del Genio Civile. Ha vissuto con mille ripieghi, affrontando miseria e indifferenza. Quando il piccone comincerà a demolire questo vecchio stabile di Piazza Statuto, «la masubietta», la signorina Ghilardoni, il «buttafuori» Rossini, diranno addio allo scuro stanzone del «Caffè Concerto Fassio – canto e danze», e le macerie seppelliranno i pallidi glicini di carta che adornano le pareti, un pezzetto di storia, un capitolo del nostro costume.

Muore a Torino l'ultimo «café chantant», muore nella città di Isa Bluette e di Macario, e non ci sarà nessuno a celebrarne la leggera esistenza: da molti anni sono scomparsi gli attori che diedero lustro a quei piccoli fumosi palcoscenici, è scomparso il pubblico che sapeva fremere per «la mossa» della «chanteuse», e Maldacea se ne è andato affidando la sua immagine a qualche fotogramma, se ne sono andati Donnarumma, Pasquariello, Gabré, «il fine dicitore», e Petrolini, il più grande di tutti. Le venti ballerine viennesi ballano il «boogie-woogie», e il «can-can» ritorna solo nel quadro fine Ottocento, con Viarisio «scettico blu» e Maria Donati ingrassata «Frou-Frou del tabarin».

Solo qui, a Torino, poteva esserci ancora un «Caffè Concerto Fassio – canto e danze»: qui dove è nata la rivista italiana, dove tra le donne che lavorano alla Venchi-Unica c'è sempre da scoprire una diva, sia la Bluette o Vera Roll, e nelle compagnie di filodrammatici covano i Macario o i Navarrini. Il caffè Fassio ha resistito, perché i suoi attori non temono la fame e si accontentano di passare al banco per riscuotere tre o quattrocento lire. Una cinquantina di persone c'erano l'altra sera, sedute ai tavoli che riempiono la grande sala, davanti al palcoscenico di pochi metri; ed era un pubblico fatto di studenti, qualche professionista, operai, qualche ladro, gente tranquilla che non ordinava «champagne» ma un espresso o un cognac. L'orchestrina attaccava motivi antichi o di moda, si passava dalla «Bella ragazza dalle trecce bionde» a « Eulalia Torricelli di Forlì». Al pianoforte sedeva un impiegato di banca, e pensionati erano i suonatori di violino e di grancassa.

Qualche metro dello stanzone, chiamato con un vocabolo inadeguato «pista», era riservato a coloro che desideravano ballare. Anche le attrici, terminata l'esibizione, scendevano tra i clienti, e i più arditi le invitavano compitamente; alcune signore in pelliccia di agnellone ballavano tra di loro: c'era un'aria che si ritrova soltanto in qualche film boemo o francese, sarebbe piaciuta a Carné o Pabst, veniva da pensare a degli assurdi amori tra quelle Lola-Lola di periferia e magari onesti impiegati della Prefettura, o studenti in legge oramai al di fuori dei patetici climi di «Addio Giovinezza». Il signor Rossini, ometto ancora energico che ormai si avvicina ai settanta, macchiettista una volta nel complesso del trasformista Giustini e che, mi disse, aveva lavorato al «Petruzzelli» e al «Quirino», ed era stato in giro per il mondo, in Grecia e in Africa, annunciava i vari numeri del programma girando tra il pubblico, con versi come questi. «La signorina Ghilardoni che è quassù, vi fa la danza del Danubio Blu.»

E, scostando il sipario, dietro al quale non erano quinte o scene, ma un breve spazio adibito a camerino senza specchi, senza sedie, ma con solo un attaccapanni dal quale pendevano sottane adorne di lustrini, o strampalati costumi spagnoli, appariva la signorina Ghilardoni, una attempata brunetta pettinata con la frangia, che muoveva qualche timido passo sulle troppe brevi tavole, e ogni volta che urtava il velario si intravvedevano le compagne che stavano cambiandosi o si truccavano, in piedi, e col solo aiuto dello specchietto della borsa. Gli applausi coronavano sempre ogni interpretazione; c'erano gruppetti che so-

stenevano questa o quella attrice, o in particolare «la maschietta», una cantante non più giovane, forse più di quaranta, che indossava giacca e pantaloni da uomo, la testa
coperta da un cappellaccio, e che aveva un repertorio di
canzonette assai mordaci. Era, delle tre donne del caffè
Fassio, quella che possedeva più stile, una sua personalità:
un tedesco le avrebbe riconosciuto una buona dose di
«temperament». Disprezzava il pubblico al quale rivolgeva sguardi pieni di superiorità, e in particolare coloro che
sedevano attorno a una colossale stufa sulla quale brucia-
vano lentamente bucce di arancio. Quel posto tiepido e
tranquillo doveva piacerle e glielo avevano occupato.

«La maschietta», mi disse il signor Rossini, di giorno al-
levava cani, vendeva i cuccioli e ci guadagnava bene; la signorina Ghilardoni faceva la cucitrice in bianco, e dell'altra signorina che danzava in reggipetto e «puntino» e cantava «proprio in francese». «Je suis seule ce soir» non poté
dirmi nulla. Ballava quasi nuda, ma non era una nudità pro-
vocante, ricordava piuttosto una visita medica, c'era qualcosa di naturale in quelle mediocri attrici di varietà, qualcosa di naturalmente sano: abitavano a Torino, facevano
quel lavoro che ritenevano un mestiere come qualsiasi altro, non sognavano né carriere né traslochi. «Sembra impossibile» mi disse la «maschietta» «che debba finire.»

Ed entro la fine dell'anno, l'ultimo «café chantant» italiano, chiuderà i battenti. Se ne andranno una sera come
questa clienti ed attori, dopo la mezzanotte, nella nebbio-
lina leggera, e i cuccioli della «maschietta», l'accogliera-
no abbaiando nel sentirla rientrare, come fan sempre. Poi,
di notte, non abbaieranno più.

Calore e colore dei comizi nel Ferrarese

La campagna elettorale si è svolta senza incidenti. In provincia qualche comizio è stato interrotto dai fischi o dagli
schiamazzi, ma non si registrano casi di violenza. Le paro-

le grosse, o le minacce degli irresponsabili, coloriscono appena la cronaca. A Copparo gli altoparlanti del Fronte diffondevano un giornale parlato. Gli autori del notiziario si impegnavano soprattutto nella compilazione di una rubrica: «Il cerchio magico». Quotidianamente un campionario di offese e di promesse poco allegre andava a incorniciare la testa di quei cittadini che non volevano decidersi a marciare con Garibaldi. Finché i carabinieri chiamarono i segretari del Pc e del Psi, due compagni dai nomi profetici e impegnativi, Lenin Ricci e Ivan Cori, e li invitarono a sospendere le serene trasmissioni. Ciò ha recato dolore soprattutto a una donna, comunemente definita «Maria la pasionaria», che si era fatta premura di far sapere al parroco – un prete che pesa novanta chili – ciò che gli sarebbe accaduto dopo il 18 aprile: «La caricheremo su di un asino e, nudo, le faremo fare il giro di Copparo». «Ci vuole un somaro robusto», le aveva risposto il sacerdote. «Maria la pasionaria», adesso, si sente sola, perché non riceve più ispirazioni dalla voce amica.

In generale le polemiche non sono uscite dai binari della correttezza. Ogni tanto, per le vie della città, sfilano le forze dello Stato, e autoblinde e carri armati appaiono anche nei paesi, robusto avvertimento per tutti che la legge va rispettata.

Sulle cantonate sono apparsi manifesti assai vivaci, ma non hanno provocato scomposte reazioni. Quando Nenni fu qui per un comizio, venne accolto da cartelli che dicevano: «I compagni salutano in Pietro Nenni il fondatore del fascio di Bologna». E il primo giorno d'aprile altri stampati annunciavano alla popolazione che due candidati del Fronte, l'avvocato Mario Cavallari – indipendente, già socialista riformista e fino a poco tempo fa avverso al comunismo – avrebbe parlato sul tema: «Dal riformismo al leninismo», mentre il nipote onorevole Vincenzo, esponente del Pc proprietario di molti terreni e di una avviata fornace, intendeva trattare un argomento ancor più interessante: «La (mia) terra ai contadini».

Nella lista del Fronte figurano pure Spero Ghedini, uno dei sedici imputati della sparizione del «tesoro Balbo», e Otello Putinati, un brav'uomo che non ha molta dimestichezza con la lingua italiana e che, con molte probabilità, verrà eletto senatore. Circolano tra la gente due frasi di un suo discorso rimaste famose: «ci rivedremo alle *candele* greche» e «le valli di Comacchio debbono essere *prosciutte*». Un predicatore, commentandole, disse ai fedeli che non era il caso di meravigliarsi: se Caligola aveva mandato al senato un cavallo, il Fronte poteva tentare con Otello Putinati.

La Dc è stata particolarmente battagliera, e i suoi oratori si sono fatti sentire ovunque, anche nei feudi comunisti. E così pure ha fatto il Psli. È nelle campagne che con molta probabilità sarà deciso l'avvenire del Paese. L'avvocato Natale Gorini, candidato democristiano alla Camera dei deputati, ritiene che il suo partito guadagnerà almeno quindicimila voti nei confronti del quoziente raggiunto il 2 giugno: dovrebbe cioè raggiungere i cinquantamila. E contenti sono pure i «piselli»: dicono che è davvero giunta la loro stagione. Dopo un comizio di Carlo Andreoni a Copparo si è creata istantaneamente una sezione; a Monticelli, un piccolo borgo, D'Aragona ha parlato davanti a quattromila persone convenute da vari paesi della bassa e anche dal Veneto. Alla fine del discorso, otto operai si avvicinarono al palco e chiesero di iscriversi al partito. Vivissimi sono i segni di consenso, e se ne avvertono anche in casa dei fusionisti.

Anche le recenti elezioni sindacali, nelle quali i socialisti democratici hanno ottenuto significativi e insperati riconoscimenti, mentre la Dc ha guadagnato importanti posizioni, lasciano supporre che domenica molti lavoratori appoggeranno la lista che ha lo stesso simbolo col quale vennero eletti Turati e Treves. Una favorevole impressione ha pure suscitato il discorso che il professore Giovannini, a nome del Blocco Nazionale, ha tenuto davanti a un folto pubblico; è assai difficile, però, prevedere quale seguito liberali e qualunquisti avranno tra gli elettori. Duecento-trentunmila persone andranno alle urne: in questa provincia il Fronte dovrebbe avere la maggioranza relativa.

Al Giro d'Italia è mancato il protagonista
Calore di simpatie intorno a Cecchi che può dirsi il campio-
ne della «terza forza»

Non mi pare che questo Giro d'Italia abbia una storia: vive di piccoli episodi, gli manca un protagonista. Ha perduto molto dell'antico colore: non è più come un tempo, un compromesso tra lo sport e le organizzazioni Barnum. Oggi si dice ancora «carovana», ma la parola non ha senso. La «carovana» presupponeva qualche cosa di provvisorio e di avventuroso, magari di eroico; adesso tutto è preciso e comodo, dai conti di cassa che fanno i concorrenti, alla macchina che porta il direttore della «Gazzetta». Questa, stante la grandiosa apparenza, è lecito supporre sia fornita anche del bagno. Manca, mi sembra, quel tanto di fiabesco e di umano che piaceva alle folle; l'invincibile campione ed il gregario affamato, le sgangherate e passionali cronache di Emilio Colombo, la quotidiana commozione di Orio Vergani, l'imprevisto e la lotta. Qui scarseggiano le gesta meravigliose, ed il giornalismo moderno fa un parco uso degli aggettivi. Forse è finita la favola, per la mancanza di un principe e di gente capace di inventare iperboli: chi può oggi definire, senza provare vergogna, «locomotiva umana» un corridore in bicicletta?
Il primo in classifica è Ezio Cecchi, un piccolo uomo, un diligente operaio del pedale, che si è guadagnato la maglia rosa a forza di muscoli e di fatica. Non ha mai ispirato epiche prose, fino ad oggi il suo nome non si addiceva ai titoli a nove colonne. A Monsummano, dove è nato, fabbrica, nei mesi invernali, scope: lo aiutano la moglie ed i figlioli, che sono quattro. L'ultimo non lo aiuta ancora: ha appena due mesi.

Cecchi non si dà arie, piace a tutti: ai suoi colleghi e a quelli della stampa. «Se vince» ha detto Bartali «gli regalerò una medaglia d'oro.» Sembra poi che Coppi sia deciso a dargli una mano in pianura; perché Cecchi ha ai suoi ordini una squadra molto modesta e non è, come dicono i competenti, un «passista». Egli rappresenta – nella politica del Giro – la terza forza; sta fra la «Bianchi» e la «Legnano», i due gruppi che puntano al potere, se non alla dittatura. Se a Milano avrà ancora il primato, Cimatti gli regalerà un milione.

Fra i cinquanta che continuano a gareggiare, scarsa è la rappresentanza degli intellettuali: c'è il geom. Pugnaloni ed Adolfo Leoni che è iscritto alla Facoltà di ingegneria, ma non credo frequenti i corsi. Il maestro elementare Antonio Bevilacqua fu costretto a ritirarsi a Napoli. I ciclisti, di solito, provengono dalle classi più umili, che fanno uso della bicicletta per ragioni di lavoro. Pugnaloni, Leoni e Bevilacqua erano la striminzita avanguardia dei ceti medi che mirano a dare alla prole un diploma ed un impiego sicuro nell'Amministrazione dello Stato. Per caso, i tre sono finiti pedalatori, con grave delusione per i parenti che tengono più ad un buon posto di capo ufficio o di ispettore, che ad un lusinghiero piazzamento in classifica. Il loro ingresso in questo mondo straordinario potrebbe essere un indizio della sempre più accentuata proletarizzazione della piccola borghesia, costretta a mettere pezze nei pantaloni e nei tubolari.

La lotta più drammatica è quella che si sta svolgendo per l'ultima posta, tra il giovane Valeriano Zanazzi e il belga Depredhomme. All'arrivo ad Auronzo, Valeriano Zanazzi era straordinariamente felice, come se avesse vinto almeno la tappa. «Avevo scommesso con Depredhomme» ci ha confidato «che in fondo sarebbe rimasto lui.» Così anche l'onore nazionale è salvo.

Fiorenzo Magni, invece, ha sofferto molto per la sconfitta. Ha dietro le spalle un burrascoso passato politico e la maglia rosa voleva dire porre definitivamente una pietra sulla camicia nera. «Ritorno al mondo» diceva a Udine «ho ancora gli applausi, le fotografie, parlerò alla radio, ciò vorrà dire che ho scontato la mia colpa che gli errori sono stati dimenticati.» La sua consolazione ha avuto una breve durata: meno di quattro ore, però nessuno gli rimprovera più i vecchi peccati. L'epurato, ormai, è stato riammesso nei ruoli.

Poco da dirvi, lettori di Romagna, di Ronconi e di Ortelli, che voi già non sappiate. Un chiodo ha fatto sfumare il sogno di «Vito» e dei faentini, e ritengo che molta tristezza gravi ora attorno alla macchina degli espressi del caffè Vespignani. Le preghiere del fratello prete non hanno alleggerito Ronconi dei suoi doveri di gregario di Coppi: nella Genova-Parma egli dovette rispondere, come Garibaldi, all'invito a non insistere nella battaglia, con un secco «obbedisco». Spera ora nel giro di Francia: sulle Ardenne i garibaldini si sono sempre ricoperti di gloria.

1949

Il mistero della figlia di Assunta Ferri, una storia del Dopoguerra

Assunta Ferri ha settant'anni. Piccola, grassa, veste sempre di nero. È una povera vecchia senza pace, ha perduto la rassegnazione. Su di una sua sventura qualcuno ha costruito una storia. Hanno cambiato il finale della tragedia che l'aveva sconvolta, le han detto che la sua figliola, la «Nuccia», non è stata uccisa, come tutti credevano (e come ancor oggi tutti – tranne Assunta Ferri – pensano), ma vive sposa felice di un ex soldato polacco. Hanno inventato una nuova irreale esistenza per Venusta Calderoni, detta Nuccia, di anni ventitré, sparita senza lasciar tracce nei giorni seguenti la liberazione.

È una trama miserabile e intricata. Ha inizio la mattina del 23 maggio 1945. Un autocarro inglese corre sulla statale adriatica. È carico di mogli e di figli di fascisti che, dal Nord, fan ritorno alle loro case. Due passeggere, salite a Olgiano, un paese del vicentino, discutono con gli autisti: vorrebbero tenere con sé le biciclette, nonostante sia proibito. Sono Venusta Calderoni, consorte di Romeo Trombini, milite della Guardia nazionale repubblicana, e la quarantenne Ada Montanari, di Sant'Alberto, amante della camicia nera Francesco Ferri, soprannominato «e curnacc», il corvo.

Gli autisti non accolgono la richiesta e nei pressi di Ferrara le due donne scendono dopo avere affidato i bagagli a delle amiche che proseguono il viaggio. Al termine del tragitto nessuno si presenta a ritirare i bauli, che vengon presi in consegna dai partigiani. Molto tempo passa e di Nuccia Calderoni e della sua compagna non si hanno notizie. I parenti suppongono che, giunte nei pressi di Ravenna, e riconosciute per mogli di fascisti, le disgraziate siano state uccise. Le ricerche non conducono ad alcun risultato. I bauli, restituiti ai familiari, sono intatti; contengono soltanto indumenti e biancheria.

In luglio, o in agosto, un primo colpo di scena: un ragazzetto, Franco Sbrani, imparentato col Trombini, assicura di avere incontrato la Venusta in compagnia di una signora anziana. Attraversavano in bicicletta la passerella posta sul canale che, da Ravenna, va a Punta Marina. La Venusta era allegra, dice lo Sbrani, gli avrebbe chiesto, anzi, notizie dei suoi e lo avrebbe incaricato di salutare la madre.

Assunta Ferri gioisce della insperata fortuna, ma non comprende perché la figlia non ritorni, o almeno non le scriva.

Trascorrono vari mesi, e finalmente, nell'ottobre del '46, la vecchia, ripresa dall'antica disperazione, si decide a fare inserire su un settimanale popolare la fotografia della scomparsa, con la speranza che ci sia qualcuno, tra i lettori, in grado di darle indicazioni.

Da Porto Recanati le giunge quasi subito una lettera: è firmata da una tale Maria Fossa che dà come indirizzo le caselle del «fermo posta». Maria Fossa la informa che la Venusta vive nei pressi della cittadina marchigiana, in compagnia di un polacco, col quale è in procinto di maritarsi. Chiede maggiori particolari di quelli riportati dal periodico e una fotografia, per potere agevolmente completare la sua inchiesta. La Ferri risponde, manda la fotografia, e riceve altre due lettere, che non rivelano nulla di nuovo. Poi silenzio.

Nell'estate del 1947 altro episodio sensazionale: il dottor Provenzano, impiegato nella segreteria del comune dl Ravenna, ha una figlia che vive a Forlì, sposata a un ingegnere polacco. Ogni tanto, con la moglie, va a trovarla, e in casa del genero i signori Provenzano conoscono una signorina che si fa chiamare Marisa Calamai ma dice di essere, in verità, Clara, l'attrice. «Clara» spiega «è il nome d'arte.» Assomiglia moltissimo alla protagonista di *La cena delle beffe*: è una bella donna, ha un corpo ben fatto, dimostra dai trenta ai trentacinque anni, è molto elegante e ostenta ricchissimi gioielli. Quando sa che i Provenzano abitano a Ravenna li prega di avvertire Assunta Ferri, che sta alla «Fabbrica Vecchia», a un chilometro e mezzo da Porto Corsini, che sua figlia ha sposato un ex soldato di Anders e sta per imbarcarsi per l'Argentina.

E nel settembre 1948 da Buenos Aires arriva ad Assunta la prima lettera di «Nuccia» che chiede scusa del lungo silenzio e si giustifica dicendo che le circostanze, fino a quel momento, le hanno impedito di comunicare con la madre. Racconta che è tanto contenta del suo Micegoslaw, che teneramente chiama «Micio», dice che ha un bimbo e che ne aspetta un altro, che le condizioni economiche della famigliola sono buone e che ha dovuto cambiar nome: d'ora in poi bisogna indirizzare a Marisa Clara Mais.

La mamma di «Nuccia» non può fare a meno di notare che la calligrafia di Venusta è piuttosto diversa da quella di una volta, ma le peripezie sopportate dalla sua ragazza lontana possono avere inciso sul carattere, sulle abitudini e perfino sulla forma delle lettere dell'alfabeto. «Nuccia» infatti le spiega, in una seconda missiva, che giunta a Ravenna con la Montanari, si mise a trafficare col mercato nero, guadagnò tanto denaro, ma fu vittima di una aggressione: uno sconosciuto le diede un colpo alla testa, così perse i quattrini e la memoria. Soccorsa dall'amica venne ricoverata in un ospedale; quando ne uscì, conobbe Micegoslaw, e scelse la nuova identità: Maria Clara Mais.

Terza lettera da oltreoceano: dentro la busta c'è una sorpresa. Nientemeno che una fotografia di «Nuccia». Quanto è cambiata! «Nuccia» stessa dice alla madre: «Dubito che tu possa riconoscermi».

È molto dimagrata, ha adottato una diversa pettinatura «per nascondere le cicatrici prodotte dall'aggressione». Gli amici, il fratello, il marito scuotono il capo, stentano a ritrovare, in quella immagine, la loro Venusta. La quale, in contrasto con quanto ha scritto prima, si lamenta della miseria, annuncia la nascita del secondo figlio e chiede, poiché la madre le aveva detto di avere ritirato il baule dai partigiani, che la biancheria le venga spedita laggiù. Assunta Ferri non condivide né i commenti né la perplessità dei congiunti: «Sono certa» afferma «sento che si tratta di mia figlia».

Non la insospettisce neppure un biglietto che «Nuccia» la prega di consegnare a «e curnacc», l'amante della Montanari, nel quale si dice che il milite – che la pseudo Venusta chiama Alberto mentre la Venusta autentica sapeva benissimo che il nome del repubblichino è Francesco – avrebbe dovuto procurare alla *moglie* un falso certificato dello stato civile perché anche lei potesse sposare un polacco mentre è risaputo che i due non erano coniugati.

Perché poi la «Nuccia» non si è mai fatta viva prima con la madre, alla quale era legata da vivo affetto? E perché Ada Montanari non è andata a trovare l'unica figliola, ora sposata, che era la più grande ragione della sua vita? In un primo tempo si è detto che la Montanari aveva con sé milioni appartenenti alla cassa del reparto dove era in forza l'amico. Si è stabilito in seguito, con assoluta certezza, che la Montanari aveva in una borsa settantamila lire ed erano le sue. Niente tesoro, quindi.

I giornali si interessano della romanzesca vicenda che ripropone un altro caso del genere Bruneri-Canella. Pubblicano, naturalmente, anche delle fotografie: una signorina scopre che «Nuccia» non è che la indossatrice riprodotta in *Mani di fata* del 1° luglio 1946, numero 5, intenta a presentare un modello di «giacca a due colli Jacquard».

Si arriva a stabilire che Maria Fossa e Marisa Clara Mais sono la stessa persona: è la bella Maria Fossa, che si faceva chiamare anche Mariska, e ha uno spiccato accento romano, che vive col polacco Micegoslaw, ha cicatrici in testa prodotte da una aggressione, ed è emigrata in Argentina. È lei che ha venduto, per poco più di un milione, una villa appartenente al marito, un distinto avvocato di Roma, situata a Roseto Abruzzi. Maria Fossa o Marisa Clara Mais, attrice di varietà e comparsa del cinema con lo pseudonimo esotico di Mary Miller, nota al casellario giudiziario come la truffatrice Maria D'Agostino, «Nuccia» nella più recente trasformazione, per imbrogliare una ingenua contadina, scrive ad Assunta Ferri, temendo forse le conseguenze del gioco vergognoso: «Ti prego di non dare il mio indirizzo a nessuno, e soprattutto non ti fidare di nessuno, nemmeno della camicia che hai addosso».

Racconta anche che il marito ha trovato un impiego, ora non le serve niente, spedirà anzi denaro e un pacco con zucchero e cioccolata ma, avverte, «occorrerà molto tempo prima che possa giungerti». Facile previsione perché il pacco non arriva.

È arrivata invece ancora una lettera nella quale, rispondendo alla «madre», che l'aveva avvertita dell'interesse della polizia per la faccenda, «Nuccia», pure continuando a proclamarsi figlia, la rimprovera di non avere saputo mantenere il segreto, che potrebbe mandarla in prigione anche «per altri precedenti».

Ma Assunta Ferri vuol coltivare la sua illusione. Sa che l'Interpol si sta occupando di Maria D'Agostino, della sua «Nuccia»: «Mi raccomando» dice agli agenti «non fatele del male, perché è come se lo faceste a me». E guarda la ragazza riprodotta sul cartoncino giunto da Buenos Aires e si commuove per l'affettuosa dedica: «Alla mia cara e buona mamma, Nuccia». Non vale dirle che quella non è la Venusta, ma la signorina Sandra Mondaini, la figlia del noto umorista, una fotografia della quale dev'essere capitata, non si sa come, nelle mani della Maria Fossa, alias D'Agostino. Assunta Ferri aspetta sempre che «Nuccia» ritorni.

Non s'intendono di film gli onorevoli democristiani

Ogni volta che si proietta un film italiano intelligente, i deputati democristiani intervengono per dire qualche sciocchezza. Intervengono con parole gonfie e accorate e con interpellanze alla Camera. Si sentono offesi nella loro dignità di padri (*Gioventù perduta*), di antifascisti (*Anni difficili*), di iscritti alla Conferenza di San Vincenzo (*Ladri di biciclette*), di siciliani (*Caronitt e Asomnino: In nome della legge*). E piangono – ultimo esempio – sull'oltraggio arrecato all'isola bella, baciata dal sole e dal mare, dalle crude, vere, immagini di Germi: e citano – per darsi forza – l'onore, il decoro, l'amore di Patria. La storia di quel povero pretore è per loro, una inaudita denigrazione della «vera perla del Mediterraneo». Cuore e turismo.

E ora veniamo ai film prodotti secondo i princìpi di Gesù, con vivo rispetto del Vangelo, dell'onore, del decoro, della Patria, e degli aranceti. *Cassino*, *Il sole di Montecassino*, *Apocalisse*, *Fabiola*. Nessun deputato della Dc, si è fatto vivo: e quando non si tratta di pellicole molto discutibili si tratta di pellicole molto brutte. *Il sole di Montecassino*, se fosse ancora in circolazione, potrebbe da sola far fallire l'Anno Santo. E non dilunghiamoci su *Fabiola*; quei cristiani così rassegnati alle violenze, alle percosse, alla morte erano più seguaci del defunto Gandhi (teorie della non resistenza) che del Nazzareno. Cristo cacciò i mercanti dal tempio a colpi di frusta nella schiena; i tribunali della Santa Inquisizione scaldarono numerosi piedi di eretici: del resto anche i Comitati Civici dimostrarono, a suo tempo, una bella energia. Sono film che non rendono gloria né a Dio, né alla Patria, né alla Famiglia.

Noi ci associamo ai voti del «Mondo»: «Possiamo dare un consiglio ai deputati democristiani: lascino stare il cinema italiano, che non va male, oppure vadano a vedere solo i film approvati dal parroco».

La morale nordica è un po' sconcertante
Bagnanti senza costume ma il David nascosto in un parco

C'era, a Copenhagen, una riproduzione del David di Michelangelo: era esposta al centro di una piazza e tutti potevano guardarla. David era bello, ma anche completamente nudo, e vi fu chi trovò poco conveniente che l'innocenza dei passanti fosse turbata da quelle membra scoperte. Così David venne sepolto tra il verde di un parco; nessuno trovò ragioni per protestare contro il provvedimento, la decisione non fu giudicata cretina ma opportuna: si trattava di salvare la forma.

Capita poi, passeggiando per Vestebrogade di vedere le vetrine dei negozi gremite di manichini che mostrano liberamente, e anche senza castità, senza il minimo senso d'arte, parti femminili che di solito sono tenute nascoste; ma non si ascoltano proteste, perché nessuno si sente colpito nel proprio pudore.

Esistono bagni dove uomini e donne si immergono, senza costume e tutti assieme, e ciò non offende. I nordici ignorano la malizia: per noi una donna nuda è una donna nuda, per un danese o un norvegese o uno svedese è una cosa o un problema.

Il sesso non è soggetto di barzellette o di eccitanti discorsi, ma di tranquille lezioni. Ho visto, a Stoccolma, gli studenti delle scuole medie che andavano, in fila, accompagnati dagli insegnanti, ad assistere alla proiezione di un film intitolato: *Il tuo corpo è tuo*. La pellicola, riconosciuto ad ognuno il diritto di osare liberamente di ciò che possiede, mostrava con serietà scientifica come avviene la riproduzione, come si individuano le malattie, come si diffonde il contagio. La platea era divisa in due: da una parte i maschi, dall'altra le ragazzine, e tutti seguivano le immagini compostamente; non si udivano né sghignazzate, né grida di compiacimento.

Situazioni che per noi hanno un sapore erotico, qui sono ritenute prive di qualunque «mordente»: ricordo che in *Hets*, un film di Sjöberg, presentato a Venezia, la protagonista si aggirava per una stanza come mamma l'aveva fatta, accompagnata dai clamorosi segni di entusiasmo degli spettatori italiani, e alla visione della *Fanciulla Ditte*, quando la signora Tove Maes, ignorando anche i «due pezzi», si tuffò nelle acque di un lago, il pubblico manifestò i suoi apprezzamenti che non avevano alcun contenuto artistico.

Degli amici svedesi ai quali raccontavo queste reazioni tipicamente «sudiste», non nascosero il loro stupore, e Gustav Molander si mostrò addolorato quando gli riferii che era stato giudicato ardito, e anche biasimevole il dialogo del suo *Donna senza faccia*, dialogo nel quale una giovane, turbata da freudiani complessi, narra che il suo subcosciente fu devastato dalle immonde carezze dell'amante della madre, precisando che l'offesa venne arrecata esattamente «al seno sinistro».

I particolari anatomici, naturalmente esposti, non eccitano le fantasie dei giovani; non so come comprenderanno il *Don Giovanni* di Brancati apparso di recente nelle librerie. Una ragazza che perde la verginità non perde, come dicono i meridionali, «l'onore»; è assai facile che una donna si conceda ma senza complicazioni patologiche o sentimentali. L'amore per loro è soprattutto sogno, e il resto non conta.

In *Fjeld* la cattolica Sigfried Undant parla di fanciulle il cui più forte desiderio è quello di «stendersi nude sull'erica del prato», e c'è nella frase tutto il candore del naturalismo.

D'altra parte la libertà sessuale non è che un aspetto di

una singolare concenzione della vita, dominata da un senso egoistico, pagano: la felicità dell'individuo conta più di tutto, sta al di sopra di tutto. Facilissimo, ad esempio, è ottenere il divorzio: ho conosciuto una signora che andava sorridente al quarto matrimonio: scarso, almeno secondo il nostro intendere, l'attaccamento alla famiglia. Non ci si agita per i figli che passano, diciamo così, da un padre (o da una madre) all'altro; l'esistenza è troppo breve perché ci si possa preoccupare della prole, alla quale provvederà lo Stato.

Nel vocabolario svedese non esiste la parola «cornuto»; l'adulterio non è entrato, come nel resto dell'Europa, a far parte del costume. Mi spiego: non che non esistano infrazioni agli impegni coniugali, ma è consuetudine, che con apprezzabile riguardo per la sincerità, il fedifrago manifesti la sua colpa al tradito il quale, essendone immediatamente edotto, non è più tale. Per cui, nelle cronache scandinave, leggerete ben raramente di delitti passionali: le separazioni, i divorzi, si trattano con calma.

Bisogna poi rilevare che scarsi sono gli stimoli religiosi; la massa aderisce – almeno al fonte battesimale – al luteranesimo, ma il numero delle praticanti è esiguo. I fermenti più sensibili provengono dal campo cattolico.

In Danimarca i cattolici sono ormai trentamila e ogni anno le conversioni si aggirano sulle trecento. Sono cattolici ferventi intolleranti. Una signora mi raccontava che i correligionari le hanno tolto il saluto perché, dopo tre anni di matrimonio, non ha ancora desiderato di avere un bambino. È la faziosità tipica delle minoranze e degli assolutisti; circondati da un mondo protestante i cattolici si difendono, o si chiudono, nell'intransigenza.

Sulla mancanza di conformismo dei popoli nordici in materia di sesso e di attività sessuale, c'è tutta una letteratura, e anche una retorica. In un trattato di fisiologia, credo del Bediné, trovai una classifica del potenziale di attrazione di cui sono fornite le donne di vari Paesi: in testa, mi pare, erano le georgiane, seguivano le francesi di Arles, al terzo posto, guarda un po', le ragazze di Cesenatico, e quarte le svedesi di Rattrik. È vero che in Scandinavia (e Calosso, che cita spesso questi luoghi, ne avrà a piacere) l'iniziativa in amore è delle donne; gli uomini sono più tiepidi e forse per questo gli italiani godono di una ragguardevole considerazione, e i giornali se ne lamentano e fanno la morale alle turiste che si mettono in viaggio per la penisola. Mi hanno detto di una studentessa di Uppsala che schiaffeggiò un giovane laureato italiano il quale, dopo una festa da ballo, l'aveva accompagnata a casa comportandosi, credeva, da gentiluomo.

«Sei italiano e non hai neppure tentato di baciarmi. Vuoi dire che sono molto brutta» disse l'offesa.

Non bisogna però eccedere in senso contrario, come fece anni fa un noto scrittore, il quale appena arrivato a Helsinki, notò che la cameriera dell'albergo era belloccia e decise di passare subito all'attacco.

Detto fatto: si spogliò e suonò il campanello. Poco dopo arrivò la cameriera, vide l'originale spettacolo: scuoté il capo e si allontanò ritornando subito in compagnia di due signori robusti che volevano ad ogni costo accompagnare l'intraprendente intellettuale al manicomio.

La morale non pone rigide barriere agli amplessi, ciò che però frena è il timore dello scandalo. «Scandal» è la parola tipicamente scandinava, come «Kolossal» è l'espressione tipicamente germanica. Hedda Gabler, mi diceva uno studioso di letterature nordiche, è un'eroina che incarna una preoccupazione collettiva. Hedda Gabler si uccide per paura dello scandalo.

Né l'incontrollato abbandonarsi al piacere fisico porta la felicità. La poca luce sfuma i contorni del reale, e Osvaldo invoca il sole e Kierkegaard cerca disperato un'idea per la quale «vivere e morire». Sole e sogni: per questo una canzonetta napoletana può sembrare, alle ragazze del nord che si bagnano nude e si sdraiano sull'erica dei prati, e non badano all'«onore», la voce di una felicità inaudita e lontana.

1950-1959
L'Italia del grande sogno

Milano è in pieno boom, supera i 3 milioni e mezzo di abitanti, sta diventando sempre più simile a New York, Londra, Tokyo e Parigi. Ha 1120 chilometri di strade. È in programma la costruzione di un grattacielo che sfiora i duecento metri. È sesta, al mondo, per numero di telefoni. Un'indagine del Mec ha stabilito che si lavora più qui che a New York, a Mosca, a Tokyo, a Londra e a Parigi. Tutto è organizzato, tutto si esprime con i numeri. «Date,» ho letto su un manifesto ecclesiastico «e in Paradiso vi sarà reso al cento per cento.»

E.B.

1950

La banda Casaroli

Paolo Casaroli era arrivato sui giornali per una serie di rapine compiute in tutta Italia, in particolare, l'ultima, a Roma al Banco di Sicilia. Era il dicembre del 1950. La polizia scoprì un indizio importante: una Fiat 1400 di colore grigio era stata vista fuggire dopo la rapina. A Bologna l'agente Marotta individuò in un'autorimessa della città quell'automobile che era stata noleggiata da Paolo Casaroli. Marotta si presentò a casa del capobanda e venne ucciso. Casaroli, preso dal panico, si diede alla fuga con il braccio destro Corrado Ranuzzi. Quel giorno, per Bologna, fu un giorno di guerra. Bilancio cinque vittime, tra questi il conducente del taxi che si rifiutò di aiutare i due fuggiaschi. Corrado, vista l'impossibilità di salvarsi, si uccise, Casaroli, colpito più volte, fu arrestato. Un terzo componente della banda, Gabriele Fabbris, non ancora sospettato, si sparò al cinema Manzoni.

Incontrai Paolo Casaroli in ospedale. Era appena stato arrestato.

Riuscii a raggiungerlo utilizzando un vecchio espediente del mestiere: entrai con disinvoltura, come fossi un parente di qualche malato. Mi fermai anche a scambiare quattro chiacchiere con gli agenti, due militari e un graduato, che piantonavano il bandito fuori dalla stanza. Non mi chiesero chi ero nemmeno quando domandai di entrare.

Casaroli si voltò verso di me sorridendo. Portava una camicia da notte di tela grezza, di quelle in dotazione negli ospedali col marchio sulla schiena. Le braccia, magre, bianche, uscivano dalle maniche troppo larghe. «Ho la barba lunga» mormorò quasi per scusarsi. Chiese una sigaretta. Gli guardavo le mani sottili, molto curate. «Lei si chiama?» domandò. Poi: «Conosco il suo nome, mi parlava di lei Ranuzzi». «Mai visto» dissi. «Ranuzzi leggeva tutto. Si interessava di giornalismo. Era un ragazzo buono, sa.» «Può darsi, ma un po' vivace, direi.» «Non rida; era onesto Ranuzzi. Poteva dargli centomila lire e lui, anche se alla fame o in bolletta, non toccava un soldo. Soltanto quando entrava in azione diventava cattivo. Faceva gli occhi lucidi, per sparare si alzava sulla punta dei piedi: ta-ta-ta-ta, ma era buono. Sa, fra di noi, guai se ci sfuggiva una parola un poco forte o sgarbata: il giorno dopo ci mandavamo delle lettere per chiedere perdono, proprio come fanno i fidanzati. Ci volevamo bene. Quando io mi arrabbiavo, però, stavano subito zitti.»

Lo interruppi: «Era lei, allora, il capo?». «Già; mi volevano bene. Quando fu il mio compleanno, mi riempirono la casa di fiori. Mi regalarono un anello da centottantamila lire, un accendisigaro da diciotto, un cronometro d'oro, lei non sa, non potete capire cos'è l'amicizia. Pensi che quando Romano stava morendo, sull'automobile, mi ha messo una mano sulla spalla e con un sorriso, sa, con un sorriso, mi ha salutato: "Ciao, Paolo". Ha letto l'ultima lettera di Farris? "Caro Paolo, l'ultimo pensiero è per te." Farris era il vero ufficiale delle SS: freddo, selvaggio. A quindici metri con la pistola da bersaglio spegneva una candela. Sono stati fortunati loro lì.»

Indicò con il capo i tre della Celere fuori dalla porta. «Perché fortunati?» «Perché Farris e Ranuzzi si sarebbero divertiti a buttare una bomba a mano nel camion della polizia, e a mandare trenta o quaranta ragazzi all'altro mondo. Poteva scapparci un macello, se ci venivano incontro.» «Non rimpiange quei morti seminati per la strada?» «No, perché? Farris e Ranuzzi per me valgono trecento degli altri. Mi dispiace per Tonelli perché ha la mia età, è giovane come me e io amo i giovani, sono contento che ce l'abbia fatta; ma di uno come lei non mi sarebbe importato nulla.» «Già» commentai. Ci fu una pausa. Non mi veniva in testa un'idea. «Lei è di Bologna, vero?» domandai, così per riaccendere il discorso. «Sono nato qui, sono del '26. Ma non si capisce dalla pronuncia, vero?»

Parlava arrotondando la erre, mi pareva che studiasse un poco le frasi e gli accenti. «Non si capisce. Non si capisce neppure come un tipo normale, uno studente, un figlio di famiglia, a un tratto si butti all'avventura. Lei non crede di aver ragione, no?» «Senta, io credo al più forte. Avevamo un programma: o la ricchezza o morire. È andata male. Quello di Roma doveva essere l'ultimo colpo. Sa come abbiamo deciso di scendere sul sentiero di guerra? Gettando all'aria una scatola di fiammiferi. Se veniva testa, continuavamo a cercare un impiego, invece era croce e allora avanti con le banche.» «Non c'era un po' di cinema in questi discorsi?» «Una sigaretta, per piacere. Siamo incalliti: lei scherza, eravamo incalliti, sapevamo quello che ci aspettava. Ci piaceva vivere bene. Abbiamo avuto tutto, ogni desiderio volevamo e potevamo soddisfarlo. Voi vedete una bella donna e dite: mi piacerebbe. Noi dicevamo: la voglio. E la prendevamo. Ventimila lire, e due notti con una ballerinetta». «E le belle donne si fanno vive adesso?» «C'è stata una cantante lirica che mi ha mandato a salutare. A Napoli sono stato fidanzato con una contessina. Vivevamo nei grandi alberghi. A Torino frequentavo la migliore società, mi spacciavo per tecnico degli aerei a reazione. So cinquanta parole sull'argomento e tutti i vecchi signori a modo volevano che io spiegassi come funzionava la faccenda. Che risate.» «E adesso?» «Debbo arrivare al processo per scagionare degli innocenti. Non c'entrano, poveracci. Poi deciderò: può darsi che mi uccida, oppure che mi rassegni. Lei va in giro, sta con la gente, ma non è detto che non si possa trovare conforto anche in una stanza, in un libro, in mezzo bicchiere di vino. Siamo sempre stati soli, chi era orfano...» «E sua madre?» chiesi. «È divisa da mio padre, ho una sorella e un fratello.» «Sono venuti, hanno cercato di venire?» «Credo mi abbiano diseredato.» Sorride. «Pentito?» «No. Cerchi di capirmi: considero niente la mia vita, e quindi non rispetto quella degli altri. Nulla vale.»

Paolo Casaroli fu condannato all'ergastolo.

1951

L'inondazione del Polesine si estende verso Cavarzere e l'Adige

Anche l'ultimo tentativo di raggiungere Adria è fallito. Un anfibio, messo in azione dai pontieri, è stato immobilizzato dalla fanghiglia. Le barche a motore non resistono alla foga della corrente.

Sette chilometri di acqua limacciosa ci dividono ormai dalla cittadina polesana. Non si sa nulla degli abitanti che non hanno potuto abbandonare le abitazioni raggiunte dalla piena. Da stamane alle otto la strada è interrotta. A mezzogiorno anche le comunicazioni telefoniche sono cessate: si è saputo che un ponte, quello su canale Bonsega, è crollato. Una colonna di cucine da campo sosta, inutilizzata, su uno spiazzo. Non si conoscono le possibilità alimentari degli assediati. Qui attorno gli scandagli hanno misure impressionanti: l'acqua è alta anche tre o quattro metri. Secondo voci che abbiamo raccolte interrogando fuggiaschi, nelle vie allagate della città il livello massimo raggiunto sarebbe di un metro e mezzo. Si calcola questa sera che ottomila persone siano rimaste nelle loro case; oltre quattromila, provenienti dalla campagna circostante, sono transitate da questo centro di assistenza. Ma anche Cavarzere attende l'invasione del Po: un ingegnere del Genio Civile ci ha detto che lo scolo Botte, un sottile rio che dovrebbe proteggerla, è pressoché impossibile riesca a trattenere la furia del grande fiume. Le acque hanno già raggiunta la località Botta, una frazione a tre chilometri da qui; l'acqua, in quella località, ha rotto un terrapieno e si è riversata in una vasta zona depressa. È possibile che, riempita la zona, superi, come si è detto, lo scolo Botte e si rovesci su Cavarzere. Il centro è pure minacciato dalle acque provenienti dalla direzione di Pettorazza. Di fronte a tale pericoloso stato di cose è stato dato l'ordine di evacuare sia il centro che le frazioni di Cavarzere. In serata sono giunti a Cavarzere il ministro Fanfani e i sottosegretari Rumor e Malintoppi.

Nel comune di Fasana c'è ancora molta gente che attende la salvezza. Le barche si muovono di continuo, di notte, illuminate dalle torce che forano la nebbia.

Ho percorso stamane la sponda ferrarese. Ovunque desolazione e sgomento. La spenta ciminiera dello zuccherificio di Bottrighe accresceva la malinconia al lugubre paesaggio. Alle nove il paese era già circondato dal liquido sporco e tumultuoso. I battelli venivano ricacciati indietro dalla furia delle onde, che rendevano ancora più difficile il trasporto degli uomini e di qualche masserizia. Sugli argini spuntavano tende e capanne costruite con mannelli di granoturco, coperte di erbe secche. È difficile convincere i padroni delle casette sommerse ad allontanarsi dalla riva; il cuore è laggiù, non sanno togliere gli occhi da quell'acqua immobile che ha sconvolto la loro esistenza.

Arriviamo a Cavanella Po: mille infelici senza pane, senz'acqua, senza luce, senza letto per i vecchi e per i bambini. L'unico forno è scomparso. Lontano, si vedono tre figurette su un tetto: una donna e due bimbi attendono che qualcuno venga a prenderli. Ma non ci sono imbarcazioni. Il padre è qui, tra la piccola folla che si raccoglie attorno alla nostra vettura. Piange, piangono tutti. Torniamo indietro ad avvertire uno dei tanti comitati di emergenza, nati per umana solidarietà ovunque. Manderanno poi i soccorsi.

È difficile muoversi sugli argini; le ruote slittano nel fango; c'è pericolo di finire nelle acque sconvolte, che passano poco sotto. Bottrighe dista da Adria quattro chilometri, ma ogni via è sbarrata. Corriamo verso Taglio di Po, per tentare il traghetto, ma oramai anche Donada è «sotto», come dicono da queste parti, e Contarina è minacciata.

«Tutto sotto» grida disperata una donna «tutto sotto: la radio, i materassi, i vestiti, la cucina nuova; tutto sotto, tutto finito.»

Un padre cappuccino e il cappellano di Corbola si affannano a mettere un po' di ordine nelle operazioni di salvataggio. È problematico convincere questi contadini ad abbandonare il maiale o gli indumenti, perché bisogna portare al sicuro prima coloro che sono in pericolo. Il frate, che stava predicando un ottavario, è rimasto a dare una mano a questi cristiani colpiti dalla sciagura ed è energico e deciso. E ancora più lo è il giovane prete, che esorta i suoi fedeli a dimenticare i piccoli egoismi. «Se no» dice «mi faccio dare il mitra da quelli là.» E segna i carabinieri, che di continuo montano di servizio.

In una località già inondata, a Bellombra, c'è da andare a prendere una donna colta dalle doglie. Parte un'imbarcazione con una giovane ostetrica. «Lo chiameremo Rottiglio o Rottiglia» dice «come si usa fare qui, quando nasce una creatura durante una rotta.»

E un Rottiglio è nato vicino a Camponugara, su una vettura ferroviaria, perché la vita, nonostante il male e il dolore, continua. Fortunatamente non si ha notizia di disgrazie mortali.

Fuori l'aria è gelida e ci sono ancora delle famiglie che attendono, issate sui fragili coperti di queste case di mattoni, che arrivino le barche della salvezza.

Adria ci sembra stasera infinitamente lontana.

Cronaca dell'alluvione: sono stati tratti in arresto a Corbola il vicesindaco e il presidente dell'Eca

Gli onorevoli arrivano sempre sul luogo del disastro. Anzi: arrivano tra i primi. Se ne contano, anche da queste par-

ti, diversi: un paio ad Adria, un paio a Corbola, tre o quattro verso Rovigo, qualcuno nel Delta. Essi comprendono i
bisogni del popolo, i problemi di idraulica, e la questione
elettorale. Incitano, si compiacciono e segnalano. Che
scarseggia lo steridrolo, ad esempio, e ce n'è un magazzino
colmo. Accrescono l'importanza dell'avvenimento e la
confusione. A un parlamentare nenniano che, quando ancora si tentava di arrivare ad Adria, chiedeva una barca, un
ufficiale rispose con franchezza: «Gliela darei molto volentieri, ma col buco».

L'onorevole interroga gli alluvionati, accarezza i bambini e prende nota delle necessità. Poi, se ha una spiccata coscienza sociale, protesta.

Stamattina, infatti, quaranta donnine che, nonostante la
rotta del Po, non hanno smarrito un vigile senso politico,
guidate dall'onorevole Luciana Viviani, si sono recate dal
tenente che comanda i carabinieri della base di Corbola ad
elevare un vibrato lamento. I militari hanno arrestato il
presidente dell'Eca Erasmo Veronesi e il vicesindaco del
paese Bruno Carini che, con fraterno spirito, avevano este-
so i soccorsi destinati ai colpiti dalla piena anche ad una
quarantina di compagni di fede, qui giunti per dare una
mano alla soluzione degli incombenti quesiti.

Si trattava, in fondo, di una notevole distribuzione di
praticissime giacche a vento, e di congrui rifornimenti di
generi alimentari.

Per ritorsione, alcuni militanti coscienti avevano deciso
di non fare funzionare le cucine che preparano i cibi per
gli sfollati. Ma il comandante dei carabinieri li ha convinti
ad agire altrimenti: «Il presidente è in guardina, ma che
c'entra? Se fosse morto, allora, non avreste fatto bollire il
latte? Comportandovi così, gli date un altro dolore. Lui ha
sempre avuto una buona parola e una giacca a vento per
tutti».

Purtroppo, sulle onde del Po, è arrivata anche la politica. C'è chi non vuole gli esploratori cattolici e chi diffida
degli attivisti, chi se la prende coi preti e chi con Giancar-

lo Pajetta, perfino la senatrice Merlin è stata accolta con screanzate parole da un acceso collega seguace di Togliatti: «Che cosa vieni a fare nella mia zona? Che cosa cerchi? Quale idea hai, questa volta?» le ha chiesto energico ed insolente l'altro rappresentante della classe lavoratrice, alludendo forse anche al famoso progetto.

Tutti vogliono bene all'alluvionato, tutti desiderano condurlo da qualche parte, alla cellula, in canonica o, nella migliore delle ipotesi, in indipendenti ricoveri appositamente allestiti. Solo l'alluvionato senza tessera, e senza manifesti ideali, può incontrare qualche difficoltà. È nel bisogno, come sapete, che si riconoscono gli amici.

Oltre allo scoppio dello scandaletto, il nostro taccuino annota due altre esplosioni, più cupe e consistenti, e a base di tritolo: è stata aperta artificiosamente un'altra falla nella Fossa di Polesella, e si è aperto un maggiore sfogo alla corrente aprendo una breccia anche in quello di San Leonardo. Ormai l'acqua dolce è penetrata nelle valli da pesce, e non si ha più il timore di provocare nuovi danni. Alcuni artificieri hanno fatto brillare le mine, collocate sotto la superficie dell'acqua con molte difficoltà, mentre si ha notizia che ovunque il livello del fiume decresce.

Cala l'acqua, c'è un tiepido sole, e i cittadini di Adria resistono nelle loro case. La loro vita è disagiata ma non drammatica; i pericoli più evidenti sono altrove.

Stanotte, a Crespino, i vigili del fuoco sono andati a salvare venti persone che stavano per essere sommerse; nel pomeriggio sono partite due grandi motobarche perché, a sud di Polesella, da un casolare posto su un isolotto, partivano colpi di pistola che significavano urgente bisogno di soccorso. In un ristretto lembo di terra, mentre l'acqua saliva sempre più minacciosa, erano assediati quaranta poveretti in preda alla disperazione. Con loro era rimasta una mandria di buoi che muggivano terrorizzati, e in preda alla fame e alla sete. Un animale, che si era avvicinato all'acqua per bere, fu subito travolto.

La solita scena: pianti di bimbi, preghiere di donne, il

preoccupato silenzio degli uomini. Ora sono tutti, bestiame compreso, in salvo. Nel solo pomeriggio di oggi i soldati del generale Petroni, e i civili che da lui dipendono, hanno ricuperato e messo al sicuro trecento bovini e duemila quintali di zucchero.

Ma il paese che in questo momento maggiormente soffre è Contarina. Moltissimi edifici sono costruiti sulla sabbia e offrono scarsa resistenza alla furia delle acque. Molte case crollano. Nella notte se ne sono sfasciate tre con uno schianto tremendo, seppellendo coloro che vi avevano cercato rifugio: venti persone. Sono accorsi, su di una imbarcazione, dei volonterosi che, rischiando la morte, e dopo sforzi disumani, hanno potuto liberare i disgraziati prigionieri delle macerie. Qualche ferito leggero, ma nessun caso preoccupante: soltanto uno dei salvatori, un tale Cecchetto, non ha resistito alla fatica ed è svenuto.

Nella zona allagata c'è, come ho detto, chi cerca di conquistare simpatie (che domani potrebbero essere anche voti) e chi più modestamente accaparra pollame. Una gallina costa dalle cento alle centocinquanta lire; si sono venduti buoi a diecimila e maiali ben nutriti a due o tre. Sono arrivate da tutte le parti squadre di speculatori, e le autorità cercano di impedire gli indegni mercati; ma non è un facile controllo.

C'è chi si libera dei pochi beni che ancora possiede, per mettere assieme un po' di denaro. Mi hanno raccontato di piccoli proprietari che non trovano il coraggio per rivolgersi, ora che il fiume li ha privati di tutto, ai comitati di assistenza. Un vecchio senso del decoro li induce a sopportare gravi privazioni piuttosto che ricorrere ai comitati di assistenza.

Ormai l'organizzazione dei soccorsi è completa. Circolano, sulle strade del Ferrarese, mastodontiche autoambulanze austriache provenienti da Klagenfurt, e fanno una certa impressione quei conducenti che indossano divise che ricordano la Wehrmacht. (La gente dice, a proposito, che la rotta di Occhiobello è stata provocata dai rifugi che i tedeschi avevano costruito, durante la guerra, sull'argine.)

A Pontelagoscuro è arrivato un treno ospedale inglese, comandato da un capitano, e composto di dodici vetture che possono ospitare, nei bianchi lettini, centoquaranta infermi. Prestano servizio sul convoglio, che partirà domani verso la Toscana, venticinque infermieri volontari bavaresi.

La cronaca della giornata annota pure un episodio gentile: nella chiesetta di Berra, ornata di fiori e di ceri, l'arcivescovo di Ravenna ha amministrato la Cresima a cinquantadue bambini del Polesine. Non hanno avuto molte feste, né dolci né doni; ma attorno a loro si erano raccolti, commossi, tutti i paesani.

E annotiamo anche una inconsueta richiesta: il parroco di Villaregina desidererebbe un breviario. Ne aveva tre, ma sono spariti nel Po. Vuol poter recitare la preghiera del giorno per i suoi parrocchiani che hanno tanto bisogno della misericordia di Dio.

Immagini indimenticabili del Polesine allagato
Soltanto buoni cittadini almeno per dieci giorni

È finita la fase dell'avventura, comincia quella burocratica. Comincia il dramma della miseria silenziosa, che si trascina sui tavoli dei ministeri, o negli uffici delle prefetture. L'alluvione non è più, perdonate la parola, spettacolo, un triste e duro spettacolo, ma è diventata un problema. Passa, dalle macchine da scrivere dei giornalisti, alle precise mappe dei tecnici.

Adesso la storia dei centocinquantamila italiani, costretti dal Po ad abbandonare case, beni e lavoro, cessa di essere un fatto sentimentale, entra nei riepiloghi statistici, nei decreti legge. Noi non abbiamo rimedi da proporre, né episodi da raccontare. C'è, su questa torbida laguna, una grigia, uniforme malinconia: che non suggerisce l'aneddoto; anche la disperazione, l'angoscia, i rimpianti possono sembrare, nei nostri resoconti, elementi monotoni e risaputi. Domattina me ne andrò.

Rimarrà vivo in me il ricordo di queste giornate. Io conoscevo il Polesine, delle poesie di Palmieri, un paese «de fossi e de cane», o dei versi di Livio Rizzi: era una terra «favolosa», avvolta dalla fumara, percorsa da canali, solcata da argini, abitata da gente che sapeva gioire della nascita di un vitello, di una bevuta all'osteria, di una messa cantata come si deve, o del petto sodo di una ragazza; una terra mite e rassegnata, abituata, per lunga consuetudine, agli stimoli della fame, o ai brividi della malaria.

Io avevo in mente un Polesine verde di orti, con le sue cittadine pettegole e provinciali, che si prestano a essere portate sulla scena, accanto ai campielli goldoniani, con i suoi contadini cattolici e bestemmiatori, e i pescatori, e i mercanti, e le trattorie, le trattorie piene di colore e di fumo, che ricordano il tempo patetico delle diligenze degli «Alloggio con stallaggio», degli abatini e degli avventurieri.

Immagini che la piena ha distrutte, dolci immagini affogate dalla collera del fiume. Sono rimaste sommerse con migliaia di credenze, di lettini di bambini, di cucine economiche, di sacchi di zucchero e di grano, di macchine e di empori, chiuse negli occhi di coloro che la corrente ha portati verso il mare, nei tranquilli cimiteri che accolgono i vascelli e i marinai rapiti dalle tempeste.

Non scorderò i giorni di Adria affamata, le porte vuote che pendevano inutili, dai davanzali le faccine pallide dei bambini, che cercavano di imbrogliare la fame con due fichi secchi e un biscotto, gli uomini impotenti e sconvolti dalla rabbia, bloccati su un tetto o su un davanzale, due morti gonfi di acqua portati su un barcone verso un camposanto non ancora invaso dalle onde.

Non dimenticherò l'arrivo dell'acqua sulla piazza di Cavarzere, lo stupore di quel mio collega torinese, appena arrivato su quei luoghi tormentati, che mormorava accorato: «Signore, che roba, che disgrazia!».

Le donne, aggrappate sui camion, le mastelle di latte bollente sui bordi delle strade, i lamenti degli animali rimasti legati alle mangiatoie, la lenta e pericolosa navigazione dei baracconi, tra binari e cancelli, pali del telefono e pagliai, le baracche di tela costruite sulle rive da chi non voleva allontanare lo sguardo dalla casa sommersa.

Non dimenticherò quella signora impellicciata, una bella pelliccia morbida e calda, che otto giorni fa, in una piazzetta di Adria, litigò con una popolana per una pagnotta di pane fresco, un semplice pezzo di pane. Ad Adria le parole avevano un sapore antico, primitivi significati: si diceva pane, brodo, coperta, ed erano cose buone, preziose, che servivano per vivere, per resistere.

Non dimenticherò il sonno, il sonno che bruciava le palpebre dei conducenti degli autocarri, dei piloti delle motobarche, dei carabinieri di guardia, degli infelici che attendevano, aggrappati ad un albero o un comignolo, la salvezza, il sonno dei pompieri e dei soldati e anche il nostro sonno, dopo due giorni e due notti di corse da un punto all'altro, alla ricerca di una notizia, di una indicazione, di un telefono.

Il tempo non potrà mai cancellare dalla mia memoria i volti dei malati, calati con infinite precauzioni sugli anfibi, quei volti bianchi per il male e la paura, che spuntavano tra le coperte subito bagnate dall'aria umida e appiccicosa, e certi tipi di preti, dalle tonache sporche, dalla barba lunga, dritti sulle battane che andavano alla ricerca di casolari minacciati e di cristiani in pericolo, e quella signorina che sfollava da uno di quei posti dove si entra senza riguardi, una signorina senza rossetto, dalla espressione allucinata, che fissava la superficie livida, e seduta vicino a lei c'era una vecchia suora che recitava sottovoce preghiere.

La nostra vita di cronisti è tessuta delle più disparate esperienze, ma questo è un «servizio» che non si scorda, è andato al di là delle cartelle dattiloscritte, delle colonne di piombo, del cinismo, sì, del cinismo professionale, della nostra abitudine a considerare le sventure del prossimo sotto la specie di titoli, di pagine per la curiosità, o il superficiale interesse che susciteranno.

C'erano frasi che circolavano spesso, e non erano vuote. «Siamo o no italiani?» diceva quello che dava; e anche chi tendeva la mano sentiva che non era una carità fredda, ma un sincero bisogno di essere utili, di fare qualcosa.

Per dieci giorni l'Italia è stata buona. Buona per non offendere il dolore delle migliaia di poveretti che affollavano, con quattro fagotti e un cane o un gatto i borghi della retrovia, aspettando di essere portati verso qualche ricovero, buona per non disturbare la taciturna sofferenza delle madri costrette a dividersi dai figlioli, o per non rendere ancora più avvilente il vagare di tanti capifamiglia, senza impiego, senza mezzi, che ora si aggiungono alle squallide colonne dei disoccupati.

Non dimenticherò il cupo silenzio dei paesi abbandonati, un cavallino di cartapesta, che galleggiava davanti a un asilo, una cappella allagata, e l'acqua già sfiorava il tabernacolo, un uomo mezzo nudo, immerso fino alla cintola, che gridava: «Mandatemi De Gasperi, mandatemi il papa», e faceva più pena di coloro che se ne andavano tacendo.

Butto giù queste ultime righe, al tavolo di un caffè che si chiama «Bel Danubio blu», sulla via che conduce a Taglio di Po. Una signora che calza lunghi stivali, e ha uno zaino sulle spalle, mi dice: «Beato lei che se ne va». Rimane qui, in una capanna che il marito ha rimediato su un argine, ad attendere che l'acqua se ne vada, che riaffiorino strade e campi, che i camini buttino ancora fumo, e i galli di latta, dalla porta delle locande, chiamino ancora a raccolta i vecchi clienti, i vocianti giocatori di scopone, gli instancabili lettori di cronache giudiziarie.

Io me ne vado domattina, vecchio Polesine, ma spero di tornare presto, a raccontare le nuove favole che i barcaioli inventeranno ancora, quando la notte è lunga ed è placido l'andare sul fiume.

1952

Rina Fort
La belva di via San Gregorio

Al numero 40 di via San Gregorio vi è una normale abitazione, situata in una normale zona di Milano, quella di Porta Venezia. Il 30 novembre 1946 quella casa diventa il luogo di un'orrenda tragedia che scuote l'Italia intera. Una donna, Franca Pappalardo e i suoi tre figli, un maschietto di sette anni, una bambina di cinque e il più piccolo di dieci mesi, vengono trovati uccisi a colpi di spranga. Sono la moglie e i figli di Pippo Ricciardi, commerciante catanese, da tempo immigrato a Milano. Il caso viene risolto velocissimamente: la colpevole è Caterina Fort, trentuno anni, commessa di Ricciardi, ma soprattutto sua amante da diverso tempo.

Dopo un lungo interrogatorio la donna confessa l'omicidio della moglie ma non quello dei figli. Lei sostiene di non essere entrata da sola nella casa ma con un amico dell'amante, Carmelo. Movente: siccome gli affari del commerciante andavano male, i tre avevano deciso di inscenare una rapina per bloccare l'assalto dei creditori. La spranga era stato portata dallo stesso «Carmelo» che con una sigaretta contenente oppio, l'aveva drogata.

Qualche anno dopo, marzo 1952, ho scritto di lei incontrandola nel carcere di San Giovanni in Monte a Bologna.

Caterina Fort non sopporta i rumori. Anche gli sguardi indiscreti, e i lampi dei fotografi, la infastidiscono. Appena giunta a Bologna ha chiesto, al direttore del carcere, una cella tranquilla, lontana dalla strada. Durante le udienze nasconde di continuo il volto con una mano coperta da un guanto di filo nero. Un chiromante ha tentato di svelarle il futuro: «Odio la pubblicità» gli ha detto la detenuta «mi lasci in pace, lasciatemi stare».

A San Giovanni in Monte l'hanno messa in una cameretta del primo piano, che dà su un cortile. Non è sola: deve dividere il poco spazio con Marcella De Poletti, una donna dall'aspetto mite, che un mese fa, esasperata dai maltrattamenti, e dalle continue umiliazioni, scaricò cinque colpi di pistola addosso al marito, un giovane maestro di San Giorgio di Piano. «Sono tutte e due buone e brave» dicono le guardie «non si lamentano, non protestano mai.»

Caterina, quando non deve salire sul furgone che la trasporta al Palazzo di Giustizia, passa la giornata lavorando. Confeziona, con l'uncinetto, maglie e giacche di lana, è molto svelta e sbriga un notevole numero di ordinazioni. Perché le suore di Perugia le hanno procurato molti clienti; dicono anzi che Rina ha un particolare gusto nel curare l'abbigliamento infantile. Diversi bambini indossano i «golf» cuciti dalla «belva di via San Gregorio».

Ogni mattina va a Messa, e partecipa alle funzioni. «La preghiera mi aiuta» dice, e spesso si avvicina ai sacramenti. Le sue letture sono in genere a sfondo religioso e sempre edificanti; adesso il cappellano della prigione, un frate olivetano, le ha imprestato un libro di Salvaneschi, una specie di breviario per chi intende espiare: si intitola *Saper soffrire*.

Caterina Fort e Marcella De Poletti, che è protestante, discutono per lunghe ore attorno ai problemi della fede. Marcella De Poletti è rimasta suggestionata dalla pietà di Rina, dalla rassegnazione di quella compagna che ogni tanto mormora: «Io ho peccato, e Dio mi deve punire». E Rina, da parte sua, spera ardentemente di condurre l'amica alla conversione.

«Il lavoro e il raccoglimento» ha confidato Caterina a un suo difensore, l'avvocato Gaetano Geraci «mi aiutano a sopportare.»

Se qualcuno le ricorda il fatto, se il discorso cade sulla strage, la Fort si turba, per un attimo si smarrisce. Sul volto bianco cala improvvisamente un'ombra. «Non posso avere ucciso i bimbi» afferma con energia.

Forse nessuno potrà mai stabilire con sicurezza chi

massacrò Franca Pappalardo e i suoi tre figlioletti, ma è certo che Caterina Fort «crede fermamente» di avere avuto un complice. È così grande e spaventoso il delitto, che ora non si sente capace di un gesto tanto disumano.

Ha un contegno che induce all'indulgenza, alla comprensione. Ci sono sconosciuti che le inviano pacchi o che le offrono denaro. Ha maniere garbate, e si interessa dei guai e dei dolori degli altri carcerati. Ha fatto pervenire degli indumenti a un bisognoso; durante la passeggiata le altre recluse la trattano quasi con deferenza. Nella sua conversazione non c'è un segno di astio o di rancore. Neppure nei confronti di Giuseppe Ricciardi. «Non l'amo più» confessa «ma non lo disprezzo neppure.»

Non si attende, da questo processo, riduzioni di pena. «Vorrei solo che mi si addebitassero soltanto le mie colpe: non sono come mi hanno dipinta, non ho fatto tutto il male. Qualche anno di meno, per me, non significa nulla: devo pagare il mio conto al Signore.»

Di notte dorme poco, è eccitata, ma non si fa alcuna illusione sulla sua sorte. Il vecchio medico della prigione, il dottor Cristini, le ha chiesto: «Come conta di passare gli anni che verranno?».

«Soprattutto lavorando.»

«Ci vorrà una infinita pazienza» ha osservato il dottore.

«Niente paura» ha detto la Fort. E, alludendo al cordone che portano gli appartenenti a certi ordini monastici, che si chiama «pazienza», ha aggiunto: «Me ne sono fatta regalare uno da una suora».

Ha consumata la lana che aveva portata con sé dal penitenziario; credeva di dover passare pochi giorni a Bologna, e ora si dedica al ricamo. Ha appena terminato un centro, e le monache sono entusiaste dell'abilità di Rina.

«Ma perché lavora tanto?» le ha domandato la superiora.

«Bisogna pure guadagnare per vivere» si è giustificata Caterina che, sferruzzando per tutto il giorno, mette assieme quattro o cinquecento lire.

Riceve molte lettere, e con qualche corrispondente ha

avviato un carteggio. È un poco grafomane; cerca forse di riempire certi vuoti della sua giornata. Due madri le hanno mandato uno scritto che è una requisitoria, e han concluso maledicendola, ma il pubblico che frequenta la Corte d'Assise è indifferente. Al suo passaggio non si odono grida né insulti.

La posta ha recato a Rina Fort anche le commosse parole di una sua compagna d'infanzia, di nome Jole, che è oggi sposa di un medico di Udine. La signora Jole ricorda a Caterina i lontani tempi della fanciullezza; la ricorda come «la migliore, la più allegrona di tutte», e la esorta a parlare ai giudici, a raccontare senza timore.

Anche la sorella della Fort, che vive a Milano, e che assiste alle udienze, spera che Rina si decida a dare una versione completa, senza reticenze, della sua storia.

Ma Caterina Fort, alle esortazioni di chi la incita a difendersi, risponde: «Non posso. Deve cominciare per primo Pippo, poi parlerò io».

Sembra sia ossessionata da un oscuro timore. Si è confidata con un legale. «Perché» ha detto «Ricciardi non dice che cosa mi sussurrò quella sera in Questura, poco prima che fossi posta ufficialmente a confronto con lui? Avevo una paura folle, temevo che mi strozzasse. Lui è un violento; lo temo ancora. Quando entrò in quella stanza mi rifugiai dietro la scrivania del commissario. Se avessi potuto mi sarei infilata nel cassetto. Quando gli dissero che ero stata io ad ammazzargli la famiglia, gridò: "Non è vero, non può essere stata lei, è impossibile". Poi mi abbracciò.»

Ma non vuol chiarire perché attende, dall'ex amante, un gesto che le permetta di esporre alla Corte tutta la verità. C'è chi ritiene che l'imputata taccia sotto il vincolo di un giuramento; altri pensano che la Fort si senta ancora sentimentalmente legata a Ricciardi, e non voglia in alcun modo danneggiarlo.

È azzardato attendersi da lei qualche rivelazione. Alle contestazioni del presidente risponde con monotonia: «Sono passati sei anni» oppure «Non posso».

A un intervistatore che le domandava: «Ma lei è proprio sicura di non sapere altro?» ha risposto bruscamente: «Le cose che non voglio dire non le voglio dire, perché qualcun altro deve parlare prima di me».

Non sente alcun interesse per quanto le accade attorno, parla con un filo di voce, solo a tratti scuote il capo quando ascolta interpretazioni e discorsi che non coincidono con la sua versione. È perfino inutile chiederle se in prigione si trova bene. «Non mi importa» assicura «devo scontare i miei errori.» Ha detto solo che a Bologna il pane è molto buono. Mangia il rancio comune.

Segue la stampa, è informata di quanto si scrive sul suo conto. Teme i giornalisti, che tentano con ogni espediente di avvicinarla. Alcuni colleghi le han scritto con varie scuse, e spacciandosi per cittadini qualsiasi, ma non hanno ottenuto un rigo di risposta. Caterina Fort non fa nulla senza aver sentito i suoi patroni, e sogna solo che, attorno al suo nome, si faccia silenzio.

«È» dichiara il direttore di San Giovanni in Monte «un'ottima detenuta. Non dà il minimo fastidio, si fa voler bene.»

Chiede sempre, alle compagne che incontra per la prima volta, se hanno bambini.

«Epoca» e il mio arrivo a Milano

Avevo diciassette anni quando ho iniziato a scrivere i miei primi articoli, era il 1937, e a ventuno ero giornalista professionista.

La svolta professionale avvenne quando andai a «Epoca», era il 1952, lasciai Bologna per Milano, la città che mi ha adottato. Non fu un distacco, ogni occasione era buona per tornare a casa. Lucia, mia moglie, aveva la sarta, il dentista sotto le Due Torri e solo lì sosteneva che si potevano comprare le saponette. Tutta la famiglia venne con me e lasciandomi alle spalle San Luca capii che il nostro era un viaggio senza ritorno. Mi staccavo dai luoghi che mi avevano visto bambino, balilla, poi avanguardista, dal Littoriale dove entravo a fianco di un signore sconosciuto spacciandolo per mio padre così non pagavo il biglietto per vedere giocare il Bologna, dal Caffè dei Cacciatori, da piazza Maggiore. Era un addio doloroso.

A «Epoca» mi aveva chiamato il direttore Bruno Fallaci, zio di Oriana, che avevo conosciuto nel periodo partigiano a Firenze. Io militavo nella brigata «Giustizia e Libertà» lui dirigeva il «Pwb» il giornale del reparto propaganda degli americani. Ci eravamo poi rivisti a Bologna dove lui aveva messo in piedi il «Giornale dell'Emilia» che poi diventò proprietà degli agrari e degli industriali. Io ero redattore e mi occupavo di cinema con qualche difficoltà.

Il motivo risaliva ad un episodio da nulla. Una volta mi ero trovato con il mio amico Luigi Paglierini del «Progresso d'Italia», foglio comunista, nei gabinetti che i nostri giornali avevano in comune; lui mi aveva chiesto se ero contro all'atomica (da poco era stato reso pubblico il manifesto di Stoccolma), io avevo risposto: «Sono anche contro chi fa boom con la bocca». Paglierini, pubblicò sul suo giornale che avevo aderito alle proteste antiatomiche. Non volli smentire una cosa che del resto avevo detto, anche senza quel preciso significato politico. Nessuna meraviglia se ero guardato con molta simpatia da qualcuno del mio ambiente.

Fallaci mi propose il ruolo di redattore capo. Ne discuto a lungo con Lucia perché l'idea di fare l'emigrante mi terrorizzava. Milano era lontanissima (l'avevo vista di passaggio mentre andavo a Londra per le nozze della regina Elisabetta), e poi mi sembrava che fuori Bologna non esistesse la vita. Insomma, non sapevo che cosa rispondere. Decido di chiedere uno stipendio di duecentocinquantamila lire al mese così, se me ne davano di meno, dicevo «no grazie» e rimanevo a casa mia. Niente da fare: da «Epoca» rispondono che mi danno duecentosettantamila al mese, ventimila più del previsto.

A Milano prendemmo in affitto un appartamento in via Col Moschin, dietro Porta Ludovica, senza considerare, da provinciali che venivano dalla collina, che sotto le finestre passavano giorno e notte i tram. Non ero abituato ai contratti d'affitto, tra l'altro in quegli anni non era facile trovare casa e per poter entrare in via Col Moschin dovetti pagare una buonuscita a un certo signor Fiorentini, allenatore di calcio, che ci abitava. Quella casa al primo piano era un inferno, ma il mio stipendio non mi permetteva altro. Lucia ed io eravamo smarriti, una domenica decidemmo di portare le bambine a vedere il Duomo e tenendoci per mano, quasi con la paura di perderci, imboccammo Corso Italia.

Dopo un po' capimmo che non eravamo soli e cominciammo a frequentare gli altri bolognesi emigrati, Ugo e Nanda Berti, Eugenio Ferdinando e Lea Palmieri, naturalmente colleghi. Poi vedevamo Oreste Del Buono, Tommaso Giglio, Federico Enriques, Giovanni Guareschi, Enrico Emanuelli, Giorgio Fattori. Alla domenica andavo con Del Buono e Giglio, l'unico ad avere l'automobile, a San Siro ed era indifferente se a giocare era il Milan o l'Inter, anche perché io tifavo Bologna.

1953

I volti che diverranno celebri
Le annunciatrici della televisione

Ieri mattina negli studi della televisione c'era un insolito movimento. L'ordine del giorno avvertiva: «Dalle 10 alle 14 provini». Le sale d'aspetto erano gremite di giovanotti col vestito delle grandi occasioni e di ragazze un po' pallide che, prima di presentarsi ai giudici, invocavano l'aiuto di Genesio – il santo degli attori – e di Elizabeth Arden, la protettrice delle donne. Il bando richiedeva presenza e cultura.

«Mi sento abbastanza tranquilla» diceva una concorrente ad un rassegnato usciere, accarezzandosi i fianchi «ho una figura alla Colombo ed alle commerciali ho studiato il francese.» Fulvia Colombo rappresentava per molte di quelle giovinette un esempio, «l'ideale». La signorina Colombo è la più vecchia annunciatrice della tv: alta, con un sorriso misurato, d'una grazia un po' fredda, un po' sofisticata, compare quasi ogni sera all'inizio ed alla fine delle trasmissioni. È lei che vi dice chi sono i protagonisti della commedia che si sta per programmare, lei che, quando l'ultima immagine del telegiornale o dello spettacolo di varietà si è dissolta, vi esorta al riposo e vi augura la buona notte. Fra un paio di mesi la voce, le pettinature, i *décolletés* di Fulvia Colombo saranno una gradita conoscenza di migliaia di famiglie: la sua fisionomia diventerà, come le cartoline del Duomo o dei Faraglioni, patrimonio comune d'un discreto numero di italiani.

Dice Fulvia Colombo che il suo lavoro richiede memoria e prontezza: bisogna abituarsi a dire, con tono naturale, senza incertezze, parole mandate a mente anche pochi minuti prima che la ripresa cominci. È pure necessario saper muoversi con discrezione, rispettando scrupolosamente le indicazioni del regista, perché ogni inquadratura è calcolata. Lei, in confidenza, vorrebbe fare l'attrice: le pare che i suoi compiti attuali richiedano soprattutto un'abilità meccanica; desidererebbe invece impegnarsi in vere e proprie interpretazioni. Ha fatto una particina in *Black and White*, una rivista: impersonava la figliola del pasticciere che, incidentalmente, mescolando pasta dolce, uva secca o altre delizie, inventò il panettone; poi Alessandro Brissoni le ha affidato un personaggio di quelli che non hanno molto da dire, ma che si debbono vedere con piacere, in una recente edizione del *Sogno di una notte di mezza estate*.

Fulvia Colombo è bionda, ha lineamenti regolari e possiede, a giudizio degl'intenditori, «una figura che si nota». Ha la stessa statura di Ester Williams. Qualche mese fa ha vinto il concorso bandito da una Casa americana che produce costumi da bagno ed ha fatto un viaggio a Hollywood, dove ha avuto l'onore di essere ritratta accanto a Gregory Peck, a Greer Garson, a Ann Blyth; e la signorina Williams la invitò addirittura anche a cena nella sua villa di Beverly Hills. È maestra di piano ed i costumi da bagno li indossa funzionalmente: non nasconde i suoi meriti di esperta nuotatrice.

Le annunciatrici della televisione guadagnano dalle ottanta alle centoventimila lire mensili. Non lavorano molto, anche se hanno orari scomodi e che le tengono impegnate per diverse ore. Ricevono pure dalla Rai qualche speciale rimborso per l'acquisto di *toilettes*: gli abiti da sera sono per le signore della tv una necessità, come la tuta per gli operai ed i camicioni bianchi per i tecnici.

1954

Il caso Montesi

Ero redattore capo a «Epoca» quando l'11 aprile del 1953 sulla spiaggia di Capocotta, a Ostia (Roma), viene trovata Wilma Montesi, ventuno anni, morta per annegamento tre giorni prima. Diverse le ipotesi: la prima è il suicidio, poi si parla di un malore della ragazza mentre faceva un pediluvio, ma la rivista scandalistica «Attualità» sostiene che la giovane è deceduta durante un'orgia a cui avevano partecipato il marchese Ugo Montagna e Piero Piccioni, figlio dell'onorevole Attilio, vicepresidente del Consiglio e ministro degli Esteri.

Il caso diventa politico, il ministro si dimette, il segretario socialista Pietro Nenni dichiara che sarà «la Caporetto della borghesia» e Giancarlo Pajetta, deputato del Partito Comunista, durante la dichiarazione di dimissioni di Attilio Piccioni, urla in Parlamento, rivolto alla Dc, «capocottari».

Quando scoppia il caso il direttore, Renzo Segala, è in viaggio in America con l'editore Arnoldo Mondadori per fare affari con quelli di «Life», e mi aveva lasciato disposizioni su come realizzare le copertine del giornale in sua assenza. Me ne sono infischiato dei fiori, della primavera e anche di Trieste, e la copertina l'ho dedicata al caso Montesi, con il volto della bellissima ragazza.

Quando Mondadori e Segala ritornano dall'America avevo guadagnato ottanta-novantamila copie. Mondadori, colpito dal risultato, mi chiama per un incontro al quale era presente anche Giorgio Vecchietti, capo dell'ufficio romano di «Epoca», e mi informa delle sue intenzioni di nominarmi direttore con Vecchietti condirettore. Questo perché non avevo la reputazione, giustamente per altro, di giornalista politico, nel senso che la politica non era la mia specializzazione, mentre Vecchietti si muoveva bene nei dintorni del Palazzo. Ho risposto, prima di tutto, chiedendo scusa a Giorgio, che io non condividevo niente neppure con mia madre. Avrei continuato a fare il redattore capo con Vecchietti direttore. Conclusione: sono diventato direttore con la supervisione di Arnoldo Mondadori. Avevo trentatré anni.

Tornando al caso Montesi, nella vicenda, verso la fine del '53, entra Anna Maria Moneta Caglio, figlia di un famoso notaio milanese, da un po' di tempo legata sentimentalmente al marchese Montagna. La Caglio ha gravi sospetti sulla morte di Wilma. È convinta di essere vicino alla verità e si confida con uno zio prete il quale la indirizza al padre gesuita Alessandro Dall'Oglio. La ragazza gli consegna una specie di memoriale che il padre fa pervenire al ministro dell'Interno Fanfani. Anna Maria Caglio poi viene ascoltata segretamente da un colonnello dei carabinieri e l'anno successivo, il 1954, entra ufficialmente nell'inchiesta. Su di lei, allora, ho scritto questo articolo.

La suora che apre il cancello si chiama Pacifica. Ha la faccia da bambina e parla sottovoce. Dice: «Credo che la signorina riposi ancora, ieri sera è rientrata tardi». Poi ci fa accomodare in una piccola stanza che serve da parlatorio: una scrivania, qualche seggiola, dei mobili di uno stile che, vent'anni fa, si definiva «novecento». Su una mensola, bene ordinati, alcuni giornali: bollettini di parrocchie, opuscoli che esortano a far qualcosa per i negretti dell'Uganda.

Anna Maria Caglio non si fa attendere molto; arriva saltellando, sorride, domanda una sigaretta. Indossa un vestito nero e un giubbetto di lana candida; è pallida, senza trucco, ma non sembra stanca. «Sono già stata a Messa» spiega «e ho riposato tutta la notte.»

Aspetta di andare in tribunale, dovrà dire ai giudici perché ritiene che Ugo Montagna sia «il cervello della banda» e Piero Piccioni l'assassino.

«Vede? Eccomi qui, tranquilla. Appena mi alzo una voce mi dice se sarò chiamata a deporre: lo sento. Ma non sono mai emozionata; ieri, mentre attendevo nella sala dei testimoni, ho ingannato il tempo lanciando contro il muro una palla fatta coi guanti.»

Qui dentro i giorni passano lentamente. Conversa con le monache, ma non ha alcun rapporto con le ragazzette che l'Istituto cerca di redimere. Prende i pasti nella sua stanza e non riceve visite: la posta recapita soprattutto lettere di giornalisti che vorrebbero intervistarla, consigli di buone signore, offerte di gente che desidera collaborare con la giustizia. Oggi, una eccezione: un «espresso» del padre. Sulla busta sta scritto: «Alla nobile signorina Anna Maria Moneta Caglio». Sei cartelline numerate in rosso, e un assegno di lire ottomila.

«Invece di concedere tante dichiarazioni piene di rimpianto» dice Anna Maria «mio padre avrebbe fatto meglio a occuparsi di me prima, a lasciarmi meno sola.»

Forse si sente trascurata, abbandonata a se stessa. Non è facile capirla; non ha però i modi e la presunzione dell'eroina, e neppure la sfrontatezza dell'esaltata. «Non sapevo dove andare» racconta «nessuno mi vuole. L'altra notte qualcuno è venuto a cercarmi e le suore hanno dato l'allarme. Sono corsi i carabinieri che stanno di fronte, è arrivata la polizia. Se mi considerano un'ospite scomoda hanno ragione.»

Questo rifugio, tutto sommato, non le dispiace. E poi, non c'era gran che da scegliere. Anche il menu delle monache della Redenzione non dev'essere molto variato, ma lei non ha eccessive pretese.

«Quando andavo a cena con Montagna, lui chiamava il cameriere e ordinava: "Per me riso, che vuol dire quattrini, e per la signorina, che è un'attrice, stelline in brodo". Pensi che delicatezza.»

È da novembre che non vede il marchese; non l'ha incontrato neppure al Palazzo di Giustizia. Adesso non teme di ritrovarselo di fronte, penso che la paura che le faceva dettare testamenti sia ormai scomparsa. Sono tanto lontani i giorni in cui lo chiamava «Ciccio, patata mia»; ora, quando si riferisce al nobile personaggio, dice semplicemente Montagna. Sospira ironica: «Poverino. Glielo diceva sempre Pavone: "Non ti fidare di quella lì, ti rovinerà". Non si è sbagliato».

Tutto ciò che è accaduto non la turba; è sicura, ma senza spavalderia, ha una memoria eccezionale e ricorda, con minuzia di particolari, avvenimenti dall'apparenza trascurabile, usa un linguaggio che non manca di umore e che, qualche volta, ignora le risorse dell'allusività. Si sente compromessa in una polemica che ormai non ha più per obiettivi Montagna, Piccioni, i corrotti e i corruttori, ma soltanto il trionfo della Legge, la vittoria del Bene. «Dicono che ho denunciato tutta la faccenda spinta dalla gelosia: ma gelosa di chi? Montagna, quando la relazione è finita, aveva per le donne moderati interessi.»

Anna Maria si rammarica quando le dicono che la signora Marri ha venduto le sue confidenze: «Voleva fare la teste numero uno» commenta; trova che «le sei tolette della Bisaccia sono troppe»; pensa che Muto non abbia condotto le cose «con molta intelligenza», anche Montagna ha sbagliato «perché non si prende un legale al quale si dà del tu»: vuol far capire che sa giudicare con freddezza, che ha valutato i rischi del grande gioco.

Quando tutto sarà finito, desidera tornare a Milano: «A Roma non posso più starci; lei crede che potrei ripresentarmi a Bagutta? Anche con tutto quello che è successo?».

Ha nostalgia di un altro ambiente, di un altro modo di vivere; non pensa al convento, e neppure al cinematografo: «Mi sarebbe piaciuto» dice «interpretare un soggetto di Lo Schiavo, l'autore di *In nome della Legge*. S'intitola, mi pare, *Condotta di campagna*, la storia di una donna che si sacrifica per l'uomo che ama».

Quando stiamo per andarcene scorge il fotografo, e lo prega di lasciarla stare: «Dopo scrivono che cerco soltanto la pubblicità. Se è così, sono stata accontentata». Poi si aggiusta i lunghi capelli. «E pensare che mi hanno perfino battezzata Cigno Nero.»

Quando apre il cancello, vede il carabiniere che monta la guardia nella garitta: «Questa è l'Arma che noi preferiamo» dice ad alta voce.

E l'appuntato di servizio con un sorriso: «Che bella ragazza».

Le giovanette che cercano di redimersi, sedute sull'erba, intonano un inno all'Immacolata: «Bella sei come il sole, bianca come la luna».

E l'appuntato: «La sa l'ultima? Hanno abolito gli alpini perché sono truppe di Montagna».

Anna Maria rientra nella sua stanza. Dalla finestra si vede la lavanderia, le fanciulle traviate hanno le mani rosse e gonfie e cantano le canzonette che erano di moda un anno, due anni fa.

Per dovere di cronaca aggiungo che nel 1957 Piccioni e Montagna vengono assolti per non aver commesso il fatto.

Ma del caso Montesi si è continuato a parlarne per anni, tanto che torna alle cronache nel 1998 quando vengono pubblicate le memorie di Paolo Emilio Taviani, ai tempi del delitto ministro della Difesa. Scrive Taviani: «Il figlio del ministro degli Esteri Attilio Piccioni aveva un alibi: la sera della morte di Wilma Montesi era in dolce compagnia con la bellissima Alida Valli».

Fatto che poi viene confermato dalla stessa Valli.

Muore Alcide De Gasperi il fondatore della Democrazia Cristiana

Il 19 agosto 1954 muore Alcide De Gasperi, uno dei più importanti statisti del nostro Paese. Prima esponente del Partito Popolare Italiano, poi fondatore della Democrazia Cristiana. È considerato con il francese Robert Schuman e il tedesco Konrad Adenauer il padre fondatore dell'Unione Europea.

Nello studio della signora Maria Romana Catti c'è, tra i libri, una fotografia di De Gasperi. Dice la dedica: «Alla mia cara segretaria e compagna d'America. Papà Alcide». È la figlia che, forse, gli è stata più vicina. Lo seguiva nei viaggi, si occupava di lui. Gli assomiglia anche molto; soltanto, sorride spesso, e la faccia s'illumina. De Gasperi aveva i lineamenti tesi, un'aria severa, concentrata.

Ho in mente alcuni episodi, me li ha raccontati Nenni. Quando tornò dagli Stati Uniti, ed erano i giorni tormentati e insicuri del dopoguerra, lo chiamò per dirgli che aveva deciso di fare il governo, mettendo fuori socialisti e PC. «Mi dispiace» spiegò De Gasperi «perché preferirei litigare con te piuttosto che andare d'accordo con Togliatti.» Nonostante le diverse posizioni, e i contrasti, si stimavano. Avevano trascorso insieme, a Roma, in un convento, i mesi dell'occupazione.

«Mi confidò» ricorda Nenni «che fin da quando era studente a Vienna, e il confessore lo ammoniva perché faceva propaganda per la cultura italiana, aveva scoperto dentro di sé che, in alcuni casi, si può e si deve dire di no anche alla Chiesa. Bibliotecario in Vaticano, non aveva mai ricevuto un segno di attenzione dal papa, e neppure la visita di un vescovo, ma aggiungeva: "Ho un debito di gratitudine, perché le settecento lire che ricevevo ogni mese mi hanno permesso di mantenere la famiglia".»

Dice la signora Catti: «Era stato educato nel Trentino. Aveva cioè, una mentalità particolare. Rispettava il pontefice, come deve fare un cristiano, ma la sua libertà consisteva nella difesa di una certa linea, nel respingere le ingerenze che considerava ingiuste; conosceva i doveri di un capo di governo».

«È una questione di carattere, ma forse non basta; di qualità umane, e anche di talento.»

«Certo, è più facile vincere le grandi difficoltà; diventiamo tutti migliori. Io non dico che i cattolici di allora fossero più o meno bravi; di sicuro erano diversi.»

«Come si comportava suo padre nelle piccole cose, nelle faccende consuete?»

«Per esempio: non aveva un soldo nel portafogli, credo non abbia mai compilato un vaglia, o uno *chèque*. Capiva le mille lire, non le duecentomila. Una volta, mentre usciva dal suo ufficio, incontrò un padre francescano che gli chiese aiuto. «Io ho questo qua» disse, e glielo diede. Era l'assegno che riceveva come presidente del Consiglio, e il frate scappò via esterrefatto.»

«Qual è stato il suo più grande dolore?»

«L'affare del "Candido", l'accusa di aver chiesto un bombardamento agli Alleati. Si sentiva senza difesa. "Ma che popolo è questo" diceva "che mi trascina in un tribunale, dopo tanti anni di lavoro?" Capiva che lo avessero condotto, ammanettato, davanti ai giudici fascisti; lo trovava persino, paradossalmente, logico. L'offendeva invece che qualcuno potesse ritenerlo capace di azioni riprovevoli.»

«Di Togliatti, che cosa diceva?»

«Che era, nei rapporti, una persona estremamente gelida. Ma quello fu un periodo durissimo, il mondo era diviso dalla guerra fredda. È probabile che i fatti lo costringessero a quella parte.»

«Penso che il congresso democristiano di Napoli sia stato un altro momento difficile.»

«Stava già malissimo, il medico gli aveva consigliato di non andare. L'azotemia calava e saliva, disordinatamente. Ma non credeva di essere alla conclusione della sua vita. Nell'ultimo periodo era molto orientato verso la politica europea; pensava, più che alla lotta contro i comunisti, a qualcosa di diverso. Pianse al telefono quando capì che non passava la Ced, che per lui era la sola forza di coesione capace di allontanare le possibilità di un conflitto.»

«Lei, in un suo libro, lo ha definito un uomo solo.»

«Verso la fine, soprattutto. Ma molta gente gli ha voluto bene. Sapeva che l'ultima decisione toccava soltanto a lui, e sentiva il peso della responsabilità.»

«Lo accusavano di non circondarsi, qualche volta, di collaboratori meritevoli di molta considerazione.»

«Lo sapeva. Quando qualcuno gli domandava: "Perché quello è diventato ministro?", rispondeva: "Costruisco con i mattoni che ho".»

«Com'erano le sue giornate?»

«Gli piaceva trascorrere la sera in casa, leggeva, si estraniava un po', era molto schivo delle compagnie, anche da ragazzo nessuno gli ha mai messo le mani sulle spalle.»

«I suoi figli come lo giudicano?»

«Lo conoscono come un individuo, non come il nonno celebre; non volevo che, nelle loro vicende, sentissero il peso di un personaggio. Uno studia economia, uno ingegneria, l'ultimo, che ha quindici anni, fa il liceo. Il primo e il piccolo sono di sinistra, l'altro si considera un tecnico, non rivela, almeno, una scelta.»

«E sua madre come vive?»

«Si occupa della Croce Rossa. I diplomatici stranieri la invitano sempre. Dei vecchi amici non vede più nessuno.»

«Fanfani, Andreotti, Moro?»

«Colombo.»

«Ecco, molti consideravano De Gasperi uno scettico, uno che aveva poca fiducia nel prossimo.»

«Non è esatto. C'era in lui un senso della relatività. Non era pessimista. Credeva nella possibilità di cambiare situazioni e persone. Quando eravamo molto poveri, ci insegnava a scoprire nelle cose i lati buoni. Magari diceva: "Guarda che bella giornata". E spiegava che non c'è nessuna creatura nella quale non esista un fondo di bontà. Anche nelle lettere che scriveva dalla prigione c'è un fondo di speranza: io sono nel giusto, diceva, e mi hanno fatto un torto, e parlava dei progetti per quando lo avrebbero lasciato libero.»

«Aveva un rapporto molto spirituale con sua sorella Lucia, quella che si era fatta monaca.»

«Era entrata nelle suore dell'Assunzione. È morta, con molta pena, quando lui non c'era più. La superiora le concedeva di seguire i quotidiani, così lei trattava con papà anche degli argomenti politici. Tracciava le sue note su dei fogliettini: "Sei stato male? Alla Camera ti hanno trattato male?". Poi lo consolava con una citazione del Vangelo. Lui li metteva in tasca, e li riponeva in un cassetto. Era laureata in lettere classiche, molto intelligente, amava il greco e il latino come nostro padre. Io, invece, lo facevo sorridere. Quando andammo a Washington, ci fu un grande banchetto. Gli avevo preparato lo *smoking*, con lo sparato inamidato, e battuto a macchina il brindisi finale, in inglese. Mentre parlava, *tac*, salta un bottone, poi un altro, e così via. E infine quello che reggeva il cravattino. Era poco abile a far qualcosa con le mani; si fermò imbarazzato, e un cameriere gli prestò il suo. Finì il discorso. Io ero seduta accanto a Fermi, che non conoscevo, e col quale conversavo tranquillamente. Lui mi mandò un appunto, credevo fosse un rimprovero. Diceva: "Stai attenta, è quello dell'atomica".»

«Che cosa pensava dei suoi compagni di partito?»

«Andiamo avanti.»

«Chi frequentava?»

«Due o tre amici, delle sue parti, che in periodo fascista lo avevano invitato a casa loro. Avrebbe fatto qualunque cosa per dimostrargli il suo affetto, ma non sopportava il clientelismo.»

«Ha avuto molte delusioni?»

«No, perché non si aspettava grandi cose. Come dicevo: possedeva il senso del relativo. Era parco di esaltazione, anche con se stesso. Mi chiede se è stato felice? Fra noi, senz'altro. Aveva una fede, non dico una fede senza dubbi, ma la manteneva viva. Scherzando, ci portava a vedere i mosaici di Santa Maria degli Angeli e, mostrandoci quei virtuosi intenti a cantare con le palme alzate, commentava: "Che noia". Non dava importanza a nessuna forma esteriore, non ci ha iscritte all'Azione Cattolica, ci ha lasciate molto libere di decidere quello che volevamo fare. Si era sposato a quarant'anni, e ci trattava da adulte molto prima del tempo.»

«Le critiche lo colpivano?»

«Direi di no. Facevano parte del mestiere. Non si sfogava mai, non ne parlava mai. Si offese solo, una volta, mi pare, che la sua immagine, impiccata, era stata messa davanti a casa. Non aveva nessuna paura fisica. Quando in Parlamento volavano i calamai, restava impassibile.»

«Quale fu il problema affrontato con maggior apprensione, forse con angoscia?»

«Quando andò a Parigi per il trattato di pace. Lo seguì mia madre. Sentiva che rappresentava un Paese distrutto, nemico, che non era riuscito a liberarsi dal fascismo da solo. Non c'era il grano, e dovette telefonare a La Guardia per chiedere soccorso, avevamo dieci scarpe per venti poliziotti. Disse: "So che siete tutti contro di me". Nessuno applaudì alla fine della sua dichiarazione. Solo l'americano Byrnes si alzò per stringergli la mano, e fu l'unico segno di umanità.»

«Che cosa le pare sia rimasto di lui?»

«Il fatto che molti dicano: "Se ci fosse De Gasperi", e soprattutto che lo rimpiangano anche quelli che lo hanno avversato.»

Solo il trentasei per cento delle famiglie santificano la festa

I peccatori non servono la statistica. «Noi» dicono i cancellieri del tribunale «registriamo ogni mese tre sole cause per adulterio, ma è chiaro che gli infedeli finiti nei verbali sono una trascurabile minoranza.»

Gli ufficiali di stato civile elencano, in un anno, più di ottomila matrimoni fra sposi che rifiutano l'intervento del sacerdote, ma la cifra ha un valore relativo: quante sono, in realtà, le famiglie veramente cristiane? E anche i cinquecento bambini che, nel 1953, l'anagrafe ha considerati illegittimi, non forniscono un elemento sicuro per tracciare un diagramma che esprima, con evidenza, questo aspetto del nostro costume.

È difficile calcolare la portata di una crisi morale, o dare con numeri la misura della partecipazione delle masse alla vita della Chiesa. «La Rivista del Clero» ha tentato, con un *referendum*, di stabilire quanti sono i cattolici «lontani», quanti sono quegli italiani che, pur avendo ricevuto nella prima giovinezza i sacramenti, hanno in seguito trascurato le pratiche della pietà, diventando poi, in materia di Fede, degli agnostici o addirittura degli avversari. Ma dei novemila preti abbonati al periodico, soltanto nove hanno risposto. Pochini.

Dice il Vangelo: «Io sono il buon Pastore, e conosco le mie pecorelle». Ma per la verità oggi è assai scabroso valutare l'entità del gregge e giudicarne gli umori. Secondo un'inchiesta dell'Azione Cattolica i milanesi che santificano la festa non sono, nella più favorevole delle ipotesi, che trentasei su cento (i giovani vanno considerati per sei-otto unità, gli uomini per tre-quattro); il trentotto per cento dei battezzati ambrosiani celebra invece la Pasqua, ma solo uno su cento si preoccupa di frequentare le lezioni di dottrina.

«Dal 1945 abbiamo fatto del passi indietro» dice Padre Camillo dei Servi di Maria, che esercita il suo apostolato nella centralissima basilica di San Carlo. «C'era un maggior fervore durante la guerra, o nei primi tempi dopo la Liberazione. Allo sviluppo fisico della città non ha fatto riscontro, a mio parere, un adeguato progredire del sentimento religioso.»

La parrocchia, forse, non risponde pienamente alle esigenze imposte dalla società attuale: scarseggia il clero (per un milione e trecentomila fedeli, trecentotrentatré ministri e centosette chiese), non bastano il cinema o l'oratorio per richiamare i ragazzi; poco frequente è il colloquio con il mondo operaio: negli ambienti di lavoro gli increduli e coloro che negano l'esistenza di Dio e la possibilità di una vita futura, arrivano al quaranta per cento.

Leggiamo sull'ultimo numero della rivista «Orientamenti Pastorali»: «Il divertimento è sempre stata l'arma più potente per attrarre la gioventù. Nei confronti dei nostri avversari noi partiamo con molti punti di sfavore; non possiamo dare balli appassionanti, ritrovi con donne, spettacoli di attrazione». L'autore dello scritto esorta i responsabili ad escogitare altre iniziative, che rispettino, s'intende, la castigatezza, ma che siano interessanti: il gioco delle bocce, la squadra di calcio, o la biblioteca circolante costituiscono, ormai, svaghi superati; la cellula è già arrivata alla televisione.

«Non bastano più la Conferenza di San Vincenzo o il Pane di S. Antonio» ci diceva un vecchio parroco. «La cultura tecnica spinge la gente allo scetticismo, e la propaganda politica la distoglie dai problemi dello spirito; vogliono sì, *rinnovare la faccia della terra*, come esorta Gesù, ma più che nella forza della carità credono nei programmi della rivoluzione.»

L'allontanamento dei cattolici dalla Chiesa è, infatti, maggiormente avvertibile nelle zone dove è più accesa la lotta politica, o più pesante il disagio economico. In testa figurano, a quanto pare, le Basse dell'Emilia (nel Ravennate gli indifferenti raggiungono punte dell'ottanta per cento); a Siracusa, su sedicimila abitanti presi in esame, si è visto che solo duemila vanno a Messa alla domenica e gli altri giorni comandati; a Cremona si registrano defezioni fino al cinquanta per cento, e nel Vercellese dal quindici al venti.

«Ci accusano di essere gli alleati dei ricchi» diceva un predicatore «ci rimproverano una scarsa azione sul terreno sociale, e ci attribuiscono tutte le colpe dei vari governi succedutisi dal '45 a oggi. E qualcuno, persino le colpe di quello di prima.»

Dall'indagine che ha condotto un intelligente sacerdote, don Leoni, nella diocesi di Pavia, risulta che facendo una specie di classifica delle categorie più devote, i proprietari terrieri figurano al primo posto, seguiti dagli affittuari, poi dai salariati; in quarta posizione stanno gli industriali e gli artigiani, quinti sono gli operai, e ultimi, ed è pressoché impossibile darne una ragione, gli impiegati dello Stato.

«Il ceto borghese» spiegava un parroco «frequenta le funzioni religiose più che per un autentico bisogno di meditazione e di preghiera, per una questione di forma, di decoro: è un modo come un altro per differenziarsi dalla massa dei tiepidi o dei non credenti. Cercano quasi protezione all'ombra del campanile, e guardano al prete con aria di complicità. Ma quanti fra loro pensano nel momento dell'Elevazione, come diceva Julien Green, che Cristo muore anche per loro? Quanti cercano di uniformare il loro contegno al messaggio del Vangelo?»

È nel periodo della maturazione che i ragazzi si distaccano dalla parrocchia, ed è il bisogno a spingere molta gente verso teorie che, senza promettere la felicità eterna, anzi escludendola, lasciano sperare ai poveri il raggiungimento di un certo benessere e di una maggiore giustizia nella breve tappa terrena.

«La politica che prepara un più sicuro avvenire alla Chiesa è quella ispirata alla carità più profonda e più ardita» diceva un illustre teologo, il sacerdote Carlo Colombo, e i gesuiti milanesi scrivono su una loro rassegna, «Aggiornamenti sociali», che «ad un governo ostentatamente ossequiente verso la religione, ma insensibile alle istanze sociali, si deve preferire un governo forse meno ostentatamente legato a certe formule di rispetto, ma che faccia una sana politica in favore delle classi più disagiate».

C'era un tempo in cui gli apostoli più ardenti affrontavano rischi e fatiche per correre in lontani Paesi a predicare la parola di Dio. Oggi, i missionari, senza compiere lunghi viaggi – basta il tram che porta a Sesto San Giovanni – possono raggiungere facilmente gli «infedeli», gente che ha bisogno di verità, ed aspetta che tutti facciamo qualcosa perché anche l'uomo abbia quanto il Signore dà ai fiori dei campi e agli uccelli dell'aria, ai quali nessuno pensa, tranne il Padre che sta nei cieli.

1956

I gettoni d'oro preferiscono le bionde

Lascia o raddoppia? è, ormai, un capitolo della vita italiana. Come lo furono, a suo tempo, le figurine della Perugina, i duelli Bartali-Coppi, il signor Bruneri o Canella. Un capitolo, diciamolo senza ironia, culturale. Ha offerto l'occasione alle migliaia di clienti dei vari «Bar Sport» d'imparare dove le pernici fanno le uova, chi fu la prima «Figlia di Jorio», chi è stato l'ultimo degli Hohenzollern. È, come si dice, una rubrica indovinata: dagli americani prima, dalla nostra tv poi. Concilia la sete del sapere con quella del guadagno.

Non c'è nulla di scandaloso nel fatto che molti concorrenti fanno un poco la figura del cane sapiente il quale – assicurano gli esperti – ha più memoria che intelligenza. Il giochetto non è una caccia alle idee, ma ai nomi e alle date. Non è molto importante aver capito: quello che conta è ricordare.

Diremo, a conforto dei partecipanti, e appoggiandoci ancora alle testimonianze dei soliti esperti, che Voltaire riconobbe in un vecchio cadente un bambino che aveva visto sessant'anni prima; e che Weber dirigeva difficili composizioni senza ricorrere agli spartiti: aveva tutte le note bene ordinate in testa. Degoli, e la signorina Paola Bolognani, hanno dunque illustri predecessori.

A proposito della «leonessa del Friuli», della «bellissima di Pordenone», dobbiamo osservare che *Lascia o raddoppia?* ha guadagnato non poco dalla presenza della graziosa ragazza. La bionda studentessa ha portato tra i professori di matematica, gli agenti pubblicitari, e gli ingegneri, una nota gentile. Peccato che le sue competenze siano più proprie ai metalmeccanici che alle liceali: la fanciulla non è una appassionata cultrice della pittura espressionista, o del cinema francese: studia, è vero, e con diligenza, le materie stabilite dai programmi ministeriali, ma è felice di raccogliersi nel segreto della sua cameretta per ripassarsi le classifiche degli ultimi venti campionati di calcio. L'animo femminile è veramente un abisso.

Ci sia concesso, concludendo, di rivolgere un ammirato pensiero a Mike Bongiorno: il giovanotto ha garbo, misura, prontezza. È meglio dei cosiddetti allievi prediletti di Benedetto Croce che si sostituiscono, chi sa perché, ai vari Nunzio Filogamo per spiegare, con l'ausilio degli studi universitari, l'invenzione del cappello.

Mike Bongiorno, anche se non si chiama Michele, come vorrebbe qualcuno, anche se non è stato un gran soldato, come vorrebbero altri, è, tutto sommato, la sola personalità che ci abbia rivelato la televisione. Ha, nel confronto dei suoi concorrenti, dei tanti e spesso inspiegabili – o spiegabilissimi – personaggi che appaiono sui teleschermi, una rara qualità: la discrezione. E il pudore: si capisce subito che parla di cose che non conosce.

Nel telegiornale meno Teleministri

Non esistono, ha detto qualcuno, notizie buone o cattive: esistono soltanto notizie. Parliamo, si capisce, in senso giornalistico. Grace Kelly che si sposa fa notizia, ma fa notizia pure un bel terremoto, il furto dei gioielli dell'Aga Khan, la solita ignota che, non contenta di farsi uccidere, si fa anche tagliare a pezzi e spedire in valigia.

Ci sono poi argomenti che, per quanto sfruttati, richiamano sempre l'attenzione della gente: «Un articolo su Rasputin» dice Guareschi «si legge sempre»; e sempre si guarda il disegno dei settimanali popolari che riproduce il serpente boa fuggito dal circo che va a cercare rifugio nel letto di una sbigottita signora, o la patata di tre chili raccolta dal soddisfatto agricoltore di Codogno (Milano) e puntualmente fotografata, oppure l'orso respinto a schiaffi dal deciso boscaiolo trentino (vignetta).

Classificheremo nel genere «notizie indifferenti», né buone, quindi, né cattive, né piacevoli né importanti: il ministro che inaugura la fiera nel capoluogo del suo collegio, il ministro che tiene un discorso, sempre nel capoluogo del suo collegio, il ministro che saluta la partenza per le colonie marine dei figli dei dipendenti, il ministro che visita istituzioni benefiche, opere pubbliche (o private), il ministro che celebra illustri personaggi, con particolare riguardo per quelli defunti.

Non parliamo poi dei sottosegretari, condannati a dire parole di circostanza tanto all'apertura di una nuova coltelleria a Bassano del Grappa, come alla consegna del premio letterario Volturno «per un articolo inteso a valorizzare le risorse turistiche della zona».

I fatti sopra elencati non interessano, nella maggioranza dei casi, che gli organizzatori delle varie manifestazioni e i parenti più stretti degli onorevoli.

Purtroppo la tv, che ci offre degli ottimi servizi giornalistici: vedi le Olimpiadi, il matrimonio di Montecarlo o le tante e importanti gare sportive, indulge spesso a raccontarci le imprese, quasi sempre trascurabili – parliamo ancora, si capisce, in senso giornalistico – dei nostri uomini politici.

Suppongo che né Piccone Stella né Vittorio Veltroni trovino sottili piaceri professionali nel mobilitare le telecamere per un comizio, una mostra di prodotti tipici, l'apertura al traffico di un ponte; capisco anche che non è sempre comodo dire di no, specialmente a Roma; ma la forza della democrazia, perfino di quella «progressiva», sta pro-

prio in questo: nell'abolire il culto della personalità. Ora
nessuno vorrà dirmi che i nostri ministri non sono democratici. E figuratevi i sottosegretari che, credendo fermamente nella dinamica delle forze, e nelle alternative, non
aspettano altro che di diventare ministri.

Faccio una proposta: perché qualche senatore non fa
una utile inchiesta – ad esempio – sui vari scandali denun-
ciati dal '45 ad oggi e puntualmente insabbiati? Che ne fu
dell'oro di Dongo? Che ne è del commercio delle banane?
Non saranno storie appassionanti come quelle dei *gangsters*, d'accordo, ma bisogna accontentarsi. Siamo un Paese povero.

Meno il telegiornale, e anche il giornale-radio, saranno
«ufficiali», tanto più risulteranno vivi e gradevoli.

Finalino. Nell'ultima trasmissione di *Lascia o raddoppia?* la tv ha offerto a Danny Kaye, perché le passi all'Uni-
cef, l'Ente che assiste i bambini bisognosi di tutto il mondo, lire seicentoquarantamila. Stavolta, ci è parso, è stata la
tv che si è lasciata sfuggire l'occasione di raddoppiare.

La paura non fa programmi

Tenteremo di fare, come si diceva una volta, della critica
costruttiva. Tenteremo di esprimere, con la dovuta mode-
stia, il nostro trascurabile parere. Non siamo – diciamolo
subito – dei «tecnici»: i misteri della regìa non ci appassionano, abbiamo un riverente ma distaccato rispetto per i segreti delle telecamere. Non lavoriamo per i posteri, ma ci
dedichiamo soltanto ai contemporanei: e gli artisti del video ci perdonino. Arriviamo perfino a sottoscrivere la pre-
suntuosa affermazione di un famoso personaggio di Gregory La Cava, il quale diceva che «per dire che un uovo è
marcio non occorre essere una gallina». Confessata la nostra pochezza, dichiariamo la nostra opinione: la tv italiana non manca di eccellenti operatori, ma scarseggia di idee
e di coraggio.

Facciamo qualche esempio. L'ultima puntata di *Lascia o raddoppia?* ha appassionato gli spettatori, ha raggiunto una intensità drammatica inconsueta. Il gioco ha dato vita a un piccolo mondo; sono passate sullo schermo illusioni, miserie, villanie, fatuità; Mike Bongiorno ha presentato dei personaggi autentici con delle autentiche passioni. Il bollettino dei protesti e una clinica per malati di nervi hanno animato la ormai scontata sceneggiatura dei risaputi indovinelli.

Perché «la terra con cui fu fatto il primo uomo» disse un antico favolista «era impastata con le lacrime». E la gente, cerca la verità; e quando non si raggiungono emozioni estetiche, bisogna almeno arrivare alla commozione umana.

Altro giro, altro articolo. Guardate *L'amico degli animali*, e ascoltate il signor Lombardi. I protagonisti dell'apprezzato programma, li conoscete: un leoncino, un cane, una scimmietta, poi serpenti, o uccelli, un'annunciatrice che fa da contorno, un negro che non parla e il signor Lombardi che, ahimè, parla e come. Ebbene, nonostante gli strafalcioni del presentatore, che ha trascurato la sintassi per la zoologia, la rubrica piace per la spontaneità, perché ignora gli artifici. Perché racconta storie vere.

Abbiamo visto delle ottime riprese dalle Olimpiadi di Stoccolma e un buon documentario di Budigna e Bigazzi: *Dieci minuti con Giani Stuparich*. Ma perché non è concesso allo spettatore – in questi giorni di dure polemiche che appassionano il mondo – di passare dieci minuti con Togliatti o con Nenni, intervistati come si conviene da un giornalista veramente indipendente?

La cronaca, ecco quello che manca alla nostra televisione, la cronaca viva, che non è fatta soltanto dei cavalli di Stoccolma, dei leoncini di Lombardi, dei sapienti del giovedì sera: la libera cronaca narrata senza gli schemi dei competenti ministeri, da persone che per stare in piedi non hanno bisogno di appoggiarsi alla tessera del partito.

L'onestà dell'informazione è un dovere per tutti, ma lo è in particolare per chi lavora in regime di monopolio. E coraggio, amici della Rai: non abbiate timore delle ironie di Billa Billa, dei commenti liberali di Gorresio o degli umori di Malaparte. C'è stata una guerra per liberare l'umanità dalla paura, e sembra impossibile che dei bravi signori stiano in soggezione davanti al loro buon parroco.

1957

Forse avremo il secondo programma

Benvenuto, secondo programma. Lo promettono, lo discutono, lo aspettano. Che cosa ci porterà? Ministri o Tognazzi? Ciclismo o congressi? Vorrà appagare i gusti degli abbonati o quelli del Governo? Avremo più cronache, più Bongiorno, più riviste, più commedie, più critiche, più libertà, o sarà ancora il trionfo della conferenza stampa vivace e appassionante come un decreto legge, del film girato all'epoca di Mae West fanciulla, delle drammatiche inchieste sulla lavorazione del marmo, la pesca del tonno, il restauro del libro.

Possono sperare i maggiori di trent'anni, e con le dovute cautele, in un po' di pugilato, in un po' di satira, in un po' di teatro «pericoloso», in un po' di notizie, belle e brutte, così come vengono, così come è la vita, raduno dei giovani lavoratori cattolici, e processo alla rivista «Confidential», armi russe sbarcate in Siria e turiste in calzoni corti inseguite in Italia, albergatori innamorati di principesse tristi, e cardinali che ebbero il coraggio – a suo tempo – di chiamare «schiavisti» Hitler e Mussolini, possono sperare, i maggiori di trent'anni, di sentir discutere, anche davanti alle telecamere, con rispetto ma senza conformismo, le idee di Gronchi e quelle di Sturzo, i programmi di Fanfani e quelli di Malagodi?

E invece dei consueti *réportages* di carattere artigiano-dopolavorista, un po' di storie vere, su problemi consistenti?

Ma è proprio sicuro che in Italia il costo della vita non è aumentato quasi nulla? Perché nelle grandi città s'è sviluppata, in forme clamorose, la delinquenza minorile? Oggi i professori bocciano più d'una volta?

Non si tratta, tutto sommato, di combinare dei programmi più «leggeri» o più «culturali», di differenziare soltanto il tono: primo programma austero, profondo, soporifero, per pochi intimi; secondo: frivolo, canzonettistico, morigeratamente sensazionale, sportivo, per diplomati alle medie inferiori, per casalinghe, per ciclomotoristi; bisogna soprattutto essere più vivi, meno ipocriti, si tratta di lavorare come buona parte degli italiani, che non essendo coperti né dai potenti della politica, né dalle riposanti leggi del monopolio, debbono darsi da fare per conquistare clienti. Non bisogna pensare che, fin che le cose vanno così, la Rai può dormire tranquilla. Le cose possono anche cambiare. Non è meglio, non è più pratico, più economico, più ragionevole, rinunciare alla prudenza dei burocrati e affrontare i rischi dell'intelligenza?

Vorremmo, dopo cena, trovare sugli schermi familiari un'immagine sincera dell'Italia, ripresa senza la consulenza degli enti del turismo, presentata senza il linguaggio dei bilanci dei ministeri o dei comizi elettorali, un'Italia cordiale e drammatica, un'Italia che è patria comprensiva di Morandi e della Loren, del calciatore Niccolè e dello scrittore Moravia, che ospita disinvoltamente passeggiate periferiche di seminaristi ed escursioni campestri di «morosi», un'Italia umana e piacevole, e magari divertente. «Siate allegri.» Non c'è rischio: lo ha consigliato San Paolo.

1958

Don Zeno, il padre di Nomadelfia: non basta il pane ci vuole l'amore

Don Zeno ha i capelli bianchi e il volto segnato. Sembra un vecchio: sono tanti anni che lotta. Qualche tempo fa è stato anche molto malato. Un professore gli ha detto: «Non s'illuda, dovremo operarla». Sorride: «È un male che conosco da tempo, e quasi mi fa compagnia». Veste da laico (giacca nera, pantaloni neri, cravatta nera), ma recita ogni giorno il breviario. Don Zeno ha la faccia e le mani di un contadino emiliano, continua a seminare e non si avvilisce per i magri raccolti. «I bambini» racconta «laggiù, a Grosseto, sono felici. Lavoriamo la terra, piantiamo alberi, scaviamo canali. Abbiamo trecentocinquanta ettari di Maremma che renderemo fertili. E aspettiamo fiduciosi la stagione in cui maturerà il grano.»

Per salvare qualcosa dei suoi ideali, perché non tutto andasse perduto, ha rinunciato a dire la Messa. Si era fatto prete che era ormai un uomo: Dio l'aveva chiamato a servirlo quando già sapeva la vanità e il dolore del mondo. Salì all'altare una gelida mattina d'inverno, un lontano 6 gennaio del 1928; la chiesa di Carpi era piena di gente, che voleva vedere quel curioso giovanotto, figlio di ricchi agricoltori, che se ne andava per sempre dalla casa del padre. Tra la folla dei fedeli un po' storditi dal fatto della liturgia, dal suono dell'organo e dai «doppi» delle campane, c'era un ragazzo silenzioso e pallido che era appena uscito dal carcere. Don Zeno lo prese con sé.

Lo mandarono cappellano a Roncole, un paese vicino a Mirandola. Il parroco era vecchio, e don Zeno Saltini correva in bicicletta da un casolare all'altro, organizzava spettacoli di burattini, impiantò un cinematografo, e tra una scena d'amore e una sparatoria di banditi, i contadini ascoltavano la sua parola, schietta e semplice, che ricordava loro certe antiche storie di un antico libro: «Dice il Vangelo» tuonava il cappellano «amatevi come fratelli. Fratello è anche il bottegaio, il mercante di bestiame, il padrone del podere; non imbrogliatevi, sopportatevi, vogliatevi bene».

Insisteva sempre su quella frase: «Vogliatevi bene». Poi, magari, prendeva la fisarmonica, e attaccava un valzer, e sull'aia di una fattoria i giovani si lanciavano in onesti e sorvegliati balli.

Don Zeno scoprì che a Roncole c'erano seicento bambini, e la metà erano figli di braccianti, o di operai, o di nessuno. E molti non avevano né abiti né scarpe. «Nudi» dice «come i gigli dei campi, e gli uccelli dell'aria, e decisi che bisognava vestirli. Lei conosce la nebbia e il gelo delle nostre campagne. E io li volevo tutti belli, niente gambe rosse, tutti con la camicia bianca, e del buon panno addosso.»

Predicò agli uomini e alle donne di Roncole: «Se tutti i bambini di questa parrocchia, non avranno abito e scarpe io toglierò la croce dal campanile, perché vorrà dire che l'occhio di Dio non può fissarsi su queste case. Voglio che addobbiate la chiesa con le stoffe più preziose. E fate venire i sarti da Modena e dai paesi vicini, perché tutto deve essere fatto a dovere».

Così un giorno il vescovo di Carpi fu invitato a onorare una strana cerimonia: seicento bambini, col vestitino della festa, lo accompagnarono in processione: egli portava il Santissimo, quattro giovinetti reggevano un leggero baldacchino. Non c'era nessun grande, nel corteo, ogni tanto si vedevano volare i cappelli dei bambini, buttati allegramente in aria. Il vescovo piangeva, e anche i grandi piangevano.

«Scoprii, vivendo tra il popolo» racconta don Zeno «che la beneficenza non basta. Non basta il pane, c'è un grande bisogno d'amore. Non si può vivere senza un padre e una madre. Quando veniva la sera, mettevo i bambini che avevo preso con me nei loro letti, pregavano, io li baciavo, io li abbracciavo, ma capivo che avevano bisogno di una madre. C'era qualche giovane che mi aiutava, e i bambini – orfani erano, trovatelli – mi dicevano: "Don Zeno, le donne sono cattive, non vogliono bene ai bambini. Non c'è nessuna donna che pensi a noi".»

(I bambini, dice don Zeno, sono terribili e ti domandano: «Perché il Signore ha fatto la vipera che è velenosa?». Ma se sapete crescerli con spirito generoso diventano buoni, perché l'uomo è buono, e bisogna avere fiducia nell'uomo.)

Arrivò dunque un mattino la signorina Irene, studentessa liceale, e bussò alla casa di don Zeno: «Sono venuta, se mi prende, a darle una mano; qui c'è tanto da fare». I genitori della signorina Irene erano disperati, i bambini erano felici. Irene fu la prima mamma che don Zeno, questo strano prete, questo «prete matto» (la dolce ed eroica pazzia che insegnano i santi: san Francesco era matto, ed anche san Giovanni Bosco) diede ai fanciulli che non avevano nessuno. E da allora i fanciulli di don Zeno cantano un giocondo inno, e c'è una strofa che dice: «La mamma non deve morire mai più».

Quando la guerra finì don Zeno si trovò circondato da migliaia di poveri che si affidavano a lui. Erano bambini raccolti sulle strade, che avevano perduto tutto, erano uomini e donne ai quali egli ridava una speranza. Nel campo di concentramento di Fossoli furono abbattuti i reticolati, sorsero linde baracche, e in ogni baracca viveva una famiglia. Vennero piantate aiuole, si sentiva rumore di macchine operose, il canto delle massaie, le grida festose dei ragazzi, le raccolte preghiere di mille e più persone che credevano di poter vivere secondo la legge di Gesù: chi ha di più dia a chi non ha, non devono esistere poveri, a nulla serve il denaro, dobbiamo essere tutti uguali, abbia anche l'orfano i genitori. «Nomadelfia deve renderci tutti fratelli» dicevano «deve essere la città di Dio.»

Don Zeno amava l'orfano e gli diceva: «Figlio, ecco tua madre» e diceva alla donna inginocchiata che accarezzava il bambino: «Madre, ecco tuo figlio».

Ma non tutti capivano questo strano prete, questo «prete matto», la sua santa ingenuità, il suo esemplare candore: egli voleva costruire un piccolo mondo che fosse di guida al mondo più grande, che insegnasse al mondo più grande la letizia che nasce dal sacrificio, dalla pace del cuore.

Il piccolo popolo di Nomadelfia fu disperso, i camion della polizia caricarono quella gente smarrita, molti bambini andarono a rifugiarsi nei boschi, non volevano lasciare don Zeno, le madri che don Zeno aveva trovato e benedetto per loro. Don Zeno può dire con san Francesco: «Ho dovuto rendere quello che non avevo preso».

Si parlò di lui sui giornali, si parlò di lui nelle aule del tribunale; il piccolo popolo che non amava il denaro fu disperso da una povera e troppo confusa storia di cambiali. Don Zeno restò solo con l'amarezza di una grande prova che sembrava fallita. Perché il seme non andasse perduto, rinunciò al suo abito di sacerdote: Pio XII, è un caso assai raro nella storia della Chiesa, gli concesse di ritornare alla sua opera, ma con quel vestito tutto nero, quel vestito che ha tanto poco da laico.

Così, nella Maremma toscana, trecento nomadelfi fanno defluire le acque stagnanti, cacciano le vipere velenose, che il Signore autorizza a snidare dai canneti, si radunano per pregare, per discutere, per amministrarsi, hanno un padre gesuita che dice la Messa per loro e insegna il catechismo ai ragazzi, e benedice le nozze e accompagna i morti al camposanto.

Don Zeno va in giro per le strade della nuova Nomadelfia, siede alla mensa di una delle ventotto famiglie, recita il breviario, guardando il trattore che dissoda la terra incolta. È vecchio, sembra molto vecchio, è stanco, è malato, ma è sereno: «Non è stato inutile» dice «non è andato tutto perduto».

I suoi figli parlano un linguaggio nuovo, vivono secondo un sentimento che pareva irraggiungibile: «Ognuno ha quanto gli serve, e non cerca il superfluo, ognuno si sente padre e fratello. Nessuno teme l'avvenire, perché nessuno è solo».

Muore Pio XII, il papa della guerra

Di Pio XII ricordo alcune fotografie. Ecco un gruppo di studenti che hanno appena superato gli esami per la licenza liceale. Il marchese Eugenio Pacelli è un giovanotto smilzo, coi baffetti: è stato promosso con una media che sta fra l'otto e il nove, ed è anche un eccellente sportivo. Gli piace andare a cavallo nella campagna romana, nuota, pratica il canottaggio, cammina per ore nei boschi.

Ecco un gruppo di minatori della Ruhr, con la lanterna in mano, gli elmetti, le facce sporche; tra loro c'è un prete magro, che ha indossato la tuta ed è disceso nelle gallerie. È monsignor Pacelli, il nunzio apostolico; ha vissuto i giorni tumultuosi degli spartachisti, ha conosciuto la Germania del Kaiser e quella della disfatta.

Una folla di popolani sconvolti, sulle rovine di San Lorenzo bombardata. La Roma polverosa, calda e avvilita del luglio 1943. Fra quella gente che ha perduto la casa, che ha dei parenti sotto le macerie, sta il papa e piange. La veste bianca è macchiata di sangue.

Un vecchio agonizza. Le cannule dell'ossigeno cercano di aiutarlo a respirare, il volto contratto. Pio XII è moribondo. Il medico che lo assiste tiene nella tasca del camice una Leica, così un settimanale francese offre ai suoi lettori, in esclusiva, il documentario della morte del papa.

Forse in queste poche immagini c'è il senso di una vita. Un ragazzo malaticcio, che cresce in una famiglia di tradizioni clericali: il sacerdote che lo battezza, don Jacobacci, gode fama di santità, e prevede per il piccolo Eugenio un singolare destino. Cita il Vangelo: «In mezzo a voi sta uno che non conoscete». Il nobile giovanetto, che partecipa alle cerimonie religiose con estatica devozione, ha un forte interesse anche per i libri: ama gli studi raccolti, suona il violino, è di carattere piuttosto chiuso. Nonostante la naturale gentilezza suscita, fra sé e gli altri, un distacco.

Nel momento in cui il Signore lo chiama a servizio, Eugenio Pacelli è pronto all'appello perché la vocazione, fiorita nell'adolescenza, soddisfa il suo bisogno di carità, gli concede quella letizia che si trova nella preghiera. Quando esce dal seminario per celebrare la prima Messa nella cappella Borghese è laureato in teologia e in diritto e parla sette lingue.

Benedetto XV lo manda a rappresentare il Vaticano fra

i tedeschi. Guglielmo II invita l'impenetrabile monsignore a pranzo; e cerca di stupirlo con la pomposità del banchetto e con l'alterigia dei discorsi. Ma il Nunzio prevede l'epilogo della «inutile strage», e sorride della fantasia dell'imperatore che gli espone un curioso piano per difendere, in caso di attacco, San Pietro.

Eugenio Pacelli va a trovare i prigionieri nei campi, e parla loro dell'Italia lontana, con lo stesso rimpianto, con la stessa nostalgia dei soldati. Assiste alla fine di un mondo orgoglioso: vede l'amarezza dei reduci, i disoccupati che dormono sulle panchine avvolti nella carta di giornale, un chilo di patate costa un milione di marchi. Grosz disegna quella disperazione. Brecht traduce in note epiche quella miseria, Döblin e Fallada scoprono i loro eroi nelle carceri. Monsignor Pacelli va a presentare le credenziali al socialista Friedrich Ebert; sa ormai che cos'è la rabbia della rivoluzione, il frutto dell'ingiustizia.

Lo eleggono papa il 2 marzo 1939. Il più breve conclave della storia: sei ore. Sceglie il nome del suo predecessore, per riconoscenza, per dire che non cambierà orientamento. Affermava infatti Pio XI: «Ciò che dice il segretario di Stato è quello che io penso». La tragedia sta per cominciare, e il nuovo Pontefice, che ha una larga esperienza politica, deve tutelare l'interesse della Chiesa, e soprattutto difendere l'uomo. Nello stemma della sua famiglia c'è una colomba che regge un ramoscello d'olivo. Ma non è possibile, nemmeno questa volta, salvaguardare la pace. Vorrebbe che almeno l'Italia rimanesse neutrale; quando riceve Vittorio Emanuele III gli espone il pericolo di un intervento, gli dice che metterebbe in gioco anche il destino della monarchia, lo scongiura perché non si lasci travolgere dalle ambizioni dei fascisti.

Pio XII sente il peso della grave responsabilità, l'angoscia per l'Europa devastata. Chiuso nel suo impenetrabile mondo (mangia da solo, è una abitudine che ha preso quand'era diplomatico, da solo passeggia nei giardini assorto nella meditazione o nella lettura, scrive a macchina i centocinquanta discorsi che pronuncia ogni anno, soltanto due canarini rompono il silenzio della sua stanza), Pio XII prevede le conseguenze del conflitto, sente che le forze dei cattolici sono insufficienti a soccorrere tanto dolore. È un papa di guerra: ha di fronte Hitler e Mussolini, poi sarà l'ora di Stalin. Nei suoi discorsi c'è la condanna della violenza; le iniziative del Vaticano sono tutte ispirate dalla pietà, ma qualcuno vorrebbe un atteggiamento più deciso, un giudizio più chiaro sulle colpe. Ci sono alti prelati che hanno accolto con calore il movimento nazista, o che hanno benedetto labari e gagliardetti. Più tardi Pio XII lancerà la scomunica su chi segue e divulga le teorie del comunismo ateo; promuoverà una specie di crociata contro il marxismo che avanza. Il mondo è rigidamente diviso dalle trincee ideologiche. C'è la cortina di ferro, c'è il presidente Eisenhower, c'è Foster Dulles e c'è MacCarthy, c'è la Chiesa del silenzio. Pio XII è prima il papa della guerra, poi della guerra fredda.

Ha sofferto tutte le crudeltà e i drammi della nostra epoca, ha cercato di affrontare i problemi posti dallo sviluppo della scienza, dall'evoluzione della società. Si è interessato, ad esempio, dell'analgesia, per stabilire l'importanza morale della sofferenza, della narcoanalisi, considerata una offesa alla personalità umana, ha indicato ai devoti una strada nella difficile scelta di una vita da salvare, la madre o il bambino, ha dato una santa protettrice alla televisione, Chiara, seguace di Francesco d'Assisi, e ha stabilito come verità dogmatica l'assunzione in cielo anche del corpo di Maria Vergine.

La sua fede, secondo le rivelazioni fatte nel 1945 da un periodico e confermate dall'«Osservatore Romano», fu premiata da una visita di Gesù: la mistica visione venne annunciata anzi al Santo Padre con un giorno di anticipo, e da una chiara voce ultraterrena. Così il racconto.

Sulle sue ultime ore fu inscenato uno spettacolo non edificante: un'aria profana circondò l'agonia del papa.

Sotto la luce dei riflettori, davanti alle telecamere, un frate dava notizie delle condizioni dell'infermo. Giornalisti e fotografi lottavano per strappare una immagine o una indiscrezione. Un quotidiano, per battere la concorrenza, e ingannato da un equivoco segnale, pubblicò una edizione straordinaria col prematuro comunicato del decesso. Sembrava di assistere alle tumultuose scene di *Asso nella manica*.

1959

Nella pace del convento non ha smesso l'antica battaglia Candido furore del vecchio Sturzo

La vita di Luigi Sturzo si svolge in tre stanze. «Il professore», come lo chiamano le monache, non esce quasi mai. È andato qualche volta al Senato, si è recato a votare. È il postino che gli porta la voce del mondo. Sui tavoli, sui mobili dello studio, vi sono pile ordinate di volumi e di giornali. Le visite lo stancano ed ha bisogno di solitudine: «Non ho tempo da perdere» dice «e poi debbo parlare poco». Il cuore non sopporta più le fatiche.

Una piccola suora sorridente provvede a don Luigi. «È un santo» spiega «e non ha bisogno di nulla.» Suor Candida misura con una bilancia il cibo (una patata bollita, una mela, pochi grammi di carne tritata, un goccio di vino) e controlla il termosifone, perché «il professore» ha sempre freddo.

Abbandonato su una poltroncina di pelle, uno scialle sulle spalle magre, il senatore Sturzo passa le giornate studiando, e nella preghiera. (Si confidò una volta con suor Candida, e nella voce c'era un po' di tristezza: «Vedono in me solo l'uomo politico e non l'apostolo».) La campanella delle Canossiane, che risuona nel tranquillo convento di via Mondovì, segna il passare delle ore. Poco dopo le sei don Sturzo va in cappella; si ritira nella sua camera soltanto poco prima della mezzanotte. Quando alza lo sguardo dalle carte per cercare un po' di riposo, si affaccia alla finestra che dà sull'orto delle religiose: un albero, un fiore, rallegrano il prete siciliano che da una scrivania continua la sua lotta. Quando, nel 1946, rientrò in Italia domandò a Scelba che lo aiutasse a trovare un luogo appartato «perché doveva prepararsi a morire». Lo ospitarono le seguaci di Maddalena di Canossa: ora ha ottantasette anni, e le sue abitudini non sono mai cambiate.

Il volto di Luigi Sturzo, che tanti facili pretesti ha offerto ai caricaturisti, non svela il passare del tempo. Lo sguardo è vivo, penetrante, e il discorso – anche quando il parlare lo affanna – è sempre preciso e lucido. Se ride crea attorno a sé un'atmosfera di simpatia. Ha il gusto della battuta ironica, del paradosso: «Penso» dice «che il Signore mi abbia concesso, a titolo di penitenza, di vedere coi miei occhi certe cose che combinano i miei amici e che non avrei mai immaginate. E sono stato proprio io che mi sono battuto perché i cattolici entrassero nella vita pubblica». O anche: «Non sono democristiano, ma ho votato per la Dc. Ho questa responsabilità».

Dicono che poche persone, a Roma, sono come lui al corrente delle vicende politiche. Segue con estrema attenzione l'attività del Parlamento. Annota con minuzia bilanci, progetti di legge, iniziative della burocrazia; la sua penna è sempre pronta alla polemica, se si convince che si sono compiuti abusi o che si sono tollerate ingiustizie: «Io non mi inquieto mai» dichiarò a un giornalista «e, anziché prorompere in parole risentite, sento quasi rabbuiarmi dentro». E di recente, ad un intervistatore, volle spiegare ancora il suo carattere: «Appena fiuto che un uomo è rovinoso alla patria, mi ci metto contro, senza alcuna indulgenza». Questo sacerdote stanco e malato ha ancora in sé – quando scrive e quando ragiona – una straordinaria forza critica: Erhard, il ministro del «miracolo tedesco», lo ha definito: «Il più grande scrittore economico d'Europa».

Esperto delle storie del mondo e della natura degli uomini, deluso forse da sconfortanti battaglie, ha conservato il candore della fede. Il suo timore, il suo disagio, è sempre stato quello di essere considerato troppo poco prete. Raccontano che, quarant'anni fa, alla vigilia della fondazione del Partito Popolare, celebrando la Messa lesse l'ammonimento di Gesù a Marta: «Marta, Marta, perché ti affanni dietro a tante cose? Una sola è necessaria: salvare l'anima»; ne fu colpito, gli parve quasi un rimprovero, e non seppe trattenere le lagrime. Al termine della riunione, che doveva dar vita al nuovo movimento, quando molti dei partecipanti si apprestavano a sedersi per il rituale ed immancabile banchetto, don Sturzo li invitò a seguirlo: «Andiamo» disse «a pregare il Signore». Poi si è sempre battuto perché non si ingegnassero confusioni fra la religione e l'amministrazione degli interessi terreni.

Affrontò l'esilio serenamente. In Vaticano gli dissero: «Non possiamo più garantire la sua vita». Gli diedero un passaporto e don Sturzo se ne andò. A Londra, durante la guerra, le bombe degli «Stukas» colpirono il suo alloggio. Per poco non rimase sepolto dalle macerie. Si aggirò per le strade, fra crolli e incendi, tenendo in mano il Vangelo, la sola cosa che aveva portato con sé, a confortare i feriti e i disperati.

In America trovò rifugio in una squallida stanzetta a Santa Maria del Rosario, una parrocchia di Brooklyn. Ma gli è sempre bastato poco, la buona coscienza e i buoni libri. Non possono turbarlo né i disagi né le lusinghe volgari. Si possono giudicare le sue «crociate» in vari modi, si può respingere il suo pensiero, ma la buona fede, il coraggio, il disinteresse dell'antico prosindaco di Caltagirone non si discutono.

I contatti col mondo britannico, i venti anni passati in Inghilterra ed a New York hanno lasciato un segno nella personalità dell'antico *leader* dei «popolari»: le sue convinzioni si sono completate, aggiornate, egli ha tratto da questa dolorosa avventura nuovi motivi, altri argomenti per appoggiare le sue idee, per attaccare i suoi avversari, meglio: coloro che egli considera gli avversari della democrazia. Perché questo gran vecchio, che non ha reticenza ad esprimere il suo dissenso, anche quando è scottante, anche quando colpisce personaggi forti e importanti, non combatte gli uomini ma quello che rappresentano: un pericolo per le sue idee alle quali ha dedicato la lunga esistenza.

La sua memoria è pronta ed esatta, cita titoli e date senza perplessità. Ricorda il solo incontro col più duro dei suoi nemici, Benito Mussolini. Fu nel 1921, in un istituto retto dai frati.

«Perché mi avversa con tanta tenacia?» chiese Mussolini.

«Mi oppongo a voi fascisti perché usate il metodo della forza, che non posso approvare, e perché non abbiamo nessuna idealità in comune.»

«Allora» disse brusco Mussolini «è inutile continuare il discorso.»

«Sono qui» concluse freddo don Sturzo «soltanto perché sono stato invitato.»

Non si sono visti mai più.

Maddalena di Canossa, la nobile e santa donna che da un quadro appeso nel corridoio guarda con severità i visitatori troppo insistenti, che insidiano la pace del «professore», disse: «Partirò per il mondo a caccia di anime». Il professore se ne andò, invece, a caccia di libertà. È tornato, e, pur sentendosi ormai al tramonto, continua la sua caccia, con la tenacia del buon lavoratore della parabola, perché se anche la fatica che gli è stata assegnata è ingrata, egli sente che il solo Padrone di cui teme il giudizio gli riconoscerà la giusta mercede.

I suoi occhi stanchi guardano e vedono in alto. Egli, infatti, non ha neppure una grande considerazione della sua opera. Ha scritto di recente: «Nessuno è necessario al mondo, sia presidente o capopartito; non è necessario Nenni e neppure Fanfani, come non fu necessario Sturzo l'11 luglio 1923, e neppure Mussolini il 25 luglio 1943».

Per Sturzo è necessario soltanto fare la propria parte, fino in fondo.

Da Parigi arriva lo spogliarello

«Parigi arriva a Milano» diceva un allegro manifesto. Non si trattava, si capisce, di annunciare una mostra degli Impressionisti, o una rappresentazione della *Comédie*: il cartellone prometteva svaghi meno impegnativi. Due volonterosi impresari, in occasione della Fiera, si proponevano di offrire, agli italiani curiosi dello sviluppo delle scienze e delle industrie, e non insensibili ai richiami dell'arte, l'occasione per esaminare da vicino non solo la macchina che, introducendo apposito gettone, fa l'espresso in quaranta secondi, o il magnetofono tascabile capace di registrare cinque ore di chiacchiere o di suoni, o il carro armato in miniatura che spara palline da ping-pong, ma anche alcune autentiche «reginette del nudo» importate, a prezzo di notevoli sacrifici, dalla Francia.

«Le Maschere», un teatrino da centocinquanta posti, era stato allestito per mettere in scena l'insolito spettacolo: sul piccolo palcoscenico dovevano esibirsi Rita Renoir, «stella», avvertivano gli esperti, di un locale chiamato *Sexy* che, sempre a detta dei competenti, mantiene ciò che il nome promette, e Melody Bubbles, e Peggy, e Rose, tutte ragazze, assicurava il presentatore, fermamente intenzionate «a mostrarsi nella loro dolce intimità».

La signorina Rita Renoir percepiva, per spogliarsi un paio di volte al giorno, ottantamila lire, e centomila, complessivamente, le sue tre compagne. Bisogna però sapere che Rita si dice sia (non tutti gli informatori, per la verità, sono concordi) nipote del grande pittore: meritava, quindi, una particolare considerazione.

Inutile dire quanto viva fosse, negli ambienti un po' libertini e soprattutto in quelli provinciali, l'attesa: arrivavano prenotazioni persino da Trieste e alla prova generale la platea era affollata da un pubblico sceltissimo e dai rappresentanti della stampa: fu anzi notata la presenza non solo di molti bei nomi del nostro giornalismo ma anche di numerosi commissari di Ps, guidati, nientemeno, dal vicequestore.

Rita e le sue amiche non furono fortunate: il vicequestore espresse il convincimento che, nascondendo qualche particolare, i loro «numeri» sarebbero stati più aderenti, se non alle regole del genere, agli articoli del Codice. Le signorine, profondamente deluse, espressero anche ad alta voce il loro rammarico: «È immorale» dissero «ingannare gli spettatori, che si attendono una visione pressoché totale delle nostre risorse».

Ma il dissidio fra le due concezioni etiche apparve subito incolmabile. Il vicequestore sostenne anzi che, per i suoi princìpi, una fanciulla del quartetto non avrebbe dovuto mostrarsi neppure indossando lo scafandro dei palombari, perché «aveva una faccia da ebete lasciva» e affermò che dalle nostre parti mutandine e reggiseno sono indispensabile ornamento anche per le attrici.

I due impresari tentarono, in nome del turismo, di convincere gli uomini della legge ad una maggiore tolleranza, qualcuno si appellò, per motivi puramente culturali, alla grande tradizione dello *streap-tease*. Si fece così il nome di Gipsy Rose Lee, che declamando versi di Baudelaire si toglieva di dosso una foglia dopo l'altra, rimanendo alla fine come gli alberi d'autunno; di lei scrissero, sul «New Yorker», che «mostrava una grande dose di talento». Apparve in palcoscenico con Eddie Cantor, con Bob Hope e con Fred Astaire, fu una delle bellezze di Ziegfeld e nella sua casa, ai suoi ricevimenti, riferisce Cocteau, «passavano *gangsters*, artisti e scrittori». Ma i commissari di Ps non sono molto sensibili a queste suggestioni letterarie: l'America del 1925, il *jazz*, Scott Fitzgerald, Al Capone, il proibizionismo, li lasciano, di solito, indifferenti. «Qui» badavano a dire «bisogna coprire le vergogne altrimenti si chiude.»

Inutili furono i successivi accostamenti a una civiltà più vicina al nostro mondo latino: anche Joséphine Baker che, coperta di veli neri, tanti anni dopo arrivò in pellegrinaggio a Roma, suggerivano i soliti studiosi della materia, invece delle foglie, alle «Folies-Bergère» si toglieva i frutti: si presentava con una cintura di banane che distribuiva generosamente ai frequentatori della platea. «Ha fatto più lei per Parigi che tutti i governi» dice infine un estimatore. Ma neppure la possibile decadenza di Milano, o la prospettiva di un meraviglioso avvenire, convinsero i severi tutori a chiudere un occhio sulla questione della biancheria.

Così Mademoiselle Melody, che si esibisce in una operazione abbastanza comune, entra in una vasca colma di schiuma, ed è costretta a fare il bagno indossando mutande e reggipetto, con evidente offesa alle più elementari norme di igiene, e fra l'ilarità dei convenuti ad assistere alla confidenziale cerimonia. E Rita Renoir, che doveva esprimere le torbide sensazioni di una giovane donna sconvolta dalla droga, sembra una qualsiasi signora afflitta dal mal di testa: e la scenetta che doveva riuscire eccitante, è quasi patetica, il pensiero insegue la caritatevole immagine di un buon calmante. La madre di Peggy, quando ha saputo degli intenti della polizia, è corsa a Milano per riprendersi la sua bambina: Peggy ha dovuto promettere alla mamma che sarà brava, soffrirà compostamente, ma non slaccerà quei bottoni sui quali, ogni sera, si fissano gli sguardi severi di una squadra di agenti del buon costume. (Quando la famosa e già citata Gypsy decise di svestirsi soltanto per andare dormire, e abbandonò la carriera, la madre commentò soddisfatta: «Che magnifica vita hai avuto: musica, luci, applausi, tutto quello che una ragazza può desiderare». Chi sa leggere nei sogni delle mamme?)

Milano non offrirà dunque ai visitatori dell'annuale rassegna evasioni proibite: alle conquiste del lavoro non si accompagna l'avanzata del peccato. Si sono aperti, è vero, tre innocenti locali che distribuiscono *whisky a gogò*: è la sola idea arrivata da Parigi che ha potuto tranquillamente realizzarsi. In certi sotterranei si ascolta della musica registrata o, ricordo di René Clair, un organetto di Barberia, si acquista una bottiglia della trionfante bevanda, e la si mette in una casella riservata. Ogni sera, o quando si vuole, con modicissima spesa, si ha il diritto di andare a sorbire una porzione di canzonette o di ballabili o un sorso di *scotch*. La tariffa dell'onesto passatempo si aggira sulle mille lire.

Funzionano anche dieci o dodici *night clubs*: qualcuno ha cambiato nome (il vecchio «Milan Noeva», ad esempio, che fu inaugurato alla presenza del duca di Bergamo, si è trasformato in «Club 68»), tutti si sono adeguati ai gusti attuali; invece dei soliti giocolieri sono ricorsi, per incrementare la clientela, a qualche professionista del *burlesque*. Una rumena, Cha Landres, e una tunisina, Camelia, pare siano le più applaudite *déshabilleuses*: superfluo è aggiungere che, sia pure per opera di un prodigioso artigianato, che riesce a produrre indumenti cuciti con l'ausilio del microscopio elettronico, la morale ufficiale è salva. Nanà Aiché, la turca che si fece una certa reputazione al «Rugantino», passò prima, ma senza farsi considerare, per un *night* milanese, ma qui poiché i frequentatori del «paradiso notturno» dopo mezzanotte cascano dal sonno, e neppure le danze orientali possono indurli a buttare la giacca ai piedi della ballerina: se la tolgono, poco dopo, ma per andare a letto. Parigi, nonostante gli allegri manifesti, a Milano non è ancora arrivata.

«Tante grazie, signora» scrissero quel giorno all'onorevole Angela Merlin

L'onorevole Angela Merlin – Lina, la chiamano i compagni – intende trasferirsi a Milano. Andrà ad abitare con dei parenti. Intende anche concludere la sua vita parlamentare. «Alle prossime elezioni» dice «non mi presenterò.» È amareggiata, delusa. «Sono cresciuta accanto a dei giganti, e mi trovo circondata da omuncoli.» Non è soddisfatta di come vanno le cose: quelle della politica, si intende.

Lei è socialista da quarant'anni; ricorda le lotte dei

braccianti del Polesine, i casoni fatti di canne, la nebbia, la pellagra e il grande fiume che troppo spesso divora la terra. Parla di uomini che erano «apostoli», e sollevavano le masse, «curve sotto il peso della miseria e dell'ingiustizia». «Matteotti» dice «Badaloni», e rivivono, come nelle vecchie cartoline ingiallite, immagini di comizi sugli argini, file di biciclette appoggiate ai muri, donne che si affannano per un chilo di sale, o un mastello d'acqua, bambini che si sfamano mangiando carrube e, dietro a un tavolo d'osteria, o su un carro da buoi, gli «apostoli» vestiti di nero – barbe nere, cravatte nere – che parlano di un mitico sole che un giorno dovrà spuntare per tutti, anche per la gente dei casoni, contadini della Bassa, pescatori delle valli, traghettatori del Po.

Parla di uomini che affermavano, con angelico slancio: «Io non ho madre, io non ho fratelli», e andavano a predicare i princìpi della uguaglianza nelle piazze dei paesi, davanti alle officine, eroi di quel «socialismo sentimentale» che aveva più fede nei buoni esempi che nei funzionari.

Angela Merlin è sola, e non avrà molte cose da portare con sé. Qualche mobile, una cassa di lettere, e, sicuramente, un vaso e un piatto d'argento. Il vaso, quando entrò nella sua casa, era pieno di cioccolatini, e lo accompagnava un biglietto sul quale erano scritte poche parole: «Tante grazie, signora». E la data: 20 settembre 1958. Quel giorno significava, per tremila ragazze, per tremila povere ragazze, l'inizio di una nuova esistenza.

Nella cassa sono raccolti i documenti della sua più grande battaglia. Insulti, minacce, preghiere, confessioni disperate. Un'antologia del dolore umano, e anche della vergogna. «Ho paura di venire via per la fame» scrive una giovane donna «e perché dovrei chiedere perdono alla famiglia, ai miei onesti fratelli e sorelle. Però a C. sarei felice. Ci sono nata. C'è l'aria sana, gli ulivi e la vendemmia, e anche i contadini mi volevano bene. Mi aiuti, voglio salvare mio figlio.»

(«Venivano a trovarmi in tante» dice la signora Merlin

«e il portiere di Palazzo Madama, allora io ero senatrice, non voleva lasciarle passare. Io le ascoltavo, e se ne andavano più serene.»)

«Spettabile onorevole», comincia un'altra, che desidera narrare la sua angoscia, e in cambio del soccorso non ha da offrire che le orazioni del suo bambino: «Ce ne sono tante» racconta «di signorine come me, che non hanno colpa e che hanno paura, hanno bambini da aiutare e gente cattiva le sfrutta, ma se invece di metterci in galera ci aiutano tutte, allora sarà una grande bella cosa».

(«Arrivò a casa mia una ragazza» dice la signora Merlin «aveva il suo bambino che soffriva di male al cuore, ma lei era senza denaro, e bisognava trovare subito una medicina tanto costosa. La trovammo, e il bimbo guarì. Ogni anno per Natale, io ricevo una cartolina con gli auguri, e una fotografia del bimbo. Il bimbo cresce, e ogni anno è più grande, è bello e forte.»)

Nella cassa delle storie tristi c'è la risposta a tante domande. Come comincia l'avventura di una signorina? «Uscita dal collegio dopo quindici, sedici anni, all'età di vent'anni circa, inesperta della vita, e ignara di tutto ciò che mi poteva succedere, senza per di più i genitori, il caso avverso ha voluto che io, dopo un mondo di peripezie e lunghi digiuni, che a raccontarli ci vorrebbe un romanzo, per volere di chi ne ha colpa, sono entrata in queste prigioni libere e non posso trovare il modo di uscirne. I miei figli affidati alle cure di una vecchia di quasi settant'anni sono privi della mia guida e anche del mio affetto, perché ne sto quasi sempre lontana. Diventati grandi, verranno a conoscenza di quello che ho fatto io: dunque, cosa ne sarà mai di me?»

(«A trenta, trentacinque anni» dice la signora Merlin «erano già vecchie, sfiorite. E senza risparmi. I padroni prendevano quasi tutto: le ragazze pagavano anche le tasse. Il peccato, come il delitto, non rende, è difficile che renda. Anche quando trovavano marito la scheda della questura le seguiva. Venivano cacciate dalla camera della pensione dove avevano trovato rifugio, non potevano nemmeno aprire una bottega da stiratrice.»)

Lettera di una ex cameriera: «Io mi sono sposata da due anni e grazie a Dio mi sono tolta da quei luoghi, e ho un nome, ma la vita per me è sempre triste perché dopo tanti sacrifici mio figlio, fattosi grande e saputo del mio passato, mi ha abbandonata, e mio marito non riesce a trovare lavoro. Ho venduto tutto quello che ho guadagnato. Ho paura di dover peccare di nuovo. Non so dirle altro, chiedo solo che lei abbia pietà di me e mi aiuti».

(«Che cosa le portava là dentro?» dice la signora Merlin. «La miseria, l'ambiente, la natura umana. E lo Stato regolava il loro destino, e si prendeva una percentuale. E parlavamo tanto di rispetto della persona, ne parlavamo tanto. Quanti ostacoli, quante bassezze da vincere, per arrivare a chiudere davvero quelle case. Una volta, non si sa come, un grosso involucro mi ha sfiorato la testa e, non si sa come, sono stata investita da una moto e da un ciclista motorizzato, ma mi è sempre andata bene. Ho la testa dura. Non ho paura. Paura di che? Anche un giornale fascista lo ha scritto, figuriamoci, che sono una donna coraggiosa.»)

Appello di dieci ragazze che «sperano in lei»: «Si ricordi di noi, mamma Merlin, ricordi che di noi che le scriviamo la più piccola ha ventidue anni appena compiuti, la più grande trenta, possiamo esserle tutte figlie. Ci protegga e ci aiuti quando può, e Dio la ricompenserà. Attendiamo fiduciose il suo operato. Spiritualmente la baciamo (non si vergogni di noi, non siamo cattive, ma solo sfortunate)».

(«Sono contenta, lo Stato non regola più questi commerci» dice la signora Merlin. «Ma ora voglio poter vivere a modo mio. La politica fatta così non mi piace, sono cresciuta in un altro modo, sono stata per le mie idee in prigione, al confino, ho mangiato dando lezioni di italiano, spiegando i versi latini, non ho bisogno di nulla, mi basta la pace della coscienza.»)

La signora Merlin ha quasi sessant'anni. I capelli sono candidi, il suo discorso impetuoso, accalorato, il sorriso cordiale. È tanto lontana la stagione delle maestrine socialiste che si chiamavano Ada Negri, e forse sta passando anche quella delle professoresse socialiste che si chiamano Angelina – Lina, per i compagni – Merlin. C'è una macchina che fa marciare anche i partiti, e «il cuore», «gli ideali», «gli apostoli», hanno gli sfumati contorni dei ricordi, ingialliscono come le vecchie foto dei membri delle cooperative agricole raccolti attorno al primo trattore, come le foto dei membri delle società operaie raccolti attorno al primo ambulatorio.

Signora Merlin, io l'ho in mente nei giorni dell'alluvione ad Adria: calzava un paio di stivaloni, girava per le strade allagate, sui barconi che portavano il latte, ceste di pane, alla città affamata, e mi piace ricordarla così. Quella, mi sembra, è la sua immagine più vera.

1960-1969
Un popolo di telespettatori

*È istruttivo e democratico seguire
certe vicende alla tv, fra un Caro-
sello, un arresto e un sequestro, e
addormentarsi sereni, con la certezza che, prima o poi, quelli che
contano prenderanno un provvedimento. Da una settimana hanno scoperto che portare quattrini
fuori è reato; e pensare che, al
confine con la Svizzera, avevano
pescato la moglie di un sottosegretario con la ricevuta di un deposito nella borsetta. Il fatto è stato denunciato anche all'opinione
pubblica, il sottosegretario è ancora al suo posto. Un giorno alla
tv vedemmo, via satellite, la morte di un presidente. Mi amaregge-
rebbe assistere, in differita, alla fine di una Repubblica. Diamoci da
fare.*

E.B.

1960

I morti sulla coscienza del governo Tambroni

Nel 1960 fui allontanato da «Epoca», il primo licenziamento dopo poco più di sette anni di direzione.

L'iniziativa la prese il presidente del Consiglio Fernando Tambroni, democristiano alla guida di un monocolore sostenuto dal Movimento Sociale Italiano, dopo un mio editoriale sullo sciopero dei metalmeccanici a Reggio Emilia caricati dalla polizia, comandata dal ministro Spataro, che sparò sui manifestanti e ne uccise cinque.

Nel Paese tirava aria da colpo di stato. Il 28 giugno, a Genova, vi fu un'imponente manifestazione popolare antifascista e il 30 un corteo cittadino fu attaccato dalla polizia. Bilancio: ottantatré feriti tra i manifestanti. La protesta si diffuse in diverse città e il 6 luglio, a Roma, a Porta San Paolo, un'altra carica della polizia: feriti anche alcuni deputati. Era il pomeriggio del 7 luglio 1960 quando la Celere caricò trecento operai delle Officine di Reggio Emilia: un massacro. Afro Tondelli morì schiacciato da una jeep, Ovidio Franchi, Lauro Farioli, Emilio Reverberi e Marino Serri uccisi da colpi d'arma da fuoco. In quei giorni nelle piazze italiane caddero dieci lavoratori e nel numero di «Epoca» che uscì il 17 luglio il mio editoriale era intitolato *Dieci poveri inutili morti.*

«Dieci morti. Dieci poveri, inutili morti. "Perché?" si domandano le madri dei ragazzi abbattuti dai mitra. "Perché?" Non c'è risposta. La storia di queste tristi giornate la conoscete, ma il destino di questi dieci italiani caduti sul selciato delle piazze era scritto da tempo. Ognuno di noi ha aggiunto la sua parola all'ingiusta, crudele sentenza. Li ha uccisi la cattiva politica, l'ipocrisia, il compromesso, l'interesse meschino che cancella i princìpi e fa tacere la coscienza. Li ha uccisi l'egoismo degli individui e il settarismo dei partiti; sono – questi poveri morti – le innocenti vittime di un mondo che ha fatto dell'opportunismo un ideale e della furbizia una filosofia. Li hanno uccisi anche coloro che tuonano contro il fascismo a Reggio Emilia, e vanno a braccetto con i camerati a Palermo, li hanno uccisi anche quei democratici che respingono le idee e le nostalgie dei missini ma ne sopportano i voti, li hanno uccisi anche quei moralisti che cambiano casacca, come i corridori e i giocatori di calcio, a seconda degli ingaggi, quegli intellettuali dalle variabili opinioni che, per far dispetto a Moro, sono pronti ad arruolarsi nelle file di Togliatti. Perché la battaglia è su due fronti, ed è colpa di tutti se abbiamo lasciato che, in certi momenti, proteste liberali fossero fatte dai comunisti, se ai comunisti è stato spesso generosamente assegnato il ruolo di difensori della libertà. Li hanno uccisi anche coloro che vedono in ogni movimento, in ogni critica, esclusivamente una manovra del Pci: a Genova lo sdegno per certe provocazioni non era sentito e manifestato soltanto dagli estremisti, era una ribellione morale che trovava unite persone di ogni idea e di diversa provenienza... Li hanno uccisi anche coloro che, col linguaggio e con la violenza, trasformano il Parlamento in un'osteria, coloro che fanno attribuire le miserie dei democratici a presunti vizi della democrazia... Li hanno uccisi anche coloro che insabbiano gli scandali, sperando che il tempo faccia dimenticare anche le malefatte, ma ci sono ore in cui la lista dei conti viene presentata, all'improvviso, e non manca neppure una voce. Li hanno uccisi anche i personalismi e le rivalità di tanti uomini politici, e il fragile carattere di quei borghesi che aspettano sempre dall'alto la soluzione dei problemi; li abbiamo uccisi anche noi che, spesso, per comodità, per pigrizia o per stanchezza, incrementiamo l'indifferenza, o non abbiamo il coraggio di dire tutta la verità... Siamo ritornati, a un tratto, nell'immediato dopoguerra. Urli di sirene, gas lacrimogeni, spari, folle tumultuose, la violenza scatenata, il solco dell'odio che torna a riaprirsi. C'è un partito – il più forte – che ha in quest'ora difficile il compito più grave: quello di creare la base sulla quale costruire un domani più sereno e più giusto. È la Democrazia Cristiana. Deve sapere quello che vuole e deve dircelo.»

Agosto 1960: Roma come Olimpia

Sono a Roma da qualche mese, abito ai Due Pini, sopra Ponte Milvio e tutti i giorni, per andare in via Teulada, alla sede del telegiornale, passo accanto al Villaggio Olimpico. In quelle case, dove l'anno scorso alloggiavano gli atleti e i loro sogni – una medaglia –, le loro ansie, le loro paure e le loro delusioni, oggi vivono famiglie di lavoratori. Tante antenne della televisione sui tetti, stendibiancheria sui balconi, biciclettine nei cortili, profumo di arrosto la domenica. Questo tragitto mi fa ricordare i miei viaggi e anche le emozioni vissute l'anno prima. Durante le Olimpiadi io ero in Svezia, e non per una vacanza. Dopo essere stato licenziato da «Epoca», la prima idea da «disoccupato» fu quella di chiamare al telefono Giulio De Benedetti, direttore della «Stampa» con il quale avevo già collaborato, per dirgli che ero su piazza. «Bella notizia» mi rispose «allora dopodomani parti e vai a raccontare per noi cosa succede in quel "paradiso" che è la Scandinavia. Voglio sapere tutto delle donne prete, dei giovani che si stordiscono con l'alcool, dei suicidi, della libertà sessuale. Chiaro?»
Feci quel viaggio mentre a Roma si inauguravano i Giochi Olimpici. Ero per la precisione in Svezia. Mi è sempre piaciuto lo sport, ma in modo particolare l'atletica leggera

e i 200 metri, nei quali mi ero impegnato da ragazzo anche con qualche risultato, frutto forse delle mie origini montanare e della mia magrezza. Poi il cuore, non in senso sentimentale, cominciò a protestare e mi misi ad andare più piano. Ero a Stoccolma, di fronte al televisore come tanti milioni di persone perché per la prima volta le immagini delle gare erano trasmesse in tutta Europa, la sera in cui Livio Berruti conquistò la medaglia d'oro sui 200 metri piani. E il mio cuore andò a mille per la gioia.

Le due semifinali furono molto nervose. La prima con un avvio problematico: tre partenze false, vince uno dei favoriti, il francese di colore Seye con il tempo di 20'8, precedendo il polacco Foik e l'americano Carney. Nella seconda c'è il nostro studente di chimica, il ventunenne Livio Berruti, il cui libretto universitario è pieno di 27 e 28 che dimostrano che si applica nello studio come nello sport. La sua prima partenza è falsa, alla seconda i sei atleti scattano con perfetto sincronismo, Livio rimane in testa dall'inizio alla fine. La sua corsa è perfetta, lo stadio impazzisce e il tempo è straordinario: 20'5, nuovo record italiano, nuovo record europeo, nuovo record olimpionico, record del mondo eguagliato. Berruti batte Norton e Johnson, che lo seguono in finale, mentre l'inglese Radford, un altro dei favoriti, torna a casa. C'è un pezzo di Ciro Verratti, sul «Corriere della Sera», che ricorda bene la finale e che inizia così: «Ce la farà? Non crollerà all'ultimo momento? È un interrogativo angoscioso che ci tormenta, ma Berruti resiste, egli è sempre in testa. Ci dà l'impressione di un attimo di rallentamento verso i 150 metri, ma poi si riprende ancora, ha un ultimo guizzo, superbo, e si lancia per primo sul filo di lana. Ha vinto, e tutto lo stadio è in delirio, tutti gli italiani dell'Olimpico, increduli, commossi, entusiasti, sono in piedi e gridano: "Berruti! Berruti! Berruti!". Vittoria limpida, senza un momento di perplessità. Il tempo è uguale a quello di prima, 20'5. Al secondo posto si classifica l'americano Carney e terzo è il francese Seye, due uomini di pelle nera battuti da un atleta bianco e quasi pallido».

Il rallentamento di Berruti ai 150 metri, che ha fatto sussultare l'Olimpico, fa parte della tattica di corsa messa a punto dal suo allenatore Oberweger. È una piccola formula: Livio ritrova la forza istintiva di corsa sui 200 metri se a 150 rallenta un po', invece di fare come fanno tutti che in quel punto forzano per la volata finale, scoppiando irrimediabilmente per crisi di coordinazione proprio in vista del traguardo. Berruti distende il passo invece di contrarlo. La sensazione fisica è quella di distensione, per 30 metri quasi cammina. Accelerando al massimo nei 20 metri finali. La falcata diventa lunga e aperta, senza l'isterico contrarsi del gran finale. Questo è il racconto della formula di Oberweger basata sul 150, sul 30 e sul 20, che messi insieme devono dare a Berruti quell'istinto che fa volare gli atleti di colore come uccelli.

È stata una grande vittoria ed è stata una data memorabile per l'atletica italiana. Le immagini inquadrano il pubblico commosso che esulta, che si abbraccia.

Sono stato felice anch'io, là, in quel bar di un Paese tanto lontano dal mio, in mezzo a gente che, chissà, per gentilezza, si congratulava con me e condivideva il mio entusiasmo. Non mi vergogno a confessare che sentire l'inno di Mameli e veder sventolare il tricolore sul pennone più alto mi ha dato una certa emozione. E non solo per un fatto, se pur grande, sportivo. Pensavo, in quel momento, all'orgoglio del mio povero Paese, un Paese umiliato da una lunga dittatura, da una guerra, poi sconfitto, che comunque, anche attraverso lo sport, godeva di un riscatto.

Per l'Italia quell'Olimpiade non si ricorda solo per l'impresa di Berruti.

La nazionale italiana ha portato a casa un bottino di 36 medaglie, piazzandosi nella classifica finale alle spalle dei due colossi, prima Unione Sovietica, 103 medaglie, secondi gli Stati Uniti, 71. Abbiamo superato la Germania unita che nel complesso ha avuto un medagliere più ricco del nostro, 42 medaglie, ma dodici d'oro contro le nostre tredici. Seguono per noi dieci d'argento e tredici di bronzo.

Durante i Giochi si è parlato di «pugni d'autore» perché, oltre ai nostri Nino Benvenuti – vincitore tra i welter –, al piuma Francesco Musso e al peso massimo Franco De Piccoli, si sono fatti onore anche Primo Zamparini, Sandro Lopopolo, Carmelo Bossi e Giulio Sabaudi. Ma il protagonista in assoluto è stato un diciottenne del Kentucky che ha vinto l'oro nei mediomassimi: Cassius Clay. Nella velocità, al di là del giovane torinese, si è fatta largo, tra le donne, la splendida Wilma Rudolph, ventenne di colore, soprannominata la «gazzella nera», che oltre ad aggiudicarsi l'oro nei 100, nei 200 e nella staffetta, ha conquistato grandi simpatie. Niente male anche nell'ippica: i fratelli D'Inzeo vincono due medaglie, oro e argento, e nella spada individuale il veterano Giuseppe Delfino sale sul gradino più alto del podio. Nel ciclismo si sono fatti onore Antonio Barletti, Ottavio Cogliati, Giacomo Forconi e Livio Trapé, primi nella 4 per 100 a squadre, mentre la velocità e il chilometro da fermo, con tanto di record del mondo, hanno come vincitore Sante Gaiardoni.

Insomma, è un trionfo, neanche il presidente della Repubblica Giovanni Gronchi si sarebbe immaginato tanto ascoltando, durante la cerimonia d'apertura, il giuramento degli atleti letto, con voce tremolante, dal grande discobolo Adolfo Consolini.

1961

La mia avventura al telegiornale

Ero l'uomo sbagliato nel posto sbagliato: non sapevo tenere gli equilibri politici, per dire la verità, proprio non mi interessavano e, soprattutto, non ho mai amato stare al telefono, in modo particolare con onorevoli o sottosegretari che non proponevano ma davano direttive.

Volevo fare un telegiornale in cui ci fosse tutto e pensai di costruirlo come un giornale, tenendo conto che, oltre alle parole, utilizzavamo anche le immagini. Avevo sempre presente quello che mi aveva insegnato il mio vero e unico direttore, Giulio De Benedetti, che si era inventato la cronaca. Sono certo, anche perché lo ha scritto nelle sue memorie, che Ettore Bernabei, il direttore generale della Rai, mi fece la proposta di diventare direttore del telegiornale per considerazioni puramente professionali.

Presi servizio il 1° ottobre 1961: fui assunto con inquadramento nella direzione centrale dei servizi giornalistici, con il titolo e le funzioni di vicedirettore centrale e direttore dei servizi giornalistici tv.

La mia presenza al telegiornale era un segnale di cambiamento, ma voglio chiarire che lì rappresentavo solo me stesso, non ero l'uomo di fiducia del Psi. Per un mese feci il lavoro a modo mio, buttando la sagra del fragolone, il taglio del nastro, l'inaugurazione del ministro tal dei tali. Mi ricordo di un sottosegretario che disse: «Vado all'infiorata di Genzano e lei dovrebbe mandare una troupe». Gli risposi: «Scusi, perché?». «Perché è un'importante cerimonia religiosa.» «Se lei si confessa, io le mando una troupe.» Non se ne fece nulla.

Da subito cominciarono i problemi. Il paradosso nasce dal fatto che non fu la Dc a crearmeli, ed è giusto ricordare che Aldo Moro, allora segretario del partito, non mi ha mai chiesto nulla, non ho ricevuto una telefonata o una pressione dalla sua segreteria.

Moro aveva per primo capito i limiti e i disagi del sistema politico e sociale della nostra Repubblica, fu lui a pensare che il futuro dell'Italia doveva essere all'insegna del dialogo tra tutte le forze politiche democratiche, senza escludere le parti sociali ed economiche. Anche Amintore Fanfani, allora presidente del Consiglio, si fece sentire pochissime volte. Molto attivi, in senso opposto, erano invece i socialisti; Saragat, poi, aveva addirittura un suo rappresentante all'interno della Rai, Italo De Feo.

Il segretario socialdemocratico era stato in visita a una caserma, mi proposero un servizio di tre minuti e io decisi di non metterlo in onda. Il mio vice, Delio Mariotti, che aveva il senso dell'autorità, intervenne nella riunione di redazione: «Ma è Saragat» disse, e io risposi: «È solo uno dei tanti». Saragat lo venne a sapere e De Feo lo riferì a Bernabei il quale mi chiamò, ne parlammo e tutto finì lì.

Feci diventare commentatore televisivo Giorgio Bocca e il suo primo intervento fu sui preti proprietari terrieri; debuttò in televisione anche Indro Montanelli, che parlò di Trockij e di Stalin, tabù per l'epoca. Nel novembre del 1961, era inevitabile, arrivò un'aggressione senza precedenti, come raccontano le cronache, rivolta agli spettacoli e alle trasmissioni televisive. Protagonisti i democristiani Guido Gonella, ministro della Giustizia, e Mario Scelba, ministro degli Interni.

Cito quello che pubblicarono i giornali: «Viene attaccato Enzo Biagi per alcune trasmissioni, è accusato di essere fazioso e non allineato all'ufficialità. In particolare, per la gestione di *Tribuna politica*, dove ha addirittura portato il comunista Palmiro Togliatti dentro le case delle famiglie perbene. E sotto accusa anche il cast del varietà del sabato sera, *Studio Uno*, in onda dal 1° ottobre, che con le sue ballerine, le gemelle Kessler, ha scandalizzato la famiglia italiana cattolica, sana, perbene, e turbato le giovani coscienze».

La destra, continuava, come sempre, la sua campagna contro di me, «Il Borghese» mi accusava di aver «aperto» ai comunisti, aveva fatto dei volantini che distribuiva anche nella scuola dove andava mia figlia Bice: «Biagi sovversivo». «Lo Specchio» mi inserì tra quelli da fucilare sul piazzale. Per questi fatti ho corso anche il rischio di essere espulso dagli Stati Uniti. Se gli americani ci avessero creduto, avrei potuto chiudere bottega: impossibile lavorare senza andare in quella che è la parte più importante del mondo. Fino ad allora avevo creduto che il giornalismo fosse quello della carta stampata, non conoscevo il mezzo televisivo e dunque ero molto perplesso.

Dissi di sì a Bernabei per spirito pionieristico: andavo a scoprire un modo nuovo di fare il mio mestiere, il Paese stava cambiando politicamente, c'era il boom economico, nasceva il secondo canale tv con vocazione riformista. Ma soprattutto mi convinse la garanzia di indipendenza datami dal direttore generale, uomo molto perbene. Fino dall'inizio ho cercato di fare un telegiornale più aperto, più vicino alla gente, convinto che la televisione dovesse essere al servizio del pubblico, non al servizio dei politici.

Una delle prime notizie che diedi fu che in Russia avevano ripreso gli esperimenti nucleari: allora si parlava di una bomba di 50 megaton. Il mondo si allarmò, anche perché, durante una sperimentazione, i sismografi a Strasburgo registrarono un'esplosione di oltre 60 megaton. Kruscëv al Congresso degli scienziati a Mosca tentò di minimizzare con una battuta: «Non puniremo gli scienziati per questo errore». Ma la situazione era veramente grave e Kennedy rispose che riprendeva gli esperimenti nucleari nell'atmosfera. Tra i due litiganti si inserì anche la Francia che aveva fatto esplodere la sua prima bomba atomica nel Sahara e De Gaulle trionfante dichiarò: «Anche noi abbiamo una forza d'urto indipendente dalla Nato».

Quell'anno i sismografi accertarono l'esplosione di ben ventisei bombe nucleari per un totale di settemila volte la potenza della bomba scoppiata su Hiroshima. E io non dovevo aprire il telegiornale con questa notizia? Mi fu contestata un'apertura con la morte di Von Trips, pilota della Ferrari, durante il Gran Premio d'Italia a Monza che, urtato dall'automobile guidata da Jim Clark, uccise tredici spettatori e segnò la fine della pista sopraelevata per le vetture di Formula Uno. Ma quello che all'epoca provocò polemiche fu l'inaugurazione del Congresso della Democrazia Cristiana a Napoli che segnò l'inizio del centrosinistra e che non misi in testa al giornale.

Come prima notizia, quella sera, infatti, raccontai la storia di Salvatore Gallo, un contadino siciliano condannato all'ergastolo nel 1956 per l'omicidio del fratello Paolo e protagonista di un clamoroso errore giudiziario. Paolo Gallo, del quale non si era mai trovato il cadavere, la mattina del 7 ottobre 1961 fu rintracciato mentre dormiva in una casupola in campagna, mentre il fratello ergastolano nel frattempo era morto. Il morto vivo venne processato per calunnia, per aver indotto la giustizia a condannare un innocente, poi, successivamente, fu assolto per insufficienza di prove perché i giudici dovettero riconoscere che lui si era limitato a scomparire. Nel frattempo il Parlamento provvide a modificare il Codice di Procedura Penale ammettendo la revisione dei processi. Secondo me questa storia interessava gli italiani molto più delle relazioni del Congresso di Napoli.

La redazione in via Teulada era fatta da venticinque giornalisti, dieci operatori e dieci montatori, tutti di grande professionalità. Quasi tutti i redattori erano stati messi lì da qualcuno, ma a me non importava perché erano bravi. Il caporedattore si chiamava Aldo Assetta Binda – il socialista del gruppo, un sardo di ferro, ex ufficiale di cavalleria a Pinerolo che guidò l'ultima carica italiana in Jugoslavia, un tecnico di prim'ordine – e come segretario di redazione c'era Emilio Rossi. Quando arrivai mi disse: «Provami, se ti vado bene me lo dici fra un mese». Era bravissimo, soprattutto a valutare i fatti. Tra i redattori mi vengono in mente Roberto Rollino e Paolo Bolis, che non riusciva ad arrivare mai puntuale alle riunioni di redazione adducendo come scusa la sordità all'orecchio destro provocata da un colpo di cannone di un carro armato. Era stato militare di carriera. Poi c'erano Marcello Alessandri, Franco Lucchese, Aldo Palmisano, Salvo Ricci Mazzoli, Brando Giordani, Carlo Fuscagni, Carletto Mazzarella, tra i più colti della compagnia, e i giovani Roberto Costa e Paolo Frajese. Due i capiservizio, Franco Cattucci e Alberto Luna, molto vicini al direttore generale e al suo partito, la Dc, e mi portai da Milano Aldo Falivena. Il telegiornale era condotto a turno da tre speaker, Riccardo Paladini, Marco Raviart ed Emilio Tarantino.

Cambiai le abitudini romane, per me levantine. Facevamo due edizioni al giorno, alle 20.30 e alle 23. Mandavo i giornalisti alla ricerca della notizia e per far questo, anche se ho sempre saputo di essere impopolare, istituii la prima riunione tra le otto e trenta e le nove del mattino. A volte arrivavo in redazione alle otto con i giornali letti. Alcuni dei redattori, come Roberto Costa, che aveva vent'anni o poco più, spesso si presentavano vestiti come la sera prima. Li consolavo, o volevo farmi perdonare, portando dei vassoi di cornetti comprati da Antoni, un'abitudine che è andata avanti nel tempo.

I ricordi di via Teulada sono tanti: mi viene in mente quando mandai il caposervizio Aldo Tagliamonte a ricevere a Ciampino il segretario generale della Nato, l'olandese Stikker, in visita in Italia perché si stava allestendo una base a Napoli, accompagnato dal ministro degli Esteri Antonio Segni. Raccomandai a Tagliamonte di non fare la solita intervista istituzionale. E ci riuscì. La prima e unica domanda fu: «Auspica l'uscita dell'Italia dalla Nato?». Fu una tragedia: Segni interruppe l'intervista e protestò ufficialmente, anch'io mi arrabbiai ed Ettore Bernabei allontanò il giornalista offrendogli però un posto come capo ufficio stampa alla Cassa per il Mezzogiorno.

Un altro servizio discusso riguardava don Zeno, il fondatore di Nomadelfia, che significa «dove la fraternità è legge» ed è la comunità dove tutti i bambini possono avere una mamma e una famiglia. Don Zeno, sospeso *a divinis* dal 1952, tornava a dire Messa. Venni criticato dall'«Osservatore Romano»: scrissero che il pezzo sembrava la riabilitazione di un santo, ma Bernabei mi riferì che al papa Giovanni XXIII era molto piaciuto.

Sergio Zavoli è un amico dalla giovinezza e i suoi consigli mi hanno sempre aiutato: ci parlavamo spesso anche in dialetto, io emiliano, lui romagnolo. Nel gennaio del 1961 un referendum fatto in Francia e in Algeria portò all'indipendenza algerina e nel luglio del 1962 mandai Zavoli a realizzare un servizio per l'anniversario della presa di Algeri da parte della Francia. Cominciava un sogno, l'Algeria sovrana diventava il faro cui guardavano i movimenti di liberazione di tutto il continente e non solo. Zavoli intervistò Ben Bella che all'epoca era stato ricoverato in ospedale e che poi diventò il primo presidente socialista nel 1963.

Il dialetto delle mie parti lo parlavo anche con Franco Marcoaldi che era il corrispondente da Mosca dell'«Unità»: anche lui mi diede una mano perché la Rai, allora, non aveva un giornalista in Unione Sovietica, ma io pensavo che la politica estera, fino a quel momento poco trattata nel telegiornale, dovesse avere un suo spazio.

Qualche mese dopo nacque il Tg2 di cui io fui il primo direttore, creammo una redazione a parte – coordinata da due capiservizio, Franco Cetta e Luciano Serani – e fu la prima volta che le notizie venivano raccontate da un giornalista, anzi da due, Tito Stagno e Vittorio Di Giacomo.

Sono molti i nomi e i volti a cui ripenso: la signora Martini, la mia segretaria dai capelli grigi e il rossetto rosso, efficiente, gentile e implacabile. Aveva il piano della scrivania protetto da una lastra di cristallo e sotto tante cartoline, i saluti degli inviati che andavano in giro per il mondo, bigliettini di auguri e fotografie: una, non la dimentico, una bellissima bambina dai riccioli biondi, la figlia di Piero Angela, corrispondente da Parigi. E poi Pio Menichelli, il mio autista, un omone che era stato corazziere e veniva da Poggio Catino, provincia di Rieti.

In quel periodo dimostravano contro di me in via Teulada ed erano agguerriti gruppuscoli di estrema destra. Una sera, mentre tornavamo a casa, volle tranquillizzarmi. «Direttore, stia tranquillo, se si avvicinano, guardi che cos'ho» e mi fece vedere che sotto il sedile teneva pronto il crick. Menichelli diventò per la mia famiglia uno di casa: accompagnava le bambine a scuola, la domenica rinunciava al riposo per portarle in giro e regolarmente era a pranzo da noi. Particolarmente gradite le tagliatelle di Lucia, mia moglie. Menichelli era monarchico ma un giorno che eravamo in vena di confidenze mi disse: «Se tutti i socialisti sono come lei, allora mi iscrivo al partito».

Ma a Roma non mi trovavo bene: tutto era politica, tutto doveva procedere secondo certi canoni, tutto era già stato stabilito, tutto seguiva una via segnata. Più volte mi chiesi perché, conoscendo il mio carattere e sapendo che non ero un tipo maneggevole, Bernabei mi aveva chiamato, ma non c'è stato tempo per la risposta perché dopo un mese gli dissi che sarei rimasto solo per un anno. Dopo dodici mesi tolsi puntualmente il disturbo e vuotai i cassetti. Quando mi vengono in mente quei giorni rileggo alcune lettere. «Caro Enzo, so bene che hai sostenuto una battaglia snervante; ma penso che a poco a poco le tue "buone ragioni" devono vincerla sulle stupidaggini di qualcuno che non ha capito niente o che fa finta di non capire. Tranne qualche servo sciocco, tutti ti hanno difeso, e questo deve essere già una prima grande soddisfazione. Ciao, con affetto, tuo Enrico Emanuelli.»

«Caro Enzo, ti auguro di tenere duro nel mare di guai in cui ti sei messo e penso che, se farai la faccia feroce a tutti, la spunterai più facilmente di quanto oggi tu possa credere. In definitiva, a Roma, in una massa di gente che cala facilmente le brache, se si trova uno che sa dire di no, ha partita vinta. Ti saluto con immutato affetto, tuo Nino Nutrizio.»

«Caro Biagi, sono molto preoccupato per te. Tu, dunque, non sai che Guareschi non fa notizia neppure se gli succede di morsicare un cane? È mai possibile? Non commettere mai più simili imprudenze: se intendi rimanere alla Rai-Tv, devi dimenticare di essere una persona onesta e intelligente. Ti ringrazio e ti saluto con sincero affetto, dall'esilio Giovanni Guareschi.»

«Caro "Busto al Pincio", parliamoci fra illustri contemporanei: lascia, quindi, che da parte nostra ti giungano le nostre più affettuose felicitazioni per il pezzo da te firmato. È veramente un classico da "antologia tv". Mamma mia, quanto sei bravo! (E tra le righe puoi leggere, in questa ultima frase, una malcelata invidia.) Un abbraccio, un invito a perseverare (ricordati che Bernabei ti guarda). Con la gioia di essere amici tuoi e di vivere in questa era biagiana, affettuosamente il Busto di sinistra Sandro Giovannini e il Busto di destra Pietro Garinei.»

«Caro Biagi, nel momento in cui lei viene personalmente e faziosamente attaccato per la sua obiettività e serenità giornalistica, voglio esprimerle tutta la mia solidarietà e affettuosa amicizia. Giangiacomo Feltrinelli.»

Così finì la mia direzione ma non la mia avventura televisiva. Il commiato fu sancito da una lettera di Ettore Bernabei: «Caro Biagi, dopo un anno e mezzo di comune lavoro, mi auguro con soddisfazione, questa è la prima volta che ti scrivo, pur essendoci stato un così intenso e valido colloquio tra noi. Sono lieto che queste mie parole scritte servano per ringraziarti di tutto quanto, così intelligentemente e appassionatamente, hai fatto alla direzione del telegiornale per aumentare il prestigio della Rai e di quello che continuerai a fare con i tuoi servizi televisivi. Tu sai che troverai ogni appoggio nella direzione generale e che rimanendo per ogni necessità operativa inquadrato nella direzione dei servizi giornalistici potrai avvalerti della collaborazione dei nostri Giordani e Falivena. Nel ringraziarti, l'augurio di un buon lavoro, ti saluto con la cordialità di sempre, tuo Ettore Bernabei».

1962

Con papa Giovanni cambia la Chiesa

«Tornando a casa troverete i bambini, date una carezza ai vostri bambini e dite che questa è la carezza del papa. Troverete qualche lacrima da asciugare, dite una parola buona. Il papa è con noi specialmente nelle ore della tristezza e dell'amarezza e poi tutti insieme ci animiamo: cantando, sospirando, piangendo, ma sempre sempre pieni di fiducia nel Cristo che ci aiuta e che ci ascolta, continuiamo a riprendere il nostro cammino.»

Di papa Giovanni si ricordano non solo le opere, ma

anche alcune parole che colpirono la coscienza del mondo: «Cerchiamo quello che unisce e non quello che divide».

Quando se ne andò il capo dei rabbini di New York disse: «È giorno di lutto anche per noi».

Credo che la persona che gli è stata più vicina, che ne ha conosciuto la grandezza dello spirito e gli abbandoni umani sia il suo segretario monsignor Loris Capovilla poi diventato vescovo. Vive a Sotto il Monte, il paese nel quale, in una famiglia contadina, nasce il grande pontefice.

«Monsignor Capovilla, ricorda il primo incontro con il cardinale Roncalli?»

«Io ho incontrato il cardinale Roncalli che avevo diciassette anni, ma non di persona, in fotografia. Non so perché, come sia capitato questo. Nell'annuario cattolico italiano c'era un tondo con questo monsignore che mi appariva un volto così delicato, così bello: arcivescovo Angelo Giuseppe Roncalli, trasferito da Sofia a Istanbul. Quello è stato il primo incontro.»

«Quando racconta agli altri chi era papa Giovanni che cosa dice?»

«Che sono ancora intimidito come la prima volta, perché la bontà che aveva, una bontà intelligente, saggia, forte, una bontà accogliente, delicata, ti colpiva immediatamente. C'è stata una definizione molto bella che ha dato Jean Guitton: "Incontrare Roncalli era come incontrare uno che già era assiso al tuo caminetto, là c'era una sedia pronta e ti guardava, ti ascoltava, ti rispondeva e ti sentivi perdonato anche se non avevi detto niente".»

«Che cosa aveva conservato papa Giovanni delle sue origini contadine?»

«Tutto. La saggezza, la pazienza, l'umiltà, il senso della collaborazione, dello stare insieme. Io penso sempre con commozione al giorno in cui lui è nato, alle dieci e mezza della mattina, battezzato alle quattro del pomeriggio, il vecchio prozio che dice ai suoi nipoti: "Signori, stamattina quando suonava la campana dell'Angelus eravamo trentadue, stasera siamo in trentatré".»

Papa Giovanni XXIII nasce il 25 novembre 1881. Nella sua famiglia ci sono già tre sorelle, poi si aggiungeranno altri nove fratelli. La chiamata di Dio arriva nell'infanzia: ha appena undici anni quando lascia Sotto il Monte ed entra nel seminario di Bergamo. Prosegue gli studi a Roma dove il 10 agosto 1904 è ordinato sacerdote. Il giorno successivo celebra la prima Messa nella cripta della basilica di San Pietro.

«Monsignor Capovilla, perché il papa ha scelto come nome Giovanni?».

«Io mi accorsi che stava scartabellando qua e là, dopo mi raccontò questa sua interiore macerazione. Disse: "Avrei voluto chiamarmi Pio come il mio predecessore per rispetto, ma… nel Veneto dicono pio pio… Mi sarei chiamato volentieri Benedetto". Penso a Benedetto decimo quinto che l'aveva chiamato a Roma, lui stravedeva per Benedetto, giustamente del resto, perché è un papa dimenticato, ma è colui che ha sollevato la chiesa al di sopra delle tensioni e tenzoni che hanno insanguinato l'Europa. "Ma, Benedetto" disse "nel Veneto dicono anche benedetto… forse Leone." Sotto Leone decimo terzo lui era nato. Ne aveva una venerazione. Ma disse: "Leone, sa, non si attaglia alla mia figura". Ha pensato ancora un po' poi ha detto: "Giovanni". E fece questa riflessione che mi sembra molto importante. Disse: "Giovanni è un nome dolce, perché è il nome di mio papà, è un nome soave, perché è il nome della parrocchia dove sono nato. È un nome solenne perché è il nome della cattedrale in Laterano che è la mia chiesa cattedrale. Poi Giovanni e Marco, io vengo da Venezia, l'Evangelista e il Battista sono le due persone più vicine a Gesù".»

«Cosa apprezzava di più nelle persone?»

«Sapeva che tutti abbiamo delle carenze, nessuno è perfetto. Prendeva la persona così come era: con la sua pazienza riusciva a fare accettare le persone come sono, col desiderio di mutarle, ma non ignorando i difetti che ci sono, che sono ineliminabili.»

«Che cosa condannava?»

«L'intolleranza. La condanna spietata degli altri. L'ho sentito io dire in certe situazioni: "Che cosa farebbe Gesù al mio posto? Direbbe: hai fatto male, hai sbagliato e poi? Poi bisogna riportarlo a casa".»

«È stato definito il "papa buono", ma lei quali altri aggettivi aggiungerebbe?»

«Io amo dire il papa della bontà, del Padre Nostro, della misericordia, della attenzione, della delicatezza, del rispetto. Ma anche il papa della tradizione. Sembra che papa Giovanni avesse con sé delle grandi tasche in cui portava con sé tutto quello che gli era stato dato dal passato, a cominciare dai suoi vecchi. Il giorno dopo che è stato fatto papa ha scritto le sue prime righe nel diario: "Da ieri sera mi sono fatto chiamare Giovanni, tutto il mondo oggi parla di me, persona e nome... Miei cari genitori, nonno Angelo, barba (zio) Zaverio, dove siete, chi vi ha tratto a tanto onore?".»

«È vero che dalla liturgia pasquale eliminò l'aggettivo "perfidi" attribuito agli ebrei?»

«Quando Roncalli fu fatto papa trovò un foglio sul tavolo di Pio XII che già studiava questo problema e faceva presente di approfondire la questione. "Bene" disse "il prossimo Venerdì Santo questo *oremus et pro perfidis judaeis* facciamo tanto presto a cambiarlo in *oremus et pro judaeis*".»

«Papa Giovanni era in contatto con preti come don Mazzolari che non godevano dei favori della curia romana.»

«Papa Giovanni leggeva sul "Popolo" di Milano i commenti di don Mazzolari al Vangelo e scrisse una volta: "come vorrei avvolgermi tra quelle sue due pagine più che non con la porpora cardinalizia". Una cosa enorme. Papa Giovanni era per la moderazione, forse certi termini, un certo zelo, magari non avrebbe vissuto alla stessa maniera di Mazzolari, ma come ho detto prima papa Giovanni prendeva la persona com'era. Aveva una grande stima di quest'uomo. Sapeva che viveva poveramente e scriveva come veramente viveva. E quando in Vaticano ci fu qualche difficoltà perché andasse in udienza, fu il papa a dare ordine che andasse. Quando papa Giovanni lo vide disse: "Ecco la tromba dello Spirito Santo della Bassa padana". Un complimento, con una vena di humor se vuole, ma molto bello.»

«In politica che cosa pensava?»

«Ci sono cose molto belle scritte nel suo giornale dell'anima, specialmente in quello che io chiamo il suo esame di coscienza dell'ottantesimo compleanno. Anche questa è una cosa singolare nella vita di un uomo, no? Compie ottant'anni. Fa un corso di esercizi spirituali suo personale cominciando con la confessione dei peccati, parla tranquillamente dei suoi difetti come se niente fosse. Poi dice: "Adesso cosa devo fare? Sono papa già da tre anni e mezzo, sono venuto qui, non mi sono mai allontanato dal mio dovere, come mi sono presentato a Venezia, uomo, prete e pastore". E la prima cosa che deve fare il prete, il pastore, è tenere alto il Vangelo, tenerlo sollevato, che tutti vedano quello che noi portiamo. Qualcuno a Roma diceva che era un papa troppo buono, che perdonava tutto e lasciava fare quello che ognuno voleva. Io una volta glielo dissi. Era una domenica di Quaresima e doveva andare alla parrocchia di Santa Maria Goretti al Fomentano, una parrocchia che aveva trentamila abitanti. Si preparava e io ho detto: "Santo Padre, bisognerebbe che dicesse anche qualche parola un po' forte perché, sa, c'è qualche cosa che non va anche in quella parrocchia, poi il predominio delle sinistre…". Lui mi guardò severamente e disse: "tu quoque, anche tu?". "No" dissi "io riferisco." Allora mi rispose: "Io sono stato fatto così da Dio, non posso andare con il frustino".»

«Che cosa hanno rappresentato gli anni che lei ha trascorso insieme a papa Giovanni?»

«Per me prete un tentativo di conversione, di capire un po' meglio anch'io il Vangelo.»

«Adesso papa Roncalli sarà beato: qual è la virtù che ha più praticato?»

«La semplicità, perché secondo i padri della Chiesa la semplicità è la *summa virtutum* perché presuppone tutte le altre virtù, cristiane e umane, unite e sublimate.»

«Sentì che si avvicinava la morte?»

«Sì, era preparato. Questo è un altro fatto inspiegabile anche per me. Quando io gli dissi, qualche giorno prima di morire: "Santo Padre, attorno al vostro letto siamo in dieci persone, ma se vedeste quanti nella piazza" temevo mi rispondesse di lasciar perdere, come se fosse un trionfalismo inutile, invece rispose: "Bene, è naturale, è il papa che muore, io li amo e loro mi amano".»

«Che eredità ha lasciato alla Chiesa?»

«La speranza, la speranza incrollabile, capiti quel che capiti. E poi un'altra di quelle che io chiamo le sue profezie. L'ultima volta che ha consegnato i ceri della Candelora, il 2 febbraio, ha voluto spedirli ai centri più lontani del mondo dicendo: "Io vedo anche nell'Estremo Oriente antiche civiltà che possono ricevere il soffio del cristianesimo, io vedo l'avvenire anche di questi grandi popoli". Credo che abbia visto qualche cosa che timidamente credo di vedere anch'io.»

«E agli uomini che cosa ha lasciato?»

«Ha lasciato il ricordo di una bontà che non si ripiega su se stessa, che non si perde nelle recriminazioni, che non si sofferma sulle condanne, ma, come disse il giorno dell'apertura del Concilio, innanzi alle sofferenze dell'umanità intera, anche davanti agli errori e orrori che ci sono, la Chiesa presenta la medicina della misericordia. Poi lei sa che la parola colloquio, dialogo era proibita in passato. Nel Duemila il papa Giovanni Paolo II è andato in Egitto e ha detto che dobbiamo dialogare. E giustamente anche coi fratelli musulmani. Dobbiamo ostinatamente cercare di tendere la mano perché se io non parlo, non tendo la mano, non ci intenderemo mai.»

Enrico Mattei, un mistero italiano

Ho telefonato alla vedova di Enrico Mattei. Il colloquio è stato rapido e non proprio cordiale. Ho cominciato portandole i saluti della cognata Maria; ma il dialogo è rimasto freddo, sbrigativo.

«Sono in partenza» ha precisato subito la signora Greta. «Se vuole, riprovi tra dieci giorni. Ma non prometto niente.»

«Mi dica con franchezza se intende ricevermi, o no. È un suo diritto.»

«Ma lei sa già tutto, se ha parlato con Maria.»

«Forse i punti di vista di una moglie e di una sorella sono diversi. Suo marito aveva dei presentimenti?»

«Non è proprio così. Riceveva certe lettere anonime.»

A Sergio Zavoli, Margherita Paulas, chiamata Greta, poi coniugata col generale di squadra aerea Giuseppe Casero, ha raccontato: «Le minacce che gli arrivavano da tutte le parti lo preoccupavano. Una notte mi sono svegliata e ho visto che piangeva. Gli ho chiesto: "Che cos'hai? Perché sei così irrequieto?". Aveva una carta fra le mani, uno scritto. Gli ho domandato: "Me lo fai leggere? Che cosa ti dicono?". Mi ha risposto: "No, no, perché poi tu ti agiti e pensi a tante cose". Era un uomo molto forte, ha pianto solamente per la scomparsa del padre e della madre».

Mi ha detto Giorgio La Pira: «Mattei è stato la figura più eminente, anche in senso politico. Era semplice, vedeva subito. Stabilì contatti col mondo arabo, andò a Pechino nel '58; fece gli stabilimenti di Ravenna in funzione della Cina. Capiva l'America Latina. Lo incontrai a Firenze il 4 ottobre, cadde il 27. Mi parve triste. Aveva paura, sì, di un attentato. Si sentiva la morte vicina».

Leggo nelle note della sua «guardia del corpo», Rino Pacchetti, medaglia d'oro della Resistenza: «Mattei lavora con comprensibile preoccupazione, ma con intensità. Mi sembra che voglia lasciare tutto in regola e si preoccupi di dare chiare disposizioni, in previsione del peggio. È visibilmente scosso, ma decisissimo a non mollare». E riferisce di una confidenza, mentre sono soli ad Anterselva, a pescare: «Sai, Rino, dovrò andare da un notaio uno di questi giorni; non ci avevo mai pensato, ma con questi delinquenti c'è da aspettarsi di tutto. E dire che nemmeno durante la guerra partigiana...».

L'ho incontrato una volta sola, nel dicembre del 1958, a San Donato Milanese, per una intervista. Alto, magro, con le durezze dei timidi, non concedeva molte battute all'interlocutore. Inseguiva i pensieri, spiegava le sue intenzioni quasi con accanimento. «Ho ordinato proprio adesso un aeroplano a reazione» mi disse compiaciuto «così in quaranta minuti vengo da Roma a Milano.»

Dall'alto del grattacielo di Metanopoli mi mostrò la pianura lombarda: «Trecento ettari sono nostri. Ho cominciato pagando il terreno quattrocentosessanta lire al metro, senza dire nulla a nessuno. Non volevo correre rischi. Adesso ne vale cinquantamila. E tutto quello che vi è stato costruito sopra non ci costa niente».

Era soddisfatto: «Vede: ho voluto una città intera per i miei operai. Hanno tre camere e il bagno, come gli impiegati, e campi da tennis, piscine, stadio, chiesa, e c'è anche un piccolo zoo per i bambini. Qui siamo tutti uguali e quando il lavoro è finito tutti debbono potersi mettere una camicia bianca».

La camicia bianca, ai suoi occhi, aveva il valore di una conquista, gli ricordava, penso, le domeniche a Matelica, la sua dura giovinezza di ragazzo di provincia costretto a lasciare la scuola per andare a verniciare letti in una fabbrica.

Volle anche illustrarmi il suo programma.

«Chiesi» spiegò «di essere ammesso nel consorzio petrolifero dell'Iran. Gli americani hanno il 42 per cento, gli inglesi il 40, poi ci sono gli olandesi e i francesi. Sarei stato contento di ottenere il tre o il quattro. Mi sbatterono la porta in faccia.»

Tutta la vicenda finisce con l'Ansa 295, del 27 ottobre

1962: «Precipitato aereo di Mattei. L'aereo dell'ingegner Mattei è caduto a Bascapè, in provincia di Pavia, nei pressi di Melegnano. La notizia è stata appresa dalla torre di controllo dell'aeroporto di Linate». Era un sabato sera, pioveva, c'erano folate di nebbia. La Rai trasmise l'annuncio col telegiornale della notte.

Ho ripercorso certi itinerari, ho interrogato persone che nessuno aveva ascoltate (la signora Maria Marotta, ad esempio, sorella di Mattei; un importante funzionario della nostra polizia, che gli fu molto vicino, che non è mai comparso, e che chiamerò il dottor X), ho avuto tra le mani alcuni documenti mai consultati, e mi sono letto, con doverosa pazienza, se non tutto, certo molto di quello che è stato scritto.

Ho sotto gli occhi tre settimanali: per uno Linate dista dal luogo della sciagura dieci chilometri, per l'altro tredici, per il terzo venticinque. Come si vede, in una materia già tanto opinabile, anche le misure metriche divergono e si dilatano.

Cominciamo: che cosa è accaduto da allora, da quella sera? Sul Morane-Saulnier 76D, un bireattore, c'erano tre persone: il comandante Irnerio Bertuzzi, l'ingegner Enrico Mattei, presidente dell'Eni, il capo dell'ufficio romano di «Time Life», William McHale.

Irnerio Bertuzzi, riminese, due medaglie d'argento, una di bronzo, una di lunga navigazione, tre croci al merito, aveva nel suo libretto 11.260 ore di volo, con 751 atterraggi a Milano. A vent'anni, già pilotava velivoli da bombardamento, terrestri, idro e aerosiluranti. Da Gibilterra, con uno scassone, a missione compiuta era rientrato da solo. Aveva seguito come ufficiale quelli di Salò, e Mattei diceva: «Andiamo sicuri, perché Dio non può avercela con un fascista e con un partigiano». Nessuno dei due aveva considerato che, probabilmente, Dio è apolitico.

La signora Bertuzzi racconta: «Eravamo in campagna. Irnerio non doveva neppure effettuare quel servizio, ma telefonarono: "Mattei non parte se non c'è lei". Mio marito doveva anche effettuare la visita di controllo; e così il 25 si presentò dai medici, che lo trovarono idoneo, perfettamente in ordine. Partì il 26 mattina. Come vuole che non ricordi quelle ore: Alle 18.45 feci il numero di Linate. Mi passarono la torre. Risposero: "È in atterraggio". Pregai di avvertirlo perché mi chiamasse così sarei andata a prenderlo in macchina a Fiumicino. Sarebbe rientrato con l'Alitalia. Più tardi seppi. Uno mi chiese chi c'era sull'aeroplano di Mattei. È stato più che sufficiente per farmi capire quello che era successo. Avevo mio padre con me, gli è venuto un infarto.

«Non ho voluto credere al sabotaggio, e non ne parliamo mai, perché non voglio che i miei figlioli vivano nell'idea di dover vendicare qualcosa. Certo, da qualche tempo, non tutto andava per il meglio. Da un anno avevano dato una pistola anche a mio marito, ma lui non ci credeva. Mattei gli mostrò anche delle lettere spedite dall'Algeria; avvertivano che la fine sarebbe accaduta sull'apparecchio. Il 6 ottobre 1961 Irnerio fu anche redarguito perché non aveva compilato il piano di volo; per ragioni di sicurezza aveva detto che la destinazione era Roma, invece aveva fatto scalo a Milano; avvertiva, naturalmente, dopo il decollo. Io non ho mai potuto avere il testo dell'inchiesta, ho letto solo quello che hanno stampato le riviste, ma vi sono certe ipotesi ridicole».

Il 29 ottobre 1962 sui quotidiani comparve, fra le tante, questa breve necrologia: «Non è tornato. La moglie Greta Mattei Paulas, che l'ansia di ogni giorno unì sempre più a lui, annientata dall'angoscia, lo piange».

Quella sera era andata con i coniugi Jacoboni al cinema. «Aspettavo» ricorda «una sua telefonata ed ero un po' preoccupata. Erano le 10.15 e ancora niente. Gli amici mi invitarono ad andare con loro. Abbiamo scelto il Fiamma, davano *L'affittacamere* con Kim Novak, era molto bello, ma io avevo un grande nervoso addosso, mi tremavano le gambe, tremavo tutta. Mi sembrava di sentir piovere, avrei voluto andare via, ma rimasi fino alla fine. Mi hanno accompagnata a casa, nell'albergo c'erano tante persone. Mi si avvicina il comandante Dayson che veniva ogni tanto con noi a pescare, e mi dice: "Enrico ha avuto un piccolo incidente". Allora ho detto: "No, Enrico è morto". Poi l'ingegner Zammatti mi è venuto incontro: "Signora, coraggio". Io sono rimasta senza voce, non potevo piangere, non potevo far niente, ero irrigidita, strana, come se fossi paralizzata.»

La storia di Enrico Mattei comincia, ufficialmente, con una lettera, datata 15 maggio 1945, protocollo numero 112.612, con la quale il ministro del Tesoro, Soleri, ordina di liquidare l'Agip, e finisce, in cinque secondi, sommersi dal silenzio e dal buio, il 27 ottobre 1962, a Bascapè di Pavia.

Chi è il protagonista? Non si presenta sulla scena in modo suggestivo, non è subito il primo della classe. Racconta il fratello Umberto: «Aveva poche attitudini allo studio. Gli piaceva la matematica. Dimostrò invece, subito, uno spirito indipendente, anche nei confronti di nostro padre. Scappò a Roma, da ragazzo, con un amico: volevano tentare l'avventura del cinema». Comincia a lavorare a quindici anni, come fattorino; a diciannove è direttore di una conceria con centocinquanta operai; alla Liberazione comanda centomila uomini.

Quando, nel 1946, a Caviaga si sprigionò, spinta da centocinquanta atmosfere, la prima nube, capì che possedeva uno strumento potente, e che aveva avuto ragione a non cedere alla Edison, per sessanta milioni, gli impianti e gli studi di ricerca.

Diceva: «Bisogna dare un posto a tutti»; e non si lasciava andare alla demagogia, esprimeva un sentimento sincero. La sua educazione era cattolica e gli veniva dalla madre, molto religiosa, che aveva contribuito a formargli il carattere. Un cattolico, forse, di mentalità tradizionale, che si faceva il segno della croce all'inizio e al termine di ogni viaggio aereo, che conservava nel portafogli il santino della Beata Mattia, che si venera nel monastero delle Clarisse di Matelica (e lui volle che anche le suore avessero, nel convento che egli fece restaurare, certi servizi igienici non contemplati o in contrasto con la regola), faceva la comunione con i dipendenti, ma la sua devozione era un po' particolare, pareva appoggiarsi, in ogni caso, al famoso interrogativo di Pascal: «E se c'è?».

«Un socialista cristiano» dice qualcuno. Ma parlando con un commentatore politico di destra, fedele seguace di Mussolini, di cui apprezzava l'intelligenza, si lasciò andare: «Io sono un nazionalista come lei».

Era certamente di un estremo rigore per ciò che si riferiva al denaro, che distribuiva magari con larghezza e senza pregiudizi per sostenere l'interesse delle sue imprese, ma che valutava ben poco per sé. Al processo di Dongo, dove venne citato come testimone, si presentò con un carico di ricevute che dimostravano la correttezza della sua amministrazione partigiana, fino all'ultima lira.

I soldi per lui non esistevano, il suo stipendio non doveva superare quello del funzionario più pagato. «Siamo io e mia moglie» diceva «poi, credete: oltre un milione, non serve a niente.»

Aveva detto a un intervistatore: «A me piace la battaglia». Questo lo faceva anche giudicare «un prepotente». Quando la burocrazia ostacolava il passaggio di un metanodotto da Cremona, prese trecento terrazzieri e di notte andò a scavare il tracciato.

«Ero deputato» si giustificava «e non potevano mettermi in prigione.»

Quando Egitto e Israele entrarono in guerra per l'affare di Suez, la prima volta, arruolò dei mercenari, li armò di mitragliatrici, li vestì con una divisa con tanto di bracciale sul quale era ricamata la sigla Eni e li mandò a presidiare gli impianti.

«Non potevo rischiare di perdere i pozzi» diceva a chi gli faceva osservare che, fra Onu ed Eni, dovrebbe esserci una qualche differenza.

Era appena tornato dall'America, dove aveva scoperto

che gli *executives* non si facevano portare in giro dalle macchine della società, ma si muovevano con la propria. Chiamò il capo del personale: «Quante sono le automobili che prelevano e riaccompagnano a casa i dirigenti?». «Saranno una ventina.» «Mi dica una cifra precisa. Quante a Roma, quante in Italia.» «In Italia saranno... devo controllare. Saranno, penso, un centinaio.»

«Non pensi: vada a vedere, e mi prepari un prospetto con tutti i nomi dei beneficiati. Da domani il servizio è abolito.» «Abolito?» «Esatto. Ognuno va e viene con la sua vettura.»

Una volta gli chiesero: «Ingegnere, da quello scandalo, sì, la faccenda delle squillo da un milione, come ha fatto a tirarsene fuori?».

Risposta: «Guardi, a me su due cose non mi si può dire niente: i soldi, perché io non rubo, ho il mio stipendio e basta; e... quella roba lì che, non ho paura a dirlo, mi piace».

Nell'inverno del 1961 scoppiò a Roma il «caso Mary Fiore». Una signora molto ospitale, il cui salotto era affollato da bellissime e anche assai note fanciulle, e da gentiluomini importanti e facoltosi che non badavano a spese. Arresti, traffici, fughe all'estero, incoraggiate anche da funzionari di Ps e di enti pubblici, di signorine troppo disponibili, e allusioni pesanti su giornali non proprio irreprensibili.

Era molto legato a coloro, pochi, che gli erano stati vicini dall'inizio. In politica poteva invece cambiare rapidamente fronte, a seconda del tornaconto del momento. Da Tambroni a Gronchi al centrosinistra, per esempio. Tentò in tutte le maniere di fare rieleggere per altri sette anni alla presidenza della Repubblica il discusso parlamentare toscano, e, a quanto mi racconta il dottor X, nella manovra non badò a spese. Del resto anche il Sifar riceveva il suo obolo.

Si legge nel diario della sua guardia del corpo: «Visite a Gronchi e più di frequente a Fanfani (evidentemente per concordare i nominativi dei vari ministri), visite a Bo, Lami e Ferrari Aggradi. Incontri frequenti con Cazzaniga della Esso e con funzionari dei vari ministeri».

Più avanti: «Telefona spesso a Fanfani per il nuovo governo ed è in apprensione per alcuni ministeri-chiave». Per concludere: «Mattei opera e agisce per la rielezione di Gronchi. Vede spesso Fanfani (che poi non terrà fede alle promesse), va frequentemente alla direzione della Dc insieme all'onorevole Russo e pare tutto fatto. All'ultimo Fanfani cambia le carte in tavola e osteggia sia Gronchi che Segni per avanzare lui all'assalto del Quirinale. Fa fare una brutta figura a Mattei dopo averlo compromesso, l'ingegnere è molto contrariato e scocciato per l'elezione di Segni, ma più che altro per il fallimento dell'amico Gronchi».

Inseguiva i suoi programmi senza tentennamenti, come un rullo compressore.

L'Italia mancava di fonti di energia, e lui andava a cercarle nel Medio Oriente, oppure in Russia, perché voleva obbligare le «sette sorelle» a prendere in considerazione anche lui, la sua Eni, l'«orfanella».

Non guardava troppo per il sottile al gioco codificato dei rapporti internazionali: l'Urss gli forniva a buone condizioni il greggio, l'Eni ricambiava con partite di gomma sintetica, e quelli di Washington li lasciava strillare.

Cambiava le regole dei contratti coi produttori: al cinquanta e cinquanta degli americani Mattei aggiungeva il venticinque degli utili, costituendo delle compagnie miste coi fortunati Paesi che avevano petrolio.

Degli imprenditori privati stimava solo Valletta: «Il più bravo di tutti, l'unico che ha capito che questo è il mondo della velocità». Il funzionario dello Stato ingegnere Enrico Mattei aspettava i sessant'anni per smettere, «per andare» diceva «come è giusto, come si deve, in pensione».

Lasciò l'impiego a cinquantasei. E non è una frase fatta: cadde sul lavoro. La sua vera, grande passione.

Ci sono, nella vita di Enrico Mattei, cinque secondi che non si possono raccontare: gli ultimi. Quelli che passano fra il contatto radio con la torre di Linate e la fine. Nessuno è riuscito con chiarezza a spiegarli. Molte ipotesi, qualche sospetto, una denuncia, due inchieste. Poi, clamorose rivelazioni:

«L'evento», come lo definisce la commissione che ha indagato a Bascapè, potrebbe essere stato provocato: dall'Oas (Organisation armée secrète), gli oltranzisti di Algeri; dalla Cia, cioè dallo spionaggio americano; dallo Sdece (Service documentation extérieure et de contre-espionnage), che si sarebbe mosso per soddisfare un desiderio non espresso, ma intuibile, di De Gaulle. E anche, ma la tesi non soddisfa, perché ha poco del romanzesco, da un «improvviso malore del pilota», e quindi da una confusa lettura degli strumenti, o da una manovra avventata o troppo brusca.

Ruotano, attorno a ogni discorso, visioni esaltate e interessi nascosti; non sempre i vari racconti sono animati dall'onesto proposito di stabilire, almeno, qualche verità. Si sa che le «sette sorelle», le grandi compagnie petrolifere, erano danneggiate dall'invadenza rivoluzionaria di Mattei; è comprensibile che certe sue iniziative non coincidessero con la visione degli Stati Uniti; non c'è dubbio che a Parigi non apprezzavano molto i suoi rapporti con i vari Fronti di liberazione africani.

Rino Pacchetti, la medaglia d'oro che vigila sull'incolumità dell'ingegner Mattei, concede poco credito all'intrigo: «Personalmente io credo che tutto si riduca alla realtà di una dimenticanza del motorista Loretti, notoriamente distratto. Il Loretti non ammetterà mai una simile eventualità, e negandola farà il possibile per far credere a un atto di rivolta contro di lui, e quindi chiaramente di sabotaggio, che, se anche non diretto a Mattei, avrebbe ugualmente messo il reattore fuori uso».

Dal quadretto risulta con certezza che fra gli equipaggi non c'erano rapporti sereni e armonia. Tanti segugi alla ricerca di esplosivi e di congiure, e neppure un dirigente che metta ordine nelle inevitabili rivalità di mestiere, che si creano anche in un settore delicato come è quello dei trasporti aerei.

Ma nel «giallo» si inseriscono di continuo nuovi personaggi e nuove scoperte, e denunce sensazionali. Diamo la parola a Philippe Thyraud de Vosjoli, già esponente dello Sdece, comandato da De Gaulle a Washington, dove si è poi trovato così bene che, secondo le confidenze di un esponente della nostra polizia, «ha chiesto e ottenuto la cittadinanza americana, ha una buona posizione, e ha fornito molti utili elementi alla Cia». La sua versione del caso Mattei sarebbe «una cattiva azione degli Stati Uniti contro i francesi».

Quello che ha da dire de Vosjoli l'ha scritto nel volume Lamia (un suo nome di battaglia) e lo ha confermato in un paio di interviste. È stato il gruppo «Azione» dello Sdece a decidere e a organizzare il tragico volo del Morane-Saulnier. Un agente, che ce l'ha fatta a introdursi fra i meccanici dell'aeroporto di Fontanarossa, il 27 ottobre 1962 riesce a salire sull'aereo che è nel parcheggio di sosta, e in meno di un quarto d'ora apre la scatola dell'altimetro e stacca, riattaccandoli poi in modo sbagliato, alcuni fili degli strumenti; crea, insomma, i presupposti per il disastro. Secondo gli esperti, un esercizio del genere, in così breve tempo, è assolutamente impossibile anche per uno specialista, ed eventuali manomissioni sarebbero state avvertite al controllo che si effettua prima di decollare, e che il comandante Bertuzzi, come risulta da due testimonianze, eseguì regolarmente.

Non c'è stata, sul caso Mattei, nessuna spiegazione sicura, e questo ha incoraggiato anche le supposizioni più ardite.

C'è chi ha detto che tutto era stato combinato, con calcoli minuziosi, perché il bireattore scoppiasse all'atterraggio; ma è ragionevole considerare che chi progetta un delitto cerca anche di cancellare ogni possibile prova.

Accettata questa teoria del «piano», piuttosto improbabile, si può notare che il Morane, per oltre mezz'ora, ha volato sul mare, nello stretto di Messina, nel basso Tirreno, perché aveva la prua diretta su Ponza e, se fosse precipitato in questi tratti, non ne sarebbe rimasta traccia.

Nel relitto, poi, non si è riscontrato, mi ha detto un competente che lo esaminò subito dopo, alcun segno di bruciatura.

La scomparsa del giornalista Mauro De Mauro, nel 1970, ha aggiunto al thrilling un nuovo capitolo, ha rimesso tutto in discussione. La figlia Junia ha scritto sul «Mondo» alcuni articoli incisivi e drammatici per rievocare la sua dolorosa esperienza.

De Mauro, come lei dice, aveva ricevuto dal regista Francesco Rosi l'incarico di ricostruire gli ultimi due giorni di Mattei in Sicilia. Alla data di consegna del lavoro, fine agosto, avrebbe ricevuto mezzo milione in contanti e, in seguito, avrebbe eventualmente collaborato alla presceneggiatura con più adeguato compenso.

Ne ho parlato con Francesco Rosi. «Tutto esatto. Gli affidai questo compito» dice «il 21 luglio 1970. Dopo un mese e mezzo è sparito. L'abbiamo cercato varie volte nel frattempo, a casa e al giornale, ma inutilmente. La produzione lo inseguiva: "Mandi quello che ha". Niente. Lui è stato sequestrato il 16 settembre; il 17, lo ricordo benissimo, perché andai alla prima di *Uomini contro*, mi ha telefonato Nisticò, il direttore dell'"Ora" di Palermo, per chiedermi se De Mauro stava occupandosi di Mattei per mio conto. Ho confermato.» «Lei pensa che De Mauro, come sostengono i familiari, abbia individuato qualche elemento nuovo?»

«Cercando qualcosa ha messo la mano su un fatto che indirettamente ha contribuito alla sua condanna. Magari non aveva nulla a che fare con la morte di Mattei. Due supposizioni: o non ha scoperto nulla, o ha trovato, per conto suo, delle piste che voleva tenere per sé. Certo, ha messo il piede sulla coda di una vipera.» Le indagini, forse, chiariranno anche quest'altro aspetto oscuro del «caso Mattei».

Il tempo passa, e di De Mauro nessuno parla più; resta

la cupa disperazione dei parenti, e il buio di un mistero.

Chi è stato, dunque, Enrico Mattei? Tre opinioni. Ferruccio Parri: «Se fosse andato in America, diventava il re di qualcosa».

Domenico Bartoli: «La figura più spiccata che la democrazia ci abbia dato dopo De Gasperi».

Luigi Barzini: «Voleva fare dell'Italia una nazione moderna, civile e prospera. Certo, non badava per il sottile quando voleva raggiungere i suoi scopi. Si liberava con ogni mezzo degli impacci che lo frenavano. Corrompeva talvolta e umiliava quello stesso Paese alla cui dignità aveva dedicato l'esistenza».

1963

La tragedia del Vajont

Mancavano pochi minuti alle undici e a quell'ora la gente di montagna ha già spento le luci. Anche in autunno la sveglia suona presto al mattino, qui vive gente laboriosa, caratteri forti, forse duri, rocce, si dice, proprio come le montagne che circondano le loro case, quelle costruite sotto il monte Toc, che da queste parti vuol dire «pezzo», e lungo il Vajont, che tradotto dal ladino significa «va giù». Ed è stata proprio una frana che dalle pendici del Toc, alle 22.39 del 9 ottobre, si è rovesciata nel bacino artificiale sottostante: 2700 metri cubi di rocce e detriti portati a valle con un boato da far paura. Due ondate la conseguenza di quella frana: la prima, verso la vallata del Vajont, ha cancellato le frazioni di Frasègn, Pineda, Prada, Ceva, Cristo, Marzana, San Martino e Le Spesse. La seconda è arrivata alle case di Casso. A Longarone l'onda si è divisa: una parte verso il letto del Piave, l'altra incontro al mare, continuando a distruggere tutto quanto incontrava. Bilancio: 1917 morti, più o meno l'ottanta per cento di donne, bambini, uomini che in quell'angolo d'Italia vivevano. È stato detto che nemmeno la bomba atomica sganciata su Hiroshima è paragonabile a quell'onda d'urto. Una donna scampata al disastro lo racconta così: «Avevo spento da poco la luce quando ho sentito che la terra tremava, da dietro le imposte fischiava un gran vento e vedevo le luci della strada che si spegnevano. D'istinto sono corsa a prendere dal letto i miei bambini che dormivano, poi l'acqua è entrata, mi ha sballottata di qua e di là e mi sono ritrovata sopra un pino. La mia bambina è stata trovata intorno a casa, il maschietto verso Belluno, mia madre al campo sportivo e mio padre a Trichina».

Ricorda il parroco: «C'era un rumore che cresceva, così mi sono affacciato alla finestra e c'era anche un gran bagliore, poi mi hanno detto che quello era il cortocircuito dei trasformatori. Così ho visto una colonna d'acqua che buttava giù le case ed è arrivata in cima al mio campanile».

Ancora un testimone: «Sono arrivato a Longarone dopo un'ora che il Toc era finito nel lago al di là della diga: c'era qualche ambulanza, i vigili del fuoco, i carabinieri e la Stradale. Di Longarone restavano soltanto le macerie e pensavamo che ci fossero centinaia di feriti. Un soldato gridava forte in un microfono che tutti i paesi suonassero le campane, che la gente scappasse. Camminavamo nel fango, tra calcinacci, pezzi di legno, in un silenzio surreale. Passammo davanti al cinema e ci trovammo come in un paesaggio lunare: davanti a noi c'era il vuoto. Capimmo che il paese era sparito».

Pochi mesi dopo la «sventura» capitai in quelle zone e nonostante fossero stati tolti i detriti, spianato il terreno, ricostruito il pezzo di strada, ho in mente un paesaggio grigio, sembrava che anche l'aria fosse sporca e lassù, implacabile, il muraglione della diga assassina, quella diga voluta dagli uomini nonostante in molti, negli anni precedenti, avessero avvertito, con l'autorità di scienziati, che lì una diga sarebbe stata un pericolo per la valle e i suoi abitanti, visto che il profilo geologico non era adatto. In più era stato alzato, al di là dei margini di sicurezza, il lago artificiale. Non basta: quella maledetta sera del 9 ottobre non era stato dato l'allarme per far evacuare la popolazione. Dunque, non proprio un disastro naturale, ma una strage che è difficile ritrovare nella storia dell'umanità. Già nel luglio del 1959 i geologi Franco Giudici ed Edoardo Semenza avevano scritto in una relazione: «Sotto il monte Toc esiste una enorme massa in movimento dalla quale si possono staccare frane a ripetizione, soprattutto riempiendo e svuotando il bacino del Vajont».

E due anni dopo Augusto Ghetti, titolare dell'Istituto di Idraulica dell'Università di Padova: «La caduta di una frana di duecento milioni di metri cubi potrebbe provocare conseguenze dannose – accentuate gradatamente fino a divenire manifestamente impressionanti – al massimo invaso, anche per la zona a valle della diga».

Le vittime sono state seppellite in fretta, anche se poche erano state identificate. Spianato dalle ruspe, un grande spazio a Fortogna è diventato uno dei più grandi cimiteri del nostro Paese: tante lunghe fosse contrassegnate da un numero. Ha scritto Dino Buzzati: «...il monte che si è rotto e che ha fatto lo sterminio è uno dei monti della mia vita il cui profilo è impresso nel mio animo e vi rimarrà per sempre. Ragione per cui chi scrive si trova ad avere la gola secca e le parole di circostanza non gli vengono. Le parole incredulità, costernazione, rabbia, pianto, lutto, gli restano dentro col loro peso crudele».

Quel giorno di novembre a Dallas

Scrivo questa nota dall'Holiday Inn di La Crosse. La Crosse è una cittadina del Wisconsin. Sono le tredici ora locale; la sala del ristorante è affollata: c'è un gruppetto di vecchie signore che chiacchierano e ridono, ci sono dei camionisti, dei commessi viaggiatori. La cameriera dai capelli rossi torna correndo dalla cucina e strilla: «Hanno colpito Kennedy».

Nell'ingresso dell'albergo il televisore è acceso. Parla Walter Kronkite, il numero uno dei commentatori della Cbs.

La hall si riempie di gente. Kronkite è in maniche di camicia, ha alle spalle telescriventi che battono, ogni tanto qualcuno gli passa un foglio.

Kronkite parla pacatamente, ha la faccia tesa, a un certo momento si toglie gli occhiali e dice: «President Kennedy is dead». Si ferma un istante: «Just a moment» si scusa e si schiarisce la voce. Le telecamere inquadrano un cartello per richiamare l'attenzione del pubblico: una voce fuori campo prega la gente di non telefonare alle stazioni tv, le linee sono sovraccariche. La cameriera dai capelli rossi piange. «Che cosa succederà adesso?» domanda.

Riappare Walter Kronkite e racconta che il presidente viaggiava su una limousine, prende in mano una foto e la mostra, si vede John Kennedy che sorride, ha accanto Jacqueline, anche Jacqueline sembra contenta, agita una mano per salutare la folla, il governatore Connally ha un fiore bianco all'occhiello.

Kronkite legge i telegrammi che arrivano. Spiega che Kennedy è spirato, dopo trentacinque minuti, al Park Lane Hospital, dice che Connally, quando è stato ferito, ha urlato ai poliziotti: «Badate a Nelly». Nelly è la moglie.

Dice che dal 1901 non c'era stato un attentato, e i colpi sparati, colpi di fucile, sono tre. Venivano da una finestra d'angolo, forse dal terzo piano, o dal quarto. Hanno arrestato un giovane di ventiquattro anni che aveva in tasca una pistola. S'interrompe. Le telecamere riprendono la sala delle riunioni all'Onu, la seduta è sospesa, i delegati vanno a stringere la mano a Stevenson.

Lo speaker della Cbs racconta che Johnson, il vicepresidente, è adesso circondato dai poliziotti che hanno paura d'un altro attentato. Fuori piove forte, sul Mississippi stagnano banchi di nebbia. Entrano automobilisti di passaggio, con gli impermeabili lucidi e subito non capiscono. Tanta gente è attorno al televisore.

Un altro giornalista si presenta per continuare il notiziario, Walter Kronkite si infila la giacca e se ne va. Il nuovo commentatore dice che a New York molti piangono. Pare

che l'attentatore, dice ancora, sia uno di estrema destra.
Mostra altre fotografie, le ultime foto di John Kennedy, prima della morte. Kennedy stringe le mani a donne agitate, è
allegro, ha il ciuffo scomposto, applaude anche lui Jacqueline che è festeggiata dagli ascoltatori di un comizio.

La cameriera dai capelli rossi sfoglia l'ultimo numero di
«Look» appena uscito. C'è un servizio fotografico, *The
president and his son*, Kennedy con John junior, che gioca,
si nasconde dietro la fotografia di «Daddy», sale sul tavolo ovale dove il padre si riunisce con i suoi collaboratori,
l'ultima immagine mostra il bambino in vestaglia da camera che dà la buonanotte al padre. Il racconto della tv continua. Il fucile che ha sparato i colpi è un Mauser.

Si vede un cronista che intervista i passanti su una strada: «Non è possibile» dicono «non ci credo». Poi trasmettono un filmato, ripreso subito dopo gli spari. Sulla limousine è rimasto il mazzo di fiori che avevano offerto a Jacqueline all'aeroporto. I poliziotti in borghese, grossi e con i
cappelli di feltro da cowboy, corrono sui marciapiedi, gli
agenti hanno i fucili sotto il braccio, un dispaccio avverte
che il corpo del presidente sarà portato a Washington.

Le botteghe di La Crosse si chiudono; nelle vetrine ci sono cartelli che fanno propaganda ai tacchini da consumare
per il Thanksgiving, il Giorno del ringraziamento, che cade
giovedì prossimo, ci sono i primi Babbi Natale. Il cronista
della tv racconta che la signora Kennedy, quando le hanno
detto che John era morto, ha mormorato «Oh no!».

1964

Sabin, il cacciatore di virus

Questa è Cincinnati, la seconda città dell'Ohio. Ha più di
mezzo milione di abitanti, molte fabbriche di whisky e molte acciaierie, una università, una sala da concerti, e un personaggio importante: Albert Bruce Sabin (1906-1993). Nel

1961 il vaccino al quale egli ha lavorato, da quando nel 1953 isolò dei ceppi attenuati del virus della poliomielite, viene approvato dal Servizio sanitario pubblico degli Usa e diffuso a livello mondiale. In Italia la prima campagna di vaccinazione con il metodo messo a punto da Sabin ha luogo nel 1964. Ho potuto intervistarlo per la prima volta nel 1966.

Il dottor Sabin, il professor Sabin, ha compiuto da poco sessant'anni. Ha trascorso l'infanzia in Polonia ma, dice, «sono americano, proprio come se fossi nato qui». Ha rivisto, qualche tempo fa, ma senza emozioni, Byalistok; della gente di allora, degli ebrei, è rimasto soltanto il custode del cimitero; tutti gli altri furono uccisi dai tedeschi. Sulla tempia, Sabin porta ancora il segno di una sassata, tiratagli da un ragazzo «solo perché» spiega con un malinconico sorriso «ero israelita».

È un signore riservato, lo si vede in giro molto di rado. Ogni mattina esce di casa (abita in una villetta, alla periferia, tra i boschi, e poco lontano si distendono i grandi prati), sale in macchina, e si dirige al laboratorio, un silenzioso reparto, al quinto piano dell'ospedale dei bambini. Vi rimane fino a sera: a mezzogiorno fa colazione con gli altri medici e gli infermieri nel piccolo ristorante.

Passa la giornata al microscopio, nelle stanze delle cavie, in biblioteca. «Lo studio» dice «è la mia ricreazione, il mio passatempo.»

Non gli piace il lavoro di squadra, preferisce procedere da solo. Ha pochi assistenti, e qualcuno arriva anche dall'estero. Due volte la settimana fa lezione alla facoltà di Medicina: è pediatra e virologo.

Su di lui c'è una scarsa aneddotica: dicono le note dei biografi che è alto 1,77 m, ha capelli bianchi, occhi castani, è energico, ma di maniere dolci, tranquillo e modesto, e il compositore che predilige è Rossini.

«La musica» dice «è la mia vitamina.» Non è mai, né in politica, né sulle questioni scientifiche, categorico e intollerante: «C'è sempre un intero spettro di grigi fra il nero e il bianco» spiega.

Di lui, si racconta solo un vivace dibattito, con Jonas Salk, il rivale, il primo a combattere la polio con virus uccisi con la formaldeide. Il suo sistema era in gran voga negli Stati Uniti; il metodo di Sabin, che usava virus vivi e attenuati, si era diffuso rapidamente nell'Urss e nell'Europa Orientale. Solo nel 1961, l'American Medical Association suggerì ai medici di usare lo sciroppo del dottor Sabin, i cui effetti erano decisamente superiori e il rischio eliminato.

«Perché sei tanto fiero di quello che si fa in Russia e non di quello che si fa negli Stati Uniti?» lo interruppe con malizia Salk durante l'accesa discussione. «Non dire porcherie» fu la risposta. Ora, il vaccino di Salk, che per sette anni assolse un'importante funzione, è caduto in disuso.

Durante la guerra Sabin è stato ufficiale sul fronte del Pacifico, in Africa, ed è sbarcato in Sicilia nel 1943, a Palermo. Ma le armi non appartengono affatto ai suoi sentimenti, alle sue idee. «L'uomo più potente» dice «è quello che riesce a trasformare il nemico in un fratello.» Ha fatto suo il sogno di Pasteur: «Far scomparire dalla faccia della terra le malattie contagiose derivanti da microbi». Guadagna poco più di ottocentomila lire al mese. Ha ricevuto molti riconoscimenti scientifici e solo un premio in denaro: i venticinque milioni del premio Antonio Feltrinelli 1964 per le scienze mediche e chirurgiche applicate. «Grazie» disse «questo denaro mi serve proprio per alcune faccende familiari. Mi sono sposato tardi, e bisogna fare qualche economia per i figli.» È padre di due ragazzine, Amy e Deborah. Fu su di loro che provò la prima volta il siero antipolio. «Nel 1957 erano ancora piccole» racconta «così nella mia casa furono fatti i primi esperimenti.»

Un dramma ha sconvolto la sua vita: nel 1966, dopo trentun anni di matrimonio, la moglie, Sylvia Tregillus, sconvolta da una depressione psichica, si è uccisa. «Sono vedova» diceva «per colpa dei viaggi e del laboratorio.» La disgrazia ha influito sul carattere di Sabin: si è fatto più chiuso, silenzioso. Dice un suo amico, il professor Campbell Crockett: «È stata la più grande tragedia della sua vita. L'altra sera sono andato a trovarlo: l'ho sorpreso mentre stava sfogliando un vecchio album di fotografie».

Albert Bruce Sabin è diventato medico nel 1931, e ha cominciato subito gli studi sulla poliomielite, uno dei grandi mali che colpivano i bambini, forse il più terribile.

Era sbarcato in America dieci anni prima, il padre aprì un piccolo setificio, ma senza fortuna, uno zio dentista si offrì di mantenerlo agli studi e sarebbe stato contento se il ragazzo avesse scelto la sua stessa carriera: odontoiatria. La lettura del libro di Paul De Kruif, *I cacciatori di microbi* (1926), spinse il ragazzo Sabin verso la medicina e la ricerca; l'incontro con il microbiologo William Park, che lo accolse nel suo reparto, e gli fece ottenere anche una borsa di studio universitaria decise del suo destino. Dice Sabin: «Gli debbo più di quanto un uomo possa mai ripagare».

Egli sapeva che i virus della polio erano presenti lungo il cammino del genere umano, ma diventarono preoccupanti solo nel XX secolo, dilagarono prima in Europa, poi si estesero ovunque: due terzi delle vittime non avevano ancora compiuto i sei anni.

Bisognava trovare un vaccino che fosse efficace e innocuo, che desse cioè le massime garanzie di immunizzazione senza far correre al fanciullo alcun rischio.

Sabin scoprì che è nell'apparato digerente il terreno nel quale si sviluppa il male, ed era lì che bisognava colpirlo. Quando ebbe raggiunta la valida prova dell'esattezza delle sue osservazioni, quando, usando per le colture i reni di novemila scimmie e di centoquaranta scimpanzé, riuscì a produrre il suo vaccino, che aveva tutte le qualità richieste per affrontare la dura battaglia, scoppiò una forte polemica che divise in due il mondo della scienza. Un altro ricercatore americano, Jonas Salk, aveva trovato un rimedio per combattere i poliovirus. Si trattava di tre iniezioni, mentre Albert Sabin ricorreva a una solu-

zione per via orale. Salk non proteggeva contro la poliomielite, ma contro le manifestazioni paralizzanti del morbo; Sabin eliminava totalmente il pericolo, e difendeva
non solo l'individuo vaccinato ma anche quanti gli stavano attorno.

Adesso, ogni anno, a milioni di giovani sotto i vent'anni viene somministrata la zolletta di zucchero con le due
gocce di preparato, ma chi furono i primi uomini che af-
frontarono il rischio, che ingurgitarono la soluzione che
conteneva i microbi, attivi ed efficienti?

Sabin forse si ricordò di due grandi esempi del passato:
di Pasteur che inspira con una cannuccia di vetro la saliva
di un cane idrofobo, di Jenner che, all'insaputa della moglie, inocula il liquido di una pustola sul suo primogenito
per scoprire la natura del vaiolo.

«Ho cominciato a prenderlo io» risponde Sabin «e alcuni dei miei aiutanti. Il dottor Ramos-Álvarez del Messico, che lavorava allora con me, poi un tecnico negro, Hugh
Haydy. Quando fu evidente che bisognava fare prove più
impegnative, più ampie, che non si potevano usare ancora
le bertucce, ci mettemmo a cercare delle persone, che dovevano vivere isolate, e offrirsi spontaneamente. Non sapevamo di preciso quali effetti il nostro preparato avrebbe
provocato. Le abbiamo trovate in un penitenziario a Chil-
licothe, nell'Ohio, avevano tra i ventuno e i venticinque
anni, centinaia di carcerati: sono stati magnifici, e io ho un
senso di gratitudine e di affetto per quei ragazzi, per quello che hanno fatto.»

Il dottor Albert Bruce Sabin non ha brevettato la sua
scoperta, ha rinunciato a ogni guadagno, l'ha regalata ai
bambini del mondo, e continua a vivere del modesto stipendio di professore universitario.

«Non volevo» dice «che il mio contributo al benessere
dell'umanità fosse pagato con della moneta.» Il dottor Sabin ha bisogno di poco: il suo laboratorio, la casa, i libri, i
dischi, il giardino: «Per me» dice «i fiori hanno qualcosa di
magico, come la vita».

1965

L'assassinio di Malcolm X

Ogni dieci americani uno è negro. Ho visto i negri di Harlem e quelli del Mississippi; li ho sentiti cantare nei giorni in cui si raccoglie il cotone, li ho sentiti piangere, una notte, mentre suonava una tromba, dietro le sbarre del penitenziario di Angola, nella Louisiana.

«L'America» ha detto il sociologo Michael Harrington «si aspetta che il negro sia povero» e la miseria, la mancanza di cultura – perché l'istruzione si svolge in una società segregata – lo spingono verso la prostituzione, l'alcool, il gioco d'azzardo, gli stupefacenti, anche il delitto, nel tentativo di evadere dalla soffocante oppressione di ogni giorno.

L'uomo di colore si sente «diverso», c'è una impenetrabile barriera psicologica che lo separa dagli altri, «perché» dice il poeta Claude McKay «io sono nato lontano dalla mia aria natìa, sotto la minaccia del bianco, fuori dal tempo».

Ho conosciuto il negro gonfio di orgoglio e che sogna la rivolta: Malcolm X. Ci incontrammo allo Shabazz, sulla 125ª Strada e bevemmo caffè, soltanto caffè, perché il buon musulmano deve lasciar perdere il whisky, le donne, i dadi e le lotterie; c'era in giro odore di patate fritte, di nafta bruciata e di brillantina. Tutti lo guardavano con rispetto, poi una domenica, il 21 febbraio 1965, mentre stava predicando, è stato ucciso, colpito da sedici proiettili tre dei quali mortali.

Aveva un'aria intelligente e maniere composte, parlava con grande proprietà anche se, mi spiegò, aveva frequentato soltanto le prime classi. Diceva: «Sono nato a Omaha, Nebraska, quando il Ku Klux Klan era molto forte da quelle parti. Diedero a mio padre l'ordine di partire, e così ce ne andammo».

Lo stanzone era dominato da un ritratto in smoking di

Elijah Muhammad, detto «il messaggero di Allah», un ometto rinsecchito, guida rispettata dei Black Muslims. Nella storia di Malcolm c'erano il dolore, il crimine e la prigione: sette anni. La madre era figlia di una negra violentata da un bianco, ed era finita al manicomio; il padre glielo avevano buttato sotto un tram. Era cresciuto con tanta fame e tanta paura. Nel certificato penale, i giudici avevano annotato le sue colpe: sfruttatore di sgualdrine, spacciatore di droga, rapinatore.

Dietro le sbarre aveva imparato a studiare e a odiare i bianchi, la società razzista. Racconta Betty, la vedova: «Malcolm voleva che la crudeltà dell'uomo verso l'uomo finisse. E diceva che, per farla cessare, occorreva ricorrere a qualsiasi mezzo».

Lo chiamavano «il negro più arrabbiato d'America»; quando attentarono a Kennedy, disse che la faccenda gli era del tutto indifferente. «Si tratta» spiegò «di un caso di polli che vanno a farsi arrostire.»

Più tardi, il suo discepolo, ancora più acceso e intollerante, Eldridge Cleaver, ministro delle Informazioni delle Pantere Nere, dichiarò ai giornalisti: «Io sarei molto soddisfatto se Richard Nixon venisse assassinato. Sarebbe proprio una bella cosa».

E «Rap» Hubert Brown non fu più tenero con Lyndon Johnson: «È un cane selvaggio, un fuorilegge del Texas». E incitava ad agire di conseguenza, giustificandosi: «La violenza è necessaria; è americana come la torta di ciliege».

Malcolm X diceva che l'America è una grande prigione, basta nascere con la pelle scura ed è come stare a Sing Sing; diceva che Allah è giusto, mentre i cristiani sono ipocriti e per questo lui si era convertito alla grandezza dell'Islam; diceva che il negro è superiore, anche fisiologicamente, perché da un negro può nascere un bianco, mentre non è mai accaduto il contrario. *How beautiful I am*, come sono bello, canta il poeta Langston Hughes.

Diceva anche: «Non fidarti della donna perché ti metterà nei guai», ma non esprimeva soltanto la sospettosità delle dottrine islamiche, forse c'era anche un riflesso delle esperienze carcerarie.

Disprezzava Martin Luther King, perché incitava alla pacifica convivenza, all'amore verso l'oppressore, voleva seguire l'esempio di Gandhi. Rompe con lui dopo la marcia su Washington autorizzata dall'Amministrazione, dal potere dei bianchi.

«Ma Gandhi» spiegava Malcolm X «era l'elefante nero che schiaccia il topo bianco, mentre Martin Luther King è un topino nero, sotto le zampe di un elefante bianco.»

Non aveva alcuna fede nel governo, nelle leggi, nella comprensione. Gridava ai suoi seguaci: «Al diavolo la politica. Levatevi in piedi e combattete le vostre battaglie perché solo così il bianco imparerà a rispettarvi. E se egli non vi permetterà di vivere da uomini, non potrà impedirvi di morire».

Ho chiesto a Malcolm X: «Qual è il suo primo ricordo di bambino?»

«Guardi, la cosa che ho più viva nella memoria, se ripenso alla mia giovinezza, è quando la nostra casa fu bruciata nel Michigan dal Ku Klux Klan. Avevano i cappucci coi grandi fori davanti agli occhi, mantelli rossi e lunghi fucili. Gridavano. A quel tempo noi vivevamo in un quartiere bianco. Anche allora, come adesso, i bianchi, la società bianca, era contraria a ogni forma di integrazione, e così incendiarono la nostra abitazione e ci costrinsero ad andare via. Questo non accadeva nel profondo Sud, ma nel Michigan, in uno degli Stati più a nord di questa nazione. Non l'ho mai dimenticato.»

«Lei è stato in carcere.»

«Sì, sono stato in carcere perché avevo commesso un crimine, anzi, parecchi crimini. Fui preso e condannato, ma è stata la società, la società dei bianchi, la società occidentale, con tutte le oppressioni che esercita sui negri, che mi ha mandato dentro; e fa sì che la più alta percentuale di detenuti sia negra, perché dobbiamo ricorrere al delitto per vivere, per continuare a vivere. Siamo in guerra: il Mississippi è come il Congo, Harlem come il Vietnam. Qualcuno cade.»

«È per questo che è diventato musulmano?»

«Mi sono convertito quando ero in prigione. Sono nato cristiano, poi ho avuto diversi anni di agnosticismo, e dopo essere stato anche ateo capii che la religione dell'Islam è la verità e l'abbracciai.»

«Signor Malcolm X, lei crede nell'integrazione?».

«I negri devono, ogni volta che intendono prendere una decisione, rivolgersi ai bianchi per sapere le cose che possono andare a comprare, in quale quartiere possono andare a vivere, occorre un permesso per qualsiasi iniziativa.»

«Lei sostiene addirittura il principio della superiorità dei negri.»

«Maometto ci insegna che l'uomo negro è l'uomo originale, l'uomo dal quale derivarono gli altri. In biologia e in genetica spiegano che la pelle nera, i capelli neri, gli occhi neri, sono dominanti. Maometto ci insegna che i neri possono generare i bianchi mentre i genitori bianchi non possono avere una discendenza negra. Se c'è stato un momento nella storia del mondo in cui vi era una sola persona, questa persona doveva essere nera; la prima gente al mondo doveva essere nera e da questa gente vennero tutti gli altri. Noi crediamo in questo, l'uomo nero è il primo e siccome lui era il primo al principio, Maometto ci insegna che il negro sarà il primo anche alla fine.»

«Malcolm X, che cosa pensa dei bianchi?»

«I soli bianchi che io conosco sono quelli che ci hanno rapiti e portati in questa terra come schiavi, ci hanno fatto lavorare nei campi come cavalli per quattrocento anni, ci hanno venduti come loro proprietà per trecentocinquanta, e negli ultimi cento si sono comportati da ipocriti, cercando di far pensare al mondo che noi siamo stati liberati, mentre invece siamo ancora più schiavi di quello che eravamo sotto Lincoln e prima della dichiarazione di emancipazione.»

«Non c'è nessun bianco per il quale lei prova qualche simpatia?»

«L'esperienza che abbiamo fatto in questa società bianca non ci permette di camminare per cercare qualche uomo bianco verso il quale dirigere la nostra ammirazione. Non è un problema di individui, è collettivo, è un problema generale. Le buone parole di una o due persone bianche non bastano, nemmeno il comportamento di una o due persone, noi guardiamo tutta la collettività, noi guardiamo tutta la complessità del problema.»

«Quali sono in definitiva, gli scopi del suo gruppo?»

«Mio padre è stato ucciso nel 1931, è stato trovato sotto un tram, ce l'avevano buttato i bianchi perché era troppo impegnato a combattere, parlava troppo chiaramente, era contro i compromessi, esortava i negri ad agire da soli. Io porto dentro di me questo insegnamento. Lo scopo dei musulmani negri è portare libertà e uguaglianza ai venti milioni di neri che vivono in questo Paese. Noi pensiamo che Allah, il Dio che ci unisce, ci darà la forza necessaria per vivere, per fare qualche cosa per noi stessi, senza aspettare che l'uomo bianco d'America ci aiuti.»

Perché protestano gli italiani

Sono andato alla ricerca dell'italiano che protesta. Forse vi sembrerà un impegno da poco: invece il personaggio è complicato, e gli itinerari piuttosto confusi. Intanto, cinquantadue cittadini su cento, riferisce la Doxa, si dichiarano abbastanza soddisfatti. Negli ultimi dieci anni il loro tenore di vita è migliorato. Nove intervistati affermano, al contrario, che per loro è andata peggio; ma anche fra i malcontenti la situazione non è chiara. Ci sono, ad esempio, cinquantamila aspiranti a settecento posti di custode nei musei, e contemporaneamente si debbono interrompere i lavori su un'autostrada perché mancano i carpentieri. Diminuisce il consumo della carne e la vendita dei periodici, e si incassano quasi duecento milioni per un incontro di calcio. A Bari, indignati con l'arbitro, gli spettatori buttano in campo le loro scarpe, e nella vicina campagna i contadini vanno al lavoro scalzi. «C'è la congiuntura», è la giustificazione che si usa per spiegare la crisi del turismo di lusso, o del mercato dei motoscafi, e un collega americano mi racconta che, a un convegno di industriali di tutto il mondo, le mogli dei nostri boss avevano le più belle pellicce.

No, non è facile questo viaggio nel lamento. «I francesi» mi ha detto Jean d'Hospital, corrispondente di «Le Monde», «si lagnano assai di più.» Anche gli stranieri non ci aiutano a capirci. Un anno fa, negli ambienti del Mercato Comune, venivamo definiti «un popolo di cinquanta milioni di automobilisti sottosviluppati». De Gaulle pensava che, come la IV Repubblica, saremmo caduti in una crisi senza uscita; in Germania ritenevano pericoloso farci credito. Adesso tutti riconoscono che le nostre faccende vanno meglio; negli Stati Uniti ci considerano fra gli alleati «più sicuri».

Ci sono diverse Italie e diversi e spesso contrastanti motivi per ritenersi insoddisfatti. L'onorevole Almirante (Msi) mi dice che i suoi camerati «soffrono per ragioni d'ordine morale, per il clima d'incertezza, di disordine e di corruzione nel quale viviamo da molto tempo a questa parte». L'onorevole Pietro Ingrao (Pci) mi dice che, tra i suoi compagni, «c'è uno stato d'animo di collera, per i salari, per il peso del lavoro nelle fabbriche, per il ritmo imposto dall'organizzazione. È diffuso, negli operai, il senso di una morsa che si stringe». Sono andato a trovare in Vaticano un monsignore; il colloquio era amichevole; volevo sapere cosa chiedono i miei compatrioti al Santo Padre, così abbiamo parlato anche di papa Giovanni, e di alcuni recenti risultati elettorali. Non mi sembrava preoccupato. Mi ha ripetuto la frase di un vescovo tedesco: «Noi non siamo riusciti in venti secoli a farli cristiani; è possibile che in vent'anni diventino comunisti?».

La mancanza di una coscienza collettiva si avverte anche nella protesta che, come scrive Jean-François Revel, non è mai «contro gli abusi, la mancanza di rispetto per il pubblico», ma è sempre suggerita da ragioni personali. Si capisce che deve esserci qualche differenza nel giudicare la vita fra i trentamila accattoni della provincia di Napoli, e i metalmeccanici in utilitaria della Lombardia; ma i soli gesti che rivelano una indignazione collettiva sono quelli manovrati dal Partito Comunista, che ogni tanto, per la condanna dei Rosenberg o per il pericolo atomico, lancia un manifesto e raccoglie migliaia di firme.

Per cercare di definire il protagonista della mia indagine ho pensato di ricorrere a qualche fonte ufficiale. L'italiano, quando ha una ingiustizia da denunciare, o un beneficio da chiedere, si rivolge ai pubblici poteri. Ha soggezione del vigile urbano e del poliziotto, ha timore del giudice, considera lo Stato un secolare nemico, ma dallo Stato si aspetta di tutto. E indirizzandosi ai potenti, non mira a conquistare il rispetto, ma gli basta di essere esaudito. Cerca, in fondo, un protettore.

L'onorevole Giovanni Leone mi ha raccontato che, quando era presidente del Consiglio, riceveva molta posta dalla Campania, che è il suo collegio elettorale. Si trattava, quasi sempre, di richieste di aiuto: urgenza di un sussidio, speranza di una raccomandazione. Finivano, quasi tutte, con tre parole rassegnate e ammonitrici: «Se volete voi». «La gente» spiega l'onorevole Leone «crede che nella macchina burocratica sia tutto corrotto, e che senza un patrono non si arrivi a nulla. E guai se non riuscite a ottenere l'auspicato trasferimento, o se non avete risposto al biglietto di auguri: diventate un nemico.»

«Se volete voi.» È costume affidarsi, più che al rispetto della legge, alla benevolenza di chi comanda. Ho potuto consultare alcune lettere indirizzate all'onorevole Fanfani nel momento in cui fu chiamato a comporre il primo governo di centrosinistra. La fase iniziale è quella del tripudio: «Sono commosso e le sono vicino. Permetta che l'abbracci nel nome dello scudo crociato» scriveva un benestante di Barrafranca (Enna). «Quando abbiamo sentito le belle notizie tue, per la gioia ci siamo messi a baciare la radio» esplodeva, anche a nome dei suoi congiunti, una casalinga di Ripalimosani (Campobasso); né mancava il composto incoraggiamento di un sacerdote di Pizzighettone (Cremona): «Non abbia paura di continuare per la sua strada. Anche gli eminentissimi cardinali, un tempo un po' contrari, perché temevano per la religione, oggi sono convinti che questa è la via giusta».

Segue, immediatamente, il secondo momento, quello delle suppliche, che, stante l'urgenza dei problemi esposti, vengono inoltrate anche per telegramma. Piccolo campionario. Telegrafano il sindaco e la giunta di Soveria Simeri (Catanzaro): «Saggezza dimostrata come presidente provinciale spingonci rivolgere vivi voti perché onorevole Bisantis venga incluso sottosegretario». Telegrafa una professoressa di Sanremo: «Manterremo fiducia Dc se programma politico proporrà difesa diritti scuola parificata». Meno impegnativa la petizione di un estimatore di Empoli: «Il mio amico Berneschi Alfredo ha un ristorante, ma non gli viene concessa la licenza per la vendita di vino a bicchieri, e così non riesce a farcela perché gli avventori non possono bere chianti in gran quantità».

Aldo Moro riceve in media quindici lettere ogni giorno. È alla guida del Paese da diciotto mesi, e in questo periodo è dimagrito di dieci chili. Quello che più lo rattrista è la perentorietà delle richieste, l'egoismo di categoria. I medici dentisti si indignano contro il provvedimento che allarga le competenze degli odontotecnici, gli avvocati non sopportano l'aumento della carta bollata, i commercianti vorrebbero la lotta contro i supermarkets, un controllo che restringa le nuove iniziative, e contemporaneamente il blocco degli affitti.

Poi ci sono le ondate di risentimento provocate dalle nuove leggi: i piccoli risparmiatori che si ritengono danneggiati dalla nazionalizzazione dell'industria elettrica, il piccolo proprietario terriero che si sente minacciato dagli enti di sviluppo in agricoltura, perché vede allungarsi l'ombra dell'esproprio: «Eccellenza» avverte «voi mi mangiate la dote di mia figlia».

C'è infine l'esplosione di disgusto collettivo per lo «spettacolo indecoroso» delle elezioni presidenziali. Gli scritti, i reclami, hanno una nota comune: l'impazienza, e dimostrano come ognuno voglia per sé tutto, senza che si tengano in considerazione le legittime esigenze degli altri. Ma c'è anche chi offre la sua spontanea e disinteressata opera per cercare di porre rimedio a molti inconvenienti che ci affliggono. Forti del fatto che sanno «come si fa per mandare avanti una famiglia», sono disposti a insegnare al presidente del Consiglio le buone regole per far quadrare i conti. La ricetta è più o meno questa: ridurre gli stipendi agli statali, mandarne a casa una buona parte, ritenuta superflua, e tassare, tassare molto di più i ricchi che tradiscono sempre le aspettative del fisco. Infatti, una indagine ha rivelato che gli imprenditori e i dirigenti conquistano appena l'otto per cento della simpatia nazionale.

Si protesta, dunque, per il lavoro che scarseggia o è mal retribuito, per gli eccessi della burocrazia, per il disordine della scuola, per la crisi della giustizia. Sono vecchi motivi di un'antica polemica. Ho chiesto all'avvocato Adolfo Gatti (difensore di Felice Ippolito): «Se lei fosse imputato di un crimine, da quale tribunale vorrebbe essere giudicato?». Mi ha risposto: «Da una corte inglese, perché sarei processato rapidamente, senza formalità, e con la certezza che davanti al magistrato, la cui autorità è altissima, io e la regina siamo sullo stesso piano». Ho rivolto la stessa domanda all'avvocato Giuliano Vassalli (difensore di Claire Bebawi). Mi ha risposto: «Fui condannato a morte dai nazisti, e per loro alcuni miei parenti hanno perduto la vita. Eppure vorrei essere giudicato da un tribunale tedesco. Trovo che l'attuale Germania è un Paese civile. E anche là non esiste, come da noi, la pena di morte».

Se faccio un primo bilancio, mi accorgo che in questi ultimi tempi gli italiani si lamentano di più. Mi ha detto

Leo Wollemborg, corrispondente del «Washington Post»: «Una volta la gente si accontentava. Non aveva termini di confronto, o la possibilità di ribellarsi. Adesso anche il cafone del Sud non è più rassegnato alla sua sorte. Prima il contatto con le truppe alleate, poi i turisti stranieri, poi la televisione, gli hanno insegnato che esistono altri modi di vivere. Le condizioni materiali della grande maggioranza sono migliorate, il benessere è più diffuso e, come diceva Anatole France, "pensare è un lusso dei borghesi"».

In questo viaggio nella protesta dovremo tener conto anche delle donne. Ho avuto per le mani la corrispondenza che riceve un diffuso settimanale femminile. Trovo, in un recente saggio di uno scrittore francese, Dominique Fernández, una frase che dipinge una situazione: «Non ci sono coppie in Italia, non ci sono mai state, l'uomo e la donna non hanno mai cercato di affrontarsi, di unirsi, di arricchirsi l'uno con l'altro. Le opere letterarie lo dimostrano. Le grandi coppie sono Dante e Beatrice, un devoto e una morta, i fidanzati di Manzoni, separati e vergini, Bube e Mara di Cassola, condannati ad aspettare quattordici anni il permesso di vivere insieme». Il problema di essere soli, o di essere uniti, se dà luogo a una monotona letteratura, provoca invece umane e coloritissime lettere. Perché, come diceva Lee Masters, «questo è il dolore della vita, che per essere felici bisogna essere in due».

1966

L'Italia della solitudine e della burocrazia

È l'Italia che ha visto il boom economico, guidata da Aldo Moro con un governo di centrosinistra. È l'Italia che sta parlando di meccanizzazione dell'agricoltura dopo la riforma agricola. È l'Italia dell'incremento dell'edilizia popolare, che nel 1964 inaugura l'autostrada del Sole, la Milano-Napoli che attraversa ben sei regioni. È l'Italia delle auto che dal milione del 1956 passa ai cinque milioni e mezzo di oggi e tra queste la nuova Fiat 500 F le cui portiere sono incernierate anteriormente.

Civiltà dei consumi, corsa al benessere, si vola verso la Luna, e siamo sempre più soli: chi sa se diventeremo come gli svedesi, più ricchi, più sicuri e più disperati.

A Milano circola una grossa automobile rossa. Al volante c'è un frate, e sugli sportelli hanno dipinto una scritta dall'aria un po' misteriosa: «Telefono amico: 68-82-151».

Molta gente fa il numero, specie di notte. C'è un'ora che invita alla confidenza e spinge all'abbandono: quando le strade si fanno deserte, e i *nights* spengono le insegne luminose, le cinque linee sono impegnate, e il padre francescano che dirige la filantropica impresa, e i giovanotti e le ragazze che lo assistono, raccolgono le malinconie, gli sfoghi e i problemi che voci stanche, esasperate dalla solitudine, affidano alla comprensione e alla pazienza di un ignoto interlocutore.

Sono stato una sera ad ascoltare le confessioni della città. Storie crudeli e patetiche, tra il fumetto e la tragedia. Uno voleva che lo aiutassero a dimenticare la ballerina con figlio che rifiutava di sposarlo, aveva già tentato una volta di uccidersi; la signora ossessionata diceva che aveva bisogno di qualcuno che le stesse vicino, lanciava proposte, diceva come è triste e come è vuota una casa senza un uomo. Non ho sonno, spiegava l'ingegnere, può ascoltarmi, per favore, sono anni che non vado in chiesa, vorrei sapere, mi potrebbe dire che diritto ha Dio di essere Dio, è una idea che mi gira nella testa, non riesco a dormire. Ho paura, diceva la ragazza, di chiudere gli occhi, potrebbe essere per sempre, è una paura che mi porto dentro, ogni volta che si fa buio potrebbe essere buio per sempre.

Nessuno ce l'aveva con il governo, nessuno denunciava ingiustizie, si sentivano indifesi, cercavano conforto, non avevano abbastanza fede per ricorrere a un prete, o abbastanza denaro, o coraggio, per affidarsi allo psicanalista.

Erano vicende personali, che non entravano nella statistica dello scontento, e che non si possono classificare.

C'è, invece, e identificabile, la protesta di sinistra e la polemica di destra, il disagio di chi si sente travolto dalla macchina della burocrazia; c'è perfino chi analizza il lamento, il pregiudizio o il luogo comune, e li pone al servizio dell'industria.

Ho chiesto all'onorevole Giorgio Almirante, segretario del Movimento Sociale, che cosa vogliono i seguaci del suo partito: la loro indignazione ha sempre un fondo moralistico e una pregiudiziale patriottica. Soffrono, nel dopoguerra, per il trattato di pace, per Trieste che sembrava perduta. Dimenticano che fu la loro «idea» che provocò tanti guai, e che non si possono organizzare spedizioni punitive contro i faziosi svizzeri di Zurigo che trattano male i nostri emigranti. Accusano Moro di essere il Kerenskij di turno, ma avrebbero forse qualche difficoltà a individuare i Lenin e i Trockij di circostanza. Si sentono incompresi, partecipi di un coro di voci, ma non di un dialogo.

L'onorevole Pietro Ingrao spiega le ragioni che rendono insoddisfatto il proletariato comunista: non nega che, dal 1945, si è fatto molto cammino, e che le cose vanno meglio da noi, ad esempio, che in Francia dove, afferma, la democrazia politica è stata distrutta, ma ripete i motivi che alimentano i comizi e gli scioperi – l'insufficienza dei salari, il ritmo troppo teso del lavoro, la scontentezza del mondo contadino, che si allontana sempre più dalla terra, o la miseria dei pensionati. Problemi che nessuno nega o nasconde e che angustiano non soltanto la società borghese; ma da noi diventano il sostegno di una opposizione.

Altro genere di reclamo, che sfocia nell'ironia o nella rassegnazione. Questo è il momento degli enti di Stato. Se ne parla sui giornali e se ne parla, soprattutto, nelle aule del tribunale. Sono diventati oggetto delle conversazioni tranviarie e di caffè, come il campionato di calcio e l'aumento degli incidenti stradali. Nessuno sa quanti siano, nessuno è mai riuscito a fare un conto esatto. C'è chi parla di novecento, e chi sostiene che potrebbero essere molti di più. Si è costituito perfino un nuovo ente che ha l'encomiabile scopo di eliminare quelli, cosiddetti, inutili, ma non so se ce l'abbia fatta a liquidare l'ente che soprintendeva, in memoria delle conquiste etiopiche, all'acquedotto del Galla-Sidamo, o l'altro che doveva assistere i colpiti dal terremoto di Messina (1908). Fino a dieci anni fa stavano ancora risarcendo i siciliani per i danni provocati, nel 1860, dai volontari di Garibaldi. A ogni modo non si può dire che il nostro Paese, in materia di organizzazioni, sia secondo a qualcuno: è ancora in funzione un ente autotrasporti merci, ed è in piena attività l'ente nazionale per le corse al trotto. Mi pare impossibile che non si sia provveduto a tutelare anche il galoppo, e che si trascurino gli ostacoli: i cavalli, e gli enti, dovrebbero essere uguali per tutti.

L'orgia di moduli e di pratiche indispensabili per ottenere un qualunque servizio ha fatto tante volte le spese della satira, e pare perfino monotono ritornare sull'argomento, ma è sempre possibile aggiungere, nella risaputa vicenda, qualche episodio inedito. Occorre la carta da bollo anche per denunciare il furto dell'automobile; un cittadino romano, per ottenere la luce elettrica, ha dovuto presentare ventun domande; per avere la targa dell'auto un utente ha effettuato settantuno telefonate, ha presentato diciotto documenti e si è recato in visita a tredici uffici. Il diario della complessa operazione è stato tenuto da un giornalista americano, e con molta letizia dei suoi lettori.

Anche le schede perforate delle calcolatrici elettroniche e i diagrammi delle ricerche motivazionali fanno risaltare certi aspetti del nostro carattere e certe fonti del malcontento. I produttori di carne in scatola incontrarono, all'inizio, parecchie difficoltà nel conquistare il mercato. Non era in discussione la qualità del prodotto o la convenienza del prezzo, ma una sottile ragione morale impediva di raggiungere una larga massa di lavoratori: la gelosia. Il marito si chiedeva: «Se mi serve questa pietanza prefabbricata, e non si occupa della cucina, come passa le ore?». Altra domanda posta dalle mogli: «Come mi giudicherà lui, se invece di curare la tavola, gli servo con qualche foglia di insalata una scatoletta di bollito?». L'industria passò al contrattacco: un manifesto riproduceva un coltello retto da due mani, una maschile e l'altra di donna, che, unite, tagliavano in due un pezzo di manzo, e una frase chiariva l'amoroso concetto: «Metà a te, metà a me», concetto poi aggiornato con un'affermazione ancora più sentimentale: «Io so come renderlo felice». Cosa volete farci: siamo tipi dalla tortuosa psicologia.

Altro caso sempre legato al commercio. Non è semplice rendersi conto del successo che, dopo tanti anni, stanno incontrando i lavori a maglia. La signora con i ferri e il gomitolo di lana sembrava una immagine legata ad altre stagioni, quando non esisteva la fretta, né la moda era soggetta alle leggi utilitarie della confezione in serie. Si è scoperto che la maglia sostituisce il tranquillante: non soddisfa un'esigenza di affermare, sia pure in materia di scialli o di pullover, la propria personalità, ma va incontro a un bisogno di distensione. L'italiana ha scelto questa silenziosa e arcaica forma di protesta o di evasione, per rifarsi dell'isolamento nel quale la costringe l'egoismo dell'uomo o per dimenticare gli affanni della vita moderna.

Le rivendicazioni e le lamentele delle donne si esercitano sempre in un campo preciso e ristretto: l'ufficio, la casa o la bottega. Quando la pubblicità le propose di acquistare la margarina, la massaia respinse ogni allettamento; le pareva il surrogato di un prodotto migliore (anche se il novantaquattro per cento delle possibili consumatrici, interrogate, non sapeva di che cosa fosse fatta), e il basso prezzo le pareva indice di povertà; acquistare margarina significava mettere in discussione, davanti al salumiere, il proprio prestigio sociale. Non è una brava madre, pensava, quella che ammannisce alle sue creature cibi confezionati con esotici grassi, rischiando, per un piccolo risparmio, la salute dei congiunti. Non bastò spiegarle la natura e l'origine del prodotto, dire che era largamente usato in tutto il mondo, bisognò capovolgere il concetto di rispettabilità, farle capire che è un merito spendere meno per ottenere di più. I pubblicitari la collocarono al centro di una tavola allegramente imbandita, dove c'era uno sposo soddisfatto e dall'aspetto benestante, e dei ragazzi felici perché la mamma aveva preparato una cena buona e sana, senza ricorrere ai tradizionali condimenti. Dietro a quella clamorosa rappresentazione della gioia, si nascondeva un diffuso sentimento: la paura di mostrarsi poveri. Il decoro chiede, alla piccola e brava gente, tanti sacrifici.

1967

Banditi a Milano

È un'ora stanca. I cronisti di guardia giocano a carte. Gli uffici sono chiusi. È notte. I telefoni suonano in continuazione. Nel corridoio della Mobile di Milano le porte sono spalancate. Su una panchina è seduto un vecchio corridore ciclista, vittima delle bische; aspetta di essere interrogato. Qualche agente lo saluta. Nella mappa che fronteggia la scrivania del dottor Reale, il «capo», si accendono a intermittenza piccole luci. Indicano le zone pattugliate dalle Volanti.

Il «capo» sta firmando pratiche: ha l'aria compita del bravo funzionario meridionale, padre di famiglia e tutore della legge. Chi mi accompagna è il dottor Venezia, un suo aiutante: un poliziotto scelto, figlio di poliziotto, mi dice, nipote di poliziotto; ma lo vedi che fa parte della nuova scuola.

Parliamo della banda Cavallero, di questa Milano agitata, dove i mafiosi, i guappi e i balordi si trasformano in killer, dove si ruba e si ammazza. Resoconto dell'ultimo colpo della gang: filiale del Banco di Napoli in largo Zandonai, i quattro, Pietro Cavallero, Sante Notarnicola, Adriano Rovoletto e Donato Lopez, rapinano dieci milioni e fuggono su una Millecento nera. Rimangono imbottigliati nel traffico e per fuggire sparano all'impazzata, spara anche la polizia: sei poliziotti e sedici passanti rimangono feriti, sull'asfalto quattro cadaveri.

La gente si domanda e chiede: «Che cosa fa la polizia?». Dicono anche che «quattro morti, per recuperare dieci milioni, sono forse troppi, che non dovreste adoperare le armi, perché qualche cittadino ci lascia la pelle».

Il «capo» prende un foglietto dove sono segnate le statistiche di mezzo anno, e mi dimostra che su sei omicidi, cinque sono stati scoperti, che cinquanta rapine, assalti in banca o scippi di piccoli briganti sono stati ricostruiti, e i colpevoli messi dentro, e c'è un bel numero di sfruttatori in galera e di associazioni a delinquere mandate all'aria.

«Non è stata trovata sui caduti e sui feriti una delle nostre pallottole» dice l'aiutante «e l'ordine che trasmettevamo di continuo era: "Speronateli, sparate solo nel corpo a corpo, fate attenzione"; abbiamo portato sei dei nostri all'ospedale e grazie a Dio se è finita così. Come dovremmo prenderli? E se li molliamo, e la proposta è assai ingenua, come si presentano la prossima volta o dove andiamo poi a pescarli?»

I funzionari sono amareggiati: trovano le critiche ingiuste, l'omertà rende difficili le indagini, i mitra si acquistano a centomila lire, e senza complicazioni, i banditi dispongono di larghi mezzi e di tecniche sempre più aggiornate, hanno basi internazionali, e anche per loro Milano è una gran piazza. Mi ha detto il dottor Beneforti della Criminalpol, un omaccione cordiale, campione di rugby, che lavora col questore Nardone: «Qui ci sono i soldi, più soldi che da qualunque altra parte, e i denari portano la dolce vita, donne e divertimento, roulette, fuoriserie, night, e le frontiere sono comode, vicine. È un posticino ideale».

Chiedo al dottor Venezia come sono quei due che hanno preso subito dopo la sparatoria, quelli che stanno interrogando, Rovoletto Adriano, nato nel 1935, si legge nel verbale, Lopez Donato, nato nel 1950; che tipi sono, come si comportano. «Gli studiosi» dice «gli psichiatri diranno magari che hanno i caratteri dei malati di mente, per me sono soltanto dei criminali. Anche il piccolo è cinico, freddo, non ha mai avuto un momento di crisi, è furbo e carogna, sfugge le domande insidiose, non si commuove per quello che ha fatto, scuote le spalle, che è la peggior risposta, non è pentito. Nessuno è venuto a cercarlo, ma anche se ne avessi la facoltà, non lo farei incontrare neppure con sua madre. Non merita niente. L'altro, Rovoletto, è esplicito, si lascia andare. Sa che per lui è fatta. Ha già ammesso diciassette "colpi". Quando lo abbiamo bloccato, c'erano i miei uomini sulle barelle, o per terra, e buttavano sangue; confesso che gli avrei tirato addosso volentieri. È un sentimento che non avevo mai provato, non è giusto, certo, ma questi individui non hanno pietà. Non credo ci sia stata al mondo una storia crudele come la loro. Quelli che ancora circolano, Pietro Cavallero, il "Piero", l'uccisore numero 1, e il suo braccio destro Sante Notarnicola, sono forse ancora più pericolosi. Hanno un ergastolo sulle spalle, che cosa possono perdere ancora? Diceva Cavallero agli amici: "Prima o poi finiremo male": se la sentivano che non potevano durare. Adesso, poi, la banda è distrutta. Non possono più fuggire. Una volta o l'altra ci cascheranno in mano, ma sarà un brutto incontro.»

Il telefono squilla spesso. Nei discorsi cadono le solite parole, sento parlare di dollari falsi. «Cerca di sistemare la ragazza» dice il commissario Beneforti a un ignoto interlocutore; io esco per qualche minuto, passeggio nei corridoi. Da due stanze vicine esce un dialogo concitato: Donato Lopez e Adriano Rovoletto ricostruiscono la loro vicenda. Le porte sono aperte, così posso individuare i personaggi e seguire la conversazione. Quello grosso e forte è il maresciallo Oscuri: la sua foto compare spesso sui giornali; quello vestito di blu è il capitano Lodi dei carabinieri, quello magro è il dottor Panini, che si è buttato contro la Millecento dei gangster in fuga.

Rovoletto ha il braccio sinistro fasciato, la barba lunga,

i capelli radi e sudaticci; parla con voce roca e composta, sembra quasi un timido; ha gli occhi rossi per il sonno, pare, qualche volta, che non capisca le domande, ma si prende, senza troppe incertezze, le sue responsabilità. Non ha più illusioni. Porta una catenina d'oro al collo, con una medaglia che riproduce, omaggio alla sua città e alla sua passione, il Toro. Ha indosso una camicia che mi pare di seta; da un pezzo non è più candida. Dice il commissario Panini: «Senti, Adriano, come ti regolavi con le macchine? Tu eri il cervellone; spiega dunque».

Adriano tace per un istante. Il maresciallo Oscuri lo incoraggia: «Prendi una caramella di menta, dài». Gliela scarta. Poi Rovoletto attacca: «Chi faceva i piani, per la verità, era il Piero. Sceglievamo le auto davanti all'ingresso della metropolitana. Aspettavamo che il proprietario scendesse alla stazione per agire tranquilli».

Commissario Panini: «Conoscevate bene Milano, allora?».

Rovoletto: «Sì, Piero aveva la pianta con tutto segnato».

Commissario: «E perché avevi scelto una millecento?».

Rovoletto: «Che importanza aveva il modello? Bastava non dare nell'occhio, e valutare in fretta lo stato della macchina».

«Sigaretta, Adriano?» dice il capitano Lodi. Nell'accendergliela, urta il braccio fasciato: «Scusami» dice «ti ho fatto male?»

Commissario: «Senti, Adriano, che tecnica usavi per accendere il motore? Congiungevi i fili o adoperavi una limetta al posto della chiave?».

Rovoletto: «Limetta, sempre limetta. Funziona meglio. Mi ero consigliato con dei ladri d'auto».

Commissario: «Quando decidevate di agire, facevate qualche sopralluogo o vi affidavate all'estro?».

«Tutto calcolato, e magari una prova generale.»

Nell'altra camera Donato Lopez conversa col dottor Venezia. Ha la frangetta che gli copre la fronte, indossa una giacca di tessuto nero e una maglia, i lineamenti sono regolari, l'atteggiamento impenetrabile.

Commissario Venezia: «Ascolta Donato. A te piaceva giocare al football, no?».

Donato Lopez: «Sì, avevo anche in tasca la formazione della mia squadra, ma me l'hanno sequestrata al momento dell'arresto».

Commissario Venezia: «E che ruolo ricoprivi, attacco o difesa?».

Donato Lopez: «Ero terzino».

Commissario Venezia: «Come giocavi: che so, alla Maldini o alla tedesca?».

Donato Lopez: «Io spazzavo via tutto».

Il maresciallo Oscuri gli butta una pistola.

Maresciallo: «Donato, guardala. È carica o scarica?».

Donato Lopez: «È in sicura».

Maresciallo: «Provala».

Donato la maneggia, sorridendo: «Non c'è niente dentro».

Maresciallo: «Il caricatore non te lo do».

Commissario Venezia: «Chi ti ha insegnato a tirare?».

Donato Lopez: «Il Piero».

Commissario Venezia: «Se tu avessi una pistola, che cosa faresti?».

Donato Lopez: «Le sparerei».

Commissario Venezia: «Devi aspettare almeno dieci anni. Senti: durante l'assalto, che hai fatto?».

Donato Lopez: «Quando fuggivamo?».

Commissario Venezia: «Sì, mentre tagliavate la corda, e la polizia vi inseguiva, tu che cosa facevi?».

Donato Lopez: «Avevo paura, e ho detto a Piero di farmi scendere. Ma Piero mi ha dato una rivoltella a tamburo e ha gridato: "Spara anche tu"».

Commissario Venezia: «E tu hai obbedito?».

Donato Lopez: «Piero comandava tutti».

Ho domandato al dottor Beneforti: «Perché quelli che hanno conosciuto i banditi danno buone informazioni? Tutte brave persone, a leggere la cronaca».

«Facevano poco fracasso e avevano dei soldi» dice. «Tutti quelli che hanno i soldi sono considerati perbene.»

Due guardie portano via Lopez, che li segue docile. Nella camera di Rovoletto il dialogo continua nella notte. Nel corridoio c'è odor di fumo e di caffè. Scendo nel cortile. Un gruppo di agenti sta salendo sulla camionetta. Mi viene in mente un particolare: guardia di Ps, stipendio 70 mila lire; graduato con figlio 120 mila, con quattro 140. Brutto mestiere.

Il 3 ottobre vengono arrestati anche Pietro Cavallero e Sante Notarnicola. Tra il 1963 e il 1967 la banda ha compiuto diciotto rapine con un bottino di 98 milioni, cinque sequestri di persona, cinque omicidi e ventuno tentati omicidi.

Christiaan Barnard, il mago del cuore

A un congresso di chirurghi della sua specialità, a New York, tra una relazione e un dibattito, furono proiettate, e suscitarono ondate di ilarità, due diapositive, che lo mostravano mentre ballava un valzer con Grace di Monaco, e mentre stringeva teneramente fra le braccia Gina Lollobrigida. C'è chi lo ha esaltato proclamandolo «genio della medicina», e chi lo ha accusato di «inaudito cinismo», o addirittura di sacrilegio.

Le prime fotografie lo ritraevano in sala operatoria: camice verde chiaro, mascherina, guanti di gomma, occhi freddi sotto la luce della grande lampada. Le ultime lo mostrano accanto all'attrice Rosanna Schiaffino, rallegrata dalla maternità, o all'uscita di un nightclub, o con un naso finto, al Carnevale di Monaco.

Christiaan Neethling Barnard ha concesso autografi, ha partecipato a feste, ha ricevuto medaglie e diplomi, ha incontrato i potenti, ha scoperto, a quarantaquattro anni, i piaceri delle riunioni mondane e ha fatto, secondo le testimonianze degli intimi, «strage di cuori».

«Preferisco le attrici agli attori» ha confidato ai cronisti. Mi hanno raccontato che, quando gli presentavano qualche signora graziosa, col piglio di chi è abituato a prendere decisioni rapide, il professor Barnard passava subito all'attacco: «Il suo numero di telefono, per favore?». Lui, astemio, ha anche provato il valore tonificante del whisky, e si è accorto che quel muscolo cardiaco, che egli chiama semplicemente «pompa», è sempre per le donne la sede dei più teneri sogni. «Mi auguro che Chris ritorni quello di prima» ha commentato Lowtije, la moglie, per nulla entusiasta delle imprese europee del famoso consorte.

Adesso, Christiaan Barnard è di nuovo nelle grigie corsie del Groote Schuur, ed è tornato alle solite abitudini: niente sigarette, niente alcool, quattro abiti in tutto, e comperati già fatti, nessuna pretesa per il cibo, un pesce o una bistecca, un'arancia spremuta, lo stesso stipendio, cambierà solo l'automobile, che era vecchia: ed è un anticipo che ha ricevuto sui diritti d'autore per le memorie che sta preparando.

Forse, anche la polemica sarà presto assopita, e potrà continuare i suoi esperimenti senza il frastuono della pubblicità che ha fatto di un chirurgo un divo, con qualche delusione per coloro che, quando pensano a uno studioso, hanno nella memoria l'immagine di Pasteur o di Koch chini sul microscopio e non quella di un sorridente giovanotto che avanza tra un tripudio di minigonne.

Ma non c'è motivo di scandalo se questo figlio di un missionario protestante, che ha avuto un'adolescenza non priva di umiliazioni, e che ha lottato per diventare qualcuno, s'è un po' lasciato andare ai piaceri del successo. Da tutto il clamore, non trarrà alcun utile pratico: non aumenteranno né i suoi clienti né i suoi redditi.

Era quasi uno sconosciuto quando introdusse nel torace di Louis Washkansky, un ricco commerciante ebreo di cinquantacinque anni che, come ufficiale, aveva combattuto le campagne d'Egitto e d'Italia, il cuore di Denise Darvall, una ragazza, una piccola impiegata, deceduta per un incidente automobilistico. Washkansky era ormai condannato; l'operazione durò cinque ore. Quando il nuovo muscolo cardiaco, messo in attività da uno stimolo elettrico, cominciò a funzionare, Barnard mormorò: «Mio Dio, mio Dio, batte». Trentatré ore dopo, il malato si risvegliò e disse: «Mi sento meglio, molto meglio». Poi chiese a Barnard: «Cosa mi ha fatto? Mi aveva promesso un cuore nuovo». Disse il dottore: «Ho mantenuto la promessa».

Washkansky ha vissuto diciotto giorni, ha provato la gioia di chi ha scoperto una seconda vita. Disse a un telecronista che, attraverso una barriera sterilizzata, poté rivolgergli qualche domanda: «Posso dire soltanto che sono immensamente felice. Felice soprattutto di essere vivo; è una grande cosa vivere, mi piace tanto».

Da allora, sono accadute molte cose, altre storie si sono aggiunte a quella straordinaria del coraggioso e sfortunato Louis Washkansky. A Città del Capo, Philip Blaiberg, il secondo paziente di Barnard, ha ripreso, dopo la crisi, le sue quotidiane abitudini. Guida l'automobile, beve birra, mangia con appetito, ha dettato le sue memorie. Un particolare ha sorpreso piacevolmente i lettori: «Non ho mai nascosto nulla al mio dottore» scrive il famoso dentista «perché sapevo che la mia storia medica apparteneva alla scienza, ai libri di testo di cardiologia e di chirurgia cardiaca. Perciò non ho tenuto nascosto che io e mia moglie abbiamo ricominciato a comportarci come tutti i mariti e tutte le mogli di questo mondo dopo venti giorni dalla mia uscita dall'ospedale. Era l'anniversario del nostro matrimonio».

A Parigi, padre Boulogne ha celebrato la Messa nella sua camera d'ospedale. Sta scrivendo un libro su san Tommaso d'Aquino. In Arizona, William C. Carroll, un paziente di De Bakey, ha ripreso a giocare a golf, il suo sport preferito. Una malata del dottor Shumway, la signora Virginia Asche, è tornata a casa, riprendendo i lavori domestici, a tre mesi dal trapianto.

Padre Boulogne ha raccontato la sua vicenda: «Da due anni avevo delle crisi, una dietro l'altra, soffocavo. Ero ormai considerato un moribondo, un uomo finito. Non potevo fare altro che stare all'ospedale, completamente immobile. Allora mi sono detto: quando non si ha famiglia, quando si vive soli, e per gli altri, bisogna giocare tutto per tutto, affrontare il rischio, impegnarsi. È stata come una specie di offerta, ecco. O una sfida alla malattia. Sono io che ho detto al professor Dubost: "Mi ascolti, provi. Sono fatto per questo. Se riuscirà, anche gli altri considereranno la cosa possibile".

«Figuratevi che nel primo tempo, dopo l'operazione, io ero come sdoppiato. È una prova eccezionale di verifica della spiritualità dell'anima, oserei dire. Era il mio corpo, ma non lo sentivo mio. Partecipavo a tutto, ero presente, conversavo, rispondevo alle domande, ma non sentivo nulla. Una bella mattina, forse un mese e mezzo dopo, ho detto a un dottore: "È curioso, mi sono accorto, per la prima volta, che questa gamba è mia".

«Si diventa un po' come i prigionieri, che confondono i giorni. Ho visto la morte da vicino, qualche volta non ero proprio allegro, ma angosciato mai. Si soffre soli. Non bisogna farsi illusioni. Tutti i malati sono soli. A partire da un certo tipo di esperienze, come di povertà, del resto, siete solo. Dovete portarvi il vostro fardello con i mezzi di bordo. Nessuno può sostituirvi».

E questa è l'umana e semplice testimonianza di Everett Thomas, impiegato di banca di quarantasette anni, che aveva sofferto le conseguenze di una febbre reumatica, di due infarti, e di una paralisi che gli aveva colpito il lato destro del corpo, e le corde vocali, togliendogli anche la coordinazione. Thomas ha subìto due trapianti, e purtroppo, il suo sacrificio, la sua capacità di battersi fino alle ultime possibilità, non hanno avuto l'aiuto della buona sorte.

Ecco il suo racconto: «Nel pomeriggio del 2 maggio venne da me il dottor Cooley. Siccome nella stanza c'erano altri pazienti volle che io e mia moglie lo seguissimo in una camera dove non c'era nessuno. Qui cominciò a spiegarmi, con tatto, che la sostituzione di tre valvole era più difficile della sostituzione di due. Gli risposi che questo lo sapevo e che contavo di rimanere in ospedale almeno tre settimane. Allora mi fece leggere una lettera che aveva ricevuto dal mio medico. La lettera gli prospettava la possibilità di una estesa calcificazione nel cuore, e Cooley cercò di spiegarmi che cosa ciò significasse. "Se la calcificazione è estesa" disse "non ci rimangono che due vie; o richiudere il cuore senza sostituire le valvole, o tentare un trapianto completo."» Io non ero preparato alla parola "trapianto" ed ebbi un senso di sgomento.

«Non risposi nulla. Avevo sempre creduto che il mio fosse un problema di valvole, e ora mi trovavo davanti a una situazione differente. Mia moglie rispose: "Lei, dottore, gode di una grande fama. Sono perciò sicura che non farà un trapianto se non c'è un assoluto bisogno, solo per sperimentare una tecnica nuova". Cooley replicò: "Se in sala operatoria, dopo aver aperto il torace di suo marito, lo trovo in condizioni adatte per la sostituzione delle tre valvole, mi regolerò di conseguenza. Se sarà impossibile, e se voi mi autorizzerete, tenterò il trapianto".

«Capii che c'era poco da scegliere e dissi: "Lei solo, dottore, può farmi alzare vivo dal tavolo operatorio, e io ho un'immensa fiducia in lei. Mi apra pure il cuore e faccia quanto crede sia assolutamente necessario".

«Dopo il colloquio col dottore tornai nella mia stanza e cominciai a parlare d'altro con mia moglie. Verso mezzanotte vennero gli infermieri a prendermi e mi portarono in una sala operatoria. Io ero ancora convinto che non avrei subìto il trapianto. L'intervento durò esattamente tre ore. Mi riportarono nella stanza alle quattro del mattino. Quattro ore dopo ripresi i sensi e vidi mia moglie accanto al mio letto. La prima domanda che le feci fu questa: "Ho il cuore mio o quello di un altro?". Lei rispose: "Il cuore che hai apparteneva a un altro. Ma adesso è tuo". Fu così che seppi di avere un cuore nuovo».

Noi sappiamo ora che cosa passa nella mente di una creatura che, stremata dal dolore, e ormai al termine della sua giornata, accetta di sottoporsi al trapianto, per combattere l'ultima battaglia per la vita. Ma, oltre all'avventura del malato, c'è la storia del medico, del pioniere, di colui che tenta per primo l'esperimento incredibile. Dice Nikolaj Amosov: «Nel 1930 semplici operazioni allo stomaco, o la rimozione di un rene, erano considerate delle imprese quasi miracolose. Solo i massimi tentavano di operare nella cavità toracica, e il risultato era quasi sempre negativo».

Nel 1967, trentasette anni dopo, Chris Barnard, a Città del Capo, compie il prodigio: immette una nuova pompa in un vecchio corpo. E il corpo vive.

«Cosa le ha insegnato, dottor Barnard, questo grande "caso" di cui è stato protagonista?»

«La cosa più importante che ho imparato è che c'è moltissima bontà fra il nostro prossimo, e che il genere umano è affamato di buone notizie. Credo di essere benvoluto, in generale, perché ho dato alla gente una speranza. E l'ho data in un tempo dominato dalle guerre, dalle sommosse, dalla fame.»

«C'è chi ha detto di lei tutto il bene possibile, l'hanno considerata il personaggio dell'anno, un genio, un benefattore. Ma ci sono stati anche giudizi severi e insinuazioni maliziose.»

«La critica che più mi ha ferito è che abbiamo fatto il trapianto prematuramente. Non è vero. Ero pronto, se il paragone può reggere, come un atleta che affronta un primato. Poi, sì, un'altra accusa, la più stupida e offensiva, è stata quella di aver dato il via a questa operazione per fare pubblicità al Sudafrica. È grossolano fare entrare questioni di prestigio nazionalistico, addirittura impensabili, in un problema che riguarda la scienza e quindi tutta l'umanità. Al contrario, ciò che più mi ha lusingato è che i risultati ottenuti in seguito da altri chirurghi mi hanno dato ragione. Del resto, la lunga sopravvivenza del dottor Blaiberg (Dio solo sa cosa mi sarebbe costata la sua morte) ha dato il via al coraggio e alla fede in altre parti del mondo.»

«Sì, si è scatenata la corsa. Ma i molti fallimenti, la statistica negativa, l'hanno turbata, le hanno creato un caso di coscienza?»

«No, e per il motivo che non ci sono stati molti insuccessi, se si considera che il trapianto del cuore è stato fatto su pazienti al limite della vita. Operazioni più lievi, su quegli stessi ammalati, non avrebbero dato risultati migliori. Un intervento di appendicite avrebbe potuto ucciderli. Forse anche l'estrazione di un dente. In tali condizioni era logico immaginare che la mortalità superasse i limiti che ci saremmo augurati.»

«Che ne dice dei risultati ottenuti da Cooley? Lei è il caposcuola, ma a Houston si registrano sopravvivenze come da nessuna altra parte.»

«Cooley va avanti con grande perizia sul percorso che noi abbiamo tracciato. Sono molto felice dei suoi successi. Non si apre una strada soltanto perché chi l'ha iniziata sia il solo a percorrerla, ma per dire ad altri: seguitemi. La persona che per prima è salita sul monte Everest non ha pensato né detto di essere l'unica capace di arrivare in cima. Io ho semplicemente rischiato di più e trovo naturale che gli altri non paghino il prezzo di un tentativo che qualcuno doveva fare per primo. L'ho pagato tutto, mi creda.»

«È vero che lei soffre di una forma di artrite alle mani, che la spinge ad andare in fretta, come per un'ossessione, la paura di avere poco tempo davanti?»

«Sì, soffro di artrite. La mattina mi sveglio e mi guardo le mani. Mi rendo conto che questa situazione mi spinge forse a lavorare a un ritmo un po' serrato, perché sono consapevole che la mia carriera può essere abbreviata dalla malattia. Ma ciò non mi ha mai realmente turbato durante gli interventi. Sono sempre stato in grado di operare senza alcuna difficoltà. Fra dieci anni, forse, penserò soltanto all'insegnamento.»

«Qual è, dottor Barnard, il suo ideale, la sua filosofia? Crede che l'uomo possa essere sacrificato alla scienza?»

«No. La sola cosa di cui sono certo è che la scienza non deve sacrificare esseri umani. Però vorrei aggiungere: facciamo qualcosa anche per gli esseri umani che vengono sacrificati con tanta facilità in guerra! A essi non si dà la possibilità di scelta. Possono essere mandati in prima linea da un generale, o da un ufficiale qualunque, e possono essere uccisi a centinaia, a migliaia, a decine di migliaia. Tuttavia noi non facciamo nulla, o ben poco, per opporci. Spesso accettiamo tutto ciò. E non mi risulta che per la morte di tanta gente ci si pongano con pari responsabilità e inquietudine i problemi che i miei tentativi di tenere in vita un uomo hanno suscitato. Penso che la ragione della nostra vita sia quella di conservarla, degna dell'uomo, il più a lungo possibile.»

1968

Il terremoto nel Belice

Tutto comincia alle 3.02 di lunedì 15 gennaio. A Palermo, in un istituto di religiosi, c'è il solo sismografo dell'isola. Registra la grande scossa, poi il pennino si rompe. Finito.

Da quel momento inizia la nostra vicenda. Le telescriventi battono nomi di paesi quasi sconosciuti: Gibellina, Montevago, Partanna. La radio dà le prime notizie: forse dieci, forse ventiquattro morti. Il nuovo telegiornale si presenta in modo drammatico: la Sicilia è sconvolta dal terremoto. I quotidiani della sera parlano di centinaia di dispersi.

Gli italiani sono rattristati ma non sorpresi. Sanno che, qualche volta, la terra trema, sanno che i fiumi possono straripare e che dal cielo può scendere impetuoso il ciclone. Hanno in mente i giorni del Vajont e di Firenze, e conoscono il rituale della sciagura. Gli appelli alla fratellanza, i pellegrinaggi delle autorità, le addizionali sulle imposte. Ma scoprono qualcosa di nuovo: la disorganizzazione, l'inefficienza.

I primi settantacinque soldati arrivano dopo un giorno, la legge per la protezione civile è in discussione dal 1950 ma non è mai entrata in vigore, i soccorsi procedono lentamente, ci sono due camion per sfollare tremila superstiti, la gente è disperata.

Scoprono che laggiù il tempo si è fermato, e dalle macerie emerge un mondo che non ha niente a che fare con le autostrade, i consumi, la scuola obbligatoria, la sicurezza sociale, l'assistenza sanitaria.

Guardano le fotografie: muli, bambini, vecchi che rabbrividiscono negli abiti neri, piccoli uomini dal volto chiuso sotto l'ombra delle berrette, le case sconvolte mostrano la miseria nascosta, il contrasto fra le stoviglie di plastica e le capre che alloggiano sotto lo stesso tetto. C'erano tanti presepi, con le donne che filavano e i pastori, con i fabbri e i ciabattini che lavoravano sulla strada, e i poveri e i cani che si dividevano il pane; adesso quelle scene sono scomparse nel polverone, sono rimasti i bivacchi e le tende messe su dai militari, e soltanto i falò si accendono nella notte per riscaldare gli ultimi protagonisti dei malinconici eventi nazionali: i terremotati.

Gli italiani conoscevano la Sicilia letteraria, quella di Vittorini odorosa di arance, quella di Brancati ossessionata dal sole e dai desideri, quella di Verga umile e orgogliosa, quella di Tomasi di Lampedusa pervasa dal sottile rimpianto di un'altra epoca, spazzata via dal vento della storia e dal piccolo esercito che era sbarcato dal Nord.

Conoscevano la Sicilia del cinematografo e delle inchieste, i delitti della mafia – «Io amo il cane, ma se il cane mi attraversa la strada, il cane muore» – e quella di un'incosciente burocrazia che ha speso miliardi per costruire villaggi inabitabili, come a Manganaro, con la chiesa, la caserma dei carabinieri, la piazza del monumento al Seminatore, che getta negli aridi campi i soldi dei contribuenti; e convalescenziari o ospedali nei quali svernano le pecore, come a Piana degli Albanesi.

Conoscevano la Sicilia splendida degli itinerari turistici e quella, un po' cupa, ironica e misteriosa, dei film e dei racconti: le pianure calcinate e le grandi macchie d'alberi, dove si va a cacciare il coniglio selvatico, i silenziosi palazzi dei baroni, con i quadri, le porcellane e i mobili che erano arrivati anche dalla Cina, e, nelle gallerie, i ritratti degli antenati, facce aspre di funzionari borbonici o sorridenti e bionde fanciulle britanniche che, seguendo Nelson, erano venute ad accasarsi quaggiù.

Adesso hanno visto che c'è una realtà che va oltre il romanzo, la fantasia, il gioco degli interessi economici e politici; e noi, che abbiamo il problema del parcheggio o di come riempire il tempo libero, non possiamo continuare a ignorare la delusione e la rabbia di chi ha il problema di vivere.

Forse è venuto il momento di tradurre le promesse in fatti, se si vuol vincere un'indifferenza e uno scetticismo che gli anni e gli avvenimenti continuano a incoraggiare.

Dopo Marsala, Garibaldi concentrò le sue truppe a Vita per prepararsi ad affrontare, con i Mille e i picciotti, i reparti del re che lo aspettavano a Calatafimi. Mi disse un signore del luogo che i notabili e i borghesi di quelle parti seguirono comodamente la battaglia dal crinale di un colle, seduti sulle seggiole che qualcuno aveva pensato di affittare. Non volevano parteggiare per nessuna delle parti, non si aspettavano, in ogni caso, niente di buono. Infatti, sulla facciata della chiesa di Calatafimi si legge una scritta ammonitrice: «Solo Dio è grande». I devoti non concedono dunque troppa fiducia ai potenti di passaggio.

Quando la fase dei sentimenti e lo slancio della commozione saranno passati, rimarranno negli accampamenti centocinquantamila senzatetto. Senza speranze e senza coraggio. Sono sfuggiti alla prepotenza dei mafiosi e degli sfruttatori, alle insidie dell'indigenza, alla furia della natura. Chissà se riusciranno anche a scampare ai moduli, alle lentezze parlamentari e al nostro egoismo.

In Italia esplode la rivolta studentesca

Il Sessantotto cominciò a Roma il 1° marzo, in una giornata limpida e di sole, a Valle Giulia, davanti alla facoltà di Architettura. C'erano studenti con l'aria perbene, dai quindici ai venticinque anni, i capelli corti, la cravatta e il montgomery. Il giorno prima, alla Sapienza, qualcuno di loro s'era preso le manganellate della polizia che aveva sgomberato con la forza le facoltà occupate. In quelle facoltà gli studenti avevano affrontato gli esaminatori avvalendosi del diritto di rifiutare il voto e di chiedere d'essere interrogati su argomenti fuori programma. Il 1° marzo gli studenti di Architettura volevano riprendere la propria facoltà e, avanzando spalla a spalla, imboccarono il viale che porta all'ingresso principale. Quando si alzò il primo manganello della polizia, la battaglia esplose e durò senza un attimo di tregua per due ore: centoquarantotto feriti tra poliziotti, carabinieri e funzionari, quarantasette dimostranti feriti negli ospedali (ma ve ne furono almeno duecento che si fecero medicare privatamente), centinaia di fermi, oltre duecento denunce, dieci arresti. Secondo la storia, la prima fiammata del Sessantotto fu quella. C'erano, tra gli studenti mossi dal desiderio di insubordinazione all'autorità, giovani comunisti, moderati, maoisti e perfino fascisti. Tra i più attivi Oreste Scalzone, Lanfranco Pace, Franco Piperno, Claudio Petruccioli, Massimiliano Fuksas, Franco Russo e due che diventeranno poi direttori di quotidiani a Torino e Milano: Paolo Mieli e Paolo Liguori. «Quello di Valle Giulia» ha raccontato Franco Russo, diventato poi dirigente di Democrazia Proletaria e deputato dei Verdi «fu uno scontro vero, non preordinato. Di organizzato non c'era niente, non si videro molotov, gli studenti raccolsero sassi e bastoni. Quel giorno scattò la voglia di non subire, di non tollerare quello che sentivano come un sopruso. Ma tutto avvenne in modo molto spontaneo, endogeno. Ognuno scattò per se stesso.»

«Il movimento studentesco» ricorda Oreste Scalzone «si opponeva alla struttura selettiva imposta dalla legge universitaria 2314 e accelerò, sfondando le resistenze, i processi di modernizzazione. Fu l'uscita dalle catacombe. Seguivamo il filo rosso delle occupazioni nelle facoltà, nella scuola, quel formicaio misterioso: tenevamo dei controcorsi. Libertà, per noi, erano le assemblee di massa. Volevamo che cambiasse tutto e che restasse in piedi quel movimento che trasformava radicalmente il nostro vivere quotidiano collegandoci nel villaggio globale dalla West Coast americana a Praga, da Berlino alle Guardie rosse.» Il filo rosso fu l'antiautoritarismo che si propone come controcultura e che, nel bene e nel male, diede una spinta alla modernizzazione della società italiana, avendo come «vangelo» tre o quattro testi-chiave (tra cui *L'uomo a una dimensione* di Herbert Marcuse e *Lettera a una professoressa* di don Lorenzo Milani) e investendo tutti gli strati sociali. «Operai e strati proletari politicizzati» ricorda Ernesto Galli della Loggia «si "studentizzarono", acquisirono, cioè, i nuovi abiti culturali e, al tempo stesso, una politicizzazione di tipo nuovo.»

Nel campo della cronaca il movimento studentesco fu considerato una bufera che da Trento si spostò a Pisa, poi a Milano (la protesta contro le tasse universitarie alla Cattolica), a Torino (l'occupazione di Palazzo Campana e poi il convegno dei «comitati d'agitazione» di tutte le università italiane), a Roma, a Venezia. Agli universitari si unirono gli studenti delle scuole medie, gli esami diventarono di gruppo, alcuni professori solidarizzarono, altri (Bruno Zevi, ad esempio) si dimisero, uno si tolse la vita, Moravia rinunciò alla presidenza della giuria del premio Strega, Italo Calvino rifiutò il premio Viareggio.

Nel dicembre di quel '68 a Milano gli studenti guidati da Mario Capanna bersagliarono di uova marce gli spettatori che entravano alla Scala, ma quel moto spontaneo era già finito, non aveva nulla a che fare con le motivazioni originarie. «Il Sessantotto» conclude Franco Russo «è durato otto mesi, in autunno – quando nacquero Lotta Continua e Potere Operaio – era già liquidato. Dopo, tutto cambiò di segno: il movimento fu depauperato del meglio e divenne riserva di caccia dei gruppi.»

L'assassinio di Martin Luther King

Il Premio Nobel per la pace aveva imparato da bambino cosa vuol dire sentirsi *colored*.

Il «piccolo predicatore timido», come lo chiamavano i giornali, se ne è andato. Non credo che la morte gli facesse paura. L'aspettava. Ad Harlem una povera squilibrata cercò di pugnalarlo. A Montgomery lanciarono una bomba contro la sua casa e trovò Coretta e i bambini che piangevano, tra le macerie. Disse alla gente che era accorsa: «La mia persona e la mia vita non contano nulla».

Martin Luther King era cresciuto nel dolore. Una volta era entrato con altri ragazzi in un magazzino e una signora bionda l'aveva schiaffeggiato, gridando: «Bada a dove metti i piedi, *nigger*». Una volta era andato in giro con il padre, a fare una gita in automobile, e un poliziotto li aveva fermati, urlando al vecchio: «Dammi la patente, boy». Il vecchio aveva risposto con pacatezza: «Lui è un ragazzo, io sono un uomo».

L'infanzia gli era rimasta nel cuore: gli *slums* di Atlanta, alla fine degli anni ruggenti, durante la grande crisi, quando la depressione economica avviliva gli Stati Uniti; la tristezza del suo popolo, che cercava nel canto, nei sermoni e nel whisky un coraggio perduto. Poi aveva scoperto la miseria e il rancore dei ghetti di Chicago e di New York, gli edifici sporchi e cadenti infestati di topi, le famiglie scombinate, i quartieri nei quali c'è doppia disoccupazione, e il bianco gestisce il banco dei pegni, le lotterie clandestine, riscuote le tasse, tiene l'ordine, comanda.

Aveva camminato lungo le autostrade del Sud, sui treni che portano grano e bestiame verso il mare, sui vapori del Mississippi, in quei paesi dove Dio, racconta William Cuthbert Faulkner, ha dato agli uomini «boschi per cacciare e fiumi per pescare, e una terra ricca e profonda per seminare», ma dove i negri sono più negri che altrove.

Per liberare quella società segregata, il pastore battista Martin Luther King, dottore in filosofia e pedagogia, ave-

175

va studiato la lezione di Gandhi e l'insegnamento di Cristo. Diceva: «La protesta non violenta è l'arma più potente degli oppressi», e spiegava che la frase più bella del Vangelo è quella che invoca: «Signore, perdonali, perché non sanno quel che fanno».

Non tutti lo amavano e lo comprendevano, neppure tra i suoi. C'era chi lo definiva, come un senatore dell'Alabama, «un esempio e un gangster», qualcuno lo considerava «l'individuo più pericoloso degli Stati Uniti».

Attentati, minacce, carceri (lo spedirono anche ai lavori forzati) non lo mutarono. John Kennedy dovette intervenire un giorno per liberarlo, ma alle proteste dei suoi seguaci King oppose il Nuovo Testamento: «Siate prudenti come serpenti e semplici come colombe».

Il reverendo Martin Luther King correva da ogni parte, faceva anche trecentocinquanta discorsi in un anno, guidava le marce per i diritti civili, capeggiava gli scioperi, organizzava i boicottaggi, portava avanti la «Black Revolution».

Viveva felice con la moglie e i quattro bambini – Coretta aveva abbandonato, per seguirlo, la carriera di cantante e il benessere della sua condizione borghese – e i fedeli ascoltavano il loro pastore nelle chiese e negli stadi, mentre auspicava, nel nome di Dio, «la grande comunità d'amore che provvede luce e pane per i viaggiatori solitari della mezzanotte».

L'hanno ucciso a Memphis, l'orgogliosa città circondata dai campi candidi di fiocchi di cotone, dove il negro chino nella raccolta è da sempre considerato «una schiena robusta e un cervello debole». Coretta ha detto: «Questa è la volontà del Signore». A spargli fu un bianco, James Earl Ray, il 4 aprile 1968.

Partecipava a una marcia a favore degli spazzini che da giorni stavano scioperando. Alle diciannove il reverendo stava parlando con alcuni collaboratori sulla veranda dell'albergo, l'assassino gli ha sparato dalla casa di fronte. King è caduto sulla ringhiera, pochi minuti dopo era già morto.

James Earl Ray, approfittando del panico, è riuscito a fuggire indisturbato. Venne poi arrestato a Londra due mesi dopo.

Un amico di Martin Luther King ha riletto alla folla che stava davanti all'obitorio le parole che egli pronunciò, come congedo, una sera, in un altro posto del Sud: «Ora io vi auguro una buona notte citando una vecchia preghiera degli schiavi, che diceva: "Noi non siamo ciò che dovremmo essere, e non siamo ciò che vogliamo essere, e non siamo ciò che un giorno saremo. Ma grazie a Dio non siamo ciò che eravamo"».

Lo portarono via a mezzogiorno, mentre il sole bruciava. Fu la sua ultima marcia. Senza fiori e senza musiche, su uno sconquassato carretto da campagna, trainato da due muli. Sul marmo che protegge la bara hanno inciso questo versetto: «Libero alfine, libero alfine, grazie Dio Onnipotente, io sono libero alfine».

1969

Caso Lavorini: l'amara confessione di un innocente

Il 31 gennaio 1969, nella ricca Viareggio, scompare il tredicenne Ermanno Lavorini. Subito dopo arriva a casa dei genitori una telefonata con la richiesta di un riscatto di 15 milioni.

Il 9 marzo, tra le dune di Vecchiano, viene trovato il cadavere di Ermanno.

Il 20 aprile gli inquirenti annunciano che il caso è risolto: l'assassino è un giovane sedicenne, Marco Baldisserri, che lo ha ucciso per futili motivi.

Il caso va avanti per altri otto anni, quando la Cassazione stabilisce che Ermanno fu ucciso da un gruppetto di estremisti neri con l'obiettivo di racimolare un po' di soldi.

La vicenda ha però fatto altre vittime innocenti.

Non c'entrava niente l'omosessualità nascosta di Adolfo

Meciani, proprietario di stabilimenti balneari, ricattato perché rimorchiava ragazzini nella pineta, morto suicida.

Non c'entrava Giuseppe Zacconi, che ho incontrato in quei giorni prima che morisse di crepacuore.

Mi pare che la frase sia di Flaubert: «I muri della provincia trasudano odio». Credo che quasi sempre sia vera.

Sono stato qualche giorno a Viareggio e ho conosciuto il signor Giuseppe Zacconi. È proprietario di locali cinematografici, conduce vita ritirata, frequenta poca gente. Gli piace, con la buona stagione, andar per mare, e disegna le sue barche. Assomiglia al grande Ermete: il naso forte, la voce potente.

Il suo nome è stato fatto per il caso Lavorini. Dicevano che nessuno lo aveva visto mai con delle donne, ha un domestico al suo servizio. Lettere anonime. Poi una convocazione della polizia, infine assolto in istruttoria: soltanto chiacchiere, dalle quali è difficile difendersi perché non si ha di fronte nessuno. Voci, parole.

Quelle parole che, fino ad allora, non lo avevano mai ferito, ma che a un certo momento diventano un'accusa. Allora il signor Giuseppe Zacconi convoca i giornalisti, e si confessa. Espone il suo dramma, il suo segreto. No, non sarebbe andato in carcere come Oscar Wilde, no, non ha nulla a che vedere con André Gide.

Cerchino di capirlo, di capire la sua solitudine. Quando era giovane, e gli altri parlavano sempre delle loro storie, delle loro conquiste, lui doveva nascondere il suo segreto, simulare ardenti passioni, inventare faticosissimi amori.

Mi ha raccontato una persona che gli è molto vicina: «Si prendeva delle cotte furibonde, poi si ritirava. Si innamorò della figlia d'un pescatore, una ragazza povera, andava ogni sera a trovarla, portava dei dolci, dei fiori, del vino; una volta i parenti uscirono, lei andò ad aprirgli in camicia da notte, lui chiuse la porta e fuggì».

Ha dovuto denunciarsi davanti alla platea, non c'è stato un gesto di pietà.

«Adesso» mi dice «vorrei essere dimenticato, vorrei che

nessuno parlasse più di me. Quando vado per la strada, e
sento un bambino che piange, mi volto per soccorrerlo,
ma poi mi pare che tanti occhi mi fissino, e questo mi sconvolge. Quando entro in un mio cinema, mi siedo, e mi volto per vedere se c'è pubblico, sempre gli stessi occhi mi inseguono, indagatori, come se io cercassi qualcuno, qualcosa di proibito. Nessuna sentenza potrà mai liberarmi; vorrei dormire, a lungo, non ascoltare più nulla, non incontrare più nessuno.»

Accende una sigaretta dietro l'altra, le mani gli tremano, gli occhi del vecchio signore sono lucidi. I titoli dei
giornali, le conversazioni dei caffè, le malignità sussurrate
ai carabinieri lo hanno ammazzato. Hanno ucciso in lui la
voglia di vivere, la speranza.

Milano: la strage di piazza Fontana

12 dicembre 1969: piazza Fontana. Milano era in festa, panettone e doni di Natale. Scoppiò una bomba nel salone
degli sportelli, alla Banca Nazionale dell'Agricoltura. C'e-
rano le file: piccola gente, la cambiale, il libretto di risparmio, la pensione.

Il 12 marzo 2004, la Corte d'Assise d'appello di Milano
assolve Delfo Zorzi, che nel 1990 aveva confessato di aver
messo la bomba, e Carlo Maria Maggi, per insufficienza di
prove; Giancarlo Rognoni per non aver commesso il fatto.
Trentacinque anni di processi, con personaggi che di volta
in volta venivano accusati, arrestati, condannati, assolti e
poi liberati. Si sa solo che quel giorno sedici persone rimasero uccise e una novantina ferite.

Vado a riprendere gli appunti di tanti anni fa.

«I morti parlano» dice il magistrato Gerardo D'Ambrosio. Parlano più che altro ai giudici appena entrati in
carriera, o ai vecchi marescialli dei carabinieri, perfino a
qualche commissario di Ps, e li aiutano a scoprire indizi, a
raccogliere confessioni. Rifiutano ogni confidenza, invece,

ai questori, ai dirigenti degli «affari speciali» del ministero dell'Interno, agli evasivi capi del Sid, il controspionaggio dell'esercito. Non si fidano.

È stata depositata la requisitoria che rinvia a giudizio il procuratore legale Franco Freda, di Padova, e l'editore Giovanni Ventura, di Treviso. Quattrocento fogli battuti a macchina. Però gli avvocati, se ci sarà il processo, dovranno studiarne trentamila.

I fascicoli narrano una intricata vicenda, ma descrivono anche un'Italia torbida: agenti stranieri ed esaltati giovanotti di provincia; ideologi che rimescolano Nietzsche, Julius Evola e le «soluzioni finali» di Heinrich Himmler; ragazzi della borghesia veneta, frustrati da un'ottusa educazione familiare; spregiudicati personaggi del mondo romano, pronti a sfruttare le situazioni.

Vediamo, intanto, quello che è successo: il ballerino Pietro Valpreda, anarchico, che fu arrestato per primo, è tornato a casa. Per mandarlo fuori hanno dovuto inventare una legge. Era, e per qualcuno resta, il maggiore indiziato. Scrive. Ha compilato perfino un saggio sulla utopia libertaria, pubblicato dall'Almanacco Letterario Bompiani.

Abita in una vecchia casa di corso Garibaldi, con i cortili dove passeggiano i gatti e le balconate milanesi che fanno venire in mente i poveri delle commedie di Bertolazzi, o gli sconfitti di De Marchi. Due camere, che ha imbiancato, ripulito, con i pavimenti di cotto rosso; nella culla c'è il bambino che dorme, Tupac Emiliano Libero Valpreda. Al centro del tavolo la fruttiera con le mele e le arance, su una parete il ritratto di Errico Malatesta.

La conversazione è facile; passa subito al tu, mi chiede se ho preso il caffè, insiste per il whisky «perché» dice «non voglio che poi racconti che non ti ho nemmeno offerto da bere». C'è una donna anziana che si presenta: «Sono socialista, lo conosco da quando era piccolo, conoscevo anche suo nonno, questo non ammazza neppure una mosca. Che coglionata».

Chiedo: «Felice, adesso?».

«Felice non è mai nessuno. Contento, ecco, sereno.»

«Che cosa ti porti dietro del carcere?»

«I tipi che ho conosciuto, il pappone, il ricottaro, il piccolo burocrate che porta la valigetta del giudice, il contrabbandiere di Roma, il pittore di Rimini. I quarantacinque giorni di isolamento, e poi i primi mesi del '72, il rinvio del processo, mi presento con la lista del Manifesto e mi bocciano, i parenti di Laura che non vogliono saperne di me la spediscono in Cile, ero anche malato. Mentre ero in carcere ho ricevuto centinaia di lettere, di ogni genere. "Dovresti avere l'ergastolo" dicevano, e finivano "gli italiani sono stanchi"; uno mi augurava la morte. E tutto cominciò quella volta che mio zio mi portò un giornale. C'era un grande titolo, tanti morti a piazza Fontana, e io mi indignai: "Disgraziati. Guarda cosa hanno fatto. Adesso danno la colpa a noi anarchici".»

«Che cosa ti è rimasto dentro? Paura, rabbia, sgomento?»

«Paura no. Mai avuta. C'è una forma di autodifesa, un'angoscia di cui ti liberi. Capisci che certi guai che ti pareva potessero accadere soltanto a quelli della porta accanto, o in Russia, in un certo difficile momento, possono capitare anche a te. Le ore tristi, se ci ripenso, erano quelle della sera. Alle cinque e mezzo portano da mangiare, ed è finita. La notte è lunga e io soffro d'insonnia.»

Lo guardo: ha la faccia stanca. La vita gli ha assegnato una parte difficile: dalla compagnia di Nuto Navarrini a quella di Bakunin, coi doveri del simbolo.

Sono passato da Treviso e ho cercato di parlare con Giancarlo Stiz, l'istruttore che capovolse l'andamento delle indagini dando ascolto alle relazioni di un sostituto ai primi passi, Guido Calogero, che aveva cominciato a scoprire l'itinerario delle «piste nere»; ma non vuole saperne di giornalisti. Ha i suoi buoni motivi. La campagna di stampa che gli hanno scatenato contro ha colpito particolarmente la moglie, che adesso è molto malata. Si porta a casa le pratiche per non lasciarla sola.

Franco Freda e Giovanni Ventura, due protagonisti, sono in cella a San Vittore. Leggono, studiano, Ventura ha avuto modo anche di sposarsi, di seguire corsi di filosofia, e Freda, sempre gelido, controllato, fa dell'ironia: «Matrimonio non valido perché non consumato». Durante la passeggiata, nell'ora dell'aria, il nazista di Padova si intrattiene volentieri con quel Bertoli che ha lanciato la granata davanti alla questura di Milano.

A Bologna sono andato a trovare l'avvocato Giancarlo Ghidoni, che ha accettato di difendere Ventura. Ghidoni è repubblicano, democratico, e non vorrebbe, mi pare, che gli attribuissero affinità di idee con lo scomodo cliente, di cui apprezza però certe qualità umane: dice che è gentile, sensibile, un intellettuale forse debole, forse traviato.

Mi ha mostrato la biografia che il tormentato stampatore di Castelfranco Veneto ha dettato in carcere: un'analisi che non esclude i sentimenti. Assicura che da molto tempo ha rotto ogni legame con la destra, che ha ripudiato le concezioni reazionarie, e attribuisce agli insegnamenti del padre, un commerciante di formaggio, certi stati di confusione mentale: «Rimani estraneo alla politica: è sporca» predicava, «Questa è un'epoca di assassini», «Guardati dagli impulsi del sesso, è la parte peggiore dell'uomo», «È l'autorità che oggi manca».

Scrive come qualche deplorevole saggista: «la pregnanza logico-linguistico-morale del termine persona», «le linee di tendenza», «l'attrazione delle valenze mistiche». Ogni tanto, fortunatamente, si lascia andare: «La mia vita era una condizione di sogno, di paura, di incertezza, talora di disperazione».

Nell'inchiesta si sono trovati di fronte, alla ricerca della verità, o di una quasi impossibile difesa, giovanotti che hanno frequentato l'università nelle stesse stagioni, che hanno fatto, credo, identiche letture, uguali incontri culturali, perché appartengono a un'unica generazione: i sostituti procuratori Calogero, D'Ambrosio, Emilio Alessandrini e Luigi Fıasconaro, da una parte, e dall'altra gli imputati Freda e Ventura. I discorsi tra loro sono stati, si può dire?, quasi sportivi: rispettosi, con scambio di auguri per le fauste ricorrenze e con aperte dichiarazioni di stima. «Bravi» diceva Freda davanti a sottili contestazioni, o a sorprendenti rilievi. «Complimenti: però io non ammetto nulla.»

Vediamo allora perché nella triste avventura sembra davvero s'inserisca qualche intervento misterioso. Tutto inizia, com'è noto, da un professore di lettere, Guido Lorenzon, compagno d'infanzia di Giovanni Ventura, che fa arrivare alla Giustizia il primo messaggio: il mio amico, spiega, organizza attentati e fa esplodere ordigni, ha detto anzi che a Milano ci deve essere stato qualche errore, ma che non mancheranno altri guai. Dovrebbe approvare e sottoscrivere il verbale, ma è il 31 dicembre, lasciamo stare, anche in tribunale c'è chi è atteso al cenone, subito dopo le vacanze si sistemerà tutto.

Lorenzon, passati otto giorni, invece rifiuta: dice che ha esagerato, invenzioni, niente firma. Gli fanno capire che, per questo tipo di calunnia, si può arrivare anche a un decennio di galera: riflette, conferma, ma precisa: «Sono convinto che con la banca Giovanni non c'entra».

Cerca ancora di svicolare, ma poi accetta di dare prove delle sue testimonianze, con una microspia, riportando sul discorso Ventura, e facendosi ripetere qualche episodio. Per due volte, ahimè, chiacchiere chiare e nessuna registrazione. L'apparecchio si incanta. Finalmente al terzo incontro, a Mestre – in un bar, c'è anche Freda, e il dottor Calogero che assiste, alla lontana, su una macchina – il nastro gira.

Da Treviso passano gli atti a Roma, interrogano Ventura: «Lei le ha messe o no queste bombe?».

«Io? Immaginate.»

Hanno in testa Valpreda, e lo rimandano in pace.

Ventura si fa coraggio, si riprende, e denuncia Lorenzon: «È un mitomane, e ha spacciato delle fantasie».

Ecco che arriva Stiz: ascolta il professore e si convince. Non è una figura bizzarra. Mandato di arresto per Freda e per Ventura con un'accusa, «associazione sovversiva», che in tre mesi li rimetterebbe in circolazione, pronti a salpare per la Grecia o per la Spagna. Ma prima che il termine scada, un innocente muratore, picchiando su una parete, scopre un deposito di armi: si stabilisce che appartengono all'editore. Saltano fuori anzi alcuni testi che aggravano la già complicata situazione, come il fratello Angelo che, stravolto dalla carneficina di Milano, si affanna a chiarire: «Stavolta Giovanni non ne ha colpa». E uno studente di zoologia, al quale Ventura aveva proposto di collaborare, ricorda che il 9 agosto 1969, mentre stava leggendo un giornale che riferiva degli scoppi sui treni, Giovanni lo avvertì: «Questi li abbiamo fatti noi».

Tirano fuori, dagli atti, anche una bobina che riporta una conversazione telefonica di Franco Freda, e il sostituto procuratore Calogero, che è siciliano, chiede soccorso per decifrarla alla moglie «nordica», anche perché la qualità è scadente: «L'avvocato», come lo chiamano, parla con un elettricista, vuole dei commutatori, dei timer da sessanta minuti. Sentono anche un nome: Fabris. Lo pescano. «Il signor avvocato Freda mi metteva soggezione; è così serio. Diceva: "Mi servono per un conoscente di Treviso che ha la passione dei missili".»

I timer hanno un nome difficile, ma li avete anche voi in cucina o nel bagno: regolano la cottura del pollo o i movimenti della lavatrice o, anche, l'accensione degli esplosivi. Il signor Tullio Fabris consente di risalire ai fornitori. Freda ammette l'acquisto, ma li ha dati a un arabo della resistenza palestinese che sapeva bene come impiegarli. Si era rivolto a lui, autore di un libello antisemita, perché dava garanzie. Menzogna.

Qualche volta i morti non parlano, ma inducono qualcuno a «soffiare». La madre di Ventura ha una cassetta di sicurezza nell'agenzia bancaria di un paese: vi trovano un pacco di documenti con sigle stranissime, rapporti di un servizio informativo che trattano anche argomenti di rilievo internazionale: si parla della Cia, della Romania, dei gruppi di pressione.

Due relazioni sono del maggio 1969 e Lorenzon ne aveva già riferito in dicembre: esattamente. Si prevedono: a) scissione del Partito Socialista unificato e ricostruzione della socialdemocrazia; b) vittoria di Flaminio Piccoli al congresso Dc; c) sensibilizzazione dell'opinione pubblica con mutamenti al vertice della Rai (ingresso dell'onorevole Delle Fave alla presidenza); d) acquisto del «Giornale d'Italia» da parte del petroliere Monti; e) accentuazione del terrorismo a cura di gruppi neofascisti, per convincere l'opinione pubblica della necessità che arrivi qualcuno a garantire l'ordine; f) sensibilizzazione delle forze armate a opera di Saragat, che nel discorso del 2 giugno illustrerà il ruolo dei militari come difensori delle istituzioni. Dopo di che, scioglimento delle Camere, elezioni anticipate e nuovo governo, formato dalla Dc, dal Psdi e dal Pri. Il Movimento Sociale non entrerà, ma riceverà adeguati finanziamenti. Il Pci che è sostanzialmente d'accordo, dice il rapporto, farà molte proteste, ma saranno volutamente inefficaci. Guardate la data: 5 maggio '69. Molte di quelle profezie appartengono alla cronaca: si sono realizzate.

Ventura, a questo punto, non può più negare: «Io ho frequentato Freda, che ha senz'altro messo le bombe. Dovevo sorvegliarlo, per conto del servizio che mi ha passato questi documenti. Non posso citare da chi li ho avuti, ma vengono da sinistra, tutto quello che ha dichiarato Lorenzon è vero. Perché Freda mi concedesse fiducia, ho portato un ordigno a un tizio, a Torino, ma non so chi fosse».

E ancora qualche prodigio. I giovani della Procura hanno ritrovato, dopo tre anni, la contabilità del negozio padovano che vendette il 10 dicembre (due giorni prima della strage di piazza Fontana) le tre borse che contenevano i congegni e il telex che riferiva la deposizione dell'inascoltata commessa, mandata al diavolo da quelli di Roma.

Poi, esaminando i corpi di reato del processo Valpreda, scoprono, tra gli oggetti non identificati dal perito, un dado sormontato da due cilindretti, rinvenuto nella capitale alla Banca Nazionale del Lavoro. Conferma che i timer comperati da Freda sono identici a quelli usati per i delitti. Freda ne ordinò cinquanta, e li ebbe. In Italia, in tutto, ne furono smerciati cinquantasette: cinque sono stati identificati, due furono venduti a Reggio Emilia. Freda, che descrivono come un «tipo educato, squisito quasi, intelligente», si schermisce: «Caro giudice, io non capisco niente di cose tecniche». Poi: «Questo è un processo politico, trovate voi le prove, io non collaboro, io contesto tutto. Me ne frego, scusate, della Giustizia».

Giovanni Ventura avrebbe un alibi per il 12 dicembre: afferma che quel pomeriggio era a Roma, dal fratello Gigi, epilettico, gravemente infermo. Un viaggio urgente. Era partito con un rapido che arrivava a Roma alle 17.15 e tutto avvenne, alla Banca Nazionale dell'Agricoltura a Milano, tra le 16.55 e le 17.20. Non poteva essere l'esecutore. La chiamata c'è stata, ma il 14. Lo dimostra la cartella clinica del medico curante che, quell'anno, si fece solo tre giorni di ferie: e proprio l'11, il 12 e il 13 dicembre.

D'Ambrosio non molla Ventura: «Parli, si decida. Per noi è più importante fare luce che ottenere una condanna». Ventura chiede di riflettere, poi la confessione: «Sono deciso a dire tutto. Accetto le mie responsabilità. Ero in contatto con un servizio segreto che non posso nominare, perché non ho avuto l'autorizzazione. Non consideratemi più fascista, guardate la mia editoria, è progressista. Mi vedevo con un redattore che non posso citare, avevamo ideali terzaforzisti, né Usa né Urss, ma l'ambizione di una Europa unita, dagli Urali all'Atlantico. Da lui ho avuto quelle notizie. Mi presentò a un altro membro, un romeno, che mi chiese di essere più attivo. Io conoscevo solo l'ambiente di destra, lì potevo agire. Riattivai i contatti con Freda e con qualcuno di Roma. Avvertii: Freda sta per iniziare un'attività eversiva. Quale copertura mi assicurate? Mi dissero che dovevo tenerli al corrente, di volta in volta, e che avrebbero deciso.

«Ci fu una riunione il 18 aprile dei camerati, non andai. Non intervenne Pino Rauti, ma Stefano Delle Chiaie. L'organizzazione ricopiava l'Oas: una prima linea ideativa e per i contatti politici, una seconda operativa. Io e Freda eravamo piazzati in questa categoria. Freda mi fece portare un arnese a Torino, io l'affidai a un altro che lo mise al Palazzo di Giustizia. Accadde nel marzo del 1969. Vidi com'era fatto. Avete dubbi? Controllate le schedine degli alberghi. Era uguale ad altri cinque. Non tutti funzionarono. Poi Freda mi disse: "Andiamo a Milano. C'è uno che ci deve parlare". In stazione trovammo l'individuo che doveva sbrigarsela come a Torino. Ancora fracasso a Palazzo di Giustizia. Disponeva di un modello: funzionava a orologeria.

«Dopo due settimane, sotto ferragosto, ci fu l'operazione dei treni. Disse Freda: "Finalmente abbiamo tanto materiale, come fossero biscottini". Non andò come d'accordo: invece che nelle toilette soltanto, furono nascosti anche negli scompartimenti, e ci scapparono dei feriti. Protestai con Freda. "È stato uno sbaglio. Ma che cosa te ne fotte? Mi hanno avvertito che saremo sempre più duri, dobbiamo colpire i centri operativi del potere borghese, come le banche." Mi fece capire che il morto ormai era in programma. Gli amici italiani e il romeno allora mi svincolarono: "Lascia perdere, basta, non ti esporre". Da questo momento non so più niente».

L'amico italiano è Guido Giannettini, esponente di Avanguardia Nazionale. D'Ambrosio e i suoi ne ispezionano l'abitazione: risulta con evidenza che era una spia. Trovano fogli uguali a quelli che appartenevano a Ventura, uguali i timbri che li classificavano. Ventura non può più tacere: «Sì, è lui, è un agente del Sid, il servizio informativo della Difesa, scriveva sul "Secolo d'Italia", sullo "Specchio". Ha diretto anche l'agenzia Destra Nazionale per le elezioni del 1972. È molto legato a Pino Rauti». I magistrati hanno chiesto al Sid: «Diteci che cosa sapete». Risposta: «Non possiamo rivelare le fonti per principio. Mai saputo qualcosa degli attentati, e tanto meno di Giannettini». Poi, qualcosa hanno dovuto ammettere; lo conoscevano, e bene.

Dicono che questo Giannettini è un esperto di cose militari, molto preparato, e che passò a Ventura, perché le utilizzasse nelle sue pubblicazioni, le schede dei finanziamenti della Cia a movimenti di estrema sinistra, oltre a un lungo elenco di cittadini italiani che «lavoravano» per gli americani o per i russi. Da quanto esposto – si direbbe in termini legali – risulta chiaro che i morti, in Italia, parlano; ma i molti vivi che sanno, tacciono.

La morte di Pinelli, ferroviere anarchico

Poche ore dopo la strage di piazza Fontana, il 12 dicembre 1969, a Milano vengono arrestati ottantaquattro militanti anarchici, tra questi l'animatore del Circolo anarchico Ponte della Ghisolfa, Giuseppe Pinelli, che in circostanze misteriose il 15 dicembre, dopo tre giorni di interrogatori, muore precipitando dalla finestra dell'ufficio del commissario Calabresi, al terzo piano dell'edificio. La polizia ha sempre sostenuto che si è trattato di un suicidio. L'inchiesta si conclude nel 1975 e il giudice istruttore, Gerardo D'Ambrosio, esclude l'ipotesi dell'omicidio, giudicandola assolutamente inconsistente. Pinelli lasciò una moglie, Licia, e due bambine. Qualche anno dopo le ho incontrate.

Sono le otto di sera. Sulle strade che portano a San Siro colonne di automobili. C'è la partita. Il tassista impreca. Io mi sento a disagio: non mi piace arrivare in ritardo, qualche volta anche il dolore degli altri mi fa paura. Penso alle domande: che cosa dirò? È un lungo caseggiato popolare: scala B, primo piano. Sulla targhetta c'è il nome: L. Rognini Pinelli. Suono, e qualcuno libera la porta dalla catena.

La signora Pinelli sorride, ha lo sguardo intenso e freddo, la faccia pallida, senza un filo di rossetto. Hanno appena finito di cenare, mi chiede se ho bisogno di qualcosa, un aperitivo, forse ho fame. No, sto bene così, non prendo mai niente.

Nasce, fra le bambine, una discussione: a chi tocca spa-
recchiare, chi deve lavare i piatti. Silvia ha dodici anni,
Claudia dieci e mezzo, prima media, quinta elementare.
Sono vestite da marinaretto, la maglia a righe, il cordonci-
no intrecciato, un gusto d'altri tempi. Vengono in mente i
berretti con la scritta «Regia Nave Duilio».

Ci sediamo attorno al tavolo. Silvia, la più grande, si torce i capelli, sbadiglia; ho l'impressione che i giornalisti non
siano tra le persone gradite, mi pesa tirar fuori il taccuino.

«Che cosa volete fare da grandi?»

Certo, siamo nel banale, ma devo pure cominciare. Ho
davanti un quadro con dei fiori, poi una specie di collage,
dove sono mescolati Lenin, un corteo di dimostranti, un
bestione che, forse, non vedo bene, è uno scimpanzé, o un
ippopotamo, immagini ritagliate dai settimanali, sbiadite
dal tempo. Le risposte arrivano con fatica.

Silvia: «Arte drammatica».

Claudia: «La scrittrice, di romanzi».

«Lei, signora, si è sposata davanti al prete. Ho letto che
era vestita di bianco e Giuseppe indossava il doppiopetto
scuro. Le sue figlie sono state battezzate?»

«Certo, e frequentavano anche l'oratorio.»

Claudia: «Da due anni non vado più in chiesa, non mi
ci trovo».

Silvia: «Neanch'io, ma non so come spiegare il mio motivo».

Signora Pinelli: «Dissi alle bambine che Pino stava male, che era molto grave. Allora Claudia si mise a pregare:
"Vedrai, mamma, che accadrà il miracolo". Invece non è
successo nulla».

«Come gli ha raccontato i fatti, la storia di quella notte?»

«Così, semplicemente, senz'odio, senza scene. È caduto, è difficile che si salvi. La nonna le voleva consolare, ma
Silvia era disperata: "Se non guarisce, non lo vedrò più".
No, poi non dissi: "Si è ucciso", ma: "È morto". Sicuro,
sono cambiate da allora, queste cose maturano, inaspri-
scono.»

«Stavano molto con lui?»

«Le portava al cinema, al gruppo, a trovare gli amici. Silvia ha bucato tutti i cartelloni al circolo della Ghisolfa.»

Claudia: «Quando tornava a casa dal lavoro, dalla ferrovia, anche se era stanco sembrava sempre allegro. Un giorno ha raccontato che una volta, da piccolo, sul tram, parlava male dei fascisti. Allora andarono dal nonno e gli fecero bere tanto olio di ricino. Io una volta che ero malata l'ho preso e non mi è sembrato molto cattivo».

«Come erano i rapporti tra lui e le ragazzine?»

Signora Pinelli: «Loro lo prendevano in giro: "tu e i tuoi compagni" dicevamo arrabbiate, perché lui usciva spesso, e noi lo sgridavamo. D'estate andavamo al mare al mio paese, Senigallia, lui veniva a trovarci e quando ripartiva c'era una grande malinconia, Claudia piangeva. Sapeva stare con loro; se io uscivo per la spesa ero sempre preoccupata, si mettevano a giocare tutti e tre, buttavano per aria la casa. Anche le bambine lo chiamavano Pino».

«Perché hanno cambiato scuola?»

«Perché andavano a fotografarle e io voglio che si sentano come tutte le altre, uguali. Sono già state protagoniste di troppe vicende: no, non hanno letto i libri sul caso, ma certe scritte sui muri sono ben visibili e hanno sentito le urla delle manifestazioni, e forse le chiacchiere della gente.»

«Silvia, tu hai qualche idea della politica?»

«Non mi dispiace né l'anarchia, né il comunismo. Ma preferisco l'anarchia.»

Signora Pinelli: «Silvia, sono due cose tanto diverse».

«Signora Licia, lei come ricorda Pino?»

«Buono, ottimista, sempre lieto.»

«E i suoi princìpi, quali erano?»

«Il rispetto degli altri, prima di tutto, la negazione della violenza, e poi imparare a rispondere di ogni gesto a se stessi, essere pronti a pagare.»

«Lei vorrebbe che Silvia e Claudia crescessero con gli stessi pensieri?»

«Non mi sembrano sbagliati. Ma sono libere di scegliere. Vede: io credo di essere una madre severa. Mi hanno fatto arrabbiare e per tre giorni sono state punite negli svaghi che più amano: Claudia non ha potuto leggere i suoi romanzi, Silvia non ha potuto scendere in cortile. Ci sono regole che vanno rispettate. Anche Pino la pensava così. Non sopportava, per esempio, lo sfoggio di libertà nei rapporti sessuali, odiava la droga. Volevano andare a vedere *Rocco Papaleo*, ma nei manifesti si vede una donna in sottoveste, così niente, lo zio, mio fratello, ha detto di no. Forse sono all'antica. Poi, più avanti, faranno la loro strada, adesso sono io che decido. È faticoso. Sono sola, capisce, e prima la responsabilità era di tutti e due.»

«Quale film vi è piaciuto o vi è rimasto più impresso?»

Claudia: «Ho visto *Sacco e Vanzetti*. Silvia non è voluta venire; diceva che era impressionante. Io trovo che gli americani sono tanto stupidi da ammazzare un uomo perché è di un movimento».

«Andate qualche volta al cimitero?»

Signora Pinelli: «Sì, ma per arrivare al Musocco ci vogliono tre tram e io debbo lavorare. Ho un impiego all'Università, Istituto di Biometria, poi batto ancora a macchina delle tesi, devo arrangiarmi. La pensione di Pino non è gran che...».

«Cosa hanno scritto sul certificato, sui documenti per spiegare...?»

«Deceduto. Ascolti: da quando Silvia ebbe sei anni, a ogni anniversario lui le portava dei fiori, dei garofani, e così fece anche mia madre, in febbraio, per la ricorrenza. Un pensiero affettuoso, ma la bambina scoppiò in singhiozzi, e noi le chiedevamo perché. Finalmente disse: "Me li portava lui. Vi dispiace se li metto sulla sua tomba?". Che cos'è accaduto dentro di loro? Alle elementari fece un tema, scrisse nel diario: "Mercoledì, 15 dicembre, è morto Giuseppe Pinelli, mio padre". Sembra una semplice annotazione, ma loro, noi sentiamo che ci manca, tanto. Adesso, aspettiamo: la verità, vogliamo soltanto la verità.»

«Sono belle quelle statuette africane, sopra la libreria...»

«È il regalo di un marittimo, amico di Pino. Passano sempre a trovarci, quelli che venivano prima.»

«Le bambine sono mai andate alle dimostrazioni?»

«No, mai. Videro, ai funerali di Pino, gli studenti, i libertari, drappi neri, le bandiere rosse. E furono colpite, sono ancora piccole.»

Silvia: «Una volta dovevamo andare con un'amica ai giardini, passò una sfilata, cantavano, uno ci mise in mano un cartello, noi li seguimmo un po', poi pensammo che la mamma ci aspettava e scappammo via».

«Lo sapevano che vi chiamate Pinelli?»

Silvia: «No, del resto che cosa importa?».

«Signora, lei, parlando con un cronista, ha detto: "La nostra è stata una vita bella e strana". È vero?»

«Lo è stata.»

Claudia e Silvia vanno a dormire. Si accende il televisore. Mentre mi allontano, sento il rumore della catena che chiude la porta.

1970-1979
La lezione del dolore

Non vorrei essere frainteso. Io non ho paura che mi venga un altro infarto o che sia il mio cuore a farmi morire. Può essere, ma non ci penso mai. Non mi sento neppure menomato. Evidentemente quando provo un dolore, un malessere, lo attribuisco sempre a quello. Il mio torace è stato spaccato. Non è una cosa senza conseguenze. Però questo intervento mi ha ridato un tipo di vita diversa, completa. È cambiata la mia valutazione delle cose.

E.B.

1970

Il compagno Gian Maria Volonté

Volonté fa ancora discutere questa volta con *Sacco e Van-zetti* di Giuliano Montaldo, interpretato insieme a Riccardo Cucciolla e Rosanna Fratello, la cantante imprestata al cinema. Ultimamente le sceneggiature che sceglie devono avere un certo contenuto. Come *Indagine su un cittadino al di sopra di ogni sospetto* di Elio Petri. Sono lontani i tempi dei film di Sergio Leone, *Per un pugno di dollari*, *Per qualche dollaro in più* o *L'armata Brancaleone* di Mario Monicelli.

Un settimanale lo ha definito: «Uomo difficile, scorbutico, rustico nei modi». Marina Cicogna: «Affascinante». Un attivista del Pci: «È un vero compagno». Lucia Alberti, astrologa: «Straordinario. Ha una fantasia tormentosa». Un biografo: «Autoritario e facile all'ira». Riccardo Cucciolla: «Il nostro più grande attore». Enrico Lucherini, press-agent: «L'aspetto più discutibile della sua personalità è l'eccessivo, e credo non sempre sincero, impegno politico».

C'è anche dell'altro. C'è chi parla di «pagliacciate reclamistiche», di crudeltà nei rapporti sentimentali, di avidità di guadagno, chi lo dipinge come un marxista che concilia fede e cassetta. Ricordo che trattai questo argomento, volgaruccio, se vogliamo, anche con Renato Guttuso, e mi rispose: «I miei quadri sono richiesti, e li paga-

195

no. Forse anche troppo. Ma nella Mercedes che possiedo non c'è neppure un bullone acquistato col sudore di un operaio».

Raccontano che «si rifiuta con ostinazione agli intervistatori», che se gli domandano un autografo spiega: «Non si usa più», perché detesta ogni forma di esibizionismo ed è anche disposto a «rischiare la carriera pur di salvaguardare la propria coerenza». Tre anni fa respinse una parte e sessanta milioni perché non volle recitare nel film *Metti, una sera a cena*. Non gli piaceva essere trattato come «un genere di consumo». Gian Maria Volonté, trentasette anni, milanese, suppongo iscritto alla sezione Trevi-Campo Marzio del Partito Comunista. In ordine con i bollini.

Ha i capelli grigi, maglione, cappotto impermeabile, non nasconde la fatica, la tensione, i segni del tempo. È venuto a trovarmi all'albergo con la moglie, Armenia Balducci, una donna gentile, dall'aria semplice, pulita: sembra quasi voglia proteggerlo, aiutarlo.

Non stava bene, aveva un po' di febbre, fumava di continuo, per abitudine, per vincere l'impaccio, credo proprio non abbia il gusto delle pubbliche relazioni, anche la popolarità lo imbarazza. Abbiamo chiacchierato quasi tre ore, era una delle ultime notti di carnevale, da via Veneto arrivava il fracasso delle trombette, un'eco dell'allegria obbligatoria.

Volonté quando dice «collettivo», «cellula» «Cinema democratico», «sistema», «potere», «società permissiva», non ripete il catechismo del bravo militante, ma parla di qualcosa che gli sta davvero a cuore. Nei personaggi che fa rivivere cerca la dimostrazione delle sue idee, sfoga la sua polemica. Non è facile liberarsi di una leggenda, specialmente quando si regge sugli ingredienti del romanzo, o addirittura del fumetto: un po' di amori tenebrosi, un po' di sfida all'universo, rabbia e passione.

Chiesi: «Come comincia la sua storia? Quella del signor Volonté e l'altra, la vicenda dell'interprete?».

«Direi quasi contemporaneamente. Ho debuttato molto presto, a diciotto anni, prima la provincia, poi l'Accademia, le Stabili, le compagnie di giro, la tv, il cinema, tutto procede di pari passo: lavoro e invecchio. Mio padre si occupava di una piccola, di una media industria, madre casalinga, famiglia lombarda, nato in via Solferino. Le prime recite le ho fatte con un complesso viaggiante, due figli d'arte; lui, il capocomico, era napoletano. Facevamo il repertorio ottocentesco. Io mi accontentavo, un po' di tutto: suggeritore, trovarobe, protagonista. Ci arrangiavamo. Dipendeva dalle "piazze": a volte c'era da mangiare per tutti, a volte no.»

«Che cosa le piace, e che cosa la disturba, nel suo mestiere?»

«Stabilire un nuovo rapporto col regista, discutere insieme, costruire d'accordo. Questo va bene. Ma siamo in tremila, e solo dieci entrano nel giro clamoroso degli eroi del rotocalco, o delle vittime del pettegolezzo. Del resto, le nostre quotazioni sono regolate dal mercato: domanda, offerta.»

«Perché è comunista? Un incontro, delle letture, un'ingiustizia subita?»

«La scoperta di certi autori come Brecht, il tentativo di fare del teatro off, fuori dalle consuetudini: ricorda l'episodio, il falso scandalo del Vicario? Poi, non ho preso in considerazione certe proposte, anche allettanti: le commedie all'italiana, per intenderci; non me ne importa niente. Abbiamo fatto invece documentari sulle fabbriche occupate e a Reggio Calabria abbiamo girato delle interviste strepitose. Dico: bisogna cercare spazi democratici più autentici. Dico: bisogna fare film di contenuto. Dico: bisogna battersi per le strutture.»

«Non le pare che alcune forme di protesta, come quella di scrivere con lo spray frasi rivoluzionarie sulle automobili dei piccolo-borghesi che vanno a far compere, per Natale, alla Rinascente, siano per lo meno un po' buffe, o un po' ingenue?»

«Mi sembra di sì. Infatti, io non ho mai spruzzato niente. C'è stata tutta una campagna perché, in quel momento, con altri colleghi facevamo il teatro di strada. Suscitavamo interesse e persecuzioni.»

«Che cosa cercavate? Dove volevate arrivare?»

«Miravamo al decentramento culturale.»

«Spieghiamoci, proviamo.»

«Rifiutavamo il teatro chiuso, arroccato in centro, venticinquemila spettatori l'anno, su tre milioni di abitanti.»

«Pochini. E che testi destinavate ai marciapiedi?»

«Scene legate alle esigenze delle masse. Che so: la questione della casa, gli inconvenienti del traffico. E dopo, assemblee e dibattito. Ci hanno attaccati, la polizia ha effettuato dei fermi e degli arresti, e qualcuno ha tentato di farci passare per un gruppo di irresponsabili.»

«Tra le persone che ha conosciuto chi è rimasto nella memoria?»

«Sono parecchie; tanti compagni, tanta gente. Io ho un rapporto reale con la sezione, col quartiere.»

«Chi ammira di più? Tra i contemporanei, nel passato?»

«Brecht, Gramsci e Di Vittorio.»

«Dei giudizi negativi, ce n'è qualcuno che l'ha colpito?»

«No. La critica non offende. Si riflette e basta. Ma è la volgarità di un certo tipo di stampa che ferisce, quella, ad esempio, che lancia il mito del Volonté finto proletario, ma autentico avaro, che va al mercato per risparmiare. Ecco: è questo genere di ciarpame che non digerisco.»

«E delle definizioni? Tutte giuste? È un arrabbiato? A me non pare. La trovo anzi disteso, riflessivo.»

«Non urlo, sicuro. Ma certe analisi portano a inevitabili conclusioni, e spingono ad una scelta: può darsi che, assistendo ad alcuni fatti che si ripetono ogni giorno, uno si sdegni pure.»

«Ho letto una sua lettera a un ministro, nella quale risponde anche all'accusa di guadagnare troppo, centocinquanta milioni, se non sbaglio, per scrittura. È una contestazione che le fanno spesso? E la imbarazza?»

«No, perché ignoro a chi dovrei lasciare i soldi. Non lo

so. Al produttore, al distributore? Perché dovrei rifiutarli? Perché uno è legato all'idea socialista dovrebbe forse, mi dica, regalare i quattrini ai capitalisti?»

«Le dico: no. Ha simpatia per gli extraparlamentari? Che so: gli anarchici, Lotta Continua, il Movimento studentesco?»

«A me, specialmente quelli di Lotta Continua, sembrano dei monaci, non so di chi, di quale Ordine, forse di Andreotti. Il Movimento studentesco ha esercitato una grossa funzione di rottura, ha posto dei problemi. Gli anarchici sono simpatici oggettivamente. Quando mi documentavo per *Sacco e Vanzetti* venivano fuori episodi curiosi: sono quelli che hanno gettato meno bombe di tutti e che hanno pagato il prezzo più alto.»

«Se dovesse cambiare, quale professione l'attrae?»

«Il giornalista.»

«Ha una spiccata vocazione per gli esercizi complicati, perché?»

«Mi piace conoscere, e far conoscere.»

«Come si prepara ad affrontare certi ruoli?»

«Raccolgo tutto il materiale possibile, leggo tutto quello che trovo, poi colloco la figura nel suo momento storico. Qualcosa di simile, insomma, a un'inchiesta, all'indagine del cronista.»

«Ha qualche hobby? Come impiega gli assegni che riceve?»

«Amo molto il mare, la natura. Del denaro ne faccio quello che voglio.»

«Chi sono i privilegiati? Gli alti burocrati, gli industriali, i divi? Lei come si considera?»

«Uno che ha la possibilità di scegliere, di esprimersi, questo è già un vantaggio. Sì, io sono un favorito.»

«C'è qualche gesto che l'ha commosso?»

«Sì, quelli delle grandi folle popolari.»

«Francamente, non è da tutti. Che cosa sogna?»

«Un mondo in cui non si debba mai indossare nessuna divisa.»

«D'accordo. Se un giorno avesse il potere, che cosa farebbe?»

«Non lo so; l'irrigazione della piana delle Puglie.»

«Qual è l'aspetto più umiliante per chi lavora?»

«Avere un padrone. Dicevano in Francia, nel 1968: "Il padrone ce l'hanno i cani".»

«Se dovesse raccontarsi, dire chi è, come si comporterebbe?»

«Un attore, questa è la mia parte. E nonostante tutto, mi creda, sono anche ottimista.»

Se ne va, il vecchio ragazzo, un po' curvo, come Lulù, quel tornitore che cercava il paradiso lontano dalla catena di montaggio, ma c'era sempre una sveglia, o una sirena a riportarlo dietro i cancelli dello stabilimento.

Anche Volonté si sente prigioniero di alcune regole.

1971

Fine di un'altra direzione: «Il Resto del Carlino»

Dovevano passare quasi dieci anni prima che mi offrissero un'altra direzione e a farsi vivo fu il Cavaliere del Lavoro Attilio Monti, petroliere, proprietario di zuccherifici e di giornali, «La Nazione» di Firenze e quello dove avevo cominciato, «Il Resto del Carlino» di Bologna. Monti era un personaggio colorito, a volte simpatico, un romagnolo con un passato fascista: era stato infatti l'autista del gerarca Ettore Muti. Superati i problemi politici, l'editore dovette escogitare una manovra complessa per insediarmi. A Bologna c'era infatti Domenico Bartoli, già inviato al «Corriere della Sera», il quale, secondo i disegni di Monti, sarebbe stato giusto per «La Nazione» dove però c'era Enrico Mattei che doveva andare in pensione ma la tirava per le lunghe. Tutte le volte che sono stato nominato direttore, accadeva sempre qualcosa a livello politico, c'era nell'aria un'apertura verso i partiti della sinistra e gli editori, evidentemente, pensavano che fossi l'uomo adatto per ingraziarsi i politici di turno. In quel 1970, dopo 48 giorni di crisi di governo, si stava andando da una coalizione monocolore Dc, Presidente del Consiglio Mariano Rumor, a un'altra formata da Dc, Psi e Psdi, ancora presieduta da Rumor con il socialista Francesco De Martino vicepresidente, il socialdemocratico Luigi Preti ministro delle Finanze e il socialista Antonio Giolitti al Bilancio e Programmazione economica, mentre agli Affari Esteri veniva riconfermato Aldo Moro.

Chiudemmo il contratto a gennaio ma avrei firmato il primo numero a giugno. Durante quei sei mesi di attesa forzata ebbi anche il tempo per riprendermi dal primo infarto e utilizzai quel periodo per reclutare la squadra, Gianfranco Venè e Franco Pierini dall'«Europeo», Maurizio Chierici e Nazareno Fabretti, un francescano allora messo in discussione dalla Chiesa, caporedattore Metello Cesarini, vicedirettore Dario Zanelli. Con Dario, fraterno amico, ho condiviso tanti momenti della vita, fin da ragazzo perché suo padre, Giannino, era stato il mio maestro al «Carlino».

Mi ha voluto bene, il vecchio Zanelli, e io ne ho voluto a lui. Una sera, c'era già la guerra, gli confessai di avere una voglia matta di uova e patate fritte e lui, che aveva un piccolo podere, quindi qualcosa senz'altro in più nella dispensa, mi disse: «Quando abbiamo chiuso le pagine, vieni a casa mia e ti cavo la voglia». Era quasi l'alba mentre io, nella sua cucina, pelavo patate e lui friggeva le uova: ne mangiai una quantità tale da sentirmi male.

Il 22 giugno 1970 uscì il mio primo editoriale:

«Dovrei presentarmi ma la mia biografia offre pochi argomenti. Ritorno, dopo 18 anni, a Bologna, nel giornale dove sono entrato da ragazzo. È al "Carlino" che mi hanno insegnato le prime regole del mestiere. Secondo le consuetudini, sarebbe anche opportuno che annunciassi un programma. È abbastanza semplice. Racconteremo i fatti, tutti i fatti, senza cadere nel tanto diffuso peccato di omissione. Non abbiamo nulla da temere e da offrire, e niente da nascondere. "La verità non ha partito": non è un motto del reazionario Pelloux, una trovata qualunquistica di Guglielmo Giannini, o una massima di Mao; l'ha detto Giacomo Matteotti. Tu, lettore, sei il nostro vero padrone: viviamo di copie e di pubblicità. Se non sei soddisfatto, diccelo. Ci aiuterai a migliorare. Comincia tra noi un dialogo, e siamo disposti, fin da adesso, a considerare intelligenti, come suggeriva un vecchio saggio, anche coloro che non la pensano come noi. Quando sbagliamo, vogliamo avere almeno l'attenuante della buona fede. Consideriamo il quotidiano un servizio pubblico: come i trasporti o l'acquedotto. Non manderemo nelle vostre case acqua inquinata. Crediamo che la democrazia, con tutti i suoi difetti, sia ancora il migliore dei governi. Non ci risulta che, almeno fino ad oggi, sia stato inventato un sistema più perfetto. Sappiamo anche che alla libertà politica deve accompagnarsi la giustizia sociale. I poveri non li hanno inventati i comunisti, e di quello che non si è fatto, dopo un quarto di secolo, non possiamo continuare a dare la colpa al Duce. "I veri uomini di Stato pensano alle riforme nei tempi tranquilli, e non sotto le pressioni minacciose dei partiti." È un giudizio insospettabile: Camillo Benso di Cavour. Varrebbe la pena di considerarlo».

Questo editoriale è stato ripetuto tutte le volte che ho dovuto presentarmi a dei nuovi lettori: sono, in sintesi, i princìpi che hanno accompagnato la mia vita e quindi il mio mestiere. Li ho imparati su quei pochi fogli del Partito D'Azione che leggevo sui monti con Checco, Sandro, Mirko, Mario, Tommaso, Luigino, Pietro, i miei compagni partigiani.

Quando arrivai al giornale trovai una curiosa tradizione, praticamente una rubrica fissa: tutti i lunedì si parlava di quello che aveva fatto nel weekend l'onorevole Luigi Preti, ministro delle Finanze e come tale in buoni rapporti con l'editore Attilio Monti, petroliere. Preti, tra l'altro, aveva scritto un libro, *Giovinezza, giovinezza* e nel 1965, quando era a capo del dicastero della Riforma Burocratica nel secondo Governo Moro, aveva vinto il premio Bancarella battendo in finale Indro Montanelli.

Il politico era molto arrabbiato con il mio amico Federico Fellini che si era rifiutato di fare un film dal suo romanzo. Io, che ingenuamente non capivo quanto interesse potesse avere il lettore per i sabati e le domeniche del ministro, abolii quell'appuntamento. Ma la goccia che fece traboccare il vaso fu quando scrissi un pezzo intitolato *Grand Hotel*. In una cronaca provinciale lessi che c'era stata una grande festa a Rimini, al Grand Hotel, e nell'elenco dei partecipanti c'era il nome di Luigi Preti il quale mandò una lettera: «Egregio Direttore, sul suo giornale è apparsa la notizia che io soggiorno al Grand Hotel di Rimini. Mi meraviglio di questa invenzione. La mia famiglia abita in viale Trieste 18, nella casa che mia moglie ha ereditato dal padre. E consuma i pasti alla Pensione Tagliavini, di terza categoria, nella stessa strada. I miei familiari hanno l'abitudine di condurre una vita modesta, a differenza di certi pseudosinistri che vivono da nababbi».

Pubblicai la precisazione con un mio commento. «Forse lo sbadato cronista ha visto il ministro al Grand Hotel durante la presentazione della sua ultima opera, forse ha preso un abbaglio: in ogni caso, ci scusiamo dell'inesattezza, anche se il fatto di soggiornare in questo albergo non può costituire, di per sé, una colpa. Siamo dell'idea che i politici, anche se socialisti, non abbiano il dovere di vivere sotto i ponti. Ci auguriamo che il prossimo anno il ministro delle Finanze possa passare da una pensione di terza categoria a una di seconda.» Sono sicuro che sul mio allontanamento dal «Resto del Carlino» l'onorevole Preti abbia messo una buona parola.

A Bologna, in viale Vicini, c'era l'Ufficio delle Imposte: nel giro di pochissimo tempo fui convocato per ben tre volte con gli impiegati che ricevevano istruzioni verbali e non per iscritto. Quando mi videro per la terza volta, ebbi la sensazione, se non di vergogna, certamente di qualche imbarazzo da parte loro.

Tra me e i miei editori c'è sempre stato un politico di troppo.

Ero convinto che avrei chiuso la mia carriera a Bologna, in fondo ci tornavo non per vanità ma per un fatto sentimentale. In quei giorni andai a trovare mio padre Dario alla Certosa; mancavo da tanto tempo e ogni volta che passavo per la mia città lo salutavo da lontano. Misi un mazzo di fiori su quel tombino in alto, al terzo livello. «Hai visto?, sono tornato.»

Mio padre sognava per me un impiego sicuro, magari nella Finanza però quando diventai giornalista fu molto orgoglioso, anche se non lo disse mai. L'ultima volta che ci eravamo parlati avevo ventidue anni, era il 28 ottobre 1942. Lui era stato operato tre giorni prima per un'ulcera perforata e mentre lo portavano in sala operatoria mi aveva tranquillizzato: «Il professore è bravo, ne ha già fatte cento».

All'alba ci mandarono a chiamare, c'era già il frate che lo stava confessando. «Un'emorragia» spiegarono. La mamma gli prese una mano, io l'altra. «Ricordati l'orologio» si raccomandò «è legato alla spalliera. Tua madre è una santa.» Le ultime parole furono: «Tu e tuo fratello vogliatevi bene». L'orologio andò perso durante un bombardamento.

Ho grandi complessi nei suoi confronti. Penso che non aveva potuto leggere i libri che ho letto io, e alla sua dignità. Avrei voluto dare a lui, che è morto giovane, quello che ho potuto dare dopo a mia madre. Da quel giorno lei ha sempre vestito di nero.

Anche stavolta durò poco perché Monti non condivideva la mia linea del giornale e mi chiese, dopo un anno, di licenziare Maurizio Chierici, Gianfranco Venè e Nazareno Fabretti. L'accusa: comunisti. «Cavaliere» gli risposi «guardi che fa prima a mandarne via uno solo: me.»

In quei dodici mesi di direzione, feci un giornale molto attento alla cronaca, misi in prima pagina il matrimonio di Al Bano con Romina Power, e per questa scelta fui molto criticato, e non piacque quando dedicai un'intera pagina alla recensione di padre Fabretti a *Lettera a una professo-ressa*, il libro dei ragazzi di Barbiana di don Milani.

Ci occupammo naturalmente di politica e seguimmo con grande interesse la crisi di governo mettendo in risalto che il «nuovo» aveva 58 sottosegretari, record mondiale, (la Francia 23, la Germania 34, la Gran Bretagna 24 e gli Stati Uniti addirittura 20) e commentai: «Se ne sentiva la mancanza».

Criticai Emilio Colombo e i suoi ministri che avevano fatto piovere sui cittadini una nuova serie di tributi «e non c'è ombrello, a quanto sembra, che possa proteggerci». Sono ancora orgoglioso, poi, per aver condotto, con il giornale, un'assidua lotta all'evasione fiscale. Iniziarono le grandi manovre per la successione di Giuseppe Saragat che avrebbe lasciato il Quirinale alla fine del 1971 e il 22 novembre del 1970 firmai un editoriale dal titolo *Rischia-tutto*, perché, con tutti i problemi che aveva il Paese, non si faceva altro che parlare del futuro Presidente.

Citando la famosa trasmissione del popolare Mike Bongiorno, la definii «una lotta di sagrestani, che si battono senza troppi riguardi, mentre si annuncia, come informano le recenti cronache, l'arrivo davanti alle telecamere, niente meno che di un parroco. Non vorrei che il paragone peccasse di irriverenza, ma il concorrente che decide la gara porta una tonaca rossa, e fino a quel momento non farà sapere a chi andranno le sue preferenze». In sostanza, volevo dire che senza i voti dei comunisti non ci sarebbe stato un inquilino al Colle.

Il 30 giugno 1971 diedi l'addio ai lettori del «Carlino».

«Con questo scritto si conclude il dialogo che iniziammo un anno fa. Lascio la direzione del "Resto del Carlino". Ringrazio l'editore: posso dire che, fino ad oggi, questo giornale è stato, coi suoi limiti, coi suoi difetti e gli eventuali piccoli meriti, l'espressione del mio modo di concepire il mestiere: un servizio reso al pubblico, unico e vero padrone. In questi dodici mesi la tiratura è aumentata di 30 mila copie al giorno e la nostra formula ha avuto una certa influenza anche su altri quotidiani. Ma non sono qui per mettere in risalto i lati positivi di un bilancio, di un lavoro al quale altri hanno dato un contributo determinante: ricordando il vicedirettore Dario Zanelli e il redattore capo Metello Cesarini, intendo esprimere la mia sincera gratitudine a tutti i colleghi che con intelligenza, lealtà e spirito di sacrificio mi hanno dato ogni appoggio. È un sentimento che voglio testimoniare anche a tutte le maestranze che con noi dividono ansie e fatiche. Le manchevolezze sono, in ogni caso, da attribuire soltanto alla mia insufficienza, come attenuante, porto a giustificazione la buona fede e l'onestà dei propositi. Non ho nulla da cambiare a ciò che scrissi nel mio primo articolo: credo ancora che la democrazia è il migliore dei sistemi, che alla libertà politica deve accompagnarsi la giustizia sociale, che i poveri non li hanno inventati i comunisti, che di quello che non si è fatto e cambiato in un quarto di secolo non possiamo continuare a dar la colpa al Duce.

«Le recenti vicende non hanno mutato la mia visione dei problemi nazionali: non credo che il successo del Movimento Sociale segni una svolta nella nostra vita (ricordo gli effimeri trionfi dell'"Uomo qualunque"), ma penso che porrà tutti davanti a scelte più limpide e ad esami di coscienza più sinceri.

«Il Governo deve governare, i partiti non possono continuare a dilaniarsi nelle lotte interne. Il Pci, il quale sa benissimo che la rivoluzione è impossibile, deve trovare il suo posto: è difficile andare d'accordo con Dubcek e con Brežnev. I socialisti, confortati dai consensi degli elettori, abbiano più fiducia in se stessi.

«La Democrazia Cristiana non può stringere l'occhio a tutti: la gente vuol sapere per chi vota. Industriali e sindacati alla ricerca dell'uovo d'oggi o della probabile gallina di domani, devono stare attenti a non strozzare il delicato pulcino. Questo è lo scarno riepilogo delle mie opinioni, alle quali credo di essere rimasto fedele: chi mi ha seguito giudicherà.

«In seguito a un civile scambio di vedute con l'editore, che mi ha dato atto, con molta correttezza, dei successi ottenuti, abbiamo constatato che la nostra valutazione di cose, di uomini e di situazioni non sempre coincideva e non consentiva il proseguimento del vecchio discorso. Gli sono grato per la chiarezza e la sincerità del rapporto. Desidero salutare, con affetto, il mio successore, Girolamo Modesti. I lettori che hanno seguito le sue corrispondenze da Washington, ne apprezzano di certo la bravura. Siamo amici dagli anni pieni di speranze del dopoguerra e sono sicuro che onorerà con la sua opera il "Carlino". Come tutti i congedi anche questo porta con sé la sua nota malinconica: per me è un capitolo della mia vita che si conclude, nella mia città, nel mondo in cui sono stato giovane. Riprendo il mio lavoro altrove: ci sono ogni mattina delle storie da raccontare. Auguro a tutti buona fortuna.»

Quando ripresi la strada per Milano passai ancora di fronte alla Certosa, ma stavolta non ebbi il coraggio di dire qualcosa a mio padre: avevo la sensazione che non sarei mai più tornato a lavorare nella mia città

1972

Feltrinelli, una morte molti misteri

Il 14 marzo 1972 il corpo di Giangiacomo Feltrinelli fu trovato dilaniato da un'esplosione. Stava preparando un sabotaggio? Il «caso» nel 1974 è sempre attuale.

Nell'ottobre del 1972, l'ultima delle quattro spose, o compagne, Sibilla Melega, disse a un giornalista che era andato a cercarla in Carinzia: «Sono sei mesi che sto qui, a riflettere, a pensare, a cercare una nuova ragione di vita. Dovrò pure trovarla». A quanto sembra ci è riuscita: di recente ha avuto un bambino, da un giovane poco noto pittore francese.

La terza, Inge Schoenthal, un paio di settimane fa, ha concesso un'intervista. «Mi sono definitivamente convinta» ha detto «che Giangiacomo è stato assassinato.» Non sa, purtroppo, precisare da chi, non è in grado di dire chi abbia teso la trappola, né si è potuto finora stabilire chi erano i due oscuri personaggi che, quella sera, facevano compagnia al discusso editore, attorno al traliccio.

Motiva il suo convincimento con alcune ragioni discutibili: «Un terrorista che organizza un attentato» spiega «non dà appuntamento alla moglie e al figlio il giorno dopo a Lugano, e in un bar situato nella piazza principale dove tutti avrebbero potuto riconoscerlo». Perché no? Sarebbe stata una prova di sicurezza, di estraneità, o perlomeno d'indifferenza.

Secondo argomento: «Se Milano fosse rimasta al buio, come avrebbe fatto a raggiungere la frontiera senza cadere nelle mani dei poliziotti?». Forse era più facile entrare in Italia in condizioni normali che uscire nel bailamme di una città paralizzata? Ha tanta fiducia nell'efficacia dei controlli? E come se ne sono andati il ricercato Valerio Borghese, i presunti assassini di Calabresi, il nazista Rognoni e una serie di tipi legati all'estremismo di sinistra, inseguiti da mandati di cattura?

La signora Schoenthal afferma, per concludere: «Quello che è certo è che è morto per le sue idee». Erano, secondo chi lo ha conosciuto bene, assai confuse; ma in ogni caso il finale della sua storia richiama al rispetto. Un libello, alludendo a due suoi matrimoni annullati per «incapacità coeundi» (è la scusa che trovano i benestanti quando vogliono rimaritarsi; dicono ai giudici: «Non ce la faccio» e passano a una prova di appello), era intitolato *Feltrinelli guerrigliero impotente*. Sarebbe stato più giusto dire incapace, o dilettante, perché lui la sua parte l'aveva presa proprio sul serio: forse voleva dare la prova che non era soltanto un teorico, o un finanziatore, ma sapeva anche eseguire.

Gli ho parlato due volte, lo avevo visto sfilare al braccio di Sibilla, gambe lunghe e stivaloni, tra cortei di dimostranti e posare, in completo di agnellino persiano, per le

pagine di «Vogue»; diceva che non aumentava le paghe ai
suoi dipendenti perché non voleva che si intiepidisse il loro odio di classe. Moravia e Sciascia lo hanno definito «un
uomo incredibile, imprevedibile, dai cento volti»; Luigi
Barzini, il suo patrigno, lo ha descritto impietosamente:
«Trattava gli inferiori con arroganza, trattava con malcela-
to disprezzo gli scrittori, licenziò Giorgio Bassani come un
servo infedele, dopo avere forzato i cassetti della sua scrivania e letto le sue lettere private. Era facile preda di adu-
latori».

C'è chi lo presenta intelligentissimo (dobbiamo a lui le rivelazioni del *Dottor Živago* e del *Gattopardo* e il lancio di
una certa cultura), ma qualcuno sostiene il contrario: trovano un cadavere vestito da ribelle, pieno di carte false, con
addosso le foto del suo ragazzo, Carlo, e di Sibilla. Certo è
che negli ultimi tempi era ossessionato dal suo ruolo: «Mi
vogliono far fuori» confidava agli intimi. Diceva che, prima
o poi, lo avrebbero trovato steso sotto un ponte.

Eppure non era ricercato, nessuno gli aveva ritirato il
passaporto: quello vero, l'autentico, è stato rinvenuto nel
covo delle Brigate Rosse, c'è anche il timbro «Espulso de
Bolivia por indeseable» e la data: La Paz, 19 agosto 1967.
Il 2 dicembre 1969 aveva avuto il visto per la Giordania. Il
6 passò dal Cairo. «Perché questo viaggio?» si sono chiesti gli addetti alle indagini. Un'ipotesi: laggiù c'erano i
campi di addestramento dei fedayn e anche il rifugio dei
suoi amici della banda Baader-Meinhof, quella che faceva
ballare la polizia tedesca.

Non risulta dall'inchiesta che sia mai tornato presen-
tandosi con le sue vere generalità; nessuno, almeno, lo ha
mai visto. Si era votato all'esperienza clandestina: altro nome, via i baffi, nuovo modello di occhiali. Si presentava come un povero diavolo, con la carta d'identità intestata ad
Alessandro Maggioni, di Novi Ligure, impiegato, e gli alberghi di Zurigo, dove alloggiava, erano sempre adeguati
alla sua condizione, terza o quarta categoria. Negli arsena-
li localizzati c'era di tutto: timbri, inchiostri, piastrine, da-

tari, armi di ogni tipo, disegni di bombe. Ogni tanto cambiava identità e documenti: diventava l'ingegner Jacques Fischer, coniugato con Sibilla Marchal, nato a Liegi il 19 giugno 1926; oppure l'architetto Jacques Matras, marito di Barbara Bodil: una predilezione per i tecnici. Gli hotel erano adeguati al nuovo tono, e li cambiava spesso. L'ingegner Fischer, di passaggio nel Liechtenstein, acquistò anche una Browning. «Giangi», come lo chiamavano i familiari, andava in giro anche con il nome di Giancarlo Scotti: uno sportivo di Firenze, che alle corse automobilistiche di Monza fu derubato del passaporto; se glielo restituissero, ci troverebbe un visto cecoslovacco. Servì a Feltrinelli per accompagnare a Praga Augusto Viel, il quale dovrebbe rendere conto di quell'omicidio per rapina che sgomentò Genova.

A Oberhof, nella sua tenuta, Giangiacomo ritornava, diciamo così, normale: giocava a scacchi con i vicini, insegnava a Sibilla a distinguere le piante e le buone norme per coltivare i fiori, leggeva, cacciava nei boschi, si nascondeva nei fienili per vedere scendere i caprioli, spinti a valle dalla neve e dalla fame.

L'hanno accusato di essere il capo e il fondatore dei Gap, i Gruppi di Azione Partigiana; di sicuro pagò le spese per il periodico «Voce comunista», e gli apparteneva la pistola con la quale venne abbattuto ad Amburgo Roberto Quintanilla, il console, uno dei torturatori di Che Guevara. Si faceva chiamare, per la battaglia, «compagno Osvaldo», ma in una banca svizzera si è scoperto un conto intestato a Robinson Crusoe. Aveva imparato, dicono, la lezione dei Tupamaros. Hanno rinvenuto un programma per scatenare una vera e propria rivolta urbana nell'Italia settentrionale, poi un trattato con schemi per minare impianti, banche e caserme. L'operazione veniva chiamata, guarda un po', «Giovanni XXIII». Oltre a quello di Segrate, c'era un altro traliccio che doveva saltare, a San Vito di Gaggiano; stesso materiale, ordigni molto sofisticati ed elaborati, piastrine di rame uguali, orologi dell'identica marca. Le istruzioni per l'uso avvertivano «Attenzione!» e l'ammonimento era sottolineato in rosso. Sarebbero state complicate anche per degli artificieri. «È saltato per errore» affermano alcuni esperti, e citano due arabi che finiscono a pezzi, nelle stesse circostanze, a Roma in piazza Barberini, le tre esplosioni registrate in Alto Adige e una vicenda analoga, quella di Maria Elena Angeloni, accaduta in Grecia.

C'è chi sostiene ancora la tesi del complotto manovrato dai colonnelli greci, o dalla Cia, c'è chi continua a chiedersi: «A chi fa paura l'ombra di Giangiacomo Feltrinelli?». Non so se si saprà mai, se si arriverà in futuro a stabilire se fu vittima di un difficile lavoro, o di un intrigo, o se venne portato in un punto deserto della periferia ormai inerte. Aveva avuto un'esistenza troppo agitata e inattendibile: e così è stata la conclusione. Di Sibilla Melega, impropriamente detta «la Pasionaria», non mi piace ricordare che un giudizio: «C'era in lui una solitudine immensa». Può far capire tante cose.

Berlinguer nuovo segretario del Pci

L'hanno battezzato «il sardo-muto». Perché è nato a Sassari e perché parla poco.

L'ho intervistato una volta sola, pochi mesi dopo la sua nomina a segretario del Partito Comunista Italiano, e tra la domanda e la risposta c'era il tempo per andare a prendere il caffè. Non incoraggia né i discorsi né l'aneddotica: casa e ufficio, qualche rara apparizione ai festival dell'«Unità». Dice un amico: «È nato vecchio». E un altro: «Se gli viene da ridere pare quasi che se ne vergogni».

Quest'uomo taciturno, dalla faccia scavata e dai capelli grigi, ha sfidato quelli che i cronisti chiamano «i fulmini di Mosca». Si è staccato dal modello sovietico per cercare una terza via, tra i socialdemocratici e le esperienze di oltre cortina. È alla guida del più forte movimento operaio dell'Occidente e deve fare i conti anche con il passato, perché Armando Cossutta, l'unico oppositore che è uscito allo scoperto, non è solo. «Ma» ha detto «non si possono né rimuovere né ignorare i fatti» che non sono a favore dei «fratelli»: e ha chiesto al generale polacco di rilasciare gli arrestati, e di concedere a quelli di Solidarnosc almeno un po' di respiro. Ha condannato un sistema e infranto un mito.

Ha l'ufficio più importante di Botteghe Oscure dal 17 maggio 1972: è andato al posto di Luigi Longo. La forza del Pci si dimostra anche in questo: quell'oscuro burocrate, dai modi schivi e riservati, oratore acuto ma non trascinante, perché ragiona ma non si accende, viene posto alla guida delle masse, e accettato. E le nomine, con quegli apparati, sembrano quasi a vita; soltanto a Varsavia gli errori o le sconfitte vanno attribuiti ai Gomulka o ai Gierek, e si cambia.

«Persuasivo, pragmatico, critico» lo definisce un biografo americano. Non si presta al «colore»: anche dalle confidenze di chi gli sta vicino si ricava ben poco. La sua sposa si chiama Letizia e si comporta come una qualunque casalinga, non appare mai in pubblico; ha ottimi rapporti con i figli, che ha visto però assai poco, perché ogni mattina esce alle otto, e rientra a sera tarda. Appassionato di calcio, qualche domenica va all'Olimpico, è tifoso del Cagliari e d'estate, durante la villeggiatura a Stintino, si diverte ad arbitrare partite di ragazzi.

Un robusto compagno gli è sempre accanto e Berlinguer soffre per la scorta, ma i tempi lo costringono ad assoggettarsi alla sia pur discreta sorveglianza. Di costituzione delicata, è un accanito fumatore, ma il fratello Giovanni, medico, lo ha indotto a ridurre la razione di sigarette. Trascurato nel vestire, non dimostra particolare predilezione per la buona tavola.

Credo gli siano costati fatica e dolore dovere dire ai suoi che lo spirito della Rivoluzione del 1917 non basta, e che molte delusioni lo hanno soffocato. Ha scritto Isaak Babel': «Vedevamo il mondo come un prato di maggio, un prato su cui vanno e vengono donne e cavalli». Quegli idealisti crudeli, quegli apostoli armati sono stati sconfitti.

L'appuntamento è per le dodici, via delle Botteghe Oscure. L'esercizio, penso, non sarà facile. Ho dato un'occhiata ai ritagli; poche notizie. Cinquant'anni, nato a Sassari, sposato. Sembra che ami la musica classica: preferenze Wagner e Bach.

In portineria c'è il ritratto di Togliatti, dietro il suo tavolo di lavoro quello di Gramsci. L'ufficio è piccolo, tranquillo.

Enrico Berlinguer ha l'aspetto gracile e il volto segnato; il discorso, che inizia con qualche impaccio, diventa poi sciolto, sorride a certi ricordi, ma si capisce che non usciremo da questa stanza. Voglio dire che la politica è il suo mestiere, la sua vita. Casa, famiglia, ad esempio, non debbono entrare nella cronaca. E, tutto sommato, è un suo diritto.

Comincio: «È una domanda d'obbligo: com'è diventato comunista?».

«Da ragazzo c'era in me un sentimento di ribellione. Contestavo, se vogliamo usare una parola di moda, tutto. La religione, lo Stato, le frasi fatte e le usanze sociali. Avevo letto Bakunin e mi sentivo un anarchico. Nella biblioteca di uno zio, socialista umanitario, trovai il Manifesto di Marx; poi conobbi degli operai, degli artigiani che avevano seguito Bordiga, e che anche con il fascismo conservavano i loro ideali. Esercitarono su di me un forte richiamo; c'era, nelle loro vicende, molta suggestione.»

«Berlinguer è stato, dicono, il delfino di Togliatti.»

Chiedo: «Quando l'ha conosciuto?».

«A Salerno; allora il governo era laggiù, nel 1944. Mi presentò mio padre; erano compagni di liceo. Ne avevo sentito già parlare, ma come Ercole Ercoli, o Mario Correnti, il nome che usava ai microfoni di Radio Mosca. Gramsci, invece, aveva studiato a Cagliari.»

«La Sardegna ha il suo peso nel vostro partito.»

«Già. Togliatti e Gramsci erano molto bravi a scuola, vinsero una borsa di studio dell'Università di Torino e là s'incontrarono. Togliatti si licenziò con tutti otto e qualche

nove. Hanno ritrovato la pagella. Bravissimo. Ma una sorella lo batteva.»

«E il liceale Berlinguer come se la cavava?»

«Io? Normale. In mezzo. Molti sei, qualche sette, pochi
otto. Ma non dimentichi che tra i sardi c'è anche Velio
Spano. Togliatti era figlio di un economo dei convitti nazionali, trasferito nell'isola; c'è ancora chi lo ha in mente
come un giovanottino studioso, riservato, che non si occupava di faccende politiche. Rimasero sbalorditi quando
seppero che Ercoli era lui.»

«E Benedetto Croce lo ha visto?»

«Certo; per un periodo sono stato anche un suo seguace. Lo vedevo sempre a Salerno, alla mensa del ministero
delle Finanze. Pure i collaboratori di Badoglio che non
avevano macchine, e allora non c'erano ristoranti, mangiavano con gli impiegati, quelle terribili pappette americane
e la carne in scatola. Se non è irriverente, ma forse non è il
caso di dirlo, Croce mi fece impressione per il buon appetito che dimostrava.»

«Sono accadute molte cose da allora. C'è chi sostiene
che, pur di andare al potere, adesso vi accontentereste anche di un sottosegretariato alle Poste.»

«No, chiederemmo di sicuro qualcosa di più. Ma che
bisogno c'è di entrare in un governo? Potremmo anche ap-
poggiarlo standone fuori.»

«Che cosa è mutato da quando sedevate attorno a De
Gasperi, con i liberali? Intendo dire: cambiato per voi?»

«A quell'epoca c'era un grande entusiasmo. C'era la fede nell'Urss e in Stalin, e i dirigenti erano fuori da ogni critica, si erano guadagnati il rispetto di tutti nella lotta antifascista. Poi i rapporti si sono fatti più mossi, il dibattito
più libero, si sono poste delle questioni e si sono discusse.
L'adesione al partito è diventata più razionale, più medita-
ta. C'è stato, e penso che nessuno abbia difficoltà a riconoscerlo, un progresso notevole. Infine è arrivato lo scos-
sone del XX Congresso.»

«E non avete più insistito nel proporre i vecchi modelli: l'Ungheria, la Polonia o l'Unione Sovietica, che era sempre il Paese al di sopra di ogni sospetto.»

«Non nascondiamo la nostra simpatia, ma neppure la nostra posizione, che non esclude il dissenso. In ogni caso il tipo di socialismo che si può e si deve costruire da noi è del tutto diverso. Per intenderci, all'Est lo sviluppo dei fatti è stato condizionato dalla situazione interna e da quella internazionale. Guerra fredda e accerchiamento hanno determinato certe scelte dell'Urss. Solo la Cecoslovacchia aveva alle spalle un minimo di democrazia borghese. Poi ci sono stati, è evidente, gli errori, che bisogna ammettere, perché non basta la ragione storica a spiegare certe limitazioni a un regime di democrazia politica.»

«È quasi una confessione.»

«No, è un'analisi. Ci sono alcune libertà, come quella di stampa, che hanno un valore assoluto. Ma bisogna che ci siano anche certi mezzi per renderle effettive. Alcune giuste esigenze sono limitate dal capitalismo, dallo sfruttamento di classe. Ma già la nostra Costituzione, che è una delle più avanzate, contiene princìpi e norme che tracciano nuove strade: il diritto al lavoro, all'istruzione, all'assistenza aprono la via ad alcune riforme economiche che devono tener conto della particolare struttura dell'Italia, dove non ci sono soltanto una grande borghesia e un proletariato, ma anche un ceto medio produttivo, che va conservato perché in alcuni campi l'iniziativa dei privati può giovare allo sviluppo dell'intera società.»

«Sono queste affermazioni, forse, che hanno provocato la nascita del "Manifesto". Cosa è stata per lei questa frattura?»

«Non una sorpresa, ma un fatto doloroso. Erano compagni con i quali abbiamo vissuto tante esperienze.»

«Come spiega la sfiducia di fondo che c'è per i vostri programmi? Forse scontate anche i fallimenti e gli sbagli di alcune repubbliche socialiste.»

«Nove milioni di voti, uno e mezzo di iscritti, non sono un bilancio che denuncia una grande diffidenza nei nostri confronti. Un partito serio non può permettersi di enunciare una linea e di comportarsi dopo in maniera opposta.»

«Veramente c'è una casistica che potrebbe dimostrarlo.»

«Comunque non saremmo mai soli, saremmo sempre con gli altri. La gente crede in noi, e noi offriamo garanzie alla gente anche contro di noi. Non siamo, bisogna intendersi, disposti a collaborare con tutti, ma con coloro che si riconoscono in alcuni obiettivi comuni.»

Non è un riferimento a testi classici, tutt'altro. Ricordo una scenetta che recitava, nel primo dopoguerra, Totò. Gli annunciavano l'arrivo di un russo e lui aveva paura. «Ma è un russo buono» diceva l'attore che gli faceva da spalla. E lui: «Sempre russo è». E l'altro insisteva: «Ma un russo bianco». E Totò: «Sempre russo è». E così molti pensano del Pci.

«Scusi, ma perché la Democrazia Cristiana, avendone la possibilità, non ha instaurato la sua dittatura? Non esiste nessun partito che, per definizione, sia alieno dal prendere tutto il potere. Vedi Tambroni, vedi la "legge truffa". Noi chiediamo una leale intesa con gli altri, e non posso dire "Dio sa che sono sincero".»

«Lo dica, perché no?»

«Perché non sono credente.»

«Sua moglie lo è?»

«Sì. Lei crede.»

«E i suoi quattro figli sono battezzati?»

«Non mi va di parlare di loro, devono restare fuori, devono poter fare liberamente le loro scelte, senza alcun pregiudizio.»

«Perdoni l'insistenza. Sono, anche loro, nella fase anarchica?»

«La maggiore ha tredici anni; sarebbe troppo precoce.»

È passata un'ora. Alle due Berlinguer se ne va: «Per scrivere» spiega «per studiare, in casa mi trovo meglio». Togliatti aveva alle spalle l'hotel Lux di Mosca, il Comintern, Dimitrov e la Pasionaria, le «purghe» e Stalin; Longo la guerra di Spagna e le brigate partigiane. Enrico Berlinguer esce da una biblioteca di buoni borghesi antifascisti, da una scuola di partito, dalle conversazioni che faceva, in un paese della provincia di Sassari, con pastori e marinai. Disse un pescatore che l'aveva conosciuto a quei tempi a un cronista che inutilmente cercava un po' di «colore»: «Era un bambino serio, molto chiuso. Non rideva mai».

Già. È la stessa osservazione che un monsignore avrebbe fatto a Paolo VI: «Molti si chiedono perché è così raro vedere Vostra Santità sorridere».

«Che motivo ne avrei?» rispose il papa.

L'uccisione del commissario Calabresi

Il 17 maggio 1972, alle ore 9.15, il commissario Luigi Calabresi, vice capo della squadra politica della Questura di Milano, viene ucciso davanti alla sua abitazione in largo Cherubini. Due uomini lo attendono e, mentre lui raggiunge l'auto parcheggiata, lo uccidono con due colpi di pistola: il primo alla schiena, il secondo alla testa.

Ricordo quel lontano 17 maggio e la Milano di quei giorni: ho visto il dottor Calabresi, con il maglione girocollo che si prestava a ironiche notazioni di cronaca, ricordo le angosce, i dubbi e le paure di allora. «Pagherete caro, pagherete tutto» era un motto che circolava in quella stagione esaltata e crudele. E «Lotta Continua» commentava la revolverata al commissario senza un'ombra di vergogna, né un brivido di umanità: «Gli sfruttati riconoscono in quell'atto la propria volontà di giustizia». Io allora scrissi, e oggi lo riconfermo: «Anche tra gli aspiranti rivoluzionari ci sono degli imbecilli». Calabresi, che indagava sulla strage alla sede della Banca Nazionale dell'Agricoltura di piazza Fontana, era considerato il responsabile della morte dell'anarchico Giuseppe Pinelli che era volato dalla finestra del suo ufficio. Nel nostro Paese siamo afflitti da troppi misteri e da armadi chiusi con troppi segreti: bombe, treni, piazze, arrestati che volano dalle questure; ma talvolta, quando tutti tacciono, la coscienza parla. Fino al luglio del 1988 il delitto Calabresi resterà un mistero, poi Leonardo Marino, pentito, confesserà di avere fatto parte del «commando» che ha ucciso il poliziotto: lui era l'autista, Ovidio Bompressi l'esecutore materiale del delitto, mentre Adriano Sofri e Giorgio Pietrostefani i mandanti. Tutti e quattro all'epoca appartenevano a Lotta Continua. L'iter giudiziario è infinito, si conclude il 24 gennaio 2000 quando il processo di revisione presso la Corte d'Appello di Venezia ha confermato le condanne: ventidue anni a Sofri, Bompressi e Pietrostefani, undici a Marino.

Il 25 gennaio 2000 ho rievocato questa storia e quei drammi con la signora Gemma, la vedova, che allora aveva venticinque anni, due bimbi piccoli e il terzo in arrivo. Durante l'intervista c'era anche Mario, il figlio grande, un giovanottone, che fa il giornalista: credo che abbia un ricordo sfumato del padre, che gli raccontava le favole, ma che non ha mai potuto vederlo diventare adulto.

«Signora Calabresi, che momento è per lei questo?»

«Io, la mia famiglia, siamo molto contenti di aver avuto fiducia nella magistratura.»

«Da quanto tempo vive in attesa?»

«Quando mio marito è stato ucciso avevo venticinque anni. Oggi ne ho cinquantatré. Sono stati scanditi da un sentimento di morte continuo. Prima e dopo la confessione di Leonardo Marino. Siamo sempre riusciti ad accettare queste lente procedure in silenzio, con tanta pazienza, grazie anche all'aiuto di una fede religiosa molto forte. Non è facile rivedere continuamente una violenza che ha cambiato la nostra vita.»

«Come ha conosciuto suo marito?»

«Ero con una mia amica a una festa di Capodanno, in casa di amici. Non lo avevo mai visto prima. "Guarda quello" le ho detto. Era bello, simpatico, un romano con una verve incredibile. Dopo un anno eravamo marito e moglie. Per fortuna abbiamo fatto in fretta, altrimenti non avremmo avuto tempo. E meno male che sono arrivati tre figli, che sono stati la mia fortuna e la mia gioia.»

«Il momento più lieto di questa storia? C'è un giorno in particolare della vostra vita coniugale?»

«Sì, la nascita di Mario, il primo figlio. Ma devo dire una cosa: il periodo in assoluto più spensierato è stato quello del fidanzamento. Perché dopo sono iniziati i guai. Come mi sono sposata sono cominciati i problemi. Eravamo nel maggio del '69: a dicembre c'è stata piazza Fontana, poi c'è stato Pinelli... Tre anni difficili, drammatici. Anche se lui, in famiglia, non portava mai il peso del suo lavoro.»

«Le ha mai detto: ma che cosa faccio? Ma come vivo? Ma che mestiere è il mio?»

«Sì, con me si confidava. Spesso mio padre, che aveva un'azienda di tessuti, gli diceva di mollare e di andare a lavorare con lui. Luigi rispondeva: adesso non mi posso tirare indietro, casomai nel futuro. Adesso più che mai devo rimanere qui, devo fare il mio dovere, devo chiarire la mia posizione.»

«Aveva mai paura? Un senso di oppressione o di sgomento?»

«Sì, lo ha avuto. Me ne sono accorta una sera, credo, una settimana prima dell'omicidio. Avevamo degli amici in casa e la lavapiatti si era rotta facendo un rumore incredibile: sembravano quasi degli spari alla finestra della cucina. Altre volte forse era sgomento, ma l'aveva sempre nascosto.»

«Lei come ricorda il 17 maggio 1972?»

«La memoria di quel giorno mi fa ancora venire i brividi. Vede, in queste aule di tribunale non si è mai parlato della mia sofferenza. Quella degli imputati la riconducono a dodici anni fa, quando Marino ha parlato. Ma la mia ha quasi ventotto anni. Quando ci ripenso, mi prende la tachicardia e sto ancora male. È stato un dolore dilaniante, quasi disumano. Ho veramente sofferto tanto, in quel momento mio marito era al primo posto nella mia vita. Purtroppo devo dire che morendo si è portato via un pezzo di me, qualcosa di mio è morto insieme con lui. C'è qualcosa che da allora non mi è mai stata restituita.»

«Che cosa?»

«La spensieratezza.»

«Ai suoi ragazzi lei dice chi era il loro padre?»

«Era un uomo onesto, con una grandissima fede e che sapeva amare: gli amici, la famiglia. Quando i bambini erano in culla lui leggeva loro le poesie di Trilussa...»

«Le ha letto quella che parla della felicità? Dice: "C'è un'ape che se posa su un bocciolo de rosa / lo succhia e se ne va. / Tutto sommato la felicità / è una piccola cosa". Com'era la vita di suo marito?»

«Nell'ultimo periodo lo vedevo davvero poco. Erano anni di paura e di tensione. C'erano le Br, lui rincasava alle due di notte oppure usciva al mattino alle cinque per le perquisizioni. Appena aveva un minuto era per i bambini; il primo aveva due anni, il secondo undici mesi e io ero incinta del terzo.»

«Aveva degli amici?»

«Sì.»

«Sono rimasti?»

«Sì, sono rimasti.»

«A volte lei immagina che esistenza sarebbe stata con lui?»

«Be', mio marito era un po' ambizioso. Gli sarebbe piaciuto fare carriera. Scherzando gli dicevo che mi vedevo bene come moglie del prefetto. Probabilmente lui ci teneva.»

«Aveva degli hobby?»

«La lettura. Lui leggeva fino a tardissimo. Leggeva di tutto.»

«Avete fatto dei viaggi assieme?»

«Il viaggio di nozze, in Spagna.»

«Di quelli che sono accusati di averlo ucciso, lei che cosa pensa? Come si comportavano, c'era un senso di disagio?»

«Mi è parso di vederlo in Bompressi. È quello che ha sparato. In lui ho visto un uomo sofferente e travagliato, Marino racconta che, salito in macchina dopo l'omicidio, disse: "Che schifezza". Nei primi processi, quando c'era una pausa, neanche si alzava. Era molto solo. Sempre con la testa bassa. Ultimamente ci siamo sempre dati un saluto. Loro per primi. Loro mi salutano.»

«Tutti?»

«No. Direi Sofri e Bompressi.»

«Si può perdonare una storia come questa?»

«Sì, si può. Io stento a credere alle persone quando lo dicono così, per dire. Forse lo concedono con la mente, con la bocca, ma non con il cuore. Perché è difficilissimo. Io ho perdonato Leonardo Marino, perché lui lo ha chiesto, perché ha patito moltissimo, perché è veramente ravveduto. E desiderava la mia assoluzione.»

«E con gli altri?»

«Con gli altri c'è un altro atteggiamento, non lo chiedono e non lo vogliono. Io sono cattolica e penso che nella vita, anche se mi è stato tolto molto, mi è anche stato dato molto. Cerco di essere ottimista: ho ancora la gioia di vivere e in questa vicenda mi sono sentita come se Dio mi avesse preso in braccio. Avvolta da tanto amore, perché la mia è una famiglia molto grande, con tanti fratelli e sorelle, molti amici carissimi. Ringrazio anche le migliaia di persone che mi hanno scritto senza conoscermi o che mi fermano per strada e mi stringono la mano. Non sanno quanto bene mi hanno fatto. Per questo rispondo che si può perdonare, anche se ci sono dei momenti di rabbia.»

«Qual è per lei il peccato più grave?»

«Togliere la vita a una persona. Secondo me non c'è nessun tipo di giustificazione: la vita è il bene in assoluto più grande e più prezioso.»

«È passata altre volte davanti al luogo dell'agguato?»

«Ci capito spesso, ma faccio il giro largo.»

«Degli assassini di suo marito che cosa pensa? Ci sono più responsabilità, meno responsabilità?»

«Marino è quello che ha confessato: credo che nel tempo sia riemersa la sua educazione cattolica. Io penso che sia tornato a galla il rimorso. Oggi pare che questa parola dia fastidio, che sia superata. Invece secondo me non può esistere un uomo che non abbia mai avuto un tormento per qualche cosa, ma non solo sotto il profilo religioso. Un rimorso umano. Ecco, Marino si è veramente pentito: era un uomo che faceva la sua vita e si è costituito spontaneamente lui alla giustizia.»

«In questa storia Sofri che parte ha?»

«Era il leader politico di Lotta Continua. Riesce difficile pensare che il massimo esponente del movimento non fosse a conoscenza del piano contro mio marito.»

«C'è una massima americana: non possono cadere le foglie senza che l'albero lo sappia...»

«È quello che penso anch'io.»

«A chi sparavano quel giorno? A un emblema o a un uomo?»

«Sparavano a un capro espiatorio, che era lo Stato. Lo volevano abbattere.»

«Suo marito girava armato?»

«Usciva di casa non armato. Diceva: è inutile che io mi armi, quando mi vorranno uccidere lo faranno sparandomi alle spalle. Non avranno il coraggio di guardarmi in faccia.»

«Perché Sofri e Pietrostefani sarebbero stati i mandanti? Che cosa ci poteva essere? Del rancore, una qualche filosofia...»

«Per me c'era una filosofia, un modo di pensare, un'ideologia. E poi, probabilmente, come gruppo non volevano essere scavalcati da altre frange estremiste, aguerrite e forti, che si stavano affacciando in quegli anni.»

«Ricorda il giorno in cui Luigi le disse: "Ti voglio bene"?»

«Sì.»

«Dove eravate?»

«Mi aveva invitato fuori ed eravamo andati a ballare.»

«Si ricorda anche la canzone?»

«No, però ricordo com'ero vestita. Avevo un abito color pesca, di Ungaro.»

«E lui?»

«Un doppiopetto grigio.»

«Che cosa l'aveva colpita di più?»

«Da principio il suo aspetto: parlava molto, teneva sempre banco, gli piaceva essere protagonista. Per lui il lavoro era veramente una missione. Non voleva reprimere.»

La situazione oggi: ad Adriano Sofri, dopo una lunga malattia, è stata concessa la sospensione della pena. Ovidio Bompressi il 31 maggio 2006 ha ottenuto la grazia dal presidente della Repubblica Giorgio Napolitano, su proposta e parere favorevole del ministro della Giustizia Clemente Mastella. Giorgio Pietrostefani è latitante e per Leonardo Marino nel 1995 il reato è stato prescritto.

1973

Misteri d'Italia: il controllo dei telefoni

Il fatto: un giorno il pretore Infelisi è di servizio al tribunale di Roma. Si fa avanti un cittadino con una denuncia da presentare. Ha saputo che il suo telefono è controllato. Parte l'inchiesta, 8 febbraio 1973: i carabinieri beccano, per primo, un tecnico della Sip-Teti, Marcello Micozzi. Parla: per poche migliaia di lire «affittava» le linee a un esperto milanese, Bruno Mattioli, una specie di mago dell'elettronica che aveva interesse ad ascoltare, e a registrare, i discorsi di certa gente. Personaggi importanti: politici, alti burocrati, finanzieri; per le corna, di solito, si ricorre a sistemi artigianali. Fa il nome del (chiamiamolo così) datore di lavoro: Tom Ponzi, un poliziotto privato. Ponzi si difende: gli hanno sequestrato un paio di aggeggi giapponesi per le intercettazioni, non nega di avere messo l'orecchio in casa d'altri, ma sempre a fin di bene, e a richiesta degli interessati – mariti traditi, imprese defraudate, bravi signori afflitti da pesanti ricatti. Il vero cattivo, che gode di potenti protezioni (altro che la sua vantata amicizia con Almirante, confidenzialmente «Giorgio») è invece il dottor Walter Beneforti, ex commissario di Ps, dirigente della Criminalpol e, in seguito, proprietario di una ben avviata agenzia di investigazioni. Accuse: è lui che lavorava, ad esempio, per o contro Cefis, che era intimo di Rolando Ricci, segretario del prefetto Vicari, il capo della polizia, e si muoveva sicuro all'ombra del questore Nardone. Epilogo provvisorio: prima va dentro Tom Ponzi, poi arrestano Beneforti, poi li mettono fuori tutti e due.

Sono andato a cercare Beneforti. Non lo vedevo da qualche anno: una volta, quando mi occupavo della Milano nera, mi raccontò parecchie storie e mi fece conoscere qualche tipo curioso. Come Ponzi, ha un aspetto massiccio: ma, direi, più solido. Da giovane giocava a pallacanestro e praticava l'attrezzistica. Il fracasso lo disturba, respinge la pubblicità, non ha mai concesso interviste, non ha mai ammesso, durante gli interrogatori, la minima colpa, sono certo che nessuno lo sentirà rivelare retroscena o tirare in ballo complici. Il silenzio è la sua forza. «Nixon» dice «era circondato da fessi. Lo si è visto alla prova: hanno chiacchierato come pettegole.» Ha anche voglia di scherzare: «Sa come mi chiamano? Il Watergate italiano».

«Un peccato, dottore, che lei non abbia memoria.»

«Ho passato i cinquanta; accade.»

«Eppure, di onorevoli, di senatori, ne ha conosciuti.»

«Come no? Fa parte del mestiere. Sa, quella faccenda di Livorno? Come partono, o si favoriscono, certe carriere? C'è di passaggio un nome molto grosso, uno che, nonostante l'età, conserva un apprezzabile debole per le ragazze; come nelle migliori *pochades*, ha un'amichetta che faceva del varietà. Si incontrano, ma l'impegno è eccessivo per il vecchio libertino. Si richiede il pronto e discreto intervento del medico, e il massimo riserbo. C'è qualcuno dell'"amministrazione" che provvede e tace. Sarà poi ricompensato: un buon posto nella capitale.»

«Tambroni, con i suoi, era riconoscente? Cosa combinavate nella centrale di via Nomentana?»

«Mai esistita. La "base" era in via Anapo, al 20, nella villa del professor Pende, in un appartamento affittato al primo piano. Anche lui credeva, come tutti, che io fossi un industriale che trafficava con la Cassa del Mezzogiorno. Dirigevo il GO, un gruppo operativo legato alla direzione Affari riservati. Mai occupato di telefonate. Mai visto Tambroni. Io seguivo l'attività di certi stranieri.»

«Dei dossier con cui il presidente Tambroni avrebbe minacciato i compagni di partito, i concorrenti, lei non ha naturalmente mai sentito parlare.»

«Naturalmente.»

«Cefis lo ha mai incontrato? Il suo amico Tom Ponzi, che in passato le fu anche prodigo di prestiti e di consigli, mi ha detto che tra le sue carte hanno trovato anche qualche fattura per la Montedison.»

«Esatto. Ero stato gentile con il dottor Cefis e ho chiesto se c'era qualcosa da fare anche per me, per la mia organizzazione.»

«Ponzi dice che lei piazzava le radiospie per conoscere i segreti della Borsa, le manovre delle banche, gli intrighi dei grandi manager.»

«Quel Tom ha sempre avuto molta fantasia.»

«Lei è anche in cordiali rapporti con l'avvocato Marino Giorgio Fabbri, più noto col nome d'arte di "Pontedera", quel curiosone che aveva piazzato i microfoni all'Anas.»

«L'ho conosciuto per caso, all'Hotel Regina, in via Veneto. Aveva qualche dubbio di carattere sentimentale; gli presentai Bruno Mattioli, colui che per i cronisti è diventato "il genio dei transistor", dato che voleva due cimici da infilare nell'apparecchio domestico. Donne, caro, questioni di donne.»

«L'avvocato Fabbri, "Pontedera", come si può descrivere?»

«Molto simpatico, in gamba. Desidera conoscerlo?»

«Pensa che mi spiegherebbe come ha fatto i milioni?»

«Facciamo finta che ci siano dei costruttori veneti che hanno un appassionato interesse per le aste che si svolgono al ministero dei Lavori Pubblici.»

«E che non vogliono buttare via quattrini?»

«Okay. Sulle economie, sul risparmio o sugli utili sono disposti a mollare qualcosa.»

«Filantropi. Lei è stato per centoundici giornate in galera, rifiutando di intrattenersi con i magistrati. Perché?»

«Erano in troppi a voler sapere: Milano, Roma, litigavano tra di loro. Dovevano decidersi. Guardi: io mi considero del ramo. So come si fa un verbale. So come si interroga. Conosco il Codice. Sono tranquillo: non c'è un centimetro di nastro contro di me.»

«Qualcuno l'ha definita "Il braccio furbo della legge". Lei che è astuto, mi aiuti a trovare una possibile ipotesi su tutto questo rumore, una ragione, considerato che, se non sbaglio, come di solito si usa, finirà tutto con un sospiro. Immaginiamo una trama.»

«Supponiamo, così, per gioco, che illustri parlamentari si sentano minacciati nella loro posizione e intravedano i possibili successori, e pensino di rendere difficile, o faticoso, l'avvicendamento. Ma quello, ragionano, non era, a quel tempo, ministro dell'Interno? Allora tiriamo dentro alcuni sottoposti, Vicari, il capo di gabinetto Ricci, Nardone e, perché no, anche il povero Beneforti.»

«Fantapolitica, dottore.»

«Già. Si è mai chiesto perché l'Msi, che ha sempre inneggiato alla polizia, ha presentato un'interpellanza al Senato contro le intercettazioni?»

«Sono legalitari e moralizzatori. Mi perdoni, ma come mai né lei né Tom Ponzi parlate dei mandanti, o dei clienti, se preferisce?»

«Scusi: ma come mai nessuno mi ha querelato? Lei sa che secondo l'articolo 617 il mio eventuale reato sarebbe perseguibile soltanto a querela di parte.»

«Lei è fortissimo, dottore. Ma perché due dei suoi, Pie-

tro Bellotti e la signorina Milena Delconsole, hanno taglia-
to la corda?»

«Alla signorina Delconsole l'ho consigliato io; sarebbe
stata in carcere per nulla: non c'è niente contro di lei, ve-
drà. Posso farle anch'io una domanda?»

«Certo; oltretutto è uno specialista.»

«Ma perché Bellotti non lo hanno arrestato subito, se
avevano delle prove consistenti?»

«In questa faccenda c'è scappato anche un morto: il suicida Roberto Gironi, quel dipendente dell'Italcable che
non ha resistito allo scandalo.»

«Una brava persona, mi dia retta. Non c'entrava affatto. È vero, come afferma Ponzi, che ha scritto cinque lettere, ma sa cosa dicono? "Mi ammazzo perché non riesco
a tollerare questa situazione".»

«Sotto controllo il dottor Ricci, Raffaele Girotti dell'E-
ni, l'ingegner Valerio della Montedison... Si è letto che una
capsula è stata trovata nello studio del governatore della
Banca d'Italia, una nella casa del procuratore generale
Spagnuolo. Dall'armadio del pretore Infelisi hanno portato via una bobina compromettente. Che cosa hanno fatto
tutti questi danneggiati?»

«Nulla, suppongo.»

«Lei ha lavorato per la Cia?»

«Con, non per. E anche con il Narcotics Bureau. Ha
presente cosa fanno i questurini?»

«Sì, ma qualcosa ogni tanto mi sfugge. Ho visto in un
carteggio che lei chiese a Tom Ponzi dieci registratori in
prestito, perché, durante una crisi di governo, doveva controllare "per ordini superiori" una sessantina di uomini
politici.»

«Balle. Tom ha raccontato che io gli feci questa richiesta in piazza del Duomo. Smentisco.»

«Non si meraviglia se le dico che me l'aspettavo? Come
andrà a finire?»

«Una questione maledettamente lunga. Non è ancora
cominciata l'istruttoria vera e propria.»

Qualche piccola nota. Il presidente Andreotti istituì una commissione che doveva indagare sul fenomeno. Chi ne faceva parte? Quando si sono riuniti? Siamo in dicembre, sono passati molti mesi: è possibile sapere a che punto è l'inchiesta? Chi hanno, non ascoltato, ma sentito? E il procuratore generale Spagnuolo che sovrintende ed è responsabile di quegli uffici nei quali le bobine vanno e vengono, mentre sotto i tavoli dei suoi giudici ogni tanto rinvengono un piccolo trasmettitore, che cosa ha fatto perché, al posto della simbolica bilancia, nelle aule giudiziarie non venga piazzato il marchio della Philips e della Geloso? L'altra mattina al «Palazzaccio» è arrivato un pacco con due nastri magnetici. Contenevano, invece che i compromettenti dialoghi misteriosamente spariti, canzonette di Milva e di Mina. Ce n'è una che dice: «Parole, parole, parole, soltanto parole». Ma tutt'al più d'amore.

1974

Liggio, la «primula rossa» della mafia

Il 16 maggio 1974, a Milano, viene arrestato Luciano Liggio, da quasi vent'anni ai vertici della mafia, divenuto padrino dei corleonesi dopo avere eliminato il vecchio boss Michele Navarra, nel 1958. Tra i suoi collaboratori Salvatore Riina, Calogero Bagarella e Bernardo Provenzano. Latitante da anni, è anche il mandante dell'omicidio del procuratore Pietro Scaglione, ucciso a Palermo nel 1971. Il giudice Terranova, membro della Commissione antimafia, il giorno dell'arresto dichiara: «Li prenderemo tutti. Vinceremo la lotta. È dal 1904 che lo Stato non registrava un successo così importante». Il giudice verrà assassinato da Cosa Nostra il 25 settembre 1979.

Luciano Leggio, diventato Liggio per l'errore di trascrizione di un brigadiere, nasce a Corleone nel 1925, in una famiglia povera che lavora la terra. Ha già nove fratel-

li, ma è un bimbetto svelto e impara presto ad arrangiarsi
per sopravvivere. Come delinquente esordisce con un colpo modesto: è un giovanottino e si arrangia rubando nelle
stoppie covoni di grano. Tre guardie campestri lo vedono,
una lo denuncia. Primo arresto e, all'uscita dalla camera di
sicurezza, primo morto. La gente deve imparare a tacere.
La vedova dell'ammazzato lo riconosce ma quando, dopo
infiniti rinvii, si celebra il processo, i due compari che hanno assistito alla sparatoria si rimangiano la testimonianza e
la povera donna è ritenuta «non coerente». Liggio è ormai
lanciato e il suo nome incute rispetto. Lo hanno subito
battezzato «cocciu di tacca», chiodo di scarpone, e guai se
ti ci siedi sopra, o «cocciu di focu», tizzone ardente, e chi
gli gira attorno con malevolenza sa il rischio che corre.
Quando sbarcano gli Alleati ha diciott'anni: comincia, come tanti, con il mercato nero, poi passa al furto del bestiame: le vacche o gli agnelli rubati vengono condotti nel fit-
to e tenebroso bosco della Ficuzza, dove li abbattono; la
carne è avviata ai mercati di Palermo: sessanta chilometri
su scassati camioncini, che nessuno controlla. Corleone è
un ammasso di case di tufo, bianche e nere, con qualche
vecchio e usurato palazzo di nobili, c'è anche un castello
saraceno, memoria del lontano passato. Attorno, brevi
montagne selvagge: conta seimila abitanti, tra i quali emerge il dottor Michele Navarra, capo di Cosa Nostra, cavaliere della Corona, quindi della Repubblica, grande elettore prima dei liberali, poi dei democratici cristiani, medico
condotto, direttore dell'ospedale, ufficiale sanitario, presidente dei Coltivatori diretti, fiduciario dei Consorzi agrari, clinico di fiducia delle Ferrovie dello Stato: insomma,
sulla modesta piazza, rappresenta il potere. È lui che in-
gaggia, come sicario, il promettente Lucianuzzu, ma «cocciu di tacca» costituisce, nella sua equilibrata vicenda, la
mossa sbagliata.

C'è in giro una specie di predicatore laico, un sindacalista di nome Placido Rizzotto, che si fa notare per la bellissima fidanzata – Leoluchina Sorisi, che piace anche a

Luciano Liggio – e perché «mette strane idee nella testa dei garzoni, dei terrazzieri e dei mungitori». Il dottor Navarra rappresenta degli interessi, una visione del mondo, e dei rapporti umani e sociali che sono disturbati da quelle chiacchiere e da quei comizi: è una tempesta in un catino, ma suscita onde pericolose. Dà ordine, e qualcuno provvede. Il 10 marzo 1948, Placido Rizzotto, è il resoconto di un testimone, «è cacciato a forza su una macchina, come una bestia sul carro del macellaio». Lo portano verso la Rocca Busambra, che è il cimitero della mafia: una foiba, una «sciacca», come la chiamano in dialetto, dove tutto sparisce. La strada corre tra grandi alberi, nell'umido verde della foresta: ogni tanto si incontra un assonnato massaio, stivali di vacchetta e vestito di fustagno, che cavalca un mulo sovraccarico. Sbarcano il prigioniero e lo uccidono a colpi di pistola. Tre li avrebbe sparati Luciano Liggio. Nascosto dietro un albero, un pastorello che sta sorvegliando il gregge, Giuseppe Letizia, assiste sgomento al delitto: sente le urla di Rizzotto, vede la rabbia furiosa dei banditi, poi su tutto cala il silenzio della montagna. Da quel momento Giuseppe ha la mente sconvolta, soffre di allucinazioni e, in una crisi di nervi, racconta il fatto che ha visto. Lo ricoverano all'ospedale e il dottor Navarra si prende cura di quel malatino che sembra indemoniato. Purtroppo muore dopo un'iniezione di calmante. Navarra è arrestato dai carabinieri come mandante dell'omicidio Rizzotto (dopo qualche giorno di carcere sarà mandato al confino ma riuscirà a farla franca e ritornerà a Corleone). Liggio, accusato di essere l'esecutore dell'omicidio del sindacalista, si dà alla latitanza.

Nel dicembre 1949 un giovane ufficiale dei carabinieri, Carlo Alberto Dalla Chiesa, a capo del gruppo Squadriglie Repressione Banditismo, trova in fondo alla voragine di Rocca Busambra, con i resti irriconoscibili di alcuni corpi, un paio di scarponi con la suola di gomma, di tipo americano, una cinghia di cuoio blu, un portafoglio di tela cerata, un pettinino nero che appartenevano a Rizzotto. Nel suo rapporto, scrive che Liggio «incute paura e orrore». Lo descrive «criminale per costituzione e tendenza», ma riconosce anche che è astuto: «Per natura diffidente, ama vivere inosservato».

In quei lontani anni Cinquanta Liggio, dalla latitanza, è ormai il «re», o anche la «primula rossa», di Corleone. Il dottor Navarra si rende conto che il picciotto è troppo indipendente e insubordinato, non rispetta le regole, non sa stare al suo posto: allora decide di toglierlo di mezzo. Nel giugno del 1958 organizza il consueto agguato, con i soliti individui bendati che si presentano sparacchiando da forsennati, ma Liggio, ancora assistito dalla buona sorte, resta ferito appena di striscio a una mano; e scatena la ritorsione. Tocca per primo, come è ovvio, al cavalier dottor Navarra che la sera del 2 agosto, mentre sta rientrando, in compagnia di un innocente collega, viene accolto con raffiche di mitra, e la vettura resta traforata come un colabrodo. Luciano Liggio adesso è il numero uno e la sua autorità si estende fino alle porte di Palermo. Non è che l'inizio della irrefrenabile ascesa: sotto i proiettili dei suoi seguaci cadono giudici e membri di cosche tradizionali, che non si allineano alla sua sconvolgente filosofia, commissari di Ps, funzionari dello Stato, senza alcuna distinzione e senza alcun vaglio delle responsabilità: il comando è sparare, e niente riguardi. La polizia lo considera «scaltro fino all'incredibile», protetto da personaggi della politica che appoggia e fa appoggiare al momento delle elezioni.

Il colonnello che lo pizzica il 14 maggio del 1964, quando alloggia in un vano segreto, costruito proprio per lui in casa di Leoluchina Sorisi, la «morosa» di Placido Rizzotto, riferisce che sul comodino, al momento dell'arresto, c'erano *I promessi sposi*, i romanzi di avventure di Salgari, i saggi di Croce e di Kant. Quando era stato ritrovato il corpo di Rizzotto, la bella Leoluchina, una «bruna dagli occhi selvaggi», aveva giurato che avrebbe mangiato il fegato dell'assassino. È, invece, lei ad accogliere il giovanotto su cui pesano sospetti e mandati di cattura, per proteggerlo nella sua insospettabile e sicura abitazione, perché il cuore umano è misterioso, e si prenderà cura del ricercato. Raccontano che quando i poliziotti catturano Luciano e lo portano via in autolettiga, Leoluchina Sorisi, amorevole e premurosa, gli aggiusta i capelli, lo bacia e scoppia in un pianto irrefrenabile.

Nel 1968, nel processo di Catanzaro che lo vede imputato insieme ad altre centoquattordici persone per i delitti e le stragi palermitane, Liggio è assolto, come avviene anche nel giugno 1969, al processo di Bari per i delitti di Corleone. Si fa ricoverare in una clinica di Palermo quando ha sentore di un nuovo mandato di arresto che non lo raggiunge perché mezz'ora prima scappa, su una Mercedes, forse travestito da suora. A Bari, intanto, la Corte d'Appello lo condanna all'ergastolo per l'omicidio di Michele Navarra e i delitti di Corleone.

Liggio si trasferisce a Milano, cambia identità: diventa il rispettabile signor Antonio Ferrugia, marito esemplare e padre tenerissimo. Va a vivere in un residence signorile, cinque stanze, tripli servizi, superattico, giardino, che paga due milioni più del prezzo richiesto. Non gli piace discutere. I condomini apprezzano il garbo e la generosità del compito coinquilino. Lo vedono giocare a pallone con il figlioletto, ha una moglie per nulla appariscente: in un ristorante, ha conosciuto la signorina Lucia Paranzani, impiegata dei telefoni, e dopo uno scambio di gioviali cortesie e frasi di convenienza, la ragazza incolore, un po' spenta, claudicante per una paralisi infantile, si lascia conquistare da quel gentiluomo del Sud, così educato, e ci va a vivere insieme. Esiste, evidentemente, anche un fascino sinistro: e quando, dopo l'arresto del 1974, è sulla via di un rassegnato tramonto, entrerà una quarantenne, Maria Pia, dagli abiti sgargianti e dalla passione platonica, che si accontenta di qualche lettera e di un bacio improvviso rubato dalla gabbia di un tribunale. Commenta ironica e paziente Lucia Paranzani, colei che passava per la legittima consorte del distinto signor Ferrugia: «So che cosa succe-

de con queste donne che confortano i carcerati. Vanno
dietro le sbarre a fare due carezze e poi fuori, magari, c'è
già chi le aspetta. Comunque auguro tanta felicità a Luciano: ne ha bisogno».

Nel 1986 Liggio è fra gli imputati del maxiprocesso di
Palermo. Il «volto nuovo della mafia»: gonfio, gli occhi sottili, le labbra che ridono insolenti, mentre i denti stringono
il lungo sigaro, la barba e i capelli grigi. Lucianuzzu, come
lo chiamavano da ragazzo, ha passato i sessanta, e il tempo
e le malattie hanno lasciato i loro segni. Cammina a fatica,
porta gli occhiali; quando si siede non riesce a trattenere
una smorfia di dolore. Ha solo un rene, ha sofferto per la tubercolosi ossea, il morbo di Pott. È convinto, anche lui, che
«la faccia è lo specchio dell'anima». Un'altra vittima, dunque, ma non tanto. Gli attribuiscono una ventina di omicidi, per nove è stato assolto, in maniera non proprio convincente, dalla Corte d'Assise di Bari. Ha ragione quando sostiene che, contro di lui, c'erano più validi indizi che chiare
conferme. Quando nelle aule giudiziarie entra Luciano Liggio, i testimoni o non ricordano o si smentiscono. Forse anche per questo non dimostra molta stima per i tribunali:
considera magistrati e parti civili «boyscout del diritto»,
non ha riguardo neppure per gli avvocati e per i tutori della legge in genere: «L'intellettuale senza personalità» afferma «è una canna per stendere. Se in Italia abbiamo questo
andazzo, lo si deve alle lauree prese con l'olio d'oliva e con
i sacchi di pasta». Ignoranti, quindi, e corruttori.

Liggio, quando concede qualche confidenza, conferma
il suo gusto per la riservatezza: «Sono umile, non ho manie
di prestigio, non ho mai aspirato a impormi, grazie a Dio.
Sono schivo, anche in carcere rifiuto di avere contatti con
gli altri detenuti. Mi basta un libro, un giornale, mezz'ora
di letto». Adesso le letture preferite sono le commedie di
Goldoni e l'allegra *Storia della filosofia* di Luciano De Cre-
scenzo: «Divora» spiegano quelli che gli stanno attorno
«libri che presuppongono una certa cultura; insomma si
tiene aggiornato».

Ho incontrato Liggio in un carcere di massima sicurezza. Legge soprattutto testi filosofici, dipinge. Ho cominciato: «Signor Liggio, lei una volta ha detto: "Ho un ergastolo, una condanna a ventidue anni e un'altra a sei, ma nei miei confronti non c'è una prova, non ho mai parlato, non ho mai tradito. A Socrate fecero bere la cicuta, a me è toccata la galera. Sono stato incarcerato per ritorsione". Ne è sempre convinto?».

«Sì. Ma sono stato fortunato; non ero all'altezza di Socrate. Hanno cercato di farmi mandar giù a piccoli sorsi l'amarezza della vita, una piccola dose ogni giorno.»

«Perché questa ostilità, la persecuzione?»

«Alle mie spalle sono state fatte delle carriere senza scrupoli, hanno creato un mito e non vogliono mollarlo. Io allo Stato sono costato miliardi. Giulio Verne scrisse *Il giro del mondo in ottanta giorni*, con me lo hanno fatto per venti, venticinque anni. Ci sono forze di polizia che sono andate dappertutto.»

«Suo padre la sognava prete; che cosa le ha impedito di rispondere alla vocazione?»

«Da bambino non sapevo spiegarmelo, ora lo capisco più facilmente. Sono rimasto orfano di madre a otto anni, ero molto attaccato alla famiglia, chiudermi in un seminario significava allontanarmi dall'altro genitore.»

«Lei ha passato quarant'anni, diciamo, da uomo libero, oggi è considerato un benestante. Che attività ha svolto?»

«Ho cominciato come meglio potevo. Da ragazzo ho fatto il mercato nero, e anche violato la legge più volte. Ho rimediato dei soldi e li ho investiti in gioielli, cosa che mi ha creato una fortuna immensa. Poi ho venduto i brillanti, ma non ho fatto contrabbando, come dicono.»

«Secondo la polizia, il potere mafioso è passato da lei a Totò Riina. Lo conosce? Che tipo è?»

«Anzitutto io non avevo nessun potere mafioso da lasciare in eredità. Riina è stato nella mia cella per quasi otto mesi. È un ragazzo che merita, educatissimo, ansioso di crearsi degli amici. Volevo fare una società, una volta usciti tutti e due, perché vedevo in lui un'intelligenza enorme: creare un grande frigorifero per uso commerciale, per affittarlo. La polizia ci venne a disturbare, e non ci siamo più visti.»

«Ma lei crede che esista Cosa Nostra?»

«Quello che io penso non ha importanza. Devo basarmi sulla mia esperienza: io sono stato considerato capomafia, e non è vero. Se poi esiste non lo so. Io non ho niente da rimproverarmi, non ho fatto del male a nessuno, non ho approfittato di niente, sfido chiunque a provarlo. Leggendo vari autori che hanno trattato di questa parola, "mafia", e rifacendomi al Pitrè, dovrebbe significare bellezza, non solo fisica, ma anche spirituale: una bella donna, un bel cavallo... il mafioso è un cavallo.»

«Allora è un complimento. Se è così, non si offende se dico che Liggio è un mafioso.»

«No, semplicemente mi duole di non possedere quella ricchezza fisica e dello spirito che è sottintesa nel senso bello del termine.»

«Che idea si è fatto dei rapporti tra mafia e politica?»

«Vede, io non ho una mentalità da inquirente. Sono stato un separatista, mi sono accorto che la politica è una cosa sporca, troppo sporca, e me ne sono lavato le mani.»

«Un sostituto procuratore che l'ha interrogata dice che lei "è come se avesse non uno, ma cinque assi nella manica". Dove le trova queste carte?»

«Ma quali carte? La tranquillità mi viene dal fatto che sono in pace interiormente.»

«Lei ha ottenuto più assoluzioni per insufficienza di prove che condanne. Per incapacità della giustizia o per la sua abilità?».

«È vergognoso che non ci sia stato un proscioglimento completo, e me ne lamento, ma si è voluto sempre dare un contentino a chi ha fatto le indagini, a certe carriere arbitrarie e a certe promozioni immeritate.»

«Quando parla con suo figlio gli racconta la sua storia?»

«Gliel'ho raccontata appena ha cominciato a capire. Non ho niente da nascondere, deve sapere chi è suo padre, e che non si deve vergognare di lui.»

«Perché muore tanta gente in Sicilia?»

«Lo chieda a quelli che uccidono. Siamo tipi sanguigni e mentre da altre parti una questione si liquida con una scazzottata, da noi si chiude con un colpo di pistola.»

«Ma lei si riconosce colpevole di qualche peccatuccio? C'è qualcosa in cui ha sbagliato?»

«Non ho mai detto di essere un santo, sarebbe assurdo. Se uno tenta di pestarmi i piedi, non mi piace...»

«E quando se ne ha male, che cosa fa?»

«Niente. Gli dico di smetterla.»

«E se non la pianta?»

«Lei che fa? Gesù Cristo dice di porgere l'altra guancia, ma poi? Quante guance dovrei avere per tutti questi molluschi che credono di diventare uomini accanendosi contro di me?»

«Chi è per lei un uomo vero?»

«Quello che ha rispetto di tutti gli altri.»

«Come considera i pentiti? Traditori, opportunisti o persone che hanno avuto un turbamento di coscienza?»

«Tutti cervelli persi, sono degli opportunisti, ma mi ricordano quello che, per far dispiacere alla moglie, si taglia i genitali e li dà al gatto. Insomma a chi fa dispetto?»

«La vecchia mafia, quella leggendaria, non uccideva i giudici, i carabinieri, i funzionari di pubblica sicurezza. Che cosa pensa di questo cambiamento?»

«Non vado a ficcare il naso in faccende che non mi interessano. Non me lo sono mai chiesto, perché mi sono sempre estraniato dalle cose che non mi riguardano, ma di solito accadono per invidia di carriera.»

«Lei dice che si ammazzano tra di loro?»

«Non lo so; io non posso dire niente.»

«Luciano Liggio chi è? Uno sfortunato, un perseguitato?»

«Sì, dalla cattiveria degli altri. Sfortunato fino a un certo punto, perché se ci guardiamo attorno c'è sempre di peggio.»

1975

Pasolini: un'intervista esclusiva

Mentre ero direttore del «Resto del Carlino» continuai a fare la televisione. Da Bologna. Per l'esattezza, dal teatro dell'Antoniano, dove veniva prodotto lo *Zecchino d'oro*: negli anni, i frati francescani avevano realizzato un teatro per le trasmissioni tv. Il mio programma si chiamava *Terza B: facciamo l'appello*, dieci puntate dedicate a una serie di personaggi che, a loro insaputa, incontravano ex compagni di scuola, amici dell'adolescenza, i timidi amori.

Il protagonista di una serata fu Pier Paolo Pasolini: la sua prima e credo unica intervista televisiva. In quel periodo si parlava molto di lui, era appena uscito il suo ultimo film *Decameron*, che era stato premiato al Festival di Berlino con l'Orso d'argento e, come al solito in occasione dell'uscita dei suoi lavori, aveva suscitato molte polemiche.

L'intervista fu censurata. Fu mandata in onda solo dopo la sua morte, nel 1975. La trasmissione fu bloccata perché lo scrittore era stato denunciato per «istigazione alla disobbedienza» e «propaganda antinazionale», denunce che si era procurato quando aveva diretto «Lotta Continua».

Pasolini era delle mie parti, era nato a Bologna in via Borgonuovo, una stradina dietro piazza Santo Stefano, poi la famiglia si era trasferita in via Nosadella. Il padre Carlo Alberto era capitano di fanteria e comandava le truppe a Bologna quando ci fu l'attentato a Mussolini nel 1926. Chi sparò era un ragazzo quindicenne, Anteo Zamboni, che fu immediatamente linciato dai fascisti che erano attorno al Duce. Oggi sul luogo c'è una lapide che lo ricorda: «Bologna di popolo congiuntamente onorando i suoi figli eroici immolatisi nella ventennale lotta antifascista con questa pietra consacra nei tempi Anteo Zamboni per audace amore di libertà il 31 Ottobre 1926 qui trucidato martire giovanetto dagli scherani della dittatura».

Nel dopoguerra conobbi il fratello al «Carlino» perché eravamo nella stessa redazione.

Insieme a Pier Paolo Pasolini vennero in studio alcuni compagni di classe del liceo Galvani di Bologna del 1938: Odoardo Bertani, giornalista, Agostino Bignardi, deputato del Partito Liberale, Carlo Manzoni, medico condotto, Nino Pitani, attore, il mio amico Sergio Telmon, giornalista Rai, allora corrispondente dalla Germania, e un loro professore, Carlo Gavallotti. Dopo una mia breve presentazione del protagonista, feci vedere la foto di classe e chiesi al poeta chi dei ragazzi presenti gli sarebbe piaciuto rivedere. Mi rispose: «Parini, perché era il mio più caro amico, il mio compagno di banco. Facevamo sempre la stessa strada per tornare a casa, era uno degli amici più cari. È morto in Russia e per tanti anni ho sognato che ritornava, almeno fino al 1950».

«Lei era molto bravo a scuola?»

«No, molto no perché ero un po' discontinuo. Insomma, ero sull'otto. In greco a volte portavo a casa l'otto, a volte un misero sei. Quello che amavo soprattutto era il latino. Mi piaceva più tradurre oralmente che per iscritto. Leggevamo le *Egloghe* a voce alta e traducevamo improvvisando. Mi piaceva molto.»

Non fu un'intervista facile, avevo la sensazione che Pasolini non si fidasse di me; in fin dei conti allora io ero direttore di un giornale molto borghese, anche se fatto a modo mio. Invece a lui non importava, era autentico, credeva nelle cose che diceva e basta. Ma lo capii dopo. Probabilmente, siccome era molto restio a parlare con i giornalisti, ero io molto più prevenuto nei suoi confronti di quanto lo fosse lui nei miei. A me Pasolini piaceva, era della mia città, *Ragazzi di vita*, *Vita violenta*, gli *Scritti corsari* sono tra le pagine più importanti della nostra letteratura e oggi, che si sta parlando dopo tanti anni dal suo omicidio, forse più per ragioni politiche che non per il movente sessuale, ammetto che tutti noi avremmo potuto fare qualcosa in più per lui. Continuai l'intervista chiedendogli dei sogni di allora e lui, in modo anche un po' provocatorio mi rispose: «È una domanda che mi sorprende perché proprio la mia vita è caratterizzata dal fatto di non aver perso nessuna illusione».

«Lei, per esempio, si è mai sentito vittima di un'ingiustizia?»

«Sì, ma sono casi personali che non ho mai voluto generalizzare.»

«Chi ha influito di più nella sua vita, suo padre o sua madre?»

«I primi tre anni mio padre, che poi ho completamente dimenticato; dopo, mia madre.»

«Lei aveva un fratello: andavate d'accordo?»

«Sì, cioè litigavamo molto come succede tra fratelli ma fondamentalmente ci volevamo molto bene, e andavamo molto d'accordo.»

«Lui è stato partigiano.»

«Sì.»

«E lei no.»

«Non è vero. Io non ero un partigiano armato, ero un partigiano ideologico. Ero sempre in contatto con mio fratello e scrivevo articoli per i giornali dei partigiani.»

«I racconti che faceva sua madre nella sua infanzia hanno avuto un peso nella formazione del suo carattere?»

«I racconti non tanto, la sua ideologia sì, l'ideologia che è formata da tutte quelle illusioni di cui lei mi parlava prima: l'essere buoni, bravi, generosi, darsi agli altri, del credere e del sapere eccetera eccetera.»

«La sua famiglia era religiosa?»

«No, mio padre che era un nazionalista, se non proprio fascista quasi, aveva una religione di tipo formale, in chiesa la domenica alla Messa grande, a quella dove vanno i borghesi, i ricchi. Mia madre, invece, aveva una religione rurale, contadina, presa da sua nonna, una religione molto poetica, ma per niente convenzionale, per niente confessionale.»

Poi gli chiesi se da giovane era triste. E lui lo chiese agli ex compagni, che in coro risposero no.

«Lei, Pasolini, come se la cavava con le adunate col moschetto?»

«Da una parte ne ho un ricordo spaventosamente deprimente, perché si stava per delle ore fermi in certe viuzze battute dal sole e allora lì i ragazzi, presi dalla noia e dalla frenesia, cominciavano a dire delle stupidaggini, delle follie. I discorsi che si facevano tra adolescenti mi deprimevano. D'altra parte ricordo che una volta io e Telmon siamo andati a sciare a Cortina, in una specie di campeggio, e si facevano spesso dei discorsi antifascisti. L'antifascismo mio è nato quasi contemporaneamente a quello di Bignardi, che aveva letto per conto suo Baudelaire. Io invece l'anno dopo, quando il professor Antonio Rinaldi venne da noi a fare il supplente di Storia dell'arte e, non sapendo cosa fare e cosa dire – era un ragazzo anche lui –, ci ha letto una poesia di Rimbaud, ecco, in quel momento lì è scattato in me l'antifascismo.»

«Come ci si sente a essere tanto spesso contestati?»

«Chi lavora come me è impegnato nel suo lavoro e lascia che i discorsi gli altri li facciano tra di loro. Non sono abbonato all'"Eco della Stampa" quindi non leggo mai niente di quello che si dice di me, evito di ascoltare i discorsi fatui. Ogni tanto mi arrivano delle cose, ma insomma non me ne occupo molto.»

«Lei ha scritto: "Sul piano esistenziale io sono un contestatore globale. La mia disperata sfiducia in tutte le società storiche mi porta a una forma di anarchia apocalittica". Che mondo sogna?»

«Per un certo tempo, da ragazzo, ho creduto nella rivoluzione come fanno i ragazzi di adesso. Ora comincio a crederci un po' meno. Sono in questo momento apocalittico, vedo di fronte a me un mondo doloroso e sempre più brutto. Non ho speranze, quindi non mi disegno nemmeno un mondo futuro.»

«Mi pare che lei non creda più ai partiti. Cosa propone in cambio?»

«No, se mi dice che non credo più ai partiti mi dà del qualunquista e io invece non sono un qualunquista. Tendo più verso una forma anarchica che verso una forma ideologica di qualche partito, questo sì. Ma non è che non credo ai partiti.»

«Perché lei sostiene che la borghesia sta trionfando, per esempio? Ma lei non critica anche il Partito Comunista contemporaneamente? Non si colloca come precursore della contestazione?»

«Sì, questo è oggettivamente vero. La borghesia sta trionfando in quanto la società neocapitalistica è la vera rivoluzione della borghesia. La civiltà dei consumi è la vera rivoluzione della borghesia. E non vedo alternative perché anche nel mondo sovietico in realtà la caratteristica dell'uomo non è avere fatto la rivoluzione, vivere eccetera, ma quella di essere un consumista. La rivoluzione industriale in un certo senso livella tutto il mondo.»

«Lei si batte contro l'ipocrisia, sempre. Quali sono i tabù che vuole distruggere? Le prevenzioni sul sesso, lo sfuggire alle realtà più crude, la mancata sincerità nei rapporti sociali?»

«Questo l'ho detto fino a dieci anni fa. Adesso non dico più queste cose perché non ci credo: la parola speranza è cancellata dal mio vocabolario. Quindi continuo a lottare per verità parziali, momento per momento, ora per ora, mese per mese, ma non mi pongo programmi a lunga scadenza perché non ci credo più.»

«Lei non ha speranze?»

«No.»

«In fondo questa società che lei non ama le ha dato tutto, le ha dato il successo, la notorietà...»

«Il successo non è niente, è l'altra faccia della persecuzione, non so come dire. E poi il successo è sempre una cosa brutta per un uomo. Può esaltare al primo momento, può dare delle piccole soddisfazioni a certe vanità. Ma in realtà, appena ottenuto, si capisce che è una cosa brutta per un uomo. Per esempio, il fatto di avere trovato i miei amici qui alla televisione non è bello. Per fortuna siamo riusciti ad andare al di là dei microfoni e del video e a ricostituire qualcosa di reale, di sincero, ma come posizione la posizione è brutta, è falsa.»

«Perché, cosa ci trova di così anormale?»

«Perché la televisione è un medium di massa e un medium di massa non può che mercificarci e alienarci.»

«Ma questo mezzo che porta i formaggini in casa come lei una volta ha scritto, adesso nelle case porta le sue parole. Stiamo discutendo con grande libertà, senza alcuna inibizione...»

«No, non è vero.»

«Sì, è vero, lei può dire tutto quello che vuole.»

«No, non posso dire tutto quello che voglio.»

«Lo dica...»

«No, no perché sarei accusato di vilipendio, di vilipendio del codice fascista italiano. In realtà io non posso dire tutto. E poi, a parte questo, di fronte all'ingenuità e alla sprovvedutezza di certi ascoltatori io stesso non vorrei dire certe cose. Quindi, mi autocensuro. Ma non è tanto questo, è il medium di massa in sé. Dal momento in cui qualcuno ci ascolta dal video, ha verso di noi un rapporto da inferiore a superiore che è un rapporto spaventosamente antidemocratico.»

«Ma io penso che in certi casi sia un rapporto alla pari, che lo spettatore che è davanti allo schermo riviva, attraverso le vostre vicende, anche qualcosa di suo, non è in uno stato di inferiorità. Perché non può essere alla pari?»

«Teoricamente sì. Alcuni spettatori che culturalmente, per privilegio sociale, ci sono alla pari, prendono queste parole e le fanno loro, ma in genere le parole che cadono dal video cadono sempre dall'alto, anche le più democratiche, anche le più vere, le più sincere... Io non parlo di noi in questo momento alla televisione, parlo della televisione in sé come mezzo di comunicazione di massa. Ammettiamo che questa sera ci sia con noi anche una persona umile, un analfabeta, interrogato dall'intervistatore. La cosa vista dal video acquista sempre un'aria autoritaria, fatalmente, perché viene data come da una cattedra. Il parlare dal video è parlare sempre ex cathedra, anche quando questo è mascherato da democraticità.»

«Credo che questo possa avvenire anche con il libro e con il giornale. Ognuno rimane della sua idea. Lei è stato anni fa per *Ragazzi di vita* uno dei primi scrittori italiani chiamati in tribunale con l'accusa di oscenità ed è stato difeso, se ricordo bene, da Carlo Bo, critico cattolico. A distanza di tempo come giudica certi scrittori erotici di oggi e il dilagare dell'erotismo nel cinema, in libreria, nelle edicole?»

«Per me l'erotismo nella vita è una cosa bellissima, e anche nell'arte. È un elemento che ha diritto di cittadinanza in un'opera come qualsiasi altro. L'importante è che non sia volgare. Per volgarità non intendo quello che si intende generalmente, ma un'esposizione razzistica nell'osservare l'oggetto dell'eros. La donna nei film erotici o nei fumetti erotici è presentata artisticamente come un essere inferiore. Allora in questo caso è vista volgarmente e quindi l'eros è puramente una cosa volgare, commerciale.»

«Come mai un marxista come lei prende spesso ispirazione da soggetti che escono dal Vangelo o dalle testimonianze dei seguaci di Cristo?»

«Ritorniamo sempre a quel mio vivere in maniera molto interiore le cose. Evidentemente il mio sguardo verso le cose del mondo, verso gli oggetti, è uno sguardo non naturale, non laico. Vedo sempre le cose come un po' miracolose, ogni oggetto per me è miracoloso: ho una visione sempre in forma, diciamo così, non confessionale, ma in un certo modo religiosa del mondo. Ecco perché questo modo di vedere le cose è presente anche nelle mie opere.»

«Il Vangelo la consola?»

«Io non cerco consolazioni. Io cerco umanamente ogni tanto qualche piccola gioia, qualche piccola soddisfazione, ma le consolazioni sono sempre retoriche, insincere, irreali. Ma lei intende il Vangelo di Cristo?»

«Sì.»

«Allora in questo senso escludo totalmente la parola consolazione.»

«Che cos'è per lei?»

«Per me il Vangelo è una grandissima opera di pensiero che non consola, che riempie, che integra, che rigenera, che mette in moto i propri pensieri, ma la consolazione... che farcene della consolazione? Consolazione è una parola come speranza.»

«Qual è stato il suo più grande dolore?»

«Detto così a bruciapelo non so rispondere. Probabilmente la morte di mio fratello, oggettivamente, soprattutto il dolore di mia madre alla notizia della sua morte.»

1976

Seveso: il male che non si vede

Il 10 luglio una nube di diossina, un potentissimo veleno, ha coperto il cielo di Seveso, cittadina alle porte di Milano. La valvola di sicurezza del reattore di una fabbrica chimica, l'Icmesa, che produce materie prime per cosmesi, disinfettanti ospedalieri e diserbanti, per l'eccessiva temperatura esplode e da essa fuoriesce una nube di vapori che il vento distribuisce anche sulle zone vicine: Meda e Cesano Maderno.

Quattro giorni dopo, si osservano i primi casi di cloracne, eruzioni sulla pelle di bambini e adulti, mentre i conigli muoiono. Quindici giorni dopo l'incidente la zona viene evacuata. Anche le case risultano contaminate.

Il 26 luglio mi sono recato nella zona.

Ha appena cessato di piovere. I camion dei carabinieri

si muovono lenti nel fango. Il geometra del Comune tiene in mano la carta, segnata con righe rosse, o righe blu: zona A e zona B, c'è scritto. Vedo un gruppetto di case, degli orti, un pezzo di terra gialla non coltivata, un campo di granoturco. I soldati piantano dei paletti, stendono il filo spinato. Dei cartelli avvertono che non bisògna toccar nulla, neppure l'erba. Duecento persone debbono sgomberare.

Mi fermo a chiacchierare con una donna; si chiama Rosalia Conti. Sta davanti al cancello e guarda con apprensione le jeep, gli autocarri, quei soldati col basco nero che prendono posizione.

«Hanno dato l'ordine» dice «di lasciare tutto in un colpo. Ma c'è anche la biancheria. E poi la carne. Hanno detto che taglieranno la luce.»

«Non capisco.»

«Noi comperiamo mezzo vitello, tutto in una volta. Poi ne facciamo tanti pezzi, un po' per ogni giorno, e lo mettiamo nel frigorifero. E così fanno gli altri, qui attorno. Non possiamo permetterci di andare in macelleria.»

Arriva il marito: è un veneto, lavora da muratore. Via Carlo Porta, questa strada, l'hanno tirata su loro, sbadilando la festa. Altri sono operai. «Siamo tutti di quelle parti, io di Vicenza, e a Seveso abbiamo trovato da tirare avanti. Sono andato dal sindaco e gliel'ho detto: "Allora, come facciamo se tagliano l'energia?".»

«Sembrava» dice Rosalia Conti «una cosa da niente. Invece... Una nebbia che veniva da laggiù.»

«Dietro quelle robinie, vede quel pezzetto di ciminiera? c'è l'Icmesa» dice il marito.

«S'è sentito un fischio, i bambini giocavano in cortile e ho urlato: "Venite su".»

«Non come le sirene, un fischio come il vento» dice il marito.

«Faceva un odore, un odore di roba chimica.»

«E un soffio d'aria spingeva quella nuvola, che è entrata in cucina e anche nella sala; dopo un po' i miei figli avevano le chiazze rosse in faccia e sono diventati gonfi; il maschio è meno grave, la bimba l'hanno portata a Milano» dice il marito.

Rosalia Conti mi mostra la magnolia, sulla quale hanno spruzzato della calce, che piega i rami, e un pero avvizzito: «I gatti, i polli, i conigli, anche gli uccellini sono morti subito» racconta «forse perché più deboli, resistono di meno.»

Non c'è, nella gente, il senso dello sgomento, della paura; è un male che non si vede, difficile da spiegare: anche i paragoni, Seveso come il Vietnam, sembrano sproporzionati. Ho visto, sul Mekong, che cos'è un bosco senza vita, un albero che non metterà mai più le foglie, ma i segni del dramma, su questa scena paesana, quasi non si avvertono.

È un'angoscia che non appare, perché la tragedia si nasconde nel futuro, nei misteri dei cromosomi o nelle possibilità sconosciute e insidiose di certe formule, TCDD, o di certi nomi difficili: diossina. Che cosa può accadere, domani, a coloro che sono stati colpiti? Quali saranno le conseguenze di quel vapore grigio che ha stagnato su un pezzetto di campagna lombarda e che per ora coinvolge la sorte di duecento cittadini?

Nessuno sa dire niente di preciso: per sapere qualcosa, per dare l'allarme, c'è voluto il rapporto degli svizzeri, le analisi fatte a Zurigo. Prima tante versioni, interventi confusi e contraddittori: non c'è pericolo, niente di grave; poi le ultime decisioni: «Via tutti, bisogna disinfestare la zona, poi si vedrà». Ma chi è in condizioni di farlo, chi ha la responsabilità di stabilire che la minaccia è cessata, chi può assicurare che dopo, fra dieci, venti anni, non ci saranno ancora conseguenze?

Sto a osservare i reparti che si danno il cambio per il rancio; un tenente dà del lei a un autista: «Vada e poi ritorni». Faccio qualche considerazione, penso al passato.

Poi mi viene in mente che tutto ha avuto inizio con una valvola, che ha fatto schizzare fuori una nube di veleno di cui nessuno conosce con esattezza le proprietà, un inconveniente tecnico che nessuno aveva previsto, con conseguenze che nessuno aveva immaginato, e senza che nessuno, per due settimane, fosse in grado di stabilire una sicura scelta.

Penso a quante migliaia di valvole regolano la pressione nelle condutture degli stabilimenti italiani e penso che siano, nella maggioranza dei casi, fatte a regola d'arte.

Ma quando ne salta una, non è un incidente, sempre nel calcolo delle possibilità, sempre nella storia delle vicende umane: è la rivelazione di un pericolo oscuro che va oltre la fatalità e minaccia non solo una contrada di Seveso, ma tira in ballo prefettura e ministeri, politica economica e multinazionali, servizi di emergenza e problema degli alloggi, ricerca scientifica e legislazione inadeguata. La sostanza tossica investe un po' tutti e lascia invisibili segni. Soltanto che non ci rendiamo conto di quello che può provocare alla lunga, fin dove arriva a corrodere; basta che un soffio di vento porti via il fumo acre, e tutto ritorna come prima.

1977

Coprifuoco a Bologna

Bologna, 11 marzo 1977: Francesco Lorusso, venticinquenne studente di Lotta Continua, viene ucciso da un carabiniere. Durante l'assemblea di Comunione e Liberazione, che si tiene all'interno dell'ateneo bolognese, si verificano alcuni scontri tra studenti. Vengono chiamate le forze dell'ordine. La polizia cerca di disperdere i giovani di Autonomia Operaia e di Lotta Continua, che nel frattempo si erano spostati all'esterno dell'università. Vengono fatti esplodere alcuni candelotti lacrimogeni, gli studenti rispondono lanciando una molotov contro una camionetta della polizia. Le forze dell'ordine caricano i manifestanti che, inseguiti, scappano verso Porta Zamboni, ma in via Mascarella un carabiniere spara con una pistola ad altezza d'uomo contro i giovani. Alcuni testimoni dicono che i colpi sono sei o sette in rapida successione. Lorusso, colpito da un proiettile, percorre altri dieci metri poi crolla sul marciapiede. Subito soccorso, arriva privo di vita all'ospedale. Il giorno seguente vengono indette manifestazioni di protesta in tutta Italia. A Bologna gli studenti, per protesta, occupano la maggior parte delle facoltà, mentre gli autonomi, al grido di «esproprio proletario», rompono le vetrine dei negozi del centro, alcuni di questi vengono anche saccheggiati. La reazione del ministro dell'Interno, Francesco Cossiga, non si fa attendere. La cittadella universitaria bolognese viene circondata da mezzi blindati e tutte le vie di accesso sono bloccate.

In un clima da coprifuoco, nel giro di tre giorni, la zona è sgomberata e numerosi studenti arrestati.

Gli scontri sono durissimi, la repressione da parte delle forze dell'ordine ricorda quella del 1960 che costrinse Tambroni a dimettersi da presidente del Consiglio. Molte personalità della cultura e della politica protestano, in particolare intellettuali francesi, tra questi i filosofi Gilles Deleuze e Félix Guattari, che sottoscrivono un manifesto di condanna della giunta comunista bolognese per non essere intervenuta contro l'atto repressivo.

Il giorno dopo la morte di Francesco Lorusso, il 12 marzo, ho incontrato il sindaco Renato Zangheri. Gli racconto che l'11 ero a Bologna ed ero andato con Giuliano Montaldo, il regista, a vedere, in una saletta privata, un suo film. Voleva andare per via Zamboni, ma gli pareva che l'aria sapesse di gas lacrimogeni, ed era tornato indietro. «Dev'essere accaduto qualcosa» disse.

Quando sono uscito, ho visto le serrande dei negozi abbassate, gente che rincasava in fretta, via Indipendenza quasi buia, mi pareva di essere uno straniero, non capivo: poi corse improvvise di giovanotti, grida, e un senso di oppressione. «Hanno ammazzato uno studente» mi ha detto uno. Io ho vissuto, in questa città, altri giorni, che contano: un 25 luglio, un 8 settembre, anche un 10 giugno e un 25 aprile, e ricordo mille morti sotto le bombe, una limpida mattina di autunno; ma l'angoscia di ieri sera, le lunghe ombre sotto i portici, con le rare lampade che tremavano al vento, l'atmosfera di paura e di minaccia, non le scorderò.

«Chi ha sparato è un carabiniere di vent'anni» dice il sindaco «un ragazzo anche lui, più giovane di mia figlia.» Vengon fuori tanti episodi, grandi o piccoli, come quello del padrone del Cantunzein, un ristorante dalle famose minestre, al quale hanno svaligiato la cantina. «Venti anni di lavoro» si lamentava, il locale è distrutto, tavole, sedie, tutto a pezzi, e a lui, poveraccio, è venuto un attacco di cuore, e chissà quante storie non arrivano alla cronaca.

Chiedo: «Ma come è accaduto, come ci si è arrivati?». «Da qualche mese noi sentivamo salire un'ondata di violenza, della quale forse non avevamo pienamente valutato tutta la gravità. Non è spontanea, per quanto possiamo capire. C'è qualcuno a cui interessa che l'immagine di Bologna sia degradata.»

«È gente di qui o di fuori?»

«C'è una protesta comprensibile e legittima degli studenti per le condizioni caotiche in cui si trova l'università, e per il loro isolamento dalla vita sociale e produttiva; in questo stato di malessere si inseriscono teppisti, provocatori, di qui e di altre parti. Abbiamo la prova che un noto collettivo di Roma ha mandato i suoi esponenti.»

«Da che cosa nasce il loro rancore contro il Partito Comunista?»

«Anche a questo proposito bisogna distinguere: c'è chi non condivide la nostra linea politica, che tende alla più larga unità democratica, e c'è chi, molto probabilmente, è incaricato di orientare contro il Pci la collera degli emarginati. Ma chi li ha messi fuori se non il sistema di amministrazione e di potere che ha predominato fino a oggi?»

«Sembra che ce l'abbiano più con voi che con la Dc.»

«In questo sta l'elemento di confusione che bisogna dissipare. Noi abbiamo combattuto per trent'anni gli indirizzi di governo democristiani, e abbiamo pagato tutto il prezzo di una lotta lunga e dura. Gli studenti devono capire, e sono certo che la grande maggioranza se ne rendono conto, che non possono affermare le loro esigenze distaccandosi dal movimento dei lavoratori.»

«C'è qualche figura che emerge tra questi contestatori, c'è un leader?»

«Che io sappia, no. Esistono personaggi facili all'insulto e alla violenza, dubito che siano autonomi. Il loro comportamento coincide troppo con gli interessi dei nemici della democrazia. Esistono dei fuoricorso che non riescono a concludere per le responsabilità di uno Stato incapace di garantire il diritto allo studio, ma c'è anche una piccola minoranza sulle cui fonti di sostentamento è lecito avere alcuni dubbi.»

«In giro si ha la sensazione che voi non riusciate più a controllare la piazza, una vostra debolezza.»

«Possiamo avere dato quest'impressione perché ci siamo sempre fidati, e con buona ragione, del senso di civismo e della maturità dei bolognesi. Questa, caso mai, è la dimostrazione che quelli che in passato ci accusavano di avere costituito un piccolo regime si sono sbagliati. Però si ingannerebbe chi pensasse che qui la forza della democrazia è stata intaccata: è intatta, e mobilitata fin da questa mattina per un'intransigente vigilanza.»

«Ma di che tipo?»

«Di massa e unitaria. I passi in avanti sono stati fatti da tutto il popolo, e da tutte le forze costituzionali.»

«Qual è la reazione dei cittadini?»

«C'è amarezza, perché per la prima volta dal 1945 nelle nostre strade si è ucciso un manifestante e perché non si è riusciti a evitare una prima scomposta e sconsiderata reazione: ma c'è anche la consapevolezza delle enormi energie che sapranno indirizzarci agli obiettivi giusti. Ho ascoltato da una persona che rispetto parole di sconforto; voglio dire che non c'è ragione di abbandonarsi a questo sentimento, anche se il dolore per l'uccisione del giovane Lorusso è acuto in tutti noi, e in molti critichiamo le decisioni che hanno portato alla sua morte. Ma non ci lasceremo trascinare in una spirale di sopraffazione. L'ordine e la legalità saranno salvaguardati rigorosamente.»

«Per scendere al pratico: che cosa intendete fare, sostituirvi a Roma?»

«No, certo. Ma è evidente che questo governo è del tutto inadeguato ad affrontare la gravità dei problemi che agitano il Paese, e diventa sempre più urgente la necessità di cambiare.»

«Un governo di emergenza?»

«In ogni caso, capace ed autorevole.»

«Con voi dentro?»

«Mi pare inevitabile.»

«Ci sono anche qui, più o meno, le stesse difficoltà che i ragazzi che inseguono una laurea trovano altrove.»

«Sì, e create da decenni di malgoverno universitario, da errati indirizzi dello sviluppo dell'economia e della società. A Bologna, poi, il rapporto tra studenti e popolazione è altissimo: 60.000 su 484.000 abitanti, e la maggioranza vengono da fuori regione e dall'estero: ottomila stranieri, primato italiano.»

«Perché si trasferiscono qui?»

«Per l'assoluta mancanza di programmazione nazionale, ma anche per qualche ragione positiva: l'ambiente umano e culturale evoluto, e anche perché, nel generale sfacelo, qualche istituto ha retto, e qualche attività didattica e di ricerca continua a svolgersi.»

«Allora, la leggenda di Bologna isola felice è finita?»

«Abbiamo sempre detto e ripetuto che non possono esserci isole felici, e così condividiamo le difficoltà di tutta la nazione. Se c'è una diversità sta forse nel fatto che noi abbiamo corretto i nostri errori. Altrove si fanno, ma non si sa o non si vuole rimediare.»

Poi conclude: «Quando ci fu la strage dell'Italicus Bologna ha spezzato la strategia del terrore. Ce la faremo anche questa volta».

Indro Montanelli colpito dalle Br

Oggi, 2 giugno, Indro Montanelli, il direttore di «il Giornale Nuovo» è stato gambizzato dalle Brigate Rosse.

L'ho visto a mezzogiorno, subito dopo l'intervento.

C'era un po' il clima da *Asso nella manica*, quella tensione da edizione straordinaria: fotografi, tv, radio, si accavallavano davanti alla porta, stanza 210. «Sono ancora qui» mi ha detto, e ha sorriso. Appena un po' pallido, ma sereno.

Molti sono poi entrati nella camera, in quell'aria calda, che sapeva di disinfettante. Mi sono allontanato. Sul marciapiede stava arrivando Giorgio Bocca; è uno, anche lui, che sgobba, non si era fatto la barba, mi sembrava che avesse gli occhi rossi: «E adesso» ha detto «a chi tocca?». Sono tornato verso sera.

C'erano due agenti in borghese, in piedi nel corridoio, e ho pensato che la patria si potrebbe servire anche seduti. Abbiamo un po' chiacchierato, non pareva neppure stanco. Gli stavano togliendo la fleboclisi.

«È successo verso le dieci. Ero appena uscito dall'albergo. Passeggiavo, non pensavo a niente; andavo, come sempre, in redazione. Mi hanno sparato alle spalle, da tre passi, sai, come delle sassate brucianti, che ti vanno dentro. Mi sono girato, ma ero confuso, mi hanno mostrato molte foto, ma non me la sento di dire: li riconosco.»

«Come erano?»

«Giovani, venticinque, forse trenta. Due giardinieri li hanno visti.»

«Te l'aspettavi. Sai, dicono, i presentimenti...»

«Ero armato, ma per fortuna non ho avuto il tempo neppure di fare un gesto. Allora, avrebbero magari mirato alla testa. Hanno tirato in basso, è un avvertimento.»

«Non avevi mai ricevuto minacce?»

«No, ma mi sembra che questo sia un incontestabile consiglio. So che ormai il nostro mestiere comporta dei rischi: è nelle regole del gioco. Ma ragionavo: che vantaggio

ci ricavano a prendermi a rivoltellate? Non gli conveniva.
Forse morto; toglievano di mezzo un tipo scomodo. Non
hanno fatto un buon affare. Ma così? Non possono illu-
dersi che mi fermi.»

«È stata dura l'operazione?»

«Niente. Il professor Malan manovrava il bisturi e mi
raccontava delle storielle. Certo, bastava che le pallottole arrivassero un po' più in là. Anche stavolta è andata diritta.»

«Sul momento, non ti sei reso conto di quanto stava accadendo?»

«Neppure la gente, neppure dei colleghi che erano poco lontano. Hanno visto uno scivolare lentamente, cadere,
due che fuggivano, si è formata una piccola folla, e qualcuno ha detto: "È Montanelli".»

«Secondo te, vale ancora la pena di continuare?»

«Più costa e più c'è una ragione.»

«Ti hanno detto chi sono gli attentatori, lo sai?»

«Le Brigate Rosse, pare. Qualcuno dice che io sono un
fascista: e sta bene. Anzi, non sta bene affatto. Ma quelli
che vanno in giro con la pistola che cosa sono, dei buon-
temponi o dei violenti? Allora che cos'è: una rissa, una fai-
da tra camerati?»

«Ti meraviglia che sia finita così?»

«No. Prima un industriale, poi un giudice, poi un poliziotto, poi un avvocato, poi un giornalista: c'è una logica,
se rifletti. O tutti nel coro, o tutti zitti. Come sta Bruno,
quello di Genova?»

«Meglio, lui è ferito anche a un braccio, ho visto. Se lo
beccavano giusto, finiva come un colabrodo.»

«E quello chi è? Non mi pare un reazionario, un conservatore.»

«Le strade dell'odio sono infinite. Nel 1945 ci furono
dei poveretti che furono fatti fuori solo perché avevano la
barba, e assomigliavano a Teruzzi. Scommetto che stai
pensando al peggio; forse, stasera...»

«No, sarebbe di cattivo gusto.»

Gli portano il termometro, continuano ad arrivare tele-grammi.

Colette, la moglie, scappa di continuo a rispondere al telefono. Riprende:

«Domani, spero, potrò sedermi in poltrona. Poi si ve-drà».

«E come ti senti?»

«Non lo vedi? Hanno già apparecchiato: tra poco ser-vono la minestrina.»

«Mi hai capito, non divagare.»

«Sono tranquillissimo. Non è così che possono fotter-mi. Possono accopparmi, d'accordo. Ma se pensano che molli, si sbagliano di grosso.»

Sul tavolinetto ci sono rose, un'orchidea, pacchi di let-tere, di biglietti e, chissà chi l'ha portata, una macchina per scrivere.

Dice che vuole vedere, vuole sapere come faranno do-mani il suo giornale.

Io sono della concorrenza, e me ne vado.

Dario Fo torna in tv dopo l'esilio

Sulla Palazzina Liberty sventolano tre grandi bandiere ros-se, quasi come al Cremlino. Sui muri, manifesti sanguigni annunciano la presenza del Dario, come lo chiamano i ra-gazzi, a un dibattito con Jean Chesneaux. Tema: «La Sto-ria». Sottotitolo, un interrogativo assai ambizioso: «Can-celliamo il passato?»

.Ho visto che ha firmato la protesta contro la repressio-ne in Italia.

So che si occupa dei compagni carcerati, della Comune, che è la sua compagnia, dei dossier, che sono libretti su problemi urgenti e difficili, e poi ha i copioni da scrivere, interventi da studiare e spettacoli da mettere in scena, an-che negli stadi, diecimila persone, quasi ogni sera una spossante fatica.

«Il nostro teatro» ha detto in un'intervista «è un modo diverso di vivere. È politica.» La politica, per loro, «la coppia più impegnata» delle nostre ribalte, entra in tutto: li ha aiutati, ha confessato la Franca, anche a risolvere le inevitabili crisi coniugali. Da più di vent'anni stanno insieme, si parlano, si capiscono.

Non si tirano mai indietro, e si sono battuti, di volta in volta, per tutti: per i greci, per i palestinesi, per gli spagnoli, e contro le truffe governative, il Vaticano, gli Usa, Nixon, Bonifacio VIII, e anche il Pc che non avrebbe capito l'evoluzione culturale.

La rabbia di Dario Fo, la sua polemica, si sfoga nella risata: ha lasciato i velluti, per impiantar la baracca in piazza, com'è nella tradizione della commedia, ed è convinto che, nella lotta al potere, la satira è un'arma rivoluzionaria.

Chiacchieriamo in una saletta della tv, sta montando le registrazioni delle sue farse. Ritorno dopo l'esilio: mancava dal 1962. È attento, meticoloso, pignolo: anche l'improvvisazione, l'estro sono calcolati; c'è sempre l'istinto che li regola. Lo hanno definito, o si è presentato, in molti modi: un giullare, un istrione, un clown, un buffone; certo un personaggio straordinario, unico.

Ha inventato un genere, ha fatto delle scelte scomode, e ha pagato. Anche duramente. Ma questo genio della beffa è un uomo sorridente e mite; nel suo discorso non c'è acredine, anche se le opinioni sono nette e poco sfumate. Bianco, un po' ingrassato, un po' stanco, ma sempre capace di accendersi e pronto a ricominciare. Non divaghiamo, e procediamo con ordine.

«Nel 1975, a Stoccolma, il Pen Club ha dato dodici voti a te e dieci a Moravia, per candidarti al Nobel. Che cosa hai pensato?»

«Prima di tutto che era un'iniziativa strumentale: di questo gruppo, diciamo così, di estimatori, conosco solo un professore universitario e un regista che si chiama Bergman, e per il momento è un po' fuori stanza, credo, o almeno credevo allora, che la proposta fosse un po' provocatoria. Adesso penso a ragioni di scelta più profonde: quest'anno sono arrivato a sedici e non conosco il punteggio degli altri. A parte le classifiche, che non vogliono dire niente, c'è il tentativo che loro stanno facendo da molto tempo di non chiudersi nel momento letterario, e di allargarlo a quello civico.»

«Pensi che il fatto di essere un comico ti abbia danneggiato? Intendo, rispetto agli autori paludati, ai cosiddetti seri?»

«No, anzi: mi ha dato vantaggio. D'altra parte è l'appellativo che compete da sempre agli attori; non significa rozzo e ridanciano.»

«Hai avuto da combattere molte battaglie. L'ultima accusa è di essere stato, con Volonté e Albertazzi, nelle brigate della Repubblica di Salò.»

«Io ho già sporto querela; m'hanno lanciato la pietra e poi sono spariti. Proprio ieri ho denunciato quattro giornali. È una grossa menzogna. Ho avuto solidarietà da tanti partigiani e quello che mi ha commosso di più è stato Moscatelli.»

«Perché critichi il Partito Comunista? I tuoi primi testi non erano poi così "estremisti". Da che cosa è nata la rivelazione?»

«Bisogna ricordare che proprio quest'anno mi hanno invitato per alcuni interventi, e "Rinascita" ha pubblicato dei miei articoli. È una polemica di ragionamento, e non sul piano dei rancori. Ci divide l'idea di fondo legata al mestiere: la posizione dell'intellettuale davanti alla cultura che per me deve essere classista, mentre loro si allontanano sempre di più da questa concezione.»

«In quale di questi movimenti ti riconosci di più? Manifesto, Lotta Continua, Pdup?»

«Sono un cane sciolto, ma nell'area della cosiddetta sinistra di classe. Il distacco è cominciato subito dopo il '68, quando mi sono messo a lavorare per un circuito alternativo gestito da circoli, Camere del Lavoro, Case del Popolo.»

«Danno alla televisione sedici tue opere. Non sarebbero molte anche per Shakespeare?»

«Sedici puntate, e la cosa è diversa, di circa un'ora e venti ciascuna, e poi in alcune, come interprete, non appaio nemmeno.»

«Cosa pensi degli espropri, delle occupazioni, delle spese proletarie?»

«Che sia un metodo di coinvolgimento e che servano non tanto a risolvere i problemi, ma a porli all'attenzione dello Stato, dei ministri e soprattutto dell'opinione pubblica. A Milano i senzatetto, dopo un'incredibile serie di inutili scontri, hanno costretto la Regione e il Comune e Roma a intervenire.»

«Conservo qualche dubbio su questa terapia. E dell'opposizione fatta con la P38?»

«C'era un articolo su "Panorama" che condivido in pieno, e c'è una massima di Brecht ripresa dal Vangelo che mi pare giusta: "Chi è il ventre che ha partorito il mostro, chi è la madre che lo generò, chi è il padre che lo ha concepito?". Andiamo all'origine delle cose, guardiamo l'esempio che la società dirigente dà ai figli a proposito di una conduzione morale e corretta. E allora mi ricordo Gioia Tauro, Cazzaniga che paga e se ne esce, l'acquisto da parte di banche pubbliche di imprese fallimentari come se fossero in attivo, i processi come quello di Catanzaro, trecentomila giovani disoccupati cronici soltanto nel Lazio, duecentomila a Napoli. C'era un film in cui Tognazzi faceva il padre e aveva in macchina, accanto a sé, il primogenito, e gli mostrava come si frega il benzinaro, l'autostrada, il padrone della trattoria. A un tratto si fermano dietro l'angolo, l'auto riparte, ma il babbo non c'è più. Didascalia: "Minorenne uccide il proprio genitore industriale già Cavaliere del Lavoro".»

«Questa è una possibile spiegazione. Ma il mostro, come dice Brecht, resta, e spara. Ti hanno accusato di fare, più che della politica, della propaganda. A proposito: "Rinascita" ti riconosce appena "una bravura artigianale".»

«Sono due cose che un marxista non dovrebbe mai dire: prima di tutto il termine è usato in forma terroristica e borghese. Ma non è denigratorio. Brecht diceva: datemi dell'immodesto ma voglio riconoscermi un pregio: sono un bravo artigiano.»

«Tu come ti definiresti?»

«Un selvaggio, non ho dogmi artistici e ideologici, non ho fede; cerco di avere soltanto ragione e grandi emozioni, la chiave fondamentale è il divertimento, e non solo per la platea ma soprattutto per me.»

«Quale critica ti ha più ferito? Ci patisci?»

«I giudizi che mi premono sono quelli di coloro che stimo: mi colpiscono, mi fanno pensare. La prima reazione è di risentimento, ma dopo riesco, e non è una capacità naturale, a farli diventare positivi. I più feroci li ho avuti sempre da mia moglie; l'angoscia è che ci azzecca e mi mette in crisi.»

«Che cosa non ti va dell'Italia?»

«A me piace moltissimo. Mi piacciono i suoi abitanti. Ho girato molto, ho recitato in paesini dove non c'è un palcoscenico, Sicilia, Calabria, e mi sono reso conto che il livello di creatività che c'è tra noi non lo ritrovi da nessun'altra parte. Non mi va la struttura economica, politica e culturale. Quello che mi infastidisce è la prosopopea di chi sta su.»

«Quali sono i nostri più gravi difetti?»

«Il provincialismo, senz'altro. Una specie di panico verso tutto quello che viene dall'estero.»

«Ho letto che sei entusiasta della Cina.»

«La cosa che mi aveva colpito maggiormente era il confronto, la discussione che ho notato nelle fabbriche, nelle scuole, tra i contadini. Adesso frenano, ma sono convinto che a non lunga scadenza ci sarà un'altra spinta in avanti.»

«E dell'Urss che ne dici?»

«La gente non è abituata a partecipare alla vita politica, c'è una specie di accettazione fideistica, oppure un pessimismo fatalistico. Questo è l'aspetto più negativo di un sistema.»

«Chi sono i tuoi buoni esempi, i tuoi modelli?»

«Quelli che mi sono serviti: Mao Tse Tung senz'altro, per la dimensione del pensiero, per la chiarezza e soprattutto perché mi ha insegnato il significato della dialettica.»

«Sai che differenza passa tra un brigatista rosso, un nappista, un autonomo, un indiano metropolitano e uno di Prima Linea?»

«Se vogliamo parlare delle loro origini, il movimento dei brigatisti nasce dagli intellettuali. Quello dei Nap dal sottoproletariato, quello degli autonomi è vario e vasto, non hanno capi, non vogliono produrre documenti, così gli indiani, che escono dall'università, mentre Prima Linea ha la base tra i lavoratori. Secondo le mie intuizioni, si intende, gli indiani sono non violenti, gli autonomi divisi, ma la cosa che voglio ripetere è una battuta che ho sentito l'altro giorno tra le donne di uno stabilimento occupato: "Con la P38 hanno sparato a un carabiniere, lo hanno ammazzato, ma il funerale lo stanno facendo a noi, e la nostra tomba è il contratto che dopo cinque mesi siamo costretti a firmare". Dicevano a Torino quelli della Lancia: "Quando sparate a un dirigente con il quale siamo in conflitto, in verità è a noi che spezzate le gambe, siamo noi che mettete in ginocchio".»

«Quali sono gli errori della sinistra?»

«Ha perso tutti gli autobus della spinta progressista che veniva dalle masse, il movimento femminista, quello degli studenti, sempre in coda, sempre dietro, in molti casi ha cercato anche di ostacolarli.»

«Che cosa aspetti dal futuro?»

«Ho fiducia, ho visto a Napoli degli operai che hanno preso in casa degli orfani tirandoli fuori dagli istituti dove stavano rincretinendo, senza farlo pesare, naturalmente, ho visto a Reggio Emilia, accanto a delle macchine, delle persone che lavoravano prese dal manicomio, e giudicate inguaribili. Erano miracoli dell'amore. Gli intellettuali continuano a stare sulle nuvole, parlano di ottimismo e di pessimismo ma non si preoccupano di andare a guardare ciò che succede attorno a loro.»

«Come vorresti che ti ricordassero, in un lontanissimo futuro?»

«Mio nonno, morto a ottantacinque anni, era uno straordinario e lieto narratore, e ho in mente che ai funerali alcuni piangevano e dicevano: "Peccà perché l'era inscì allegher".»

1978

Una prigione crudele anche per la famiglia Moro

Lo studio di Aldo Moro, in via Savoia, è come lui lo ha lasciato. Alle spalle, un quadro dai colori forti, di Monachesi; in un angolo una scultura in legno, di un anonimo artista pugliese, che rappresenta, mi pare, la famiglia; c'è un piccolo crocifisso di fronte alla poltrona. Sul tavolo l'ultimo numero del settimanale «La Discussione» e un po' di corrispondenza, ammucchiata sotto i tagliacarte.

Non soltanto lui è prigioniero, ma anche la moglie e i figli. Non escono mai. Ricevono qualche visita, seguono i giornali con un'attenzione morbosa, leggono le lettere, le migliaia di telegrammi, e li ha commossi quello degli impiegati della Posta che dice: «Ve ne abbiamo portati tanti, vogliamo che anche il nostro vi faccia sapere che siamo con voi».

Cercano di ragionare, di comportarsi come se lui li vedesse. Ho chiesto se hanno problemi economici. No. C'è il suo stipendio di professore – sulla macchina hanno ritrovato i fascicoli delle tesi che, quella mattina, doveva discutere all'università: sono macchiati di sangue – e quello di deputato. Scriveva ogni tanto qualche articolo: centomila lire l'uno. Quanto basta per vivere, e per pagare i mutui.

«Non avete nessun indizio, nessuna notizia?» hanno domandato alla signora Eleonora. «No. Siamo nelle mani del Signore, e sono mani buone. Speriamo.»

L'attesa porta, naturalmente, alle analisi, alle rievocazioni e ai bilanci. E magari, anche allo sdegno. Si mettono in luce particolari che, sul momento, parevano di poca importanza.

La sera prima passò per piazza del Gesù, sperava di incontrare il segretario della Dc. Non avevano appuntamento. Dopo aver aspettato un poco, se ne andò rammaricato: «Avrei avuto piacere di stare un po' con lui, di parlargli» disse. Nella lettera che gli ha indirizzato, comincia: «Caro Zaccagnini.»

Dicono: «No, lui avrebbe scritto "Caro Benigno". Si trattano così da più di trent'anni. Ma potrebbe anche essere un'allusione alle sue condizioni; per far capire che quelle righe, quei pensieri, sono obbligati».

Si apprende, andando in giro, che Zaccagnini non approvava questo governo e pensava anche di dimettersi; e che Moro gli dava una breve durata: due mesi. Poi, quel fatto ha rimesso tutto in gioco: ma come funzionerà la sua linea, senza di lui?

Si tenta di immaginare il suo pensiero sulle scelte drammatiche di queste ore. Era contrario, ad esempio, ai provvedimenti dei magistrati che isolano i parenti del rapito, ma disse ad Andreotti, quando si parlò di una possibile mediazione del Vaticano per l'«affare Sossi», che la Santa Sede non si doveva intromettere. Non aveva mai pensato a sé ed era preoccupato, invece, per i ragazzi. «I figlioli» spiegano «sono il ricatto che può maggiormente sentire.»

Certo, tra il partito e i Moro c'è una profonda frattura. È difficile essere rigoroso sui princìpi se c'è di mezzo tuo padre. Quando Zaccagnini è andato al colloquio con la moglie era sconvolto. Per lui, Moro è sempre stato un punto di riferimento, è un'amicizia che nasce da affinità e da convinzioni profonde, da una identica fede. La sua è la storia di un cristiano che è entrato nella politica perché crede nel regno di Dio, ed è pronto alla lotta, alla pena e alla rassegnazione. Quando gli morì un bimbo pianse ma poi disse: «Lui è già in paradiso. Chissà quando e se ci andrò io».

Avviandosi a quell'incontro che prometteva tanta angoscia, confidò: «Possono, se vogliono, anche trattarmi male: li capisco» e credo che nessuno senta come lui il peso di una decisione che è come una sentenza.

Qualcuno ha detto che nei messaggi delle Br si avverte qualche cedimento: Moro, «il tessitore», tenta ancora una mediazione, incita a trattare, si dimostra insomma anche umanamente debole. Forse è più facile essere eroe per un'ora che per venti giorni, è vero: c'è chi ha resistito alla tortura e chi non sopporta neppure l'isolamento; ma chi assicura che coloro che guidano gli altri siano sempre, in ogni circostanza, anche all'altezza delle loro aspirazioni? L'ultima scena che ha visto sono cinque morti, poi più nessun contatto col suo mondo, di cui ha misurato l'impotenza e l'incapacità.

Probabilmente ha capito che il personaggio da «distruggere» è lui: dicono che avrebbero potuto prelevarlo anche senza ricorrere a una strage, ma gli hanno voluto mettere contro anche quei «cinque proletari in divisa» che gli sono caduti accanto.

Ci sarebbe un preciso disegno. Lo hanno preso nel giorno in cui si doveva discutere il nuovo ministero. La foto della sua umiliazione è stata distribuita la mattina di Pasqua, il secondo volantino è stato messo in circolazione all'avvio del Congresso socialista e alla ripresa del processo Curcio, il terzo al momento del dibattito sul «caso» in Parlamento.

Vorrebbero opporgli anche l'opinione pubblica, fargli capire che gli amici dello scudo crociato se ne infischiano, per restituirlo magari svuotato, non più simbolo di una lucida visione e di una ferma coerenza, ma di una ritirata e di una sconfitta.

Moro è un uomo orgoglioso: ha il senso delle sue qualità, si considera, e giustamente, un protagonista. Era molto preoccupato, non sottovalutava affatto i gesti delle Brigate Rosse e si chiedeva sempre: da questo tempo, quale società verrà fuori? Ma lo ricordano, anche nei momenti di maggiore tensione, di crisi, sereno. Un distacco, una calma, di cui negli ultimi scritti non c'è più traccia: non si hanno dubbi sulla calligrafia, molti, invece, su certe espressioni. Nel linguaggio di Moro, raccontano, non c'è mai un minimo cedimento alla volgarità. Non ha mai usato espressioni come «salvare la Patria» o «impantanare», e il discorso non pare costruito secondo la sua logica consueta: anche se un sentimento di sfiducia o di considerazione per un incubo che sembra non debba aver fine può essere naturale.

Questa «maglia bianca» della Democrazia Cristiana, che ha rappresentato più un'idea che una forza (otto per cento di voti, quando, con un po' di attenzione per la clientela, era assai facile arrivare al doppio) e adesso ancora maggiormente solo.

Mi dicono che non aveva mai pensato che una cosa del genere potesse accadere. Nessuno, per la verità, la supponeva: ora, per capire qualcosa, hanno convocato psicologi tedeschi, esperti americani, specialisti del terrorismo, infine «veggenti». Come nelle malattie incurabili, si ricorre ai maghi o si spera nel miracolo.

Purtroppo, con Mussolini o senza, di fronte alla guerra, a ogni tipo di guerra, l'Italia si dimostra impreparata. Niente. Ma quel giovedì, che già sembra lontano, non soltanto è stata segnata la vita di Moro, e dei suoi, e il destino di cinque guardie, ma quella di tutti. Non saremo mai più quelli di prima.

Moro poteva essere salvato? Rispondono le Br

Nelle rivelazioni di Patrizio Peci al generale Dalla Chiesa non c'era la presenza di un «Grande Vecchio» come suggeritore delle Br, come qualche giornale scrisse. Rivelò, invece, che i brigatisti in giro per l'Italia erano tre-quattromila e, tra i capi, Mario Moretti godeva di maggior credito, era il più esperto.

Moretti, che con Renato Curcio, Margherita Cagol, Alberto Franceschini è stato uno dei fondatori delle Brigate

Rosse, entrò in clandestinità nell'autunno del 1970 e nel 1974, dopo l'arresto dei vertici delle Br, divenne il capo indiscusso fino al 1981, quando a sua volta fu preso. Nato nelle Marche, si trasferì a Milano nel 1968, assunto come impiegato nella fabbrica Sit-Siemens; incontrò sul luogo di lavoro Corrado Alunni, Giorgio Semeria, Paola Besuschio, Umberto Farioli, Giuliano Isa, Pierluigi Zuffada, insieme diventarono, durante le battaglie contrattuali del 1969, delegati di reparto nel consiglio di fabbrica. Crearono poi i Gruppi di studio con l'intento di generalizzare le esperienze di lotta. «Riempivamo un vuoto lasciato dalla moderazione dei sindacati ufficiali, avevamo un seguito pressoché totale. In quel periodo con Margherita Cagol e Renato Curcio costruimmo il Collettivo Politico Metropolitano.»

Mario Moretti, condannato a sei ergastoli, oggi è in semilibertà, lavora come coordinatore di un laboratorio d'informatica, è ricordato come il protagonista principale del sequestro di Aldo Moro. Era Moretti che lo interrogava durante i cinquantacinque giorni di prigionia, e fu Moretti a sparare il 9 maggio 1978.

«Uccidere un uomo è aberrante. Oggi lo so ma allora mi sentivo in guerra» dichiara Moretti, anni dopo, in una intervista al settimanale «Oggi», aggiungendo: «Noi abbiamo fallito ma chi ha vinto non è molto meglio di noi. I politici devono ancora raccontare molto».

La condanna a morte fu annunciata dalle Br con un comunicato, il numero nove, che fu anche l'ultimo: «Per quanto riguarda la nostra proposta di scambio di prigionieri politici perché venisse sospesa la condanna e Aldo Moro venisse rilasciato, dobbiamo registrare il chiaro rifiuto della Dc. Concludiamo quindi la battaglia iniziata il 16 marzo, eseguendo la sentenza a cui Aldo Moro è stato condannato».

Chiesi a Peci se aveva saputo qualcosa sul comportamento di Moro durante la prigionia.

«Sì, ho sentito dire che ha avuto un comportamento

molto dignitoso, non ha ceduto su niente, è rimasto lucido
fino in fondo.»

«Pensa che si sarebbe potuto salvare?»

«Indubbiamente.»

«Facendo che cosa?»

«Lui personalmente si sarebbe potuto salvare se avesse
parlato, risposto alle domande, se avesse creato delle con-
traddizioni all'interno dello Stato, e della Democrazia Cristiana in particolare.»

«Quando, secondo lei, Moro poteva essere salvato?»

«Fino a pochi giorni prima della sua morte. Sarebbe ba-
stata la liberazione di un detenuto malato.»

Per capire cosa ha rappresentato l'omicidio di Aldo Moro bisogna guardare una foto che nella vita dello statista democristiano ha valore storico: è del 9 maggio 1977 e mostra, seduti attorno a un grande tavolo, Moro affiancato dal
segretario della Dc Benigno Zaccagnini, di fronte a Enrico
Berlinguer e Luigi Longo. Alle elezioni politiche del giugno
1976 la Democrazia Cristiana aveva raccolto il 38,71 per
cento dei consensi e il Pci il 34,37. I comunisti si erano pre-
sentati al voto come garanti dell'ordine e dell'austerità, avevano accettato tutte le grandi opzioni della politica interna
e internazionale (pluralismo politico ed economico, Unione Europea, Alleanza Atlantica). La loro partecipazione al
potere poteva sembrare più realizzabile non come alter-
nanza di sinistra, ma nel quadro di una grande coalizione.
Berlinguer aveva già da tempo la formula del «compromesso storico» quale possibile evoluzione del partito. In
quell'incontro si discusse cordialmente con Moro la situazione e le possibilità di sviluppo. Il problema principale per
le sinistre era quello di impedire che da una spaccatura
profonda con la Dc si potesse arrivare a uno sbocco autoritario. Così dopo trentun anni d'esclusione, l'11 marzo 1978
il Pci entrava con il Psi a far parte della maggioranza ap-
poggiando esternamente un monocolore democristiano
guidato da Giulio Andreotti. Il 13 marzo nacque il governo
di «solidarietà nazionale». Tre giorni dopo Aldo Moro, pre-

sidente del Consiglio nazionale della Dc, veniva prelevato in via Fani a Roma da un commando delle Brigate Rosse. Berlinguer disse: «Era prevedibile, direi per una certa misura scontato, che di fronte a un'avanzata di forze popolari e democratiche vi sarebbe stato, come vi è, un estremo tentativo di frenare un processo politico positivo».

Il 22 aprile 1978, papa Paolo VI, che di Moro era molto amico, rivolse un accorato appello pubblico ai brigatisti, in ginocchio li supplicò di rendere lo statista alla sua famiglia e ai suoi affetti.

Il sequestro Moro e lo sterminio della scorta ha rappresentato la sfida più ambiziosa e più sconvolgente delle Brigate Rosse. Nel loro primo comunicato stava scritto: «Giovedì 16 marzo 1978 un nucleo armàto delle Br ha catturato e rinchiuso in un carcere del popolo Aldo Moro».

Si è detto e scritto molto su quel fatto, una cosa è certa: l'Italia non sarà più quella di prima.

Sandro Pertini, un socialista al Colle

Sandro Pertini, classe 1896, viene eletto presidente della Repubblica l'8 luglio 1978 al sedicesimo scrutinio. Pertini mi manca molto e mi mancano le nostre lunghe conversazioni sull'aereo presidenziale di cui non ho mai scritto una virgola, perché non erano interviste.

Ricordo a volte le domande dei colleghi, quando il presidente della Repubblica entrava in sala stampa e mi faceva cenno «poi ti devo parlare»: «Che cosa ti ha detto? Di che cosa avete parlato?».

Raccontavano che aveva un brutto carattere: probabilmente era vero, ma scritto da me dovrebbe fare sorridere, perché io non sono da meno, comunque non mi sembrava un inconveniente. Una volta mi chiamò, offeso: «Questo del tuo amico Nenni non lo avresti mai scritto!». Dire che ero amico di Nenni era eccessivo, lui aveva una certa considerazione di me, questo sì.

Pertini era il suo contraltare e non lo amava molto, ma il rapporto era sempre tra galantuomini e gentiluomini.

Così si conclude il libro di memorie di Sandro Pertini: «Mi sembra di aver speso bene la mia vita». È il resoconto di una lunga vicenda sintetizzata dal titolo: *Sei condanne, due evasioni*. E nella storia compaiono nomi come Gramsci, Turati, Terracini, Treves. Il protagonista è un giovane avvocato antifascista che, per mantenere fede alle sue idee, passa dal carcere al confino, con un intervallo in esilio, muratore a Parigi. Mi raccontò Giorgio Amendola che quando erano a Ventotene Pertini andava sempre sul molo per vedere se, tra i detenuti che i poliziotti sbarcavano, vi erano dei socialisti, e restava amareggiato nello scoprire che c'erano dei compagni comunisti. Amendola lo consolava: «Lo vedi che i nostri sono più fessi? Si fanno prendere». Tra carcere e confino Pertini trascorse quindici anni. Sono sempre più rari nel nostro Paese uomini con tale temperamento.

Una sera rabbrividisce per la febbre; è un attacco di tubercolosi. Lo informano che sua madre, disperata, ha chiesto la grazia al Duce. Le scrive con durezza: «Qui, nella mia cella, di nascosto, ho pianto lacrime di amarezza e di vergogna». L'isolamento gli ha tolto la voce. Non perde mai il senso della dignità. Anche con l'abito è sempre inappuntabile. Ogni notte, perché rimangano stirati, infila i pantaloni sotto il pagliericcio. È a Regina Coeli, sa che i tedeschi intendono fucilarlo: ma niente tradisce le sue emozioni. Quando si confidava diceva: «Io dovevo morire nel 1945». Ha scritto Montanelli: «Qualunque cosa dica o faccia odora di pulizia, di lealtà». Del suo carattere, Pertini in un'intervista, mi disse: «Sì, ho un carattere passionale e ho fatto qualche sbaglio di valutazione. Mi rammarico, ad esempio, di avere durante i congressi attaccato con violenza qualcuno che non la pensava come me; potevo essere più sereno».

Poi gli chiesi: «Degli uomini che ha incontrato, chi ricorda di più?».

«Ho molta ammirazione per Gramsci, non è vero che fosse freddo, aveva una grande umanità. Lo conobbi nel 1931, nella prigione di Turi a Bari, e lui subito si avvicinò a me. Intanto i nostri due partiti, all'estero, si sbranavano. Antonio aveva ricevuto dalla cognata, che era impiegata all'ambasciata russa, un pacco, e chiese al direttore, il giorno di Pasqua, di permettermi di passare la festa con lui. Voleva che aderissi al Partito Comunista, ma gli spiegai che non era possibile: non ci può essere giustizia sociale se non c'è libertà. Non esiste riforma capace di costituire materia di scambio. Gramsci si sentiva avvilito, era stato isolato dai suoi: "Non comprendono la mia posizione" diceva. Stava male, perdeva sangue. Dormiva due o tre ore. Le guardie sbattevano lo spioncino per non lasciarlo riposare. Andai a protestare: "O questa storia finisce, o faccio un esposto al ministero". Figuriamoci. Dopo qualche giorno Gramsci mi disse: "Le cose vanno un po' meglio". Non mi ha mai parlato di Togliatti, ma di Terracini e di Camilla Ravera, con affetto e stima. Criticava Trockij e Bordiga, ma con ammirazione. Stavo leggendo un libro del rivoluzionario russo, e lui commentò: "Come scrive così parla. Quando arrivava con il Treno Rosso e si rivolgeva alla folla, anche i vecchi e gli invalidi correvano ad arruolarsi". Gramsci si esprimeva lentamente, cercava il termine esatto.»

«Che cos'è per lei il socialismo?»

«Il riscatto dell'uomo da ogni catena di carattere ideologico, economico, confessionale. Deve essere padrone dei suoi pensieri e dei suoi sentimenti, protagonista del lavoro, non strumento.»

«E il fascismo?»

«La negazione della dignità umana.»

Sandro Pertini è stato un grande presidente della Repubblica. Lo hanno accusato di presidenzialismo strisciante: per l'irruenza, perché infrangeva le regole del protocollo, perché seguiva il suo istinto e i suoi slanci: «Do un po' fastidio a qualcuno; talvolta sarebbe bene che non dicessi certe cose. Io non sopporto i prepotenti, i superbi, non tollero la presunzione e l'invidia» così si giustificava.

Il 29 dicembre 1979 lo incontro per la prima volta dopo che era stato eletto presidente. Sono invitato a pranzo al Quirinale. Mi hanno raccomandato la puntualità: ore 12.30. Il presidente ha le sue abitudini: inizia, al mattino, come un impiegato, alle otto e mezzo, va a fare un breve riposo dopo il pasto – si è riservato, negli appartamenti che furono del re, due stanze da letto e un bagno – stacca la sera, per rientrare a casa sua e per guardare con la moglie la televisione. La signora Carla non ha mai voluto entrare qui dentro.

È una bella giornata di sole, e gli uccelli cantano sulle palme dei giardini, all'interno del grande palazzo; i corazzieri scattano nel saluto, e io vado a trovare il settimo capo dello Stato.

Da un'inchiesta della Demoskopea si impara che il cittadino «è angustiato dalla criminalità, dalla disoccupazione, dal rincaro della vita, è scettico di fronte alla politica, non gli piace il governo, ma si dichiara ammiratore di Sandro Pertini». Su cento italiani, sessantadue sono anzi certi che il presidente «piace anche alle donne». E mi pare il massimo del consenso.

Mentre aspetto, per qualche minuto, in un salotto ottocentesco, con i divani dorati, i quadri che rappresentano vecchi sereni e una bambina paffuta che gioca con dei cardellini, mi chiedo il perché di questo consenso. Pertini dà fiducia: sentono che è un galantuomo, una coscienza. Sentono che, da lui, non c'è mai da aspettarsi un gesto subdolo o scorretto: se sbaglia, è per un eccesso generoso. Quella mania di pagare il biglietto d'aereo di tasca sua, o il conto del caffè, l'aveva anche quando stava alla Camera. È il segno di un costume, di una morale. Non una trovata per l'ufficio stampa. Se invita a cena Carmelo Bene con tutta la sua compagnia, è per il piacere di conversare con persone che stima, non per esibizione. Quando va a passare l'agosto in montagna con i carabinieri, è perché non vuole creare disagio ad altri. Qualche volta può sembrare, e magari lo è, intempestivo, ma è vivo. Quando da piazza del Gesù qualche democristiano lo accusa di «presidenzialismo strisciante», rischia il ridicolo, e non conosce la storia di questo severo signore.

Arriva puntualissimo, sorridente, e come sempre premuroso. Mentre il cameriere ci serve, dice: «Qui sono tutti miei amici; io sono il capofamiglia». Non farò il resoconto della conversazione, non era un'intervista, e abbiamo parlato a ruota libera lui senza inibizioni, io senza appunti. «Se scrivi questo» mi ha detto a un certo punto «sono costretto a dimettermi.»

Il suo pasto è come quello di certi professori che insegnano in provincia e hanno l'abbonamento in trattoria: intendo semplice, minestra, carne, frutta cotta e un dolcetto, beve acqua minerale, alla fine niente caffè, ma una grappa, e accende la pipa.

Mi racconta che riceve molti studenti, molti scolari, e chiacchiera con loro, alla buona. Una bambina gli ha detto: «Sandro, Dio ci crea tutti fratelli; allora perché gli uomini si ammazzano e si combattono?». Un'altra gli ha chiesto: «Come posso rispettare mio padre, se so che è un ladro?».

La sua fiducia è tutta nei giovani, in loro crede. C'è una frangia sciagurata che finisce nel terrorismo o nella droga, ma sono bravi. «Credo nel nostro popolo» dice. Quando è andato in Germania, è entrato in una fabbrica, dove erano impiegati ottocento dei nostri, e il capo dell'officina gli ha detto: «Noi tedeschi siamo duri, e io non faccio complimenti. Se sapesse con quanta diligenza lavorano». Ha commentato: «Ma bisogna dar loro un'occupazione, una casa, il modo di curarsi».

Io dico che mancano i capi politici, che siamo partiti con Togliatti, De Gasperi, Nenni, La Malfa e siamo scivolati sempre più giù. Penso che la gente sia migliore di quelli che manda al potere, e lui tace. Mi spiega che, anche nel periodo clandestino, c'era chi pensava alle poltrone mini-

steriali, ma lui era fuori dal gioco: «Qualunque cosa suc-
ceda» diceva «lasciatemi solo con me stesso». I problemi
che più lo angosciano sono la disoccupazione, la rivolta
degli estremisti, il diffondersi degli stupefacenti. Il sentimento che più lo incoraggia a confidare in giorni migliori
è l'umanità delle persone, di quelle che incontri, di quelle
che non ti aspetti.

Racconta: «Quando Saragat e io fuggimmo da Regina
Coeli, avemmo l'aiuto di una guardia. Durante la lotta partigiana attraversai, con due marconisti, il Monte Bianco.
Piovigginava e scendeva la notte. Vidi un contadino appoggiato al fienile. Gli domandai se ci ospitava nella sua
cascina, eravamo stremati. "Non posso" disse. "Quella dei
miei vicini è già stata incendiata." Poi ci guardò: eravamo
esausti. "Va bene, ma domattina, via." Ci scaldammo accanto al fuoco, ci diede il minestrone e le salsicce. Io volevo pagarlo. "No" disse. All'alba ci svegliò: "Vi accompa-
gno fino alla strada". Ci abbracciammo. Che cosa aveva da
guadagnare? Non mi ha mai scritto».

Mi parla dei suoi fratelli: uno finito a Flossenbürg, l'altro, ufficiale di carriera, come altri reduci si infila nel fascismo, ma si dimette quando Sandro viene condannato al-
l'ergastolo dal tribunale speciale. Dopo un mese ha tutti i
capelli bianchi, e muore di crepacuore. Rievoca la sua malattia, quando era dentro. «Mi ammalo, sputo sangue.
Chiedo la visita medica. Mi avvertono: "Se non viene riconosciuta, un mese di cella di isolamento". Domando di ricevere, a mie spese, mezzo litro di latte. "Non ne hai diritto" mi risponde il secondino. Poi il medico buono, che
manda via il sorvegliante: "Si allontani, devo visitarlo". Va
verso i vetri della finestra, fa finta di guardare fuori, e piange. Mi dice: "Tutte le volte che lo desidera, segni la visita
medica". Poi chiama il carceriere: "Alla matricola 5017, un
litro di latte, metà al mattino, metà alla sera".»

Il vecchio burbero dai modi spicci, che prende le iniziative anche più azzardate, quando vede che gli altri non
si muovono, o la passione lo spinge, cerca il futuro nel pas-

sato. Disse di no quando tutti applaudivano, restò socialista quando, in cella e fuori, ce ne erano pochi, pronunciò
con cuore pulito parole che paiono enfatiche e lontane, ma
che hanno dato un senso alla sua lunga vicenda, guai quando sono scritte soltanto sui muri e nei manuali. Si allontana rigido e impettito nei saloni troppo grandi e troppo
vuoti, e mi fa delle raccomandazioni: «Mangia poco, non
fumare, le ragazze...». Si lascia dietro un odore gradevole
di tabacco; no, di pulizia.

1979

La brigatista Adriana Faranda si racconta

Il 29 maggio 1979 Adriana Faranda fu arrestata insieme a
Valerio Morucci e a Giuliana Conforto (la proprietaria
dell'appartamento abitato dalla coppia di brigatisti e in seguito scagionata da ogni accusa di favoreggiamento).
Adriana Faranda aveva fatto parte della direzione delle Br
e durante il sequestro Moro agiva da «postina». Ho incontrato Adriana Faranda nel marzo 1985, proprio nel
giorno in cui la condanna dell'ergastolo veniva tramutata
in trent'anni di reclusione. Uno spiraglio sul futuro.
  Lunghi capelli sottili, faccia senza trucco, ancora più
minuta di come appare nelle fotografie, esile; la conversazione, nella stanzetta disadorna di Rebibbia, era sommes-
sa: come se si confessasse. E mi accorgevo che anch'io ab-
bassavo il tono della voce: perché uno che si abbandonava
alla confidenza, sui suoi sbagli, sulle sue sconfitte, in me
incute rispetto. Fa dono di qualcosa di sé, e di una parte
segreta. Abbiamo passeggiato, mentre gli operatori della
tv preparavano le luci e sistemavano le telecamere, a braccetto nel corridoio: e oltre il cancello di ferro c'era un
gruppo di prigioniere che osservavano curiose. È sempre
un evento l'ingresso degli estranei che sconvolge le abitudini di questi luoghi dove tutto è scandito dalle regole.

Lei e Valerio Morucci costituivano la coppia romantica del terrorismo: per dieci anni hanno diviso affetti e impegno, paure e crisi morali. «Un errore» ha detto «che non perdono. Una guerra inutile che ha fatto del male a tutti.»

Anche Adriana è coinvolta dal mitico Sessantotto: primo anno di Lettere, appena diciotto di età, siciliana, appassionata, pronta a buttarsi. Entra in Potere Operaio, e sposa Luigi Rosati, altro apostolo con la pistola: nasce Alexandra, e si dividono. Ancora adesso lui è latitante. Matrimonio fallito, nuovi compagni, figlia abbandonata per una vita impossibile, poi ritorno alla casa: alla madre, vedova di un avvocato generale dello Stato, ai fratelli, uno giornalista, l'altro legale, ad Alexandra, che è già una signorinetta, e bisogna capirla, o conquistarla. E Adriana Faranda, che è tra i protagonisti di via Fani, pensa anche al matrimonio, e lo vorrebbe in chiesa, perché «c'è più sacralità». Come nei battesimi, del resto.

Era contenta, Adriana, «una emozione profonda», diceva, perché per lei e Morucci, quei trenta anni di reclusione, volevano dire un segno di apertura, una nuova prova di fiducia.

Dissi: «C'è anche chi vi accusa di non avere detto tutta la verità».

Rispondeva con puntiglio, come sorpresa: «C'eravamo posti, all'inizio della nostra deposizione, un limite, non fare dei nomi, non riportare delle deduzioni, parlare di quello che avevamo vissuto in prima persona, e lo abbiamo fatto. Probabilmente si sono create delle aspettative rispetto ai nostri ruoli, a presunti misteri, o a supposte zone d'ombra, che per quanto riguarda il processo non sono stati del tutto chiariti. No, non credo che ci siano delle cose che non sappiamo e che vorremmo sapere. Io vorrei serenamente discutere con le altre persone che hanno vissuto quei momenti per capire piuttosto alcuni meccanismi psicologici che hanno portato a determinate decisioni. Vorrei ragionare a distanza di tempo con maggiore serenità. È difficile oggi riportare in pieno le emozioni di quelle ore, che comunque erano soprattutto segnate da una profonda angoscia, proprio perché sentivo che stava per avvenire qualcosa di sicuramente più grande di noi, di estremamente grave e pesante; e a questo si aggiungeva anche la trepidazione, diciamo, per gli affetti, per le persone che conoscevo e non sapevo se sarebbero ritornate a casa. L'operazione non aveva certo un esito sicuro».

«Ha incontrato la figlia di Aldo Moro; è irriguardoso chiederle che cosa vi siete dette?»

«Sì, è un argomento delicato perché investe, come dire, la sfera più intima; per noi ha rappresentato un incontro di un valore umano incalcolabile.»

«Ha mai saputo qualcosa di come Moro è morto, le sue giornate? Nessuno le ha mai raccontato niente?»

«So che poteva leggere i giornali, so che aveva chiesto una Bibbia, però io non ho mai avuto contatti diretti con l'onorevole Moro, io non l'ho mai visto.»

«Per sparare occorre molto odio o basta anche una profonda convinzione?»

«Questo è un discorso molto difficile. Credo che servano ambedue, sono legati l'uno all'altra. Le sensazioni che abbiamo vissuto noi, il convincimento anche ideologico che c'era in noi, a quei tempi, era sicuramente un fatto che comportava una carica di passione anche in quello che facevamo; quindi le cose sono inscindibili tra di loro.»

«Credo che lei abbia sparato una volta sola; è ingenuo chiederle cosa ha provato in quel momento?»

«Non è esatto. Io ho sparato nell'occasione dell'attentato alla scorta di Galloni, e poi in un altro ferimento. Una sensazione estremamente violenta, un'esperienza che sicuramente mi ha profondamente segnata, e comunque penso che in questi istanti si senta veramente morire una piccola parte di se stessi.»

«Per essere scelti per una azione che qualità occorrevano?»

«All'interno delle Brigate Rosse la cosa considerata più importante era la determinazione politica. Cioè il grado di convincimento che un compagno aveva andando in azione; le capacità, da un punto di vista tecnico, erano basse per tutti, e non si esigevano doti particolari. Si faceva molto affidamento proprio sul grado di stima reciproca.»

In ogni condizione, anche nella più triste, c'è sempre la fiducia, o l'illusione, che qualcosa possa accadere.

«Per anni la mia speranza si identificava con l'utopia, con grandi sogni globali, che riguardavano tutto. Tento di riportarla a quella che è la realtà di oggi, all'esistenza quotidiana.»

«Fuori, che cosa le piacerebbe fare?»

«Una vita normale, ricostruirmi gli affetti, stare insieme a coloro che amo, cercare di esprimere di me quello che probabilmente è stato soffocato sotto il far politica in quel certo modo, estremizzando sentimenti e passioni.»

«In una intervista, lei ha detto che desidera sposarsi in chiesa. Lei prega?»

«Io ho avuto un'educazione cattolica. In questo momento non mi sento assolutamente di dire che sono credente. La preghiera credo sia però una cosa che prescinde dalle nostre convinzioni, al limite, anche dalla fede. Io mi sono ritrovata a pregare in momenti particolari come per un bisogno dello spirito, più che per una convinzione. Accade.»

Adriana disegna, dipinge e forse, come quando era inseguita, tiene un diario e scrive poesie: non è semplice ritrovare se stessi.

1980-1989
Un Paese nuovo, non migliore

Il mondo è cambiato, e anch'io, trascurabile entità, un numero, sono stato coinvolto da quei terribili fatti che diventano «eventi». Tutto è mutato: anche i brutti peccati sono diventati «veniali», o addirittura cancellati.

E.B.

1980

A Sanremo Benigni è messo al rogo

Al Festival di Sanremo il popolare comico è accusato di vilipendio alla religione.

Diciamo la verità: se le cose vanno in questo modo, la colpa è di Benigni. Finalmente è stato smascherato. Lui va a Sanremo, dice quel che dice, e accade l'inevitabile. Dalle sue battute il Paese esce sconvolto. I Caltagirone, indignati, non resistono all'oltraggio che questo toscanaccio irriverente reca ad alcune sacrosante istituzioni e, rabbiosi, partono per Parigi e per New York. Woody Allen, siate onesti una volta, ammettetelo, non lo avrebbe mai fatto.

Certi ragazzi sensibili ed eccitabili, innervositi da quelle parole, così insolite per i nostri teleschermi, si armano di Skorpion e cominciano a sparacchiare. Guai, sta scritto nel Vangelo, a chi scandalizza le creature innocenti.

Come può permettersi un comico di chiamare il presidente del Consiglio niente meno che «Cossigone»? Quel sorridente sardo lo conosco, ma dopo la ferita infertagli con quel maledetto programma, immagino che passi notti insonni.

In America stanno processando Sindona, e forse verranno fuori anche alcuni suoi amici rimasti in patria, ma noi vogliamo far causa al presentatore di una rassegna di canzonette. «Ha passato i limiti» dicono migliaia di telefonate alla Rai, e sono di gente che è stata zitta e tranquilla di fronte a certi tornei della cretineria che offendono la dignità umana.

E poi, quali sono i confini del lecito, in questa Repubblica dove gli osti si comportano come Tecoppa – che quando doveva essere fucilato diceva «Non ci sto» – e si rifiutano di pagare le tasse, con il pretesto che è una ingiustizia cominciare proprio da loro?

Il nome terribile, quello che non doveva essere detto, quello che non potrà mai essere cancellato, la bestemmia, è (posso scriverlo? non verrò scomunicato?) «Wojtylaccio». Dannato sia Benigni che così ha appellato il pontefice. Tante anime belle sono rimaste stupite, schifate, sbigottite e hanno espresso in ogni modo possibile la loro ira.

Sull'«Osservatore Romano» un corsivista che vede lontano, già sente risorgere l'anticlericalismo, spinto dal vento del becero Benigni; alcuni senatori democristiani, che dalla parte dell'incriminato attore verrebbero benevolmente definiti «bischeri», hanno rivolto una interrogazione al ministro delle Poste perché spieghi subito che cosa intende fare. Affinché arrivino prima lettere e cartoline, voi sperate, invece no: per punire l'empio. Una volta c'era il rogo, adesso si potrebbe pensare al confino, o al carcere.

Santità, la scongiuro, io sono un peccatore, ma non dia troppo retta a questo coro di virtuosi, che invece di fare interurbane con la tv, farebbero meglio a fare delle internazionali con Carter, Brežnev, Khomeini e Gheddafi.

Lei è anche uno sportivo, un viaggiatore, nuota e andava a sciare, recitava e scriveva drammi, e le pare proprio che si debba condannare il suo collega – parlo, si capisce, come un uomo di teatro – Roberto Benigni? Ha scherzato sull'amore e ha baciato in apnea una bella ragazza, ma diceva un mio amico parroco di montagna: «Meglio che si bacino, piuttosto che mordersi».

Lei, Santo Padre, ne sono sicuro, capisce lo scherzo cordiale, la battuta allegra, e ci sono più espressioni ardite nella Bibbia che nella scenetta recitata l'altra sera. Io, questo Benigni, lo trovo bravissimo e intelligente, il meglio che c'è in giro, con quell'aria provinciale ma viva che spazza via molti luoghi comuni.

Si guardi attorno, non mi dica se non erano più indecenti certi spettacoli rappresentati a Montecitorio, o certi dialoghi che si svolgono nei corridoi, e anche nelle stanze, del Palazzo di Giustizia di Roma. «Wojtylaccio» è, oltretutto, un vezzeggiativo, come si dice a un bimbo «Brutto birichino» e a una bella signora «Quanto sei canaglia». È confidenziale ma affettuoso, e poi del resto le turbe, a Gesù Cristo, davano del tu.

Quando qualcuno ha accusato, naturalmente, Benigni di essere un «rosso», mi pare di avere perfino letto qualche riferimento a Stalin; questo conferma quanto sia pericoloso anche l'estremismo di centro e mi riassicura sulla bontà di una mia vecchia teoria che mi permetto di sottoporre all'attenzione generale: meglio un cattivo di uno stupido, perché il malvagio ha anche delle paure, mentre il bietolone, come direbbe Benigni, è instancabile.

Con il panorama che ci offre il mondo, mentre scrivo queste righe – guerra od Olimpiadi, ragazzi di sedici anni che rubano auto, che scherzano con pistole-giocattolo, e i carabinieri sparano e ne ammazzano uno, Tito che se ne va e non si sa chi viene –, mentre si tenta di definire chi è un intellettuale e come deve comportarsi, mentre il fisco ha stabilito che i Caltagirone sono poveri e io ricchissimo, il caso Benigni esplode in tutta la sua gravità. Stiamo andando alla deriva, ma finalmente si è scoperto cosa minaccia la traballante barca che si chiama Italia: uno sketch di rivista.

P.S. Vengo a sapere all'ultimo momento che i «Gruppi informali» hanno denunciato Benigni all'autorità giudiziaria. Questi severi e scattanti tutori della morale si erano già distinti con un'analoga iniziativa contro Moravia.

È vero che per i poveri di spirito c'è il regno dei cieli, ma il guaio è che, intanto, imperversano sulla Terra. Roberto Savonarola Benigni è dunque destinato inesorabilmente alle fiamme. La catasta la stanno già accendendo con lampi e saette di coglioneria. Resto in attesa di querela.

Incenso, mirra e bustarelle

Sono molto contento. Avevo qualche dubbio, ma adesso
non più. Ho letto quello che ha raccontato Giulio Andreotti all'«Espresso»: «A me sembra» afferma «che la
piattaforma morale della Repubblica sia molto salda».

Che stupido, non lo avevo capito. Non sapevo che le
bustarelle vanno, d'ora in poi, considerate «doni». È forse
un reato, ha precisato anche Cossiga, ricevere un regalo?
Ma siamo diventati tutti matti? Gesù è ancora bambino, e
già piombano i tre Magi che, vuoi per arruffianarselo, vuoi
perché sono dei generosi, depongono ai suoi piedi oro, incenso e mirra, una mercanzia che nessuno sa precisamente che cosa sia, ma ora ve lo spiego io: una resina che ado-
peravano per fare gli unguenti, prima che arrivasse Elizabeth Arden.

È un'antica consuetudine quella di portare omaggi al
potente e agli imperatori; i generali vittoriosi – andate a
guardare i libri di storia – offrivano anche legioni di schiavi della Numidia, marcantoni che non finivano mai, e fles-
suose ragazze che ondeggiavano come le palme del natio
Egitto. Tutto si svolgeva sotto gli occhi del popolo, che ap-
plaudiva soddisfatto.

È quello che facciamo anche noi: i capi accettano qualche concreta testimonianza d'affetto da petrolieri o da pa-
lazzinari, e la plebe batte le mani e continua a votare. Che
c'è di male? La natura umana è fatta di strane contraddi-
zioni: non c'è signora – ad esempio – che non ami le rose,
ma tutti sanno che un brillante dura molto di più.

I Caltagirone brothers, di cui tanto si chiacchiera, erano dei filantropi, degli amanti della pace e dei sostenitori
della giustizia: e come tali vengono perseguitati. Non so a
quale scuola filosofica appartenessero, visto che il mondo
romano si divide in due grandi fondamentali filosofie:
quella dei «fondi neri» e quella dei «fondi bianchi». Ce ne
sarebbe forse una terza, quella dei «fondi perduti», ma a
cose fatte è inutile recriminare.

Loro erano portati a liberarsi del superfluo, come dovrebbe fare ogni buon cristiano. Ricevevano più di quanto gli spettava, e distribuivano ai questuanti e agli estimatori. Tra questi, molti di Forze Nuove, la setta capeggiata da quell'inesorabile Robespierre che è Carlo Donat Cattin, presentatosi alla ribalta come rivoluzionario, ma che nelle ultime interpretazioni si comporta da maresciallo dei carabinieri.

Uno legge «Forze Nuove» e pensa a un vento che si scatena sulla vecchia e conservatrice Democrazia Cristiana; invece è la solita corrente, più che altro d'aria, che alla fine solleva, con qualche scandaletto, un po' di polverone. Nella formazione della Nazionale dell'incasso figurano ben tre della sua squadra: gli onorevoli Sinesio, Leccisi e Marotta, che per il momento non risponde alla convocazione del magistrato, ma che prima o poi è presumibile che debba almeno sedere in panchina.

C'è la sommetta di un miliardo e trecento milioni che si è smarrita da qualche parte, però la Repubblica è virtuosa, si tratta senz'altro di una distrazione. Di beni naturalmente.

Andreotti ha ragione: non solo la baracca sta in piedi, ma è forte, massiccia, irremovibile. E impassibile: nei sette giorni trascorsi ha visto denunciare ventisette giocatori di calcio, con l'accusa di partite truccate, arrestare quaranta banchieri, che hanno firmato, senza leggere, colossali ordini di pagamento, scappare un paio di industriali, dimettersi un ministro che ha confessato di aver incassato qualche elemosina, e tutto si è risolto, almeno sembra, con i soliti articoli esortativi: «Ora basta», «Meno parole, più coraggio», «Pulizia», avvertimento igienico che ti riporta al Badedas (oggi mi sento indotto alla cosmesi) più che a certi politici.

Per le squadre di calcio si sta cercando di migliorare le formazioni con l'importazione dello straniero: si potrebbe tentare anche con il parlamentare. Io qualche ministro me lo prenderei. Prima di tutto uno dei trasporti, considerato come si viaggia da noi, e visto come marcia la Lufthansa, non facciamo questione di ingaggi. Pensate quello che ci sono costati L'Egam e la Sir. Qualcuno dirà che si tratta di esportare valuta, ma i cantanti, le orchestre, gli attori che vengono da fuori, li paghiamo forse con dei limoni?

Non c'è niente di drammatico o d'urgente: va bene così. Quando l'ambiente è sano, qualche birichinata bisogna pure tollerarla. O volete perdere la libertà, conquistata a prezzo di tanti sacrifici? (Dovrei, a questo punto, citare la Resistenza, ma mi vergogno.)

Dei suoi quattrini, uno può o no fare quello che vuole? Se a me piace Bubbico, se lo voglio a Montecitorio, se solo sapere che esiste ora mi consola, chi mi può vietare di sostenerlo, anche tangibilmente? Si fa persino in America, soltanto che Nixon, per una cifra che è un terzo di quella graziosamente inviata, in occasione delle nozze, a Getty Sinesio, ha perso l'alloggio e il vitto che passa la Casa Bianca. Anche lui era un sentimentale: acquistò un gioiello alla cara Tricia, ma non fu capito. Ha sbagliato solo un particolare: doveva nascere in Italia.

La strage di Bologna

La stazione di Bologna è particolarmente gremita. Fuori, sul piazzale, un grande via vai di macchine che scaricano famiglie e valigie, giovani con zaini stracolmi, baci e abbracci. All'interno la biglietteria ha file lunghissime, le due sale d'aspetto sono piene di italiani e stranieri tutti con gli occhi puntati sugli arrivi o sulle partenze. Un gruppo di scout è quasi accampato in seconda classe.

Il rumore in stazione è assordante. La voce della gente, le urla dei bambini, i treni che vanno e vengono, il fischio del capotreno e l'altoparlante che annuncia, con la solita cantilena, il ritardo dei convogli.

L'unico luogo un po' fresco è il bar, stracolmo di gente, l'acqua e il caffè vanno per la maggiore: Euridia Bergianti è una bella donna di quarantanove anni, la conoscono tutti perché sta dietro al bancone a fare caffè e cappuccini da sempre e perfino in quei giorni di superlavoro ha il sorriso sulle labbra e mai una parola fuori posto, «anche se in stazione se ne vedono di tutti i colori», raccontava spesso.

Alle 10.25 una valigia lasciata nella sala d'aspetto di seconda classe, contenente circa venti chilogrammi di esplosivo militare gelatinato Compound B, una miscela composta da nitroglicerina, nitrato, nitroglicol, solfato di bario, tritolo e T4, con temporizzatore chimico costruito in modo artigianale usato come innesco, esplode sbriciolando la sala d'aspetto, sfondando quella di prima classe, sventrando due vagoni del treno Ancona-Basilea come il bar ristorante. Centinaia e centinaia di metri cubi di terra, travi, pensiline d'acciaio, rotaie, traversine, blocchi di cemento armato travolgono bambini, donne, uomini, panini, bibite, carte da ufficio, sandali da mare, scarponi da montagna, riversandosi poi in più punti: verso la piazza della stazione, verso il primo binario, entrando nel sottopassaggio. In pochi secondi, ottantacinque morti e duecentosette feriti di cui settanta con invalidità permanenti.

Penso ai parenti delle vittime e ai sopravvissuti, a cosa si porteranno dietro per tutta la vita. La nuvola di polvere sottile ha invaso il piazzale sul quale mi sono affacciato tante volte. Bastava la voce dell'altoparlante, con quell'inconfondibile accento, per farmi sentire che ero arrivato a casa. La telecamera scopre l'orologio, con le lancette ferme: le dieci e venticinque. Un attimo, e molti destini si sono compiuti. Ascolto le frasi che sembrano monotone, ma sono sgomente, del cronista della tv, costretto a raccontare qualcosa che si vede, a spiegare ragioni e motivi che non sa, e immagino la sua pena. Dice: «Tra le vittime c'è il corpo di una bambina».

Quell'atrio, quelle pensiline, il sottopassaggio, il caffè, le sale d'aspetto che odorano di segatura, e nei mesi invernali di bucce d'arancia, mi sono consuete da sempre. E poi la cassiera gentile, il ferroviere che ha la striscia azzurra sulla manica, quello che assegna i posti e mentre si aspetta ti racconta le sue faccende, quelle del suocero tedesco che vuol bere e della moglie che dice di no, e la giornalista che scherza: «Ma come fa a leggere tutta quella roba?».

Si mescolano i ricordi: le partenze dell'infanzia per le colonie marine dell'Adriatico, i primi distacchi, c'erano ancora le locomotive che sbuffavano, i viaggi verso Porretta, per andare dai nonni, le gallerie si riempivano di faville e bisognava chiudere i finestrini; e una mattina, incolonnato, mi avviai da quei binari al battaglione universitario, perché c'era la guerra.

Ritornano, con le mie, le vicende della stazione: quando, praticante al «Carlino», passavo di notte al Commissariato per sapere che cos'era capitato, perché è come stare al Grand Hotel, ma molto, molto più vasto, gente che va, gente che viene, e qualcuno su quei marciapiedi ha vissuto la sua più forte avventura: incontri con l'amore, incontri con la morte.

Passavano i treni oscurati che portavano i prigionieri dall'Africa, che gambe magre avevano gli inglesi, scendevano le tradotte di Hitler che andavano a prendere posizione nelle coste del Sud, e conobbi una Fräulein bionda in divisa da infermiera alla fontanella, riempiva borracce, ci mettemmo a parlare, chissà più come si chiamava, com'è andata a finire.

Venne l'8 settembre, e davanti all'ingresso della stazione, dove quel 2 agosto c'erano le autoambulanze, si piazzò un carro armato della Wehrmacht; catturavano i nostri soldati, e li portavano verso lo stadio, che allora si chiamava Littoriale. Cominciarono le incursioni dei Liberators per bombardare quei binari lucidi che univano ancora in qualche modo l'Italia, ma colpirono gli alberghi di fronte, qualche scambio, i palazzi attorno: le bombe caddero dappertutto, vidi una signora con gli occhialetti d'oro, immobile, composta, seduta su di un taxi, teneva accanto una bambola, pareva che dormisse, e l'autista aveva la testa abbandonata sul volante.

«Stazione di Bologna», dice una voce che sa di Lambrusco e di nebbia, di calure e di stoppie, di passione per la libertà e per la vita, quando un convoglio frena, quando un locomotore si avvia. Per i viaggiatori è un riferimento, per me un'emozione. Ecco perché mi pesa, a distanza di tanti anni, scrivere queste righe: non è vero che il mestiere ti libera dalla tristezza e dalla collera, in quell'edificio devastato dallo scoppio io ritrovo tanti capitoli dell'esistenza della mia famiglia.

«Stazione di Bologna»: quante trame sono cominciate e si sono chiuse sotto queste arcate di ferro. Ottantacinque i morti. Credere al destino; la prima ipotesi: una caldaia che esplode, un controllo che non funziona, una macchina che impazzisce, qualcuno che ha sbagliato, Dio che si vendica della nostra miseria?, e anche l'innocente paga. Anche quei ragazzi nati in Germania che erano passati di qui per una vacanza felice, e attesa, il premio ai buoni studi o al lavoro, una promessa mantenuta, un sogno poetico realizzato: «Kennst du das Land, wo die Zitronen blühn?», lo conosci questo bellissimo e tremendo Paese dove fioriscono i limoni e gli aranci, i rapimenti e gli attentati, la cortesia e il delitto? Dovevano pagare anche loro? Forse era meglio vagheggiare quel viaggio nella fantasia. Ci sono genitori che cercano i figli; dov'erano diretti? Perché si sono fermati qui? Da quanto tempo favoleggiavano questa trasferta? E le signorine del telefono, già, che cosa è successo alle ragazze dal grembiule nero che stavano dietro il banco dell'interurbana? Chi era in servizio? Qualcuna aveva saltato il turno? Che cosa gioca il caso?

Poi la seconda ipotesi, che diventa realtà, quella di uno sconosciuto che abbandona una valigia, magari per celebrare un anniversario che ha un nome tetro, «Italicus», perché vuol dire «strage», mentre un tempo Italicus significava il duomo di Orvieto, le sirene dei mari siciliani, i pini di Roma, il sorriso delle donne, l'ospitalità, il gusto di vivere di un popolo. All'inizio non mi parve possibile, perché, mi dissi, sarebbe scattato l'inizio di un incubo, la fine di un'illusione, perché fin lì, pensai, non sarebbero mai arrivati.

«Stazione di Bologna», come un appuntamento con la distruzione, non come una tappa per una vacanza felice, per un incontro atteso, per una ragione quotidiana: gli affari, i commerci, le visite, lo svago. Come si fa ad ammazzare quelle turiste straniere che vedono in ognuno di noi un discendente di Romeo, un cugino di Caruso, un eroe del melodramma e della leggenda, che si inebriano di cattivi moscati e di sole e di brutte canzoni? Come si fa ad ammazzare quei compaesani meridionali che emigrano per il pane e si fermano per comperare un piatto di lasagne, che consumano seduti sulle borse di plastica? Come si fa ad ammazzare quei bambini in sandali e in canottiera che aspettano impazienti, nella calura devastante, la Coca-Cola e il panino e non sanno, non lo sa nessuno, che c'è un orologio che scandisce in quei minuti la loro sorte?

Vorrei vedere che cosa contengono quei portafogli abbandonati su un tavolo all'Istituto di Medicina legale: non tanto i soldi, di sicuro patenti, anche dei santini, una lettera ripiegata e consumata, delle fotografie di facce qualunque, di quelle che si vedono esposte nelle vetrine degli studi di provincia: facce anonime, facce da tutti i giorni.

Dicono i versi di un vero poeta, nato da queste parti che si chiama Tonino Guerra: «A me la morte – mi fa morire di paura / perché morendo si lasciano troppe / cose che poi non si vedranno mai più: / gli amici, quelli della famiglia, i fiori / dei viali che hanno quell'odore / e tutta la gente che ho incontrato / anche una volta sola». Sono facce che testimoniano questa angoscia, ma nessuno ha potuto salvarle.

«Stazione di Bologna». D'ora in poi non ascolteremo più l'annuncio con i sentimenti di una volta; evocava qualcosa di allegro e di epicureo, tetti rossi e mura antiche, civiltà dei libri, senso di giustizia, ironia, rispetto degli altri, ma sì, anche la tavola e il letto, culto del Cielo e culto per le buone cose della terra.

Ora, ha sapore di agguato e tritolo. Perché il mondo è cambiato e in peggio: i figli degli anarchici emiliani li battezzavano Fiero e Ordigno, quelli dei repubblicani Ellero e Mentana, quelli dei socialisti Oriente e Vindice, quelli dei fascisti Ardito e Dalmazia, ma gli insegnavano a discutere a mensa imbandita. Si picchiavano anche, si sparavano talvolta, ma il loro ideale era pulito e non contemplava l'agguato: Caino ed Erode non figuravano tra i loro maestri.

«Stazione di Bologna»: si può anche partire, per un viaggio senza ritorno.

Francesca Mambro si racconta

La strage di Bologna ha delle condanne definitive: Francesca Mambro e Valerio Fioravanti sono considerati gli esecutori materiali, quelli che hanno fisicamente messo la bomba, per intenderci. Loro si sono sempre dichiarati innocenti, anche quando la Cassazione, nel 1995, ha confermato la condanna all'ergastolo. Per la precisione, in totale Francesca Mambro ha sei ergastoli e ottantaquattro anni e otto mesi di reclusione per altri reati.

Per lei la storia si ripete: amore e politica. C'è sempre un primo, poi un secondo uomo, anche nella sua vita. Comincia con Dario Pedretti, che ha il fascino del leader, ma lo arrestano; segue Valerio Fioravanti, detto Giusva, che ha tutto: occhi azzurri, parlantina sciolta, la sicurezza di chi sa quello che vuole. Con lui, ha scritto un magistrato rinviandola a giudizio, ha vissuto «una breve stagione di sanguinaria follia». È sospettata di sette omicidi, ma lei li chiama «azioni militari». Non rinnega nulla di ciò che è stato. «Ma» invoca il fratello minore Mariano «Francesca non è un mostro. Aspettate a giudicarla.»

Maestrina, figlia di un brigadiere di Ps e di una casalinga, nonno barbiere, la Mambro diventa uno dei capi riconosciuti – lei femmina – dei Nar, Nuclei Armati Rivoluzionari. «Francesca è un uomo», proclama uno della squadra.

Lo dimostra studiando i colpi a tavolino, guidando gli assalti, conquistando il prestigio e il rispetto con la durezza e col coraggio. Punta la pistola contro due agenti, li disarma, e per umiliarli ancora di più sputa per terra. Poi se ne va tranquilla in vespa.

Il 5 marzo 1982, durante una sparatoria, una pallottola le attraversa la schiena; gli altri combattenti sono costretti ad abbandonarla sul sedile posteriore di una Ritmo; però informano la polizia, e avvertono: «Se le viene torto anche solo un capello faremo fuori un medico al giorno». La salveranno; poi il tribunale la condannerà a vita.

L'ho intervistata per «Linea diretta». Volto quadrato, senza un segno di cosmetici, sguardo freddo e sorriso ironico, jeans, scarpe Clark, ha qualcosa di incomprensibile, di inafferrabile, tra me e lei il gelo: è forse il personaggio più sconvolgente che ho incontrato nel mio mestiere.

Nella trasmissione televisiva la presentai così: «Nel mondo sovversivo c'è una figura che diventa un caso emblematico. Ha ventiquattro anni e sulle spalle due ergastoli: Francesca Mambro. Era considerata la primula nera del terrorismo di estrema destra. Ha sposato Giusva Fioravanti, tristemente noto per essere uno dei capi delle squadre armate neofasciste. Signora, come è entrata nella lotta armata?».

«All'inizio non è stata una scelta ben precisa. Diciamo che a Roma esistevano delle realtà di quartiere dove si poteva fare politica. A seconda poi delle amicizie che uno frequentava poteva diventare di destra o poteva andare a sinistra.»

«Lei ha incontrato quelli di destra?»

«Sì, diciamo che è stata una simpatia all'inizio e attraverso questa simpatia sono arrivata a maturare anche delle scelte. E forse verso un'età matura ho dato anche dei contorni politici a queste scelte. Però all'inizio è stata soprattutto autoaffermazione, voler decidere della propria vita.»

«Lei si sentiva il capo o la ragazza del capo?»

«Visti i miei coimputati, penso un capo.»

«Che cosa le piace o le piaceva di Mussolini?»

«Per quanto riguarda Mussolini e tutto il contorno che c'è stato, diciamo che oggi vedo la cosa come una della mia generazione, quindi come una cosa folcloristica, però tragicamente.»

«E sotto l'etichetta nazista come si sentirebbe?»

«Ridicola, secondo me assolutamente ridicola.»

«Lei ha sparato diverse volte e suo fratello Mariano racconta che lei aveva addirittura paura della rivoltella di ordinanza di suo padre. Dove ha trovato il coraggio di uccidere? Lei è accusata di aver sparato a un uomo che era per terra, che stava morendo. Gli ha dato il colpo di grazia?»

«Adesso non voglio difendermi…»

«Lei avrebbe diritto anche di difendersi.»

«No, non avrebbe senso. Resta il fatto che noi abbiamo fatto determinate scelte. Queste scelte prevedevano anche lo sparare, quindi il conflitto a fuoco. Atteggiamenti da sciacallo per quanto riguarda il mio percorso non ne ho avuti.»

«Quindi questo episodio non è avvenuto?»

«Quindi ho sparato, ho premuto il grilletto.»

«Su uno che era per terra?»

«Ripeto: pezzi di sciacallaggio non ne ho mai fatti.»

«Qual è l'accusa che le pesa di più? A suo carico ci sarebbero un paio di carabinieri, un agente di custodia, un capitano della Digos.»

«Guardi, queste accuse fanno parte del mio percorso e quindi non è che mi pesino. Diciamo che quella che trovo molto ridicola e molto idiota è l'accusa per la strage di Bologna. Nel senso che trovo idiota che dei magistrati insistano ad accusare sia me sia Fioravanti Valerio della strage di Bologna del 2 agosto. Lo trovo comodo, diciamo, comodo perché è facile accusare noi quando non si ha la capacità di guardare e capire quelle che sono le realtà di una strategia della tensione da dieci anni a questa parte.»

«Insomma, con la strage lei non ha niente a che fare?»

«Respingo l'accusa, ma non mi devo difendere perché è talmente idiota, talmente assurda come accusa! Il nostro percorso dimostra chiaramente che noi non abbiamo mai colpito vigliaccamente. Noi siamo cresciuti con la pistola in mano, abbiamo affrontato la situazione per quella che era, non abbiamo messo bombe indiscriminate. Anzi, per quanto riguarda il nostro percorso di banda non abbiamo mai fatto uso di esplosivi. E questo i magistrati lo sanno.»

«Come viveva nella clandestinità?»

«Innanzitutto per noi la cosa importante erano i rapporti interpersonali perché attraverso un buon rapporto personale, un'amicizia, si può arrivare anche a rischiare la vita insieme. Se non si hanno sentimenti di questo tipo è difficile arrivare a vivere insieme in quel modo. Anche perché due anni di latitanza sono paragonabili a vent'anni di vita di un impiegato di banca. Abbiamo vissuto intensamente, questo è fuori di dubbio.»

«Ha mai avuto paura?»

«Sì, credo di sì, ho avuto paura. Ho avuto paura quando è rimasto ferito Valerio e mi sono trovata sola. Sola completamente perché non avevo intorno gente che potesse capire certe situazioni.»

«Che cosa pensa dei pentiti rossi o neri che siano?»

«La cosa più tragica è che non riesco a capire come mai non ci siamo resi conto delle persone che ci vivevano accanto. La prima cosa che bisognerebbe fare parlando di pentiti è un po' di autocritica perché nel momento in cui una persona tradisce il fratello, tradisce l'amico, tradisce il compagno di lotta, allora secondo me la colpa è anche nostra. Perché non abbiamo capito chi c'era dietro quella maschera.»

«Lei non ha niente da rimproverarsi, di cui pentirsi?»

«L'unica cosa che ho da rimproverarmi è il fatto di non essermi interessata troppo a quella che era la realtà del mio ambiente.»

«Lei ha davanti l'ergastolo. Nella solitudine del carcere non ha mai pensato alle vittime delle vostre azioni, delle vostre scelte?»

«Diciamo che l'ergastolo ce l'ho, non è quello il problema. Il problema è un altro. Spero di non farmi assimilare dalla galera, spero di non entrare in meccanismi della galera e di mantenere i miei equilibri.»

«E del passato?»

«Del passato ho il ricordo di quanto ero entusiasta, di quanto ho vissuto nel modo che credevo giusto.»

«E a Dio ha mai pensato? Trova la domanda molto ingenua?»

«Me lo sono chiesto ultimamente quando ho sentito di gente che in galera ha incontrato Dio e la Madonna. Volevo capire come ha fatto perché non ci riesco proprio.»

«Lei in carcere non ha incontrato niente, nessuno?»

«Ho incontrato delle bellissime persone che hanno capito quello che ero io in realtà, non la figura che la stampa e la magistratura mi avevano dipinto addosso.»

«Chi è Francesca Mambro?»

«Sono una persona che ha vissuto nel modo che credeva più giusto.»

Il «Corriere» e la P2: la fatica di scrivere

Questo che mi accingo a scrivere è il «pezzo» più penoso della mia carriera. Mi sono confessato anche in momenti difficili della mia vita, ma erano vicende che riguardavano soprattutto la mia persona, e il mio destino.

Ero in una redazione quando si arrese l'esercito; ci ritornai in un mattino di primavera, col cuore sereno di chi si sentiva non dalla parte del vincitore – perché tutti avevamo perduto qualcosa – ma in quella giusta.

Sto in un giornale squassato da fatti e da sospetti che rendono tormentate le ore di chi vi lavora. Capisco le preoccupazioni degli operai, che pensano alla loro paga («Prima la pancia, poi la morale» dice Bertold Brecht); ma c'è anche il profondo disagio di chi sa che non si vive di solo pane, e contano anche il rispetto e il prestigio di quelli che, scrivendo, hanno la pretesa di essere creduti. Si sono lanciati tanti proclami sulla «completezza dell'informazione»: e per sapere quello che è accaduto da noi, avete dovuto ricorrere alla «Stampa» o al «Giornale», alla «Repubblica», al «manifesto», al «Giorno», o all'«Unità».

Il nostro direttore ci ha riuniti per spiegarci la sua posizione nell'affare P2: ha detto che può avere peccato di ingenuità, che può avere anche sbagliato, ma con quelle torbide faccende non c'entra. Ha incontrato il commendator Licio Gelli tre volte: aveva l'aria di uno che conta, e durante un colloquio, ha riferito, «mi ha chiesto di licenziare Enzo Biagi».

Come si vede, il Maestro, una volta tanto, non è stato accontentato: e ho il dovere di dichiarare che mai un mio articolo ha subito tagli, Franco Di Bella non ha respinto un testo, né abbiamo mai concordato un tema (che, del resto, sarebbe un discorso legittimo), né sono stato pregato di usare benevolenza o durezza nei confronti di qualcuno. Ogni errore, quindi, e ogni giudizio eventualmente arbitrario, sono da attribuire soltanto all'autonomia di queste note.

Al termine della sua esposizione, c'è stato un applauso: ho chiesto di parlare, per esprimere il mio punto di vista. Non ho battuto le mani, perché per me quello era un momento triste, mi sono sentito vicino a Di Bella, di cui capisco la pena umana e lo sconforto, a cui sono grato per avere rispettato le mie convinzioni, ma ho voluto manifestare, di fronte ai miei duecento colleghi, alla cui sorte, e alla cui dignità, mi sento legato, il mio parere: non è a noi, che possiamo capirlo, che vanno date certe spiegazioni, ma ai lettori, che sono gli unici, veri padroni del «Corriere». Così, almeno. Dovrebbe essere.

Voi forse sapete che è stata distribuita, per conto dell'editore, una specie di tavola della legge che stabilisce una scala dei valori a cui gli appartenenti al «gruppo» dovrebbero adeguarsi: io non ho ancora capito se l'iniziativa è ingenua, propagandistica od offensiva. Le migliori costituzioni sono quelle di pochi articoli, Dio si è espresso in dieci punti, al mio mestiere ne basta uno: cerca la possibile verità. Nessuno pretende il martirio, perché il tuo pseudonimo non è Gesù. Tutto il resto è chiacchiera, aria fritta, o retorica.

E questo esercizio difficile e complicato va fatto con pietà, con spirito di comprensione, anche nei confronti di coloro che figurano nella lista. Questa storia è così infernale che rende più credibili i sospetti che le possibili prove di innocenza. Tra quei nomi ci può essere, oltre al gaglioffo, la vittima, una prima impressione è che abbondino i cretini, ma la stupidità non può essere considerata un reato.

Non so quale posizione abbiano avuto, tra i cosiddetti «liberi muratori», quelli della Rizzoli che avrebbero giurato, nientemeno, fedeltà al «Grande Oriente»: io li ho considerati, fino ad oggi, compagni di fatica, e non ho argomenti per definirli «fratelli». Ma vorrei che si battessero per dimostrare la loro estraneità, e la loro indipendenza, da questa società che non soltanto era segreta, ma con possibili risvolti criminali.

Nessuno è colpevole fino a prova contraria, ma sarebbe una bella prova di attaccamento a questa testata un po' di discrezione. Mi rendo conto dell'amarezza di chi si sente perseguitato da indizi e da differenze che sa immeritate: e non escludo ci siano vittime di una «caccia alle streghe» che non risparmia nessuno, e alla quale non voglio partecipare.

Ma non sarebbe apprezzabile se, con generosità, si tirassero per un momento da parte, consentendo ai magistrati e al Parlamento di fare chiarezza e di dissipare ogni ombra? C'è stato chi ha confessato i suoi trascorsi massonici, e io lo rispetto. Non si può chiedere a tutti un comportamento leale, ma si deve pretendere un atteggiamento decente.

Vogliamo salvare l'immagine migliore del «Corriere della Sera», e della brava gente che gli dedica il meglio di sé? Inutile rifarsi al secolo trascorso, che non è privo di vergogne, di compromessi, di battaglie che lo hanno visto schierato ai potenti dell'ora, e sul fronte del privilegio. Facciamo tutti qualcosa: parlando con franchezza, o tacendo con umiltà. Senza bandi, senza orgogli che, oltre tutto, non possiamo permetterci.

Nessuno è consacrato degno per principio; tanto meno un quotidiano, che vive sull'effimero. Il «Washington Post» si esalta col Watergate e cade sul falso del Premio Pulitzer, il «Corriere» non può essere sconfitto da Licio Gelli e dai suoi candidi o malvagi seguaci. Dietro a me non c'è altro che la mia coscienza: nei miei programmi futuri, come disse lo scrittore Gombrowicz, soltanto la tomba. Che vorrei, è ovvio, lontana, e con una lapide: «Scrisse quello che poteva, mai quello che non voleva». Amen.

In chiusura del mio articolo, il direttore Franco Di Bella ha allegato la seguente nota:

La pubblicazione di questo «Strettamente personale» è la dimostrazione limite della libertà d'espressione di cui godono giornalisti e collaboratori del «Corriere» nei loro commenti. Questo rispetto arriva al punto di astenerci dall'entrare nel merito della costruzione degli avvenimenti cui si riferisce l'articolo. Certamente, a nostro giudizio, nessun'altra azienda editoriale italiana potrebbe permettersi un simile lusso di libertà. Al di là delle vicende contingenti, auguriamo al «Corriere» di poter conservare per gli anni a venire altrettanta piena e garantita libertà. (f.d.b.)

1982

Intervista a Michele Sindona

Il 19 marzo 1979 Michele Sindona viene incriminato a New York dal giurì federale per il fallimento della Franklin Bank. Il finanziere è accusato di aver acquistato nel 1972 la Franklin con fondi illegittimi provenienti da istituti bancari italiani che lui controllava.

Successivamente Sindona e il suo ex collaboratore Carlo Bordoni vengono accusati anche di aver sottratto alla banca americana 45 milioni di dollari per speculazioni sui cambi portandola, nell'ottobre 1974, al fallimento. Quello della Franklin è il più grande crac nella storia del sistema bancario americano. Nei primi giorni di agosto 1979 Sindona scompare, simula un rapimento, viene poi trovato in ospedale, ricoverato per una ferita da arma da fuoco alla coscia sinistra.

13 giugno 1980: il finanziere è condannato a venticinque anni di reclusione e 207.000 dollari di multa per il fallimento della Franklin Bank, i reati: associazione per delinquere, frode, falsa testimonianza, uso fraudolento dei mezzi di comunicazione federali.

L'ho incontrato nel carcere di Otisville, New York, nell'ottobre 1982.

«Come sta, avvocato Sindona?»

«Abbastanza bene.»

«Qual è la sua giornata qui dentro?»

«Io continuo con le mie abitudini, cioè di alzarmi molto presto, fare un leggerissimo breakfast e dopo giro un po' o leggo o telefono. Alle 11-11.30 abbiamo una seconda colazione.»

«In che cosa consiste?»

«In un menù abbastanza vasto: qualche volta purtroppo i cuochi non sono italiani, forse neanche dei migliori americani, ma la materia prima è decente e, dico, qualche volta la rovinano. C'è sempre una zuppa; ci sono sei-sette qualità di insalata, c'è un piatto di mezzo; qui c'è poca carne, a Springfield ce n'era molta di più.»

«Il dolce la domenica magari.»

«No, il dolce tutti i giorni. Due volte al giorno e spesso anche al mattino per breakfast. Tutti in America mangiano il dolce, non è considerato un lusso come in Italia e quindi lo danno anche nelle prigioni.»

«E a che ora bisogna dormire?»

«Non c'è nessun'ora per dormire; qui, a differenza di Springfield – dove ci tenevano tutta la notte liberi – alle 11.30 chiudono le porte. Questo è a un livello di sicurezza più alto, ma si può rimanere in camera come faccio io a leggere, a scrivere.»

«Che cosa legge?»

«Per deformazione professionale leggo molti libri di economia. In questi giorni ho letto molto anche Nietzsche.»

«Il superuomo. Ci crede?»

«Credo che Nietzsche sia stato interpretato male. Non credo che volesse parlare di un superuomo per imporlo, ma solo per qualificare un tipo umano.»

«Lei come si qualifica?»

«Su quale piano, scusi?»

«Sul piano degli uomini o dei superuomini.»

«Qualcuno mi considera un genio dell'imbroglio finanziario, ma io sono un uomo pieno di umiltà, tanto è vero che ho sempre rifiutato nei momenti del successo di accettare qualsiasi carica che potesse dare la sensazione di esibizionismo.»

«Ma lei ha avuto attestati, no?»

«Feci una conferenza per aiutare i bambini handicappati ebrei e raccolsi 3 milioni di dollari in una notte, per questo ebbi un attestato, mi fece piacere…»

«Senta, avvocato, lei è stato condannato da un tribunale americano a venticinque anni: di che cosa l'hanno ritenuta colpevole?»

«Mah, se le dicessi di che cosa, lei stesso non potrebbe credere. Hanno condannato le mie intenzioni, perché nel giudizio la sentenza ha detto chiaramente che non ho rubato. Ha detto però che quello che era stato commesso era stato commesso perché certamente i funzionari conoscevano la mia mentalità speculativa; praticamente perché il giudice italiano Guido Viola gli ha detto che ero un criminale e dovevo essere condannato, mandando dei documenti o falsi o incompleti. Soltanto per questo.»

«Quindi lei è una vittima.»

«Matematicamente. E ho insultato il giudice americano e l'insulto sempre, lui e il procuratore. Si vede che hanno voluto fare carriera sulle mie spalle.»

«Eppure lei vuol venire in Italia a farsi giudicare dalla magistratura italiana.»

«Il problema è questo: l'Italia non potendo trovare me, sta cominciando a perseguitare la mia famiglia. E allora ho il dovere umano, il dovere di padre di andarla a difendere, perché ho capito perfettamente che mi vogliono far condannare in contumacia e non ne hanno il diritto, assolutamente. Perché quando il procuratore dice che io sono latitante, voglio che lui spieghi come ha fatto a interrogare ufficialmente un latitante. Lui mi ha interrogato. Ha riportato nell'interrogatorio un decimo di quello che io ho detto, e le cose che a lui convenivano, ma mi ha interrogato. E quindi io voglio andare a difendermi. Perché ritengo mio dovere difendermi.»

«Insomma lei non ha niente di cui accusarsi e si sente perfettamente in ordine?»

«Sì, mi sento perfettamente in ordine.»

«Lei riceve molte visite qui in carcere?»

«Sì, ho molte visite, i miei familiari vengono molto spesso, ricevo qualche amico, gli avvocati, ricevo diverse visite.»

«Sbaglio o fatti recenti le hanno fatto perdere i due ultimi amici che le erano rimasti, parlo di amici importanti.»

«Cioè? Quali per favore? A chi si riferisce?»

«Beh, Gelli e Calvi.»

«Io ritengo di averne anche altri. Comunque è chiaro che Calvi l'ho perso, perché è morto e mi dispiace moltissimo, perché l'ho sempre apprezzato, tanto è vero che l'ho appoggiato nella sua carriera, quando ne avevo la possibilità; Gelli non capisco perché lei mi dice che l'abbia perso. Non mi risulta che l'abbiano ammazzato.»

«No, ma credo che abbia qualche difficoltà, per esempio, a comunicare con lei.»

«Questo non significa perdere un amico.»

«Credo che lei comunque in questo sappia arrangiarsi benissimo.»

«Faccio soltanto quello che mi è concesso di fare sulla base dei regolamenti.»

«Regolamenti a parte, cominciamo con Calvi: come lo ha conosciuto?»

«Verso la metà degli anni Sessanta. Fu il mio consuocero, l'avvocato Magnoni, a presentarmelo. Mi disse che Calvi voleva conoscermi perché aveva apprezzato quello che avevo fatto con la Banca Privata Finanziaria. Gli dissi: "Benissimo", Calvi venne a trovarmi ed ebbi occasione così di avere un colloquio, poi un altro, gli dissi che io conoscevo l'Ambrosiano, conoscevo il suo presidente, che era Canesi, sapevo che si trattava di una banca che godeva di un buon prestigio nazionale se non internazionale, e ritenevo che un'unione tra il "privatismo italiano", che era il mio pallino, avrebbe potuto portare a risultati interessanti. Questo è stato il primo incontro. Ho visto che lui effettivamente aveva delle idee molto simili alle mie e abbiamo cominciato con dei contatti. Fu a quel punto che gli proposi: "Se tu vuoi veramente fare qualcosa devi operare in un campo internazionale". E lui disse: "Sì, purtroppo la mia banca si è limitata e io sono l'unico – ed era vero – che conosce nella banca il settore internazionale".»

«Con Calvi non vi univa la comune fede massonica?»

«Quando l'ho conosciuto, Calvi non era un massone. Io ho presentato Calvi a Gelli, e se vuole poi le dirò perché.»

«Perché?»

«Quando si decise il processo d'internazionalizzazione dell'Ambrosiano, io pensai che il Sudamerica fosse l'area di più adatta espansione; l'Ambrosiano infatti era un banco privatista e loro si ritenevano anche cattolici; in Sudamerica avrebbe potuto, investendo in attività sane, evitare quel caos che porta al comunismo. Ecco perché; questa era l'intenzione che ci univa, non quella massonica. Perciò lo presentai a Gelli, dicendogli: "In Sudamerica Gelli ha grosse relazioni, perché in molti punti vitali del Sudamerica i capi, politici e militari, sono massoni, rispettano Gelli, penso che lui ti può introdurre nei settori buoni ed essere anche protetto". Seppi soltanto dopo da Gelli e da Calvi che si era iscritto alla P2.»

«Lei era iscritto alla P2?»

«No.»

«Però alla loggia di Palazzo Giustiniani sì?»

«No, no. A un certo momento, quando Gelli, dopo quello che era successo, è venuto qui, mi ha aiutato, mi ha mandato – e io dovrei averla ancora tra i miei documenti, se non li hanno sequestrati – mi ha mandato una lettera con dei moduli da firmare e una tessera, tra l'altro firmata da Salvini! Mi disse: "Ti mando questi, firmali, poi farai il giuramento". Io mai ho voluto firmare e mai ho voluto giurare. Non perché avessi qualcosa contro la massoneria, ma perché ho detto: "Guarda che io non ho mai voluto appartenere a nessun club speciale, non ho mai voluto appartenere a nessun partito politico". Lei può immaginare, nei tempi miei ho avuto tanti inviti da partiti politici di presentarmi, ma io ho la mia etica, giusta o sbagliata, e firmando un impegno a un certo statuto posso essere costretto a seguire un comportamento contrario alle mie idee... E, veda, qui qualcuno mi dice: "È stato il tuo errore"; forse è vero e forse no, ma io volevo nascere libero e morire libero. Oriana Fallaci, nel suo libro *Un uomo* che lei certamente avrà letto, a un certo momento dice che "quando si è soli, non si appartiene a dei club, a delle associazioni, a delle consorterie o a partiti politici, nessuno ti difende. Ed è molto facile che si subiscano ingiustizie".»

«Ma dicono che lei era un massone e mafioso, quindi...»

«Un momento. Quello che dicono è un fatto, quello che io le sto dicendo e gliel'ho spiegato abbondantemente è un altro. Ed è che non ero massone. Ero difeso dai massoni.»

«Ma sì che era massone. Perché il suo amico Miceli Crimi, massone, ha dichiarato che lei era iscritto alla loggia di Palazzo Giustiniani.»

«Assolutamente no.»

«Se vuole, io le mostro – è qui – una deposizione di Miceli Crimi.»

«Allora un momento: Miceli Crimi sa perfettamente che Salvini mi ha mandato, attraverso Gelli, una tessera e che non ho mai prestato giuramento. Se a lui fa comodo dire questo mi dimostrino l'atto di giuramento o l'atto di sottomissione al rito massonico. Io sfido chiunque a dimostrarmelo. Non esiste, perché io ho rifiutato e infatti non trovano mai un mio versamento di quote.»

«Avete fatto dei buoni affari con Calvi?»

«Abbiamo fatto degli affari molto interessanti che facevano parte di questo nostro progetto. Con Calvi noi abbiamo acquistato – io ufficialmente, loro riservatamente con la Hambro – il controllo della Centrale. E insieme noi tre, io ufficialmente, abbiamo fatto la famosa Opa Bastogi, che aveva lo scopo di creare un grosso centro privato italiano che avrebbe dovuto dare ossigeno alle aziende private per non lasciarle ricattare dalle banche di Stato.»

«Avete guadagnato bene?»

«Sulla operazione Centrale abbiamo guadagnato bene.»

«Quanto?»

«Ah, oggi non glielo posso dire, ma si tratta sempre nell'ordine di una decina di miliardi a testa. E poi Calvi fu incaricato da Cefis, che stava con un piede in galera e un piede fuori, di pagare le nostre azioni Bastogi a qualunque prezzo. E io gli risposi: "Non ho fatto l'operazione Bastogi per speculare; il mio problema era completamente diverso, era un problema ideologico, te le vendo al costo. Tu sai quanto abbiamo speso, mi dai il sette per cento di interessi"; e gliel'ho vendute.»

«Calvi l'ha aiutata quando lei s'è trovato nei guai?»

«Sì, mi ha aiutato, è venuto a trovarmi qualche volta e qualche volta ci faceva da *trait d'union* Gelli. Calvi creò un "consorzio" e mi diede dei soldi. Lo ringraziai e lui mi disse: "Non ti preoccupare, è il meno che posso fare". Calvi era il massimo contributore di quel consorzio a mio favore.»

«Lei pensa che sia morto ammazzato o che si sia ammazzato?»

«Non capisco come si possa pensare che Calvi si sia ammazzato.»

«Ma non aveva già tentato in carcere di togliersi la vita? O era una commedia?»

«Io non credo che fosse una commedia. Calvi non era un commediante…»

«Allora, uno che ha tentato una volta perché non può tentare anche la seconda?»

«Può tentare anche cento volte. La prima volta l'aveva fatto e purtroppo, poverino, aveva dovuto accettare quelle pillole che aveva trovato, come me, in carcere, perché non ne aveva trovate di più e l'hanno salvato. Ma fuori d'Italia, una pillola di cianuro si compra quando si vuole e si può morire subito senza soffrire. Non si rischia di fare un viaggio come quello che lui fece per poi andarsene sotto quel ponte con le pietre in tasca.»

«Avvocato Sindona, chi ha ammazzato Calvi?»

«Io sostengo che è sempre la stessa ideologia – dico così per non dire persone – che voleva ammazzare me. È l'Internazionale di sinistra spinta dal "radicalismo-chic".»

«Chi voleva ammazzare lei?»

«Le stesse sinistre che hanno ammazzato Calvi.»

«Ma quando volevano ammazzare lei?»

«Già nel '74.»

«Non quando lei ha simulato il rapimento?»

«No. Lei aggiunge un aggettivo che non sta bene.»

«C'è chi lo ha testimoniato. Nella sua vita lei non si è mai fatto chiamare "Peter"?»

«Io? Mi son fatto chiamare Peter, certo. Mi hanno chiamato Peter.»

«Lei ha fatto delle telefonate facendosi chiamare Peter, dicendo "Sono Peter"?»

«Io ho fatto delle telefonate dicendo "Sono Peter" da New York a Palermo.»

«Lei ha girato per un certo periodo con barba, baffi e cose di questo genere?»

«Come no! Non l'ho mai negato, questo, l'ho dichiarato io.»

«Allora perché si irrita se dico "simulato"? Uno che fa finta di essere rapito, che cosa fa?»

«Ah, uno che fa finta di essere rapito? Stia attento: non è vero che ho fatto finta di essere rapito. Io ero impegnato in un certo programma politico, e poiché l'America mi ha spostato il processo, io, che avevo preso degli impegni, sono stato costretto ad andare nei termini previsti.»

«Lei aveva preso l'impegno di far separare la Sicilia dall'Italia?»

«No, questa è una sua idea!»

«No, questa è un'idea riportata dalla stampa di mezzo mondo, e anche quello che dicono quelli che sono stati con lei in quel periodo: che volevate dividere la Sicilia dall'Italia.»

«Noi volevamo rafforzare quello che era il separatismo siciliano, non per un'idea separatista, ma per poter finalmente fare rappresentare fortemente la Sicilia nel governo italiano, nel Parlamento. Del resto, in moltissime conferenze pubbliche, nei club italo-americani, io dicevo sempre: "Signori, votate per la parte giusta".»

«Per lei qual era la parte giusta?»

«La parte giusta era quella veramente democratica, indipendente, non assoggettata né alle pressioni della mafia né a pressioni delle corruzioni.»

«Mi racconti la scena quando lei si fa operare dal dottor Miceli Crimi, perché si è fatto operare?»

«Perché, a un certo momento, quelle stesse persone che mi avevano obbligato ad andare han detto: "Se tu rientri, gli americani ti costringeranno a parlare, tu dirai i nostri nomi e noi saremo out, saremo nei guai. Quindi, se tu vuoi rientrare lì, con i prodotti chimici, coi lie detector ti costringeranno e tu farai dei nomi". Invece in questa forma non penseranno mai... Io ho detto: "A me non importa niente, fate quello che volete".»

«E questi signori che lei non spiega chi sono avevano tanta forza da indurla a un esercizio tanto difficile e complicato?»

«È evidente. Avevano la forza morale, perché han detto: "Tu sei impegnato, noi abbiamo fatto queste preparazioni, c'è della gente che rischia di andare in galera. Tu non puoi, per un tuo egoismo di presentarti bene al processo e non rinviarlo, fare a meno di venire".»

«Lei non ha costretto per caso Enrico Cuccia a fare un viaggio fino a New York per spiegarsi con lei?»

«No. Cuccia non è venuto a New York a spiegarsi con me. Questa è una delle sue solite vigliaccherie! Ha detto questo per far punire la mia famiglia! Perché è l'uomo più farabutto e più vigliacco che ha l'Italia. Non ha mai avuto il coraggio delle sue azioni. Io l'ho denunciato e lui non ha avuto il coraggio di denunciarmi. Dovrebbe essere in galera da cento anni perché ha rovinato l'Italia per la disoccupazione che ha creato. Ha rovinato l'Italia attraverso truffe e aggiotaggio.»

«Lei ha sempre detto di essere stato rovinato da Cuccia: insiste su questo tema?»

«Non solo insisto, ma Cuccia, quando l'ho incontrato e gli ho fatto presente alcune cose che aveva detto, come la sua dichiarazione alla Banca d'Italia "non solo bisogna rovinare Sindona ma bisogna spargere le sue ceneri", s'è messo a ridere, dicendo: "Be', dimentichiamo il passato".»

«E durante quella conversazione che cosa altro vi siete detti?»

«Abbiamo parlato di un progetto tecnico, perché lui a un certo momento disse: "Mi si accusa di volerla rovinare e invece io voglio intervenire per trovare una soluzione tecnica in suo favore". Ma poi venne la morte di Ambrosoli e tutto si bloccò.»

«Ecco, la morte di Ambrosoli; lei non c'entra proprio niente?»

«Non solo non c'entro, ma non smentisco quello che ho dichiarato su Ambrosoli. Ho detto che Ambrosoli era incompetente, mi dispiace perché è morto, ma non sono un ipocrita come tutta la gente che quando uno muore dice che diventa un santo. Ambrosoli ha sbagliato, ma da questo alla violenza ce ne corre di strada! E per questa strada io sicuramente non ci sono passato, e non ci passerò mai.»

«Qualcuno dice che lei ha ammesso di aver parlato del pericolo che costituiva per lei Ambrosoli – qualcuno del giro siciliano –, Ambrosoli delle minacce le ha avute e ci sono delle registrazioni di queste minacce. Ne ha sentito parlare?»

«Ne ho sentito parlare, ma io ho fatto presente questo: che quando Ambrosoli è stato ucciso aveva già consegnato tutti i documenti. Non era pericoloso per me, non solo, ma noi, coi miei avvocati, aspettavamo con ansia Ambrosoli perché aveva formulato delle domande, cui io ho risposto. Erano domande così stupide, così tecnicamente sballate per cui noi l'avremmo distrutto qui, di fronte al magistrato. Quello che speravamo è proprio che arrivasse qui, per distruggerlo.»

«Avvocato Sindona, lei ha avuto due banche e sono andate per aria tutte e due, una in America e una in Italia. È così o no?»

«No. La banca in America non doveva andare per aria, tanto è vero che sta pagando tutti e molto probabilmente pagherà anche gli azionisti. La Federal Reserve aveva dato un miliardo e settecento milioni per salvarla, ma il solito "radicalume chic" italiano ha fatto sapere che avrebbe fatto uno scandalo perché davano dei soldi…»

«Lei dà un peso a questo "radicalume chic" italiano che, mi scusi, mi pare alquanto eccessivo. E la Banca Privata non è andata per aria?»

«La Banca Privata è andata per aria e io ho spiegato al giudice Viola il perché. Io ho consegnato al giudice Viola documenti e assegni, e ai magistrati che sono venuti a interrogarmi, ho fatto presente alcune altre situazioni da cui si dimostra che il signor Bordoni aveva rubato quaranta milioni di dollari…»

«Il signor Bordoni era il suo assistente principale.»

«Era quello che si occupava praticamente del lavoro, in gran parte del lavoro estero. Gli abbiamo dato la copia degli assegni, la copia dei conti svizzeri, firmati da lui e dalla moglie e, guarda caso, in Italia si arresta la gente per cinquecentomila lire che porta al di là dei confini e per quaranta milioni di dollari non ho visto preso nessun provvedimento. Questo è il motivo per cui Bordoni è scappato, ho fatto presente che sono spariti ventidue miliardi di lire nell'operazione fatta da Bordoni con Signorio, dicendo che l'aveva fatta per poter dare dei soldi al giornalista Panerai e anche di questo non s'è parlato, né nel verbale né in altro caso.»

«Queste cose le ha dette a chi?»

«Ai magistrati.»

«Risulta dai verbali?»

«Sui verbali non l'hanno messo; i magistrati, pur avendomi promesso che rientrando in Italia avrebbero fatto indagini, si sono guardati bene dal farle.»

«Ma insomma, i magistrati non mettono le sue dichiarazioni nei verbali, in America la magistratura non capisce bene le cause...»

«Sissignore.»

«Tutto il mondo è contro di lei?»

«Le ho detto, quando si cade e quando non si hanno appoggi di partiti, di associazioni o di altri, evidentemente è facile subire delle ingiustizie.»

«A qualche politico ha dato soldi? A qualche partito?»

«Mai. Soltanto ho dato alla Democrazia Cristiana due miliardi in prestito, perché sarebbero dovuti rientrare attraverso le società che io le ho fatto costituire perché operassero professionalmente senza farsi dare soldi da nessuno e quindi senza farsi ricattare da nessuno. Consiglio che io ho dato anche a Cossutta del Psi.»

«Cossutta veramente appartiene al Partito Comunista.»

«No, l'altro, quello di Milano, un nome che si assomiglia. Comunque l'ho scritto, non mi ricordo ma l'ho scritto.»

«A un socialista di Milano.»

«Sì. Avevamo studiato – presente l'ingegnere Trotta, notoriamente socialista – una forma per preparare delle finanziarie dicendo: "Voi chiedete soldi alle aziende, ad aziende dello Stato, ma poi i dirigenti possono ricattarvi. Cercate invece delle finanziarie dove fare operazioni solo professionali, non per azioni speculative".»

«Lei vuole riavere indietro i soldi prestati alla Dc?»

«Certo che li voglio indietro.»

«Senta, avvocato, è vero, come dice l'avvocato Guzzi, che è stato suo difensore, che quando lei si rivolgeva ad Andreotti lo chiamava "caro Giulio"?»

«No, no, mai "caro Giulio"; "caro illustre" e "caro presidente".»

«Senta, chi è che ha rovinato Calvi?»

«Non ne ho la più pallida idea.»

«Che tipo è Gelli, secondo lei? È un filantropo?»

«Non credo che sia un filantropo. È un uomo che è rimasto scosso, sul piano politico, dal fatto che nella guerra di Spagna i comunisti gli hanno ucciso il fratello, in trincea con lui. E da quel momento lui s'è fatta una crociata, per cercare di combattere il comunismo. È stata una reazione, una convinzione.»

«Da questo sarebbe derivata…»

«Da questo sarebbe derivata questa sua attività. E le dico questo: tutte le volte che lui ha dovuto studiare un problema in Italia, per cercare di sistemare un po' alcune faccende perché vedeva l'avanzata dei comunisti, ha chiesto a me le idee per tutta la parte economica in una società veramente libera e democratica.»

«Perché è saltato l'Ambrosiano?»

«L'Ambrosiano è saltato perché il solito "radicalume chic" doveva distruggere l'ultimo baluardo dell'iniziativa privata.»

«L'ultima volta che ha parlato con Gelli, quando è stato?»

«Dopo il mio ritorno dalla "sparizione". Perché lui mi chiese: "Ma cosa hai combinato?". Gli ho risposto: "Quando potrò vederti a quattr'occhi ti dirò, comunque in quel momento capirai che non hai niente da rimproverarmi, perché ho fatto qualcosa che in coscienza ritenevo di dover fare".»

«Come spiega che il Vaticano facesse tanti affari con voialtri massoni?»

«Un momento. Il Vaticano non ha mai fatto affari con noialtri massoni; perché io non ero massone; secondo, il Vaticano con me non ha fatto affari: io ho aiutato il Vaticano, è completamente diverso. Il Vaticano era socio in tre mie banche e io ho tolto dai guai il Vaticano che mi ha consegnato dei bilanci falsi.»

«Come falsi?»

«Glielo spiego subito. Innanzitutto bisogna stare attenti a questo: Marcinkus e l'Istituto Opere Religiose non hanno niente a che vedere con l'Apsa [Amministrazione del Patrimonio della Sede Apostolica], che è quella che ha venduto a me le aziende. Le aziende mi sono state vendute dall'Apsa, presidente in quel momento il cardinal Guerri e successivamente il cardinal Caprio, e mi ha venduto la Condotte d'Acqua, mi ha venduto la Società Generale Immobiliare e la Ceramica Pozzi, che era veramente un rottame. Per questa società il Vaticano è impegnato con qualche centinaio di miliardi.»

«E tutte con bilanci falsi?»

«No. Quando io ho preso le aziende, mi sono accorto che purtroppo – e sono convinto che i cardinali fossero in buonafede perché completamente incompetenti – i consiglieri d'amministrazione rappresentanti il Vaticano, per non perdere il posto e per far bella figura, avevano redatto bilanci completamente non rispondenti alla realtà. Sono andato dall'allora monsignor Benelli, oggi cardinal Benelli, a dire: "Eminenza, noi oggi ci troviamo in questa situazione, cosa devo fare?". Lui mi disse: "Guardi, il Vaticano la proteggerà sempre e comunque il buon Dio la benedirà e la compenserà in altro modo".»

«E Marcinkus l'ha benedetta o no?»

«Io non mi aspettavo niente dal Vaticano.»

«E Marcinkus?»

«Con Marcinkus il problema è diverso. Marcinkus era socio, come presidente dell'Istituto Opere Religiose, di due mie banche. Marcinkus quando è andato lì mi ha chiamato molte volte per conoscere la situazione, per avere dei consigli e dissi a Marcinkus, fin dal primo momento: "Senta, stia attento a non fare operazioni, soprattutto sul piano internazionale, che possano farla considerare come un affarista. Quando lei si rivolge a un piccolo broker della California lei sbaglia. Si rivolga alla Morgan, perché se sbaglia la Morgan nessuno dice niente, ma se sbaglia un piccolo broker, lei verrà accusato". Infatti quello ha sbagliato e lui è stato accusato.»

«Lei ha detto in un'intervista che "in Italia non si può stare in alte sfere senza corrompere qualcuno".»

«Ecco, stia attento: io ho un problema di questo genere. Sono stato abbandonato, sono rimasto quell'"uomo solo" di cui parla la Fallaci, per questo: quando ho comprato dal Vaticano – è un fatto enormemente importante, proprio per indicare il costume italiano –, quando ho comprato la Condotte d'Acqua e la Società Generale Immobiliare e sono entrato nel comitato esecutivo, il direttore generale della Società Generale Immobiliare mi disse: "Sa, noi dobbiamo mostrare i conti all'operazione Trinacria" e io gli chiesi: "Che cos'è, è un'operazione siciliana?". "No, non ha niente a che fare con la Sicilia." Dico: "E allora?". Dice: "È un'operazione concordata coi vari partiti. Noi ogni contratto, ogni appalto che prendiamo, per evitare di lottare tra di noi ci mettiamo d'accordo prima su quale prendere e diamo il tre per cento ai partiti politici, l'uno per cento alla Democrazia Cristiana, l'uno per cento ai socialisti, che danno una piccola parte ai socialdemocratici, e l'uno per cento ai liberali che se lo dividono anche loro, e danno qualche briciola all'Msi". Dico: "E come fate questo?". Dice: "Coi soldi neri delle società". Dico: "Ma guardi che non è un reato dare i soldi ai partiti sin che li date coi soldi vostri, di proprietà, ma la società è quotata in Borsa, quindi non solo… ma faccia sapere al presidente che da oggi si deve bloccare il conto". Qualche giorno dopo viene da me e mi dice: "Guardi che il segretario amministrativo del Psi le vuol parlare perché non è niente contento di questa soluzione. È un appunto; le do il numero di telefono del signor Talamona, che aspetta una sua telefonata". Io mai feci la telefonata a Talamona. Quando si trattò della Finambro, il direttore generale mi rimproverò dicendo: "Ma lei cosa s'aspettava, che i socialisti l'appoggiassero dopo il provvedimento che ha preso?". Da lì sono andato alla Condotte d'Acqua... tra l'altro il direttore generale della Generale Immobiliare mi disse: "Ma strano che lei che ha tanti clienti immobiliaristi non lo sapesse". Dicevo, mi sono immediatamente recato alla Condotte d'Acqua e anche lì mi è stata confermata dall'amministratore delegato la stessa cosa. Dice: "Noi non possiamo lavorare se non paghiamo questo scotto ai partiti politici". Dico: "Io non voglio". E lui: "Non possiamo perché se no roviniamo la società". Telefonai a Londra e dissi a... "Vendete la Condotte d'Acqua perché non rimango in una società in cui vengono truffati gli azionisti". E questo è il modo con cui io ho pagato i partiti. Certi partiti non me l'han perdonata.»

«Senta, avvocato, lei sa che si è parlato di lei e dei suoi amici, John Charlie Gambino, di cui lei è stato consulente finanziario, no?...»

«No, stia attento, le dico com'è il mio rapporto...»

«Va be'... dei fratelli Spatola.»

«Ho conosciuto uno Spatola e le dico come.»

«Di don Agostino Coppola.»

«Mai visto, mai sentito nominare.»

«Luciano Liggio.»

«Mai visto. Stia attento: quando Mario Salinelli, reporter della televisione italiana, è venuto per il Bicentenario dell'America e sono andato, insieme al sindaco di Sanremo, a offrire duecento garofani al presidente degli Stati Uniti, passando da qui ha detto: "Noi la vogliamo qui, vogliamo fare una festa per lei, eccetera". E al tiro a segno ci siamo visti, Mario Salinelli mi disse: "Senta, noi abbiamo bisogno di far votare un italiano, lei ci può dare una mano, io sono in condizioni di contattare italiani in Argentina, perché non creiamo un giornale?". "Benissimo – dico – lo

studi, perché sono lietissimo di fare una cosa del genere."
Metà in italiano è metà in inglese. Lui l'ha studiato, ha presentato delle proposte, doveva venire un cantante italiano,
andare al Madison Square Garden... un giorno mi disse:
"Senta, io sono in ottimi rapporti con John Gambino perché è uno che è in rapporto con parecchi attori italiani e lui
può fare molto per noi, perché può ottenere molte sotto-
scrizioni per il giornale, conosce molti di questi attori e
possono fare una serata per noi senza farsi pagare ecc., ma
vuole da lei l'assicurazione che un'impresa così non fa perdere troppi soldi, che è un'impresa seria e che la può fare.
Vuol venire a cena?". "Volentieri." Sono andato a cena, ho
conosciuto il signor Gambino e abbiamo parlato del giornale.»

«Di Spatola?»

«Gambino mi disse "ho un mio cugino che ha in Italia
dei problemi di questo genere: lui è iscritto all'albo dei costruttori, sino a 6 miliardi, non può partecipare ad alcune
aste. Lei può farlo assistere a Roma da qualcuno?". "Volentieri – dissi – lo faccio assistere dall'avvocato Guzzi, che
è il mio avvocato, una persona per bene. Però mi faccia
chiedere sue informazioni." Lui disse: "Chiedi informazioni al Banco di Sicilia e alla Cassa di Risparmio delle Pro-
vince Lombarde". Le due informazioni dicono che Spatola è di primissimo ordine, 2 miliardi di credito uno, 600
milioni l'altro, perfetto. Dico a Guzzi "fammi la cortesia,
interessati". Non solo, mi disse: "Io gli voglio dare un ac-
conto". "No – dico – io lo faccio perché suo cugino con cui
stiamo preparando una cosa è molto più importante dei
soldi, perché a me questo interessa di più e me l'ha presentato".»

«C'è un giudice italiano, che si chiama Giovanni Falcone il quale parla dei suoi legami con Charlie Gambino che
a New York sarebbe a capo di 5 famiglie di Cosa Nostra.»

«Non credo perché ho letto il rapporto di lui e, mentre
prima mi aveva fatto un mandato di cattura, con la solita
superficialità con cui si fanno i mandati di cattura in Italia,

per i miei rapporti col crimine organizzato, quando ha rinviato a giudizio il mio mandato di cattura l'ha fatto solo per falso passaporto, per supposti 100 mila dollari in valuta, che non ho mai visto, e per dichiarazioni di false generalità e mi ha scaricato di tutti quei reati che aveva presunto, mentre tutti gli altri sono stati rinviati a giudizio (non tutti, alcuni di essi) per questi rapporti.»

«Lei sa che anche l'avvocato Ortolani è scomparso? Lei l'ha conosciuto?»

«Io non so che è scomparso. Io l'ho conosciuto, ho avuto rapporti fino al 1972, lui mi risulta che era in ottimi rapporti col Vaticano e aveva un conto presso la Banca Privata Finanziaria, è un uomo più politicizzato che tecnico, mi risulta che avesse una piccola banca, una piccola finanziaria a Montevideo, in cui aveva difficoltà e mi risulta che successivamente Calvi lo abbia utilizzato su consiglio di Gelli – perché Gelli lo aveva come suo "fratello" nella P2 – per gli affari finanziari in Sudamerica, in attesa che mi liberassi. Io presentai qualche dubbio, sia all'uno che all'altro, sia a Gelli che a Calvi dicendo "guarda che quell'uomo è troppo politicizzato, è un uomo che non è completamente competente, vi può portare verso operazioni che hanno più del sapore politico che del sapore finanziario". Successivamente, negli ultimi due anni, non sapevo più niente ma leggevo che effettivamente si andava nella stampa, si andava in altri posti, cosa che non accettavo come banca. Infatti dissi a Calvi: "Stai lontano dalla stampa, a meno che non lo faccia con soldi suoi, ma fai stare le banche lontane dalla stampa". Lui non m'ha seguito e per me, il "Corriere della Sera" è una delle cose che lo ha affossato.»

«Lei si sente un perseguitato, Calvi si sentiva un perseguitato e Gelli si dichiara perseguitato: tre vittime, ma di chi?»

«Dottor Biagi, lei vive in Italia e fa a noi questa domanda? Lei non è così ingenuo a non vederlo o da non saperlo e da non capirlo: lei sa che in Italia chi si oppone a certi regimi è soltanto perseguitato. Lei sa, conosce, ricorda un'intervista del dottor Guido Viola in cui dice (e io ho il testo): "State attenti voi magistrati perché voi non sapete che le Brigate rosse hanno una grossa, ma grossa, ma grossa ideologia e voi spesso non li capite e sbagliate quando li interrogate". E lei poi dice perché noi siamo perseguitati? Queste sono le persone incaricate di accusarci. Queste sono le persone che hanno rapito Dozier – e io ho mandato un fascicolo completo al Dipartimento di Stato. Ecco perché il Dipartimento di Stato mentre loro chiedevano la mia estradizione, mi dava dei premi. Purtroppo per questo.»

«Lei ha mai paura?»

«Io ho paura soltanto per la mia famiglia. Sarà una presunzione ma io non ho paura. Quando non si ha paura di morire, quando si ha una fede, non c'è motivo di avere paura. Assolutamente.»

«Senta, tutti gli uomini fanno degli errori, anche dei peccati: lei ha qualcosa di cui si vergogna?»

«Vergognarsi di cosa? La gente mi accusa e dice "hai rubato". Dico "no" e me l'hanno dovuto confermare. Dicono "tu hai finanziato le eversioni o dittatori del Sudamerica", così per accusarmi, per presentarmi demagogicamente, per farmi condannare. Quando invece in Sudamerica abbiamo fatto esattamente l'opposto. Abbiamo detto "non possiamo eliminare i dittatori, cerchiamo di fare qualcosa per salvare delle vite umane". Presunzione, a torto o ragione, ma sicuramente la mia coscienza è a posto.»

Carlo Alberto Dalla Chiesa

La fine degli anni di piombo è merito di un generale dei carabinieri, Carlo Alberto Dalla Chiesa, piemontese di Saluzzo, vicino a Cuneo, nato nel mio stesso anno 1920, io in agosto, lui in settembre. Proveniva da una famiglia di militari, ufficiale di fanteria durante la guerra, dopo l'8 settembre del '43 partigiano. Il generale Dalla Chiesa si occupò di Brigate Rosse sin dall'inizio del terrorismo, riuscì a catturare i capi storici, Renato Curcio e Alberto Franceschini, grazie alle informazioni fornite da un infiltrato, Silvano Girotto detto «Frate Mitra». Era l'8 settembre del 1974. Nominato prefetto di Palermo nella primavera del 1982, arriva in città a maggio, dopo che la mafia in aprile aveva assassinato Pio La Torre, il deputato comunista che dette vita a una indimenticata stagione di lotta contro la mafia. Hanno scritto che il momento più difficile della sua esistenza è stata la lotta al terrorismo. No: ha sofferto per la rivolta al carcere di Alessandria. Quando gli furono addossate responsabilità che non erano sue, e quando lo accusarono di appartenere alla P2. Teneva soprattutto alla sua onorabilità.

Dalla Chiesa era stato mandato in Sicilia per combattere Cosa Nostra senza poteri e senza uomini. Il 3 settembre 1982, dopo cento giorni, fu assassinato, in pieno centro, insieme alla moglie Emanuela Setti Carraro e all'agente della scorta Domenico Russo.

Poche settimane prima aveva detto a Giorgio Bocca, durante un'intervista: «Da quando sono qui nessuno mi telefona. Tutti mi scantonano. Mi hanno lasciato solo. Lo scriva, Bocca, e lo faccia sapere».

Qualche volta Carlo Alberto Dalla Chiesa veniva a trovarmi, nel mio ufficetto sopra la libreria Rizzoli. All'improvviso, in borghese, senza scorta. Girava anche attorno ai banchi, sceglieva qualche volume: per molto tempo, credo che la lettura fosse la sua più frequente compagnia. L'ho visto in diverse occasioni al ristorante, cenava da solo. Alcune sere ci siamo incontrati in casa di Emanuela, la ragazza gentile che poi diventò sua moglie. Lei abitava a due passi da casa mia. Il generale arrivava e partiva in macchina. E si metteva alla guida. «Importante» mi spiegava «è che nessuno sappia dove vai, quando ti muovi. Sono sempre io che telefono, non gli altri che mi cercano.» Credeva in quello che faceva, e sapeva giudicare i fatti e gli uomini. Era cresciuto con una certa educazione; quando tornò dalla guerra, non strinse il padre, generale, ma lo salutò mettendosi sull'attenti. Era capace di sentimenti profondi. Possiedo un libretto che volle dedicare a Dora, la prima sposa, e c'è in quelle pagine lo slancio di un diciottenne che rievoca la donna amata e perduta. Anche quando parlava degli «avversari» era sempre pietoso: ne rispettava l'umanità. Nel 1977 fu responsabile della sicurezza nelle carceri. Fece chiudere quelle che considerava una vergogna. Aveva il culto dell'Arma, e pretendeva che i suoi carabinieri fossero anche belli. Era legato alle esperienze della nostra generazione, e si sforzava di capire anche un mondo che non solo cambiava, ma stava precipitando. Quando lo intervistai, i giornali scrissero che era la prima intervista che Dalla Chiesa avesse mai rilasciato, e fu trasmessa in due puntate da ventiquattro emittenti private di tutta Italia.

«Generale, chi è un terrorista?»

«Io vorrei azzardare una distinzione iniziale tra terrorista ed eversore. Terrorista può essere anche un caso isolato, un anarchico. Certamente non iscritto in un processo che abbia alle spalle un retroterra culturale e davanti una strategia da condurre in porto. L'eversore invece lo vedo inserito non solo in un retroterra estremamente ideologizzato, ma sta all'interno di una strategia che prevede la violenza.»

«Si può fare una specie di radiografia dei terroristi per vedere se si tratta di figli del sottoproletariato, di delusi del '68, dei rampolli della borghesia o dei virgulti di una pseudocultura cattolico-marxista?»

«Se si dovesse fare quella radiografia che lei chiede, piccola o grande che sia, verrebbero a emergere più marcatamente delle ombre per quanto riguarda gli ultimi tre gruppi da lei indicati. Nel periodo in cui fui a capo di quel particolare organismo preposto, dal settembre 1968 al dicembre 1979, alla lotta contro il terrorismo vennero arrestati centonovanta eversori: di questi, soltanto undici risultavano disoccupati. Oltre settanta erano docenti o studenti universitari. Poi c'erano trentatré operai, nove casalinghe, diciannove impiegati, cinque laureati. Insomma un'immagine dell'eversione forse un po' diversa da quella che normalmente uno si fa.»

«Il '68 è stato o no una fabbrica di terroristi? Sono molti quelli che provengono dal mondo universitario.»

«Ritengo che il '68 non sia stato né una fabbrica né l'unica motrice del terrorismo. È certo che molti docenti universitari provenivano dal '68, e negli anni successivi alcuni di loro hanno insegnato agli studenti, che accettavano tacitamente e in modo gerarchico, la guerriglia e a rubare. Questo accadeva nelle aule delle università. Quegli insegnanti istigavano alla violenza contro le istituzioni dello Stato.»

«La stampa ha delle responsabilità?»

«Penso di sì, senza voler fare il polemico a tutti i costi. Penso di sì da un punto di vista professionale. Nel senso che, così come un corteo è preceduto da un megafono altrimenti dietro non sentirebbero, altrettanto l'eversore, i gruppi eversivi si propongono di ottenere dalla stampa quella cassa di risonanza che, da soli, per la loro organizzazione logistica e strutturale, non riuscirebbero a ottenere sull'intero territorio del Paese.»

«Perché qualcuno si pente?»

«Ci sono le norme politico-legislative che hanno certamente contribuito molto a rendere più attuale il fenomeno del pentimento. Ma non dobbiamo dimenticare che sotto un profilo psicologico, tutto nacque con la confessione di Patrizio Peci. E ciò che più stupisce, ciò che più emerge nel pentito è il riaffiorare di valori che per tanto tempo sembravano compromessi, invece erano stati contenuti. Il rapporto con i pentiti è servito alle forze dell'ordine – e alla stessa giustizia – per prevenire molti omicidi, molti ferimenti, molte rapine. E questo, credo, debba essere valutato nella misura più esatta.»

«Lei pensa che Peci abbia parlato per una crisi di coscienza?»

«Una crisi di coscienza che lo ha visto di fronte a una valutazione, direi onesta, di quello che in quel momento era la disarticolazione che noi avevamo creato in seno all'organizzazione eversiva.»

«Lei crede che i brigatisti che confessano siano sinceri?»

«Io non ho motivi né ho avuto motivi per pensare diversamente.»

«Peci che impressione le ha fatto?»

«Peci mi ha impressionato sotto il profilo umano.»

«In che senso?».

«Per una progressione nella liberazione di qualche cosa che dentro premeva. Questa gente parte con un volantinaggio, una volta reclutata. Parte andando a rilevare le targhe di qualche auto. Parte perché gli viene ordinato di fare l'inchiesta nei confronti di una persona. Tutti comportamenti che non costituiscono reato, se non inquadrati in un'associazione. Ma quando a uno, a un certo momento, si richiede di fare l'autista per andare a compiere qualche cosa, e assiste a un omicidio, è pronto per sparare. Alla seconda occasione lo deve fare. Insomma è un progredire e qualcuno, a un certo momento, può desiderare di liberarsi, di salvarsi, di espiare. Di salvare altre vite umane che potrebbero essere coinvolte.»

«Che differenza c'è tra terrorismo di destra e terrorismo di sinistra?»

«Per me nessuna differenza. Se c'è una differenza è in questo senso: mentre nel terrorismo di destra noi troviamo un retroterra culturale sbiadito, non assimilato con una pericolosità estemporanea e immediata, in quello di sinistra c'è la presenza, invece, di un filone ideologico, che viene coltivato, insegnato. In questo caso la violenza contro le istituzioni dello Stato è una vera strategia.»

«Lei crede che un terrorista pentito un giorno possa rientrare nella vita normalmente?»

«Io penso di sì. Soprattutto se lo Stato lo aiuta a dimenticare e a farsi dimenticare.»

«Quando racconterà la sua vita ai suoi nipotini, che cosa dirà?»

«Be', ai bambini si raccontano le favole, le belle favole. E le racconterò anch'io ai miei nipotini. Ma se si riferisce alla mia vita, io penso che la mia vita non sia stata una favola. E se è, come è, una esperienza duramente vissuta, ambisco solo raccontarla ai giovani della mia Arma.»

Al generale Dalla Chiesa non è stata data questa possibilità.

1983

Patrizio Peci, il primo brigatista pentito

Patrizio Peci fu arrestato il 19 febbraio 1979.

Quando lo presero aveva la direzione della colonna di Torino. Le sue rivelazioni sulle Br hanno consentito l'arresto, da parte degli uomini del generale Dalla Chiesa, di una settantina di terroristi e la scoperta di decine di covi. Fu il brigatista che inferse il più duro colpo al partito armato e dopo tre anni di detenzione ottenne la libertà provvisoria. Peci fu accusato di otto omicidi e per quattro delitti ammise la propria responsabilità. Nell'aprile del 1983 lo intervistai.

Patrizio Peci, aveva 30 anni e aveva militato nelle Brigate rosse dal 1976. Figlio di un capomastro che aveva fatto la Resistenza, Patrizio Peci è nato a Ripa di Transone, nell'entroterra ascolano; ha studiato all'istituto tecnico e poi ha fatto il cameriere e l'operaio. Entrò in clandestinità l'ultimo giorno del 1976.

Dopo il suo arresto e la decisione di collaborare, le Br, per vendicarsi, nel giugno del 1980 rapirono suo fratello Roberto.

Roberto Peci fu ucciso il 3 agosto 1980 alla periferia di Roma con otto colpi sparati a bruciapelo.

Patrizio mi raccontò che prima di diventare brigatista, tra il '74 e il '75, aveva aderito a Lotta continua: «Erano gli anni in cui cominciò a sentirsi il peso della repressione; vi erano stati arresti durante le manifestazioni antifasciste, quasi tutti i dirigenti di Lotta continua finirono in galera o erano latitanti. Proprio in quel periodo arrivarono le prime notizie sulle Br. C'era stato il sequestro del giudice Sossi e questa azione ci aveva molto colpito. Ci siamo dati un minimo di organizzazione, abbiamo cominciato a rubare un ciclostile, abbiamo fatto un pestaggio a un professore di estrema destra».

«Chi l'ha convinta a trasformarsi in un ribelle della società?»

«Onestamente devo dire nessuno. La maturazione è stata mia. Io ho scelto la mia strada.»

Patrizio Peci aveva una bella faccia, una scioltezza di linguaggio inconsueta, una tecnica di argomentazione collaudata forse da molte e lunghe ore di solitudine, nei covi e in prigione. Trovava sempre una sua morale per ogni caso; per lui era razionale e comprensibile uccidere qualche nemico per fare felice milioni di fratelli, e il pentimento viene quando la sconfitta è ineluttabile per evitare altri dolori. Le denunce dei compagni sono il male minore.

Non c'è persona che incontri che non lasci in te un segno, un attimo di abbandono e di confidenza, un gesto senza difesa, un discorso appassionato.

Ricordo l'umiliazione dell'avvocato Michele Sindona, perquisito dalla guardia carceraria, mentre stavo salutandolo: «Nascondo un cannone» mormorò.

Kappler, nel penitenziario di Gaeta, inventava giochi per bambini handicappati; mi raccontò che si era turbato, a Berlino, sulla Kurfurstendam, osservando due vecchi coniugi ebrei che camminavano a braccetto con la stella di David sul petto. Fu colpito dalla loro dignità.

Il gelido Robert Kennedy mi mostrò compiaciuto i disegnetti ingenui dei suoi tanti figli; il maresciallo Kesserling volle offrirmi un vermut italiano, che aveva preparato per usarmi un'attenzione.

Di Mitterrand ho in mente la supponenza; di Willy

Brandt la sincerità: è uno dei pochi politici che hanno rispettato la parola data agli elettori, mantenne da Cancelliere le promesse fatte da sindaco.

Nel campionario delle mie interviste c'è gente di ogni genere, perché la cronaca non fa sottili distinzioni nella scelta dei suoi «eroi», tristi o virtuosi.

Ma ognuno si caratterizza per qualche accento o per un visibile turbamento: chi si compiace o si vergogna dei suoi peccati, chi si difende con l'intelligenza o anche con qualche spudoratezza.

Non ho visto Patrizio Peci smarrito, ma solo per un attimo imbarazzato: quando gli chiesi come avevano ucciso il mio amico Carlo Casalegno, vicedirettore de «La Stampa».

«Casalegno si occupava di terrorismo e aveva scritto articoli piuttosto duri su di noi, per cui l'organizzazione aveva fatto un'indagine su di lui: dove abitava, quali erano le sue abitudini. Alla mattina usciva di casa più o meno alle nove e mezza e rientrava alla notte tra l'una e mezza e le due. Si preparò una scheda, poi una proposta di campagna e la mia colonna, che a quel tempo era a Torino, decise l'obiettivo da colpire.»

«Lei partecipò alla scelta di Casalegno?»

«Sì; però devo dire che inizialmente avevamo deciso di azzopparlo soltanto. Quando partì la campagna, quattro o cinque mesi dopo l'indagine, le altre colonne colpirono. A Roma furono azzoppati Emilio Rossi e qualcun altro, mentre noi non ci riuscimmo, perché, mentre eravamo appostati, Casalegno arrivò con la scorta. Così fummo costretti a rimandare. Poi morì in carcere, in Germania, Andreas Baader insieme ad altri compagni e Casalegno scrisse giudizi molto pesanti, così decidemmo per la sua morte.»

«Che cosa accadde?»

«A quel punto si formò un nucleo, anzi fu sostituito il nucleo precedente, che era un po' leggero anche militarmente, perché per uccidere una persona ci vuole la giusta determinazione, bisogna crederci. Uccidere è una cosa tremenda.»

«Lei ha ucciso?»

«Non ho mai sparato a nessuno, ho partecipato all'azione attivamente, ma non ho mai sparato per uccidere.»

«Avrebbe avuto la forza di farlo?»

«A essere onesti, forse sì, a quel tempo penso proprio di sì.»

«Lei che parte ebbe nell'omicidio?»

«Eravamo in quattro; sapevamo che lui arrivava in macchina e la posteggiava vicino a casa, poi entrava nel portone. C'era un problema; la zona era molto militarizzata perché c'era una banca vicina, con una guardia giurata e passavano spesso pattuglie. Avevamo deciso di colpirlo dentro il portone. Due di noi stavano dalla parte opposta della strada. Come lo videro arrivare attraversarono il viale e entrarono praticamente insieme a Casalegno. Io facevo l'appoggio, avevo un mitra e avevo il compito di controllare la zona esterna al portone: chiunque fosse arrivato, avrei dovuto bloccarlo. Dei due che erano entrati, uno doveva sparare e l'altro aveva il compito di proteggerlo dal portinaio o da qualsiasi altro imprevisto. Spararono con una pistola munita di silenziatore. Non ci furono sorprese.»

Patrizio Peci con l'aspetto da studente per bene, e quei modi così controllati, non pare un manovratore di mitra, e non ha neppure la presenza o il fascino, o almeno durante l'intervista non lo avvertii, di uno che decide, comanda e guida. Anche se aveva ammesso di averne ordinato otto e solo a quattro aveva partecipato, oltre a quarantacinque episodi criminali. Tra gli omicidi in aggiunta a quello di Carlo Casalegno, quello del maresciallo in servizio alla questura di Torino, Rosario Berardi, avvenuto il 10 marzo 1978, nella città in cui, il giorno prima, era iniziato il processo al nucleo storico delle Br, alla sbarra anche Curcio e Franceschini.

«Amicizia, amore, solidarietà: che senso hanno per un brigatista?»

«Tantissimo.»

«Chi erano le donne che venivano con voi e dividevano la vostra sorte?»

«Erano donne normali. Un uomo che viveva in clandestinità poteva mettersi solo con una compagna brigatista,
cioè non poteva aver rapporti sentimentali con una donna
qualsiasi; i rapporti dovevano avvenire all'interno dell'organizzazione, ma tutto era subordinato al lavoro. Cambiavamo spesso di zona e quando eri spostato perdevi anche
la ragazza. Ci si vedeva solo per ragioni di lavoro e quando
c'era del tenero si cercava di abbinare le due cose. Il rapporto era prima di tutto politico e poi sentimentale. C'erano delle regole da rispettare, anche se ognuno di noi faceva le proprie scorrettezze. Un esempio: io avevo, a quel
tempo, una ragazza che era abbastanza conosciuta da parte dei carabinieri e della polizia, per cui non potevo andare a casa sua, né lei poteva conoscere casa mia. Qualche
volta ho corso dei rischi, la raggiungevo di nascosto tra-
sgredendo alle regole.»

«Come è stato il vostro rapporto?»

«Occasionale. Eravamo tutti e due all'interno della stessa organizzazione. Inizialmente era solo un fatto di stima e
di condivisione della stessa vita, poi il fatto di rischiare insieme di morire, fare le stesse cose, alla lunga ci si affezio-
na. A lei ero molto affezionato, tant'è vero che dopo che
avevo deciso di collaborare, feci mettere a verbale una frase: "Non ho intenzione di denunciare una ragazza che è legata sentimentalmente a me". Feci di più. Quando, per la
seconda volta, mio fratello venne a trovarmi in carcere, gli
chiesi un favore: dopo avergli dato il numero di telefono
della ragazza, gli dissi di spiegarle il perché della mia scelta. Da me non avrebbe mai avuto nulla da temere, ma c'e-
rano altri che avevano fatto la mia stessa scelta.»

«La ragazza che cosa fece?»

«Scelse di consegnarsi. Prima andò a trovare mio fratello, mangiò, si lavò, si tagliò i capelli, e poi Roberto l'accompagnò alla stazione. Quando arrivò a Torino si conse-
gnò dicendo che io ero un traditore. Denunciò mio fratello, dicendo che l'aveva minacciata e indubbiamente ha
avuto un ruolo notevole nel suo sequestro.»

«La ragazza l'ha accusata di essere un infame.»

«Secondo me è un termine che si deve usare all'interno della malavita, oppure quando si tradisce un amico. Io non mi sento di aver tradito, io ho fatto una scelta, una scelta politica.»

«Non crede di aver tradito i suoi vecchi compagni?»

«Assolutamente no.»

«Lei li ha fatti andare in galera, sì o no?»

«Sì, li ho fatti andare in galera. Io sono entrato nelle Brigate Rosse perché credevo a certe cose, e che, attuando una certa linea politica, si arrivasse a una società migliore. Poi non l'ho più creduto; mi sono reso conto che, man mano salivo all'interno dell'organizzazione e conoscevo bene come stavano le cose, questo non era il sistema giusto. Ho cominciato a chiedermi se era giusto fare ammazzare altra gente: quando ho ucciso l'ho fatto perché ci credevo, se no non l'avrei fatto. Non sono mai stato un sadico. Mi sono posto una serie di domande: adesso che cosa faccio?, rompo il vincolo della solidarietà? Denunciare gli altri ha voluto dire far smettere di uccidere.»

«D'accordo, ma lei deve rendersi conto che dal punto di vista di un brigatista finire in galera per la denuncia di un compagno può provocare un giudizio diverso.»

«Io ho pensato che la lotta armata era finita, non avevamo più possibilità di vittoria. Se non avessi fatto quello che ho fatto, non sarebbe finito tutto così in fretta.»

«Provava odio per quelli che considerava nemici? O era come sbrigare una pratica burocratica?»

«Non so se era proprio odio. Odio è brutto, però forse lo era. Voglio raccontare un'azione che abbiamo fatto. Premere il grilletto quando uno è convinto è facile. Bloccammo un certo Farina all'uscita dall'ascensore. Fu il mio primo contatto diretto con la vittima: dovevo mettergli un cartello poi spargli alle gambe. Lui disse: "Mia figlia sta per scendere". Questo mi colpì particolarmente. Gli risposi: "Stai tranquillo, l'ascensore è bloccato, tua figlia non può arrivare immediatamente". Dovevamo aver fatto del rumore e si affacciò una signora del primo piano, io avevo la pistola in mano. Lui le disse: "Non si preoccupi, signora, tutto è a posto". Generalmente sparavamo quattro o cinque colpi, anche perché non volevamo solo ferire, ma fare del male. Dissi al compagno che doveva sparare: "Solo un colpo".»

«Ha mai avuto paura?»

«Certo, a volte la paura si confondeva con la paranoia, soprattutto quando accadevano degli imprevisti. Il problema era di trattenerla, bloccarla razionalmente per rimanere lucidi in ogni situazione. La paura più grossa l'ho avuta quando sparammo contro il blindato dei carabinieri e loro risposero al fuoco con raffiche di mitra, la situazione non era più controllabile. Anche quando si aspetta sotto casa qualcuno, per ore, travestiti con barba e baffi finti, la tensione è altissima. A volte mi capitava che, prima di entrare in azione, mi veniva da vomitare.»

«Cosa accadeva dopo un'azione?»

«Si saliva in macchina subito dopo aver sparato. Immediatamente ci cambiavamo l'abito e ci si divideva. Poi ci si incontrava dopo qualche giorno per capire se, da un punto di vista militare, c'erano stati degli errori.»

«Lei ha dei rimorsi?»

«Ne ho tanti, soprattutto per la gente che ho ucciso e per quello che è accaduto a mio fratello.»

«Per molti lei è stato il principale sterminatore delle Br: è vero o no?»

«Secondo me le Brigate Rosse si sono scardinate da sole; forse io ho dato la prima spallata, ma penso anche che se non ci fossi stato io, ci sarebbe stato qualcun altro. Le Br non esistevano più politicamente.»

«Dopo tutte queste esperienze, che idea ha della morte?»

«Tremenda.»

«E della vita?»

«Bellissima. Secondo me vale pena viverla fino in fondo.»

E se Enzo Tortora fosse innocente?

Non mi piacciono i «garantisti» a senso unico: anche ai magistrati deve essere assicurato il diritto di difendere le loro scelte. Non solo perché, come uno di loro ha detto, rischiano la carriera, ma anche perché a repentaglio viene messa la vita di altri.

Mentre voi leggete questo articolo, Enzo Tortora è a colloquio con i giudici; sapremo poi con più esattezza di quali reati è incolpato: o, meglio, di quali deplorevoli fatti si sarebbe reso responsabile. Fino all'ultima sentenza, per la nostra Costituzione, stiamo parlando di un innocente.

Invece, in ogni caso, è già un condannato: dalle riprese televisive, dai titoli dei giornali, dalla vignetta del pappagallo che finalmente parla e dice «Portolongone», dal commento senza carità di quello scrittore che afferma: «In qualunque maniera vada, è finito per sempre»; o dell'altro che annota, seguendo la cronaca: «Tempi durissimi per gli strappalacrime».

Per la verità, non mi paiono allegri neppure per i duri. Ho visto alla tv la conferenza stampa del procuratore generale di Napoli, legittimamente fiero del suo successo, ma per nulla disposto a condividerlo con la polizia. Aveva accanto il questore e ha voluto precisare che gli agenti si sono limitati a eseguire gli ordini del tribunale.

Di solito la vittima tende ad avere molti padri ma questa volta siamo di fronte a un solo genitore. C'è da augurarsi che la creatura sia nata sana e felice, e figlio di una madre virtuosa.

Poi la scena dell'arresto. Mentre il signor Sibilia, che offriva medaglie d'oro a Cutolo in riconoscimento dei molti meriti, passeggiava tra due carabinieri con le mani in tasca, per Enzo Tortora erano pronte una lunga passerella e un bel paio di evidenti manette. Noblesse oblige: siamo nel mondo dello spettacolo, e la regìa ha il suo peso.

Così fu per quei calciatori, che avevano un'idea dei falli e del rigore troppo limitata e professionale, ci fu uno spiegamento di forze che se lo avessimo avuto a El Alamein a quest'ora saremmo arrivati a Bombay.

Sappiamo tutti che la regola esige che all'arrestato vengano messi «i ferri», e nelle nostre esperienze di cronisti ci sono tristi file di detenuti sulle pensiline delle stazioni, magari all'alba; tuttavia, queste «esibizioni» non simboleggiano la durezza della legge, ma la crudeltà di certi riti. Dove volete che scappi Tortora, che dal pomeriggio sa che c'è un mandato di cattura per lui e la voce che lo informa gli pare tanto inverosimile che ne ride? Incosciente, simulatore o convinto di essere in ordine?

I prossimi giorni ci diranno se qualcuno ha peccato di leggerezza, o se quel signore dall'aspetto così distinto e per bene ha nella sua storia una pagina riprovevole, o una debolezza inconfessata. Fa il mio mestiere, ma non sono mosso da solidarietà corporativa. Ho, purtroppo, abbastanza anni per ricordare anche episodi che dimostrano come tutto è possibile: anche l'errore giudiziario. C'è qualcuno che ha ancora in mente il «caso Montesi», quando il figlio di un ministro finì dentro, accusato di avere ucciso una ragazza a Torvajanica? C'erano i testimoni, c'era di mezzo un colonnello che indagava, c'era un «inquirente», come dicono nel gergo dei resoconti, che passava alla stampa indiscrezioni e fotografie giovanili in divisa di alpino, pareva il 25 luglio della Democrazia, e in particolare di quella Cristiana.

Ci fu un processo, e venne dimostrato che la trama ordita da alcuni cialtroni non reggeva; ma intanto un vecchio gentiluomo ne fu segnato per sempre, e fu buttato, in pratica, fuori dalla politica. Poi, chi rimedia?

Non ho alcuna tesi da difendere, né elementi per esprimere un parere; ma soltanto angoscia, sbigottimento, amarezza.

Io credo, per convincimento e per carattere, alla buona fede del mio prossimo; e tra i vicini considero, per evitare equivoci, anche chi amministra la giustizia. Un mandato di cattura non è una cartolina coi saluti, e prima di firmarlo sono sicuro che ci si pensa e che i «riscontri», come li chiamano, saranno stati fatti.

E poi se valgono le confessioni di Peci debbono contare anche quelle di «'O animale», questa è la logica del pentimento premiato: gli assassini fanno l'elenco dei cattivi e diventano apostoli della Virtù. La ragion di Stato se ne infischia della morale.

Se Enzo Tortora ha avuto a che fare con la camorra e se ne è reso volontariamente complice, vuol dire che questo romanzaccio mette in luce ancora una volta quanto di ambiguo e di fragile vi è nella natura umana; saremo fra Pirandello e il Gran Guignol. Questo nuovo personaggio, però, assomiglia molto poco al Tortora che conosciamo; è più facile pensarlo vittima di una congiura o di un ricatto, che protagonista di un intrigo mafioso.

Ma se è innocente, chi potrà riparare? Non alla figura del «divo», ma all'umiliazione subita dall'uomo? Sta pagando un prezzo molto alto, perché nel conto hanno sicuramente messo anche l'effimera notorietà di cui (e l'espressione è più che mai volgare) gode.

È l'ora di Craxi

State tranquilli: per Ferragosto è tutto fatto. Sta bene la solita pausa di riflessione, ma basta che non si incida su quella balneare. In altri tempi c'era uno specialista in governi estivi: l'onorevole Leone. Verso giugno entravano in funzione lui, l'orchestra del liscio Casadei e i traghetti della Tirrenia. Si prestava; e per due o tre volte ha accettato di passare i giorni torridi a Palazzo Chigi, a condizione che i partiti gli assicurassero un distratto appoggio e l'aria condizionata.

Stavolta si fa sul serio: dicono che è di turno Bettino Craxi. Un fatto storico: finalmente un socialista alla guida del Paese. Prima abbiamo avuto l'emozione del laico, ma questo è proprio un parto straordinario: dopo il panda nato in gabbia, non si è mai visto, pare, nulla di così eccezionale.

È vero che c'è l'elefantino russo che parla, perché ignora il rischio che corre, e un deputato democristiano che dà i numeri, ma si è assistito a qualcosa del genere in altre circostanze. Bettino arriva alla poltrona, mentre anche Nenni, il maestro, aveva dovuto accontentarsi di uno strapuntino. Lo attende un esercizio d'equilibrio complicato, e Giordani e Ravel lo dovrebbero filmare per Colosseum, la rubrica televisiva delle pazze avventure; Craxi deve sentirsi solo come Adamo, prima della non spontanea donazione della costola.

Non può fidarsi neppure dei suoi; nonostante abbia, suppongo, una certa considerazione di sé, non dimentica che anche Gesù, di solito abbastanza dotato, su una dozzina di apostoli ne sballò un paio.

I democristiani hanno promesso di seguirlo: ma è fastidioso sentirsi soffiare sulla coppa. Il giochetto dello star dentro attaccando da fuori, antica specialità della sinistra, debbono averlo imparato anche loro.

I compagni del Pci non sono d'accordo con il pentapartito: che accontenta i clienti di sempre, quelli che se non stanno a tavola temono gli sfugga la porzione di spaghetti. Come nelle poesie di Trilussa, quando mamma arriva con la pignatta, i rissosi fratelli si acquietano. Voi riuscite a immaginare un'opposizione socialdemocratica, proprio adesso che anche i pensionati, con un ultimo guizzo, li hanno mollati? Questi vecchietti dispettosi non hanno retto: sta bene l'ineluttabilità malinconica del tramonto, ma il voto a Longo, no.

E il bravo Zanone che può fare? Tutt'al più, avere qualche riguardo per la nostra salute. Già, affidarsi all'Altissimo è un segno di rassegnata accettazione della cattiva sorte. Scusi, nel campionario liberale non c'è qualche cosa di nuovo da proporre?

E il nostro amico Spadolini volete che non vigili, adesso che ha raddoppiato i consensi e dimezzato le interviste? Ha il lapis blu in mano, pronto a segnare gli errori.

Gli incarichi sono come i premi letterari: non contano niente quando non li danno a noi. Ma a Spadolini la parte del presidente, per quel poco che se ne può dedurre, non dispiace. Ha anche il fisico, la presenza; insomma vuoi mettere con Fanfani, che fa pensare più a Biancaneve che a Giolitti o a Gladstone, a un elfo birichino, e non al principe Bismarck?

E i comunisti hanno già avvertito: Bettino, o con noi o con De Mita. Tutti, come le barelle della Croce Rossa, vogliono una corsia preferenziale. Hanno ragione. In fondo: o si sta con i metalmeccanici o con il dottor Carli; e a Comiso, o si piantano rampe di missili o mandarini. Bettino deve chiarire se ha capito la differenza che passa tra l'uranio e le vitamine.

E con chi governerà? Sarà il primo a scegliere, dando prova di audacia inaudita, e come gli consente la legge, i suoi collaboratori? Chi vedremo sulle Alfette blindate?

Forte, penso, di sicuro. C'è in questo politico qualcosa che ricorda Churchill, il quale pasteggiava con una bottiglia di cognac e una di champagne.

E De Michelis, con quella capigliatura da planetario, perché suggerisce l'idea della cometa, questo corpo celeste dalla scia luminosa, sarà ancora dei nostri? Ritroveremo quegli antichi profili che da alcuni decenni ci accompagnano, perché come natura crea Montecitorio conserva? E nella compagnia, ci sarà magari anche Flaminio Piccoli? Se lo avessero ascoltato, quando proponeva che l'immunità parlamentare fosse allargata anche ai consiglieri provinciali e comunali, tanti guai avrebbe evitato ai poveri partiti. Lui se lo sentiva.

Sì, forse è l'ora di Craxi: di sicuro, di strada ne è stata fatta dagli scamiciati di Pellizza da Volpedo alle cravatte Regimental della giovane guardia Psi.

Il segretario dei socialisti sa quello che vuole: gli altri lo immaginano. Da qui nasce il problema. E poi, tutto è in crisi. La lira. La coppia. La Federcalcio. La Finsider. Il marxismo. La Borsa. La famiglia. Lo Stato. Il teatro lirico.

Il Bologna Fc. Le istituzioni. Le mutue. Il comico Abatantuono. Le vocazioni. Gli ospedali. I settimanali. Io. Eppure, disse Cavour congedandosi dalla cara patria, «la cosa va». Ma non si sa dove.

1984

Chi attacca il presidente dell'Iri Romano Prodi

Non si rassegnano. Vogliono decidere, vogliono comandare. Per anni non si è mossa foglia negli enti pubblici senza che gli onorevoli soffiassero. Dividevano le «anime», a seconda del colore, e attentissimi alle sfumature, come nelle antiche storie russe. Non importava loro, e forse li lascia ancora indifferenti, il fatto che in questo caso il morto è lo Stato, e l'eredità da spartire le cariche. Che andrebbero assegnate ai competenti e agli onesti, e non ai devoti. Non conosco Reviglio, ma sono sicuro che è un signore degno di ogni riguardo; sono invece amico di Romano Prodi, e mi dichiaro pronto a testimoniare che è incapace di un'azione meno che rispettabile. È uno di quei cattolici che credono anche in Dio.

Reviglio e Prodi stanno sistemando unitamente due baracconi che sono costati ai cittadini italiani (e qualche conto lo dobbiamo pagare ancora) tanti e tanti miliardi. Mi riferisco all'Eni e all'Iri, fabbriche di debiti, di affari anche ambigui (vedi certe mediazioni a base di tangenti, finite in tasche non poi tanto misteriose), manutengoli di aziende decotte e senza futuro, tenute in piedi solo per ragioni elettorali, ma coprendo la vergogna con la bandiera della socialità.

Eni e Iri si stanno avviando verso giorni più sereni, e passivi meno clamorosi, che annunciano addirittura il pareggio. Sembra finito il tempo in cui i rami si seccavano e l'albero faceva finta di non accorgersene. Ma questo andazzo non piace ad alcuni democristiani (e tra i gigli fradici anche un garofano ci sta bene) che non possono accettare il principio che l'industria, sostenuta dall'erario, deve muoversi autonomamente, senza l'intervento assiduo e assillante del governo, che non rappresenta un legittimo orientamento, ma una colpevole invadenza.

Non tocca al presidente dell'Alitalia fissare le manovre dei piloti; è suo diritto, invece, sostituirli se risultano incapaci.

Sappiamo da sempre che, fatalmente, chi ha il potere tende ad abusarne: ma c'è per fortuna anche chi pensa che in materia di ingiustizie politiche sia meglio essere vittima che complice. Un dirigente deve avere la facoltà di gestire l'impresa secondo le normali regole, e senza tener conto di interventi esterni che sono degli abusi, anche se chi si fa avanti è un deputato: gli specialisti in raccomandazioni, gli «sponsor» delle poltrone, i taumaturghi delle carriere, non hanno dei princìpi da rispettare, ma dei clienti da rendere felici.

Non mi stupisce che di questa categoria faccia anche parte l'astuto Scotti, vicesegretario della Dc, che, appena piazzatosi al municipio di Napoli, in poche settimane riuscì a collocare, se non sbaglio, qualche centinaio di seguaci. E si lamentavano di Lauro: lo spaghetto da distribuire, o la scarpa, o l'impiego, certi tipi l'hanno nel sangue; è il colesterolo del loro potere.

Per attaccare il poco ossequioso professor Prodi, i rappresentanti del popolo Fiori, Fausti, Rocchi (scudo crociato) e Sodano (socialista) hanno rivolto un'interpellanza al ministro Darida, per sapere se è vero che una società di ricerca, la Nomisma, da cui Prodi si è dimesso quando si è trasferito a Roma rimanendo solo un membro del comitato scientifico, opera per l'Iri, facendo supporre che l'economista bolognese si sia reso colpevole di qualcosa d'illecito.

Tenete presente i nomi dei firmatari, e aggiungeteci Scotti; perché non può che dar gioia scoprire che ci sono ancora in giro dei così ardenti paladini della morale. Nomi che, senza un partito alle spalle, figurerebbero, al massimo, nella formazione della Rondinella: in porta Fiori, Fausti e Rocchi terzini, Sodano libero, ahimè, anche a Montecitorio.

Di fronte a casi come questo, a mio sommesso parere, non ci deve essere impunità per nessuno: se il professor Prodi si è reso responsabile di abusi, lo si dica e si provveda, ma se invece le denunce dei quattro dell'Ave Maria non avessero fondamenta, De Mita, che ha il merito, per me, di aver mandato Prodi a dirigere gli uffici di via Veneto, deve prendere a calci i disinvolti ragazzoni.

Ha il carattere e la forza per farlo: le critiche sono legittime, anzi necessarie; le calunnie e le diffamazioni reati. Non solo per i giornalisti.

Tra pochi mesi ci saranno le elezioni: e i partiti o si liberano di certi personaggi, o avranno dolorose sorprese. La Sicilia non è più un'isola: arriva al Brennero. E poi, queste forme di lotta, che consistono in coltellate distribuite con la scusa dell'Ideale, sono inaccettabili. Che brave persone, direbbe il comico Pozzetto.

1986

La prima intervista a Berlusconi

Silvio Berlusconi, milanese, quarantanove anni. Classico esempio di un uomo che si è fatto da solo. Comincia con l'edilizia negli anni del boom, ma diventa un nome con le televisioni private e con l'editoria. Dice di dormire non più di quattro ore per notte. Qualche volta parla di sé anche in terza persona. Ha detto, ad esempio, il novantadue per cento degli italiani adorano Silvio Berlusconi.

È inutile accusarlo di aver creato un monopolio, risponde che le sue sono le dimensioni giuste per una sana economia. Alcuni esperti guardano con diffidenza ai molti percorsi delle sue iniziative. Ma lui annuncia nuovi progetti. I critici hanno qualche obiezione sulla consistenza dei suoi programmi televisivi, ma lui risponde convinto che sta facendo cultura e che la esporterà per fare felici anche i francesi, gli spagnoli e possibilmente anche i tedeschi. Per il momento però ha importato. Berlusconi pensa, credo, a un'Europa di Berlusconi. E stiano attenti gli americani.

È la prima volta che appare in televisione. La sola condizione è stata andare a riprenderlo nei suoi studi. Perché no? Qualcuno ha scritto che siamo stati a Canossa. Va rettificato, credo, siamo stati a Milano 2.

«Come gli spettatori vedono, questo non è il solito studio di *Spot*, ma uno studio di Canale 5 di cui sono ospite per questa intervista. Ovviamente la ringrazio. Dottor Berlusconi, lei è il personaggio di questo *Dicono di lei*. Sbaglio o è un momento un po' difficile, un po' complicato per lei? Con il Milan la situazione è incerta, non c'è ancora un decreto che stabilisca quali sono i diritti delle televisioni private, in Francia questo "maccaroni" che è arrivato per dare una televisione nuova non è proprio gradito da tutti. La mia visione è un po' particolare o risponde in qualche modo alla realtà?»

«C'è un poco di vero. Ma la situazione non è così preoccupante come mi sembra che lei...»

«Io non voglio dipingerla, ho l'impressione che sia così.»

«Non stavo dicendo come la dipinge, ma come la pensa. Innanzitutto bisogna fare una distinzione per quanto riguarda il Milan, perché è un affare di cuore, per cui lasciamolo nella sfera dei sentimenti...»

«Qualche miliardo, un affare di qualche miliardo...»

«Molto costoso, ma anche le belle donne costano molto, no? Ma anche il cuore non può spingere nessuno a entrare in una palude e oggi il Milan è proprio in una situazione per cui bisogna fare un po' di bucato.»

«Voi fornite i detersivi, con la pubblicità che si fa...»

«Non facciamo solo la pubblicità, però non si può mai sapere cosa succederà in un gruppo che si muove su molti fronti. C'è stato un pretore che ha interpretato il diritto in

una certa maniera e, a mio parere, contro il diritto stesso,
contro la giurisprudenza che si è ormai venuta consolidando sull'argomento, contro il governo che aveva dichiarato di ritenere vigente il decreto dell'anno passato, contro
il Parlamento che sta lavorando a una nuova legge da un
anno e, credo, anche contro il buon senso e la gente. Per
quanto riguarda la Francia, noi stiamo facendo in Francia
una cosa un po' folle: fare una televisione in due mesi è una
cosa impossibile...»

«Fare una televisione ai francesi dev'essere ancora più
complicato.»

«I francesi non possono soffrire che ci sia qualcuno che
vada a casa loro a fare qualcosa, forse perché pretendono
di saperla fare meglio di loro, non è così?»

«Lo sa che durante una trasmissione televisiva, il conduttore aveva sul tavolo un modellino della Tour Eiffel e
stava interrogando un giapponese e ha detto: "Piuttosto
che darla a un italiano la do a lei", che è il massimo del disprezzo per l'italiano, naturalmente...»

«Ma non c'è disprezzo per gli italiani, è che loro si ritengono superiori, cambiano anche la storia. Se lei chiede
di Giulio Cesare, sono convinti che Giulio Cesare prendesse sempre batoste sacrosante. Non a caso Asterix batte
sempre il cattivone che è Giulio Cesare...»

«In questo caso lei...»

«Sì, io sono stato dipinto in mille modi, anche come il
diavolo italiano.»

«Ho visto proprio un settimanale uscito tre giorni fa a
Parigi, "L'Événement", che dice: "Berlusconi, il rapporto
che Mitterrand ci nasconde". Cioè, a quanto sembra, l'ambasciatore di Francia avrebbe detto cose poco favorevoli
su di lei e Mitterrand le avrebbe messe da parte.»

«Non è esattamente così. C'è stato un rapporto dell'ambasciatore di Francia che ha detto delle cose giuste riguardo
il nostro gruppo e poi ha detto che noi non avevamo un progetto culturale come la Francia si aspetta invece di avere da
una televisione commerciale. E questo si è aggiunto ad altre

voci: "Berlusconi fa solo televisione americana". Noi abbiamo spiegato che su cinquantaquattro programmi, il trenta per cento sono di informazione, di moda, di cultura. Noi non cerchiamo di fare una tv americana. Tanto è vero che il sessanta per cento del budget lo spendiamo in produzioni originali. Abbiamo cercato di far vedere la nostra televisione agli addetti ai lavori, cioè alla stampa, che all'inizio ci ha trattato malissimo, ma poi, gradualmente, il giudizio si è modificato. E ci hanno fatto regalo di una campagna straordinaria. Nessuna iniziativa, nessun personaggio ha avuto una campagna così presente, così importante, che è durata addirittura per due mesi. Tutti i giorni eravamo sui giornali e sui telegiornali.»

«È contento di tutto questo?»

«Diciamo che stiamo lavorando per partire il 20 febbraio, non è una cosa semplice, è una grande sfida, speriamo di non perderla.»

«Lei è un simpatizzante di Craxi, dei socialisti o è un generico lib-lab? È meno compromettente essere un lib-lab.»

«Lib-lab, liberal laburista…»

«Liberal l'abile, anche.»

«Io di lib-lab ne conosco uno solo che è il mio amico Enzo Bettiza, soprattutto nei giorni di pioggia, perché ha uno splendido impermeabile inglese che lo fa molto lab.

«Io faccio l'imprenditore, credo nell'Occidente, credo nel libero mercato, credo nella libera iniziativa, credo nel progresso sociale e simpatizzo con chi ha le mie idee.»

«Ma lei vede più spesso Craxi o De Mita, per fare un caso?»

«Io sono amico di Craxi da lunga data, da tempi non sospetti lo stimo e lo apprezzo, e, andando in giro per l'Europa, rilevo che è tra gli uomini politici che hanno maggior statura internazionale e questo mi fa molto piacere. Abbiamo un carattere diversissimo e sono molto amico di molti altri politici coi quali, facendo io l'editore, sia di televisione che di carta stampata, ho spesso dei contatti.»

«Con De Mita li ha questi contatti o no?»

«Ho avuto anche dei contatti con De Mita.»

«Cordiali?»

«Diciamo che sono stati dei contatti che non sono sfociati in un amore particolarissimo, ma che non sono stati neppure contatti negativi.»

«Lei crede che senza il governo Craxi ci sarebbero stati tanti decreti pro Berlusconi, almeno un paio penso.»

«Io credo che assolutamente ci sarebbero stati dei decreti per rimediare a una situazione che non era una situazione che la gente condivideva, anzi il fatto che Craxi era il presidente del Consiglio era una remora, essendo noi amici. Invece, con un atto che ritengo coraggioso, Craxi e con lui tutto il governo, ha firmato il decreto giudicato positivamente dal novantadue per cento degli italiani.»

«Come fa ad avere tante attività che vanno tutte bene?»

«Cosa vuole che le risponda, che siamo bravi?»

«Mi pare che sia anche dimostrato.»

«Direi che ho la fortuna di lavorare in un gruppo particolarissimo, con dei collaboratori formidabili legati insieme non soltanto dall'entusiasmo per i traguardi che abbiamo raggiunto, ma anche da una grande amicizia. Un gruppo in cui spendiamo anche molte forze per formare gli uomini e quindi si hanno dei risultati. Lei pensi che l'anno passato per l'azienda più giovane abbiamo fatto sessanta giorni di formazione. E io ho condotto direttamente questi sessanta giorni rubati alle feste, trenta weekend dedicati al lavoro.»

«Proprio questo mi sorprende, lei in un anno quante colazioni di lavoro ha fatto? Fra cene e colazioni...»

«Questo è un conto delle mie segretarie, più di centocinquanta.»

«Tutte queste mangiate funzionali, terribili, no?»

«Terribili per la linea, producenti per i risultati.»

«Mi scusi se mi cito, ma una volta ho scritto, con un po' di malizia, che se lei avesse avuto un puntino di tette avrebbe fatto anche l'annunciatrice. Ho l'impressione che lei faccia un po' di tutto, adesso mi sta dicendo che ha fatto centocinquanta colazioni di lavoro, che ha fatto due mesi di corso, non le viene mai il mal di testa?»

«Mi viene anche il mal di gola e l'influenza come adesso. Io ritengo che anche con il mal di testa e l'influenza si lavori benissimo. Anzi viva l'influenza, perché si riescono a eliminare molti incontri che magari si è costretti a fare solo per cortesia, si sta a letto, con il telefono, si ha tempo per pensare, per scrivere, per parlare con tutti. Quindi...»

«Anche le malattie sono un'occasione per lavorare...»

«Se uno ha delle cose da fare non ha nemmeno il tempo di considerarsi malato.»

«Qual è il segreto del suo successo?»

«Segreti non ce ne sono, il segreto è lavorare molto, ma poi anche il successo... bisogna vedere, perché si fanno esami tutti i giorni.»

«Ma quante cose fa lei, edilizia, televisione, editoria, poi vorrebbe fare anche i biscotti, se non sbaglio. Ma poi cosa fa ancora?»

«Non ho una vocazione straordinaria per i biscotti... Abbiamo quattro divisioni che danno al gruppo la possibilità di reggere tutti i venti. Nel senso che quando c'è un mercato che va meno bene, c'è l'altro o gli altri mercati che sostengono il gruppo. Quest'anno siamo riusciti a chiudere l'esercizio con utili cospicui e, finalmente, era il mio sogno, senza più debiti. A breve, anche con una cifra cospicua nelle nostre casse. Quindi i risultati sono davvero buoni e ci incoraggiano ad andare avanti nella stessa direzione.»

«Qual è il modello umano al quale si ispira? Lei ha fatto un saggio su San Tommaso d'Aquino se non sbaglio.»

«No, su Tommaso Moro.»

«Siamo sempre tra santi, ma c'è qualcuno che le piace di più?»

«Io ho fatto questo saggio su Tommaso Moro perché all'università ho lavorato sul suo libro *Dell'utopia*, poi, facendo il mestiere nell'edilizia, da sempre pensavo di fare città senza automobili, con tanto verde, senza colate di cemento...»

«Lei è riuscito a tradurre il martirio di Tommaso Moro e le sue visioni in tante costruzioni, no?»

«Non il martirio. Lui pensava che tutti dovessero dare il meglio per migliorare il mondo e...»

«Lei è cattolico?»

«Io sono cattolico praticante.»

«Le leggo questa frase che ha un certo interesse: "La televisione di Berlusconi ha migliorato le condizioni di vita degli italiani, ha contribuito a ridurre l'inflazione, ha incentivato l'economia, promosso la democrazia politica". Riconosce l'autore di queste parole?»

«Non so se sono parole attribuite a me. I concetti sono concetti che ritengo corretti e che perciò sostengo. Per quanto riguarda il livello di vita, basta accendere una televisione, c'è un'offerta di spettacolo a ogni ora del giorno e della notte notevolissima. Anche quello che fa la Rai è molto migliorato. La concorrenza ha fatto bene anche alla televisione pubblica. Per quanto riguarda l'impulso all'economia è innegabile, la televisione ha sospinto le vendite di molte aziende, che hanno potuto fare dei risultati importanti. Per quanto riguarda il tasso di democrazia del Paese, la presenza di molte voci è certamente un aumento della democrazia stessa. Basti ricordare le ultime elezioni amministrative: noi abbiamo avuto più di mille candidati passati sulle nostre reti. Quindi credo nel complesso che tutto questo sia veramente un portato positivo della tv commerciale.»

«Per concludere, io le ho fatto delle domande, ma c'è qualcosa che avrebbe voluto dire e che io non le ho chiesto?»

«No, io sono lieto di averla ospite qui nei miei studi, vede che dietro di me c'è una carta dell'Europa che è la nostra prossima avventura. Adesso dobbiamo dare gli esami sulla tv per la Francia, sulla tv per la Spagna, dobbiamo realizzare una società di programmi a dimensione europea per poter fare dei programmi che si possano confrontare sul mercato internazionale con i programmi americani.»

«A quando l'America?»

«Abbiamo ancora moltissimo da fare per la tv in un'Europa, che dice di volersi dare un'unità, ma che è ancora molto lontana da questo obiettivo. Io credo che lo sforzo che stiamo facendo in Francia è importantissimo per l'Italia, perché è l'avvenimento più rilevante sul piano dell'esportazione delle nostre idee, della nostra cultura, della nostra esperienza, del nostro know-how, e credo che sarà un sostegno importantissimo ai prodotti della nostra industria. Sarà la via che porterà all'unione dell'Europa. Così come la tv ha unificato l'Italia, la tv può unificare l'Europa. Ci piace essere tra i protagonisti di questa avventura, speriamo di farcela.»

Il boss dei due mondi

Lo hanno definito «boss dei due mondi». E anche: «Il primo gola profonda della mafia». Veramente ci fu una volta, più di trent'anni fa, il «caso Valachi», uno che si lasciò andare con quelli dell'Fbi, ma un capo della Dea, Frank Monastero, che si occupa di droga, considera il vecchio Joe un sillabario, e Buscetta l'enciclopedia.

Un fratello ha detto: «Masino ha sempre avuto in testa le donne». È vero: e quanti guai. Ci sono, nella sua storia, tre mogli, e una serie non misurabile di avventure: anche attrici, anche signore. Piaceva.

Gianni De Gennaro, il primo funzionario di polizia che ha raccolto le confidenze di Tommaso appena reduce da un tentato suicidio, me lo ha descritto come «un uomo pieno di dignità».

La parola colpisce: vuol dire una persona che, per virtù o per merito, suscita rispetto. Vede, in televisione, uno sceneggiato che ricostruisce, con molti arbìtri, un momento della sua vita: si sente offeso nell'onore, e chiede, agli agenti che lo custodiscono, che lo portino in un carcere comune, dove rischia la pelle, così non se ne parla più. Cristina, la giovane sposa brasiliana, mi ha detto: «Voglio che i miei figli lo amino come merita».

Conquista, sempre, la simpatia della gente; lo trattano,

in qualunque situazione si trovi, con deferenza. Nelle prigioni dove è rinchiuso le rivolte trovano poche truppe: don Masino, silenzioso, riflessivo, intelligente, comanda senza dare ordini. I detenuti lo vedono e si calmano. Tranquillizza il direttore: «Uno spiacevole equivoco».

Il giudizio di un esperto, che lo ha studiato da vicino: «Ha carisma. Poteva essere un grande generale, o un grande manager». Un maresciallo delle guardie, quando è protetto a Roma, in un alloggio misterioso, gli porta, da casa sua, i piatti siciliani che preferisce: pesce e melanzane, pasta con le sarde, cassata con ricotta e frutti canditi, e il vino rosso di Salaparuta.

«Ha l'aria di un gentleman» ha scritto il cronista del «New York Post» che lo vede apparire in tribunale. Alto, robusto, ogni mattina, cade il mondo, mezz'ora di ginnastica e la moglie di un commissario della Criminalpol gli presta la sua cyclette. Ha cura di sé. Quando lo accompagnano in un negozio per comprare un abito che gli permetta di presentarsi con decoro nell'aula giudiziaria sceglie un blazer. Non ha mai sopportato gli amici che sfoggiavano vetture potenti o esibivano orologi costosi: «Butta quel Rolex» diceva «lo hanno tutti i commessi viaggiatori». Ha tredici anni quando lascia la scuola; ne ha otto quando vede la prima donna nuda che assomiglia a certe matrone felliniane, gonfia, enorme, laida: se lo tira addosso con gemiti che sanno di aglio; ne ha quindici quando scappa a Napoli, perché c'è da sparare contro i tedeschi. E ne ha sedici e mezzo quando diventa il marito di Melchiorra Cavallaro che ne ha tre di più.

Lo hanno chiamato anche Robin Hood: ed è sicuro che ha una sua idea sincera, e magari anche crudele o generosa, della giustizia. Affronta, per sopravvivere, molti travestimenti: si chiama Manuel Lopez Cadena, Adalberto Barbieri, Tomás Roberto Felicce ma, in fondo, resta sempre se stesso. Potrebbe essere anche un personaggio di Shakespeare: l'amore e la morte lo hanno profondamente segnato. Adesso vuole soltanto salvare i superstiti, quelli che hanno condiviso la sua avventura.

La famiglia è la sua preoccupazione più grande: per sé, non lascia spazio alla speranza. È convinto che «la cosa più crudele che esiste su questa terra è che non c'è ritorno».

Una sera mi chiama al telefono da una qualsiasi località degli Stati Uniti: vuol farmi sapere che in quel momento è con i suoi; si sentono, sul fondo, le voci dei ragazzi: «Sono in paradiso» dice.

Le lenti scure lo proteggono dalla curiosità: i suoi occhi guardano diritto, ma senza alterigia. Ha rispetto degli altri. Aveva la faccia devastata dal mal di denti, notti insonni e un dolore lancinante, ma non si lamentava, per non creare disagio a quelli che dovevano proteggerlo. I militari brasiliani lo prelevano – lo ricorda bene, era il giorno dei defunti – lo portano in una cella segreta e lo torturano: non ottengono nulla. Dice allora a Cristina: «Lasciami, puoi ancora vivere come si deve» ma lei non lo ascolta. Ogni giorno gli scrive una lettera. Lo ha voluto, nel bene e nel male. Racconta un detenuto, che lo ha conosciuto all'Ucciardone, che don Masino non chiedeva mai favori, non alzava mai la voce, non minacciava nessuno, diceva: «C'è tempo per tutte le cose». I magistrati di Torino ne tracciano un ritratto lusinghiero: «Condotta irreprensibile, mai associato a manifestazioni di protesta, sempre rientrato puntuale dai permessi». Si confida per un attimo con un giornalista: «Non sono un santo. Ho commesso anch'io i miei peccati».

E non si umilia a chiedere premi o appoggi: «Per tutte le azioni di cui mi sono riconosciuto responsabile non ho mai chiesto sconti».

Quando inizia la deposizione col giudice Falcone, si presenta con un linguaggio esplicito, e senza sfumature: «Sono un mafioso. Non ho niente di cui pentirmi. Non sono d'accordo con chi ha scatenato la guerra tra le cosche. Sono stati uccisi innocenti che non c'entravano con i nostri affari». Parla per quarantacinque giorni, poi scattano trecentosessantasei mandati di cattura.

Tommaso Buscetta parla, e rivela i meccanismi che regolano la vita all'interno delle varie «famiglie»; non spiega le ragioni di certi delitti politici, e neppure rivela come è composto il «terzo livello», la «cupola», quelli che stanno sopra tutti e decidono, e non compaiono mai. Quando gli chiedono perché si è deciso a infrangere la legge della riservatezza, della discrezione, che è l'impegno giurato di ogni «soldato», risponde: «Non avevo altra scelta: o continuavo a tacere, come avevo fatto, oppure andavo fino in fondo. E così è stato». In uno dei nostri molti appuntamenti, raccontò la sua «iniziazione».

«Non ricordo più chi mi fece il discorso: uno che di sicuro è morto. Succedevano tanti fatti, c'erano tanti ammazzati, e io sostenevo che coloro che uccidevano erano miserabili, perché tendevano agguati. "Non devi parlare così" mi disse quello "se hai dei princìpi seri, di omertà, se pensi che non andare d'accordo con la polizia è bene. Quando uno deve morire, perché lo merita, si provvede, e non si deve passare neppure una notte in camera di sicurezza, e bisogna cercare tutte le scappatoie possibili per non pagare." Cercò di persuadermi e ci riuscì. Io non sono entrato in Cosa Nostra da vecchio, ma da giovanissimo: a diciassette anni. Non c'è un'età per fare quel passo, e la qualità di mafioso non si perde mai: è come essere prete, è per sempre. Poi venne il momento. Quell'uomo, Nicola Giacalone, mi invitò in una casa dove c'erano altre tre o quattro persone. Mi spiegò che esisteva un'organizzazione che non si chiamava mafia, ma Cosa Nostra.»

«E si fidavano di un ragazzino?»

«Si fidavano del carattere, della grinta che il ragazzino aveva. E così feci il giuramento. Non ricordo bene le parole, ma tutta la cerimonia era piuttosto ridicola. Mi punsero il dito con un ago, e mi dissero di strofinare il sangue che gocciolava su un santino. Poi uno diede fuoco all'immaginetta, e io pronunciai la formula del rito: "Se tradirò, le mie carni bruceranno con questa sacra effige".»

«C'era qualcuno che dirigeva, che officiava?»

«Il padrino. Mi ha fatto gli auguri, che mi hanno portato anche male, e mi ha esortato a essere sempre discreto.

Mi disse che dovevo avere una buona condotta, tenere la bocca chiusa, stare lontano dalle donne facili, non rubare, e appena mi avessero chiamato, correre subito, e lasciare qualunque impegno. Cosa Nostra viene prima del sangue, della famiglia, delle relazioni e del Paese.»

«Che cosa la affascinava in quella confraternita? Il mistero, lo spirito d'avventura?»

«Una volta era bello sentirsi amici di persone mai conosciute: uno andava in una città, in qualunque posto, e veniva accolto, con una lettera di presentazione, come un fratello. Ti accompagnavano, sentivi cos'è l'affetto, e un senso profondo di rispetto; e oggi questo grande ideale, che faceva di due uomini d'onore due dello stesso sangue, pronti a soccorrersi e a proteggersi l'uno con l'altro in ogni momento di bisogno, è finito. Oggi la corsa è solo al potere finanziario.»

«Chi è un uomo d'onore?»

«Uno che non si può offendere, o schiaffeggiare. Uno col quale si può discutere, o al massimo sparargli. E poi è una persona che non mente: non ha interesse a farlo. Le bugie si ritorcerebbero contro di lui.»

«C'è una procedura per l'arruolamento?»

«Una volta si faceva così: si informavano tutte le cosche, anche per sapere se avevano qualche obiezione da fare. Potevano dire di no: questo è parente di un ufficiale, quest'altro è nipote di un magistrato; non c'era posto per chi, in qualche modo, serviva la legge. Poi c'era il banco di prova: e gli davano l'incarico di eliminare qualcuno.»

«Perché la mafia è destinata a finire?»

«Perché ogni cosa ha la sua evoluzione, la sua parabola ascendente, poi il declino. Decade per la cattiva conduzione. Non è più l'onorata società: è svergognata, ha dato troppi cattivi esempi, e ha fatto dire alla gente avvilita: "Ah, questa è Cosa Nostra". Potranno reclutare ancora nuove forze nell'ambiente dei ladri, degli sfruttatori di prostituzione, perché le persone per bene non la accetteranno mai. Nessun popolo può sopportare tanta ferocia senza difendersi. Io non

credo che i siciliani continuino a tollerare passivamente queste storie spietate. Verrà il giorno che apriranno gli occhi.
Non c'è più bisogno dei mafiosi per vivere da cittadino. Forse una volta era necessaria qualche protezione; ora no.»

«Da lei non è mai venuto nessuno a chiedere giustizia?»

«Che ricordi, no.»

«E a domandare appoggi?»

«Molte volte. Ho procurato tanti impieghi. Eh, avevo
delle amicizie che contavano, qualche candidato che vota-
vo, al quale davo il mio sostegno nelle elezioni. I rapporti
politici, gli appoggi politici, io credo che li abbia il basso,
il medio e il grande cittadino italiano. Se non si hanno raccomandazioni, non si va avanti.»

«Per lei che cosa significa essere siciliano?»

«È un dramma spiegarlo. Per me non è un titolo di merito, ma una circostanza negativa, perché vuol dire pensare come si usava nel resto del mondo cinquant'anni fa.»

Recita una massima di Cosa Nostra: «La mafia è come
una banca: / paga con denaro contante. / Chi deve avere,
avrà /chi ha avuto, ha avuto. / I debiti si pagano. / Chi tondo è nato/non morirà quadrato. /Chi nasce è nato. /Chi
non è nato /non ha mai vissuto».

Don Masino Buscetta ha vissuto e ha pagato i suoi debiti.

Nel codice d'onore della mafia di Buscetta c'era il rispetto per le donne e i bambini erano sacri. Poi, con la vittoria dei corleonesi, le regole sono saltate e gli ordini di
Totò Riina non risparmiavano nessuno.

1988

Lo stupidario di Montecitorio

La trovata non è mia, ma di Massimo Severo Giannini, che
l'ha lanciata con una intervista alla «Stampa»: «I deputati
sono degli imbecilli e fanno leggi penose».

Tutti? Non esistono statistiche e non ho letto una precisazione. In ogni caso il giudizio del professor Giannini, che è stato anche ministro, ed è un grande del diritto amministrativo, andrebbe inteso come parere di un tecnico. Irascibile ma competente.

Sul «Mondo», Stefano Brusadelli ha condotto una svelta indagine per chiarire se i seicentotrenta rappresentanti del popolo sono davvero «persone che si rivelano poco intelligenti, deboli, fiacche», e che si comportano «scioccamente, commettendo stupidaggini». Definizioni tratte dall'autorevole Dizionario etimologico della lingua italiana di Cortelazzo-Zolli, editore Zanichelli.

Il sereno e obiettivo Brusadelli attribuisce molte responsabilità al sistema, e al reclutamento dei deputati: meno di un terzo sarebbe in grado di cavarsela con un titolo professionale, e così capita che un ex agricoltore finisce sottosegretario al Tesoro, e un sindacalista dei metalmeccanici nella commissione che dovrebbe far quadrare il bilancio.

Ma non c'è motivo di scandalo. Kruscëv disse al candidato Nelson Rockefeller: «Non si preoccupi, lei vincerà. Harriman è troppo signore per avere successo in politica».

I frequentatori (saltuari) di Montecitorio son dunque, in genere, dei prigionieri del ruolo, e se non praticassero l'arte del governo potrebbero trovarsi in qualche difficoltà per il mantenimento della famiglia. Guai se esercitano in proprio, debbono stare, in permanenza, al servizio di tutti. Una ottantina di avvocati, trenta o poco più medici, cinquanta docenti universitari, stop.

E Luigi Firpo, illustre cattedratico e brillantissimo pubblicista, riferendosi alla signora Vincenza Bono Parrino, che siede accanto a De Mita come responsabile dei Beni Culturali, la presenta, con animo affranto, come «una massaia rurale che parla solo in siciliano stretto». E aggiunge: «Ormai Montecitorio è diventato una specie di viaggio-premio per i burocrati di partito».

Un altro stimatissimo docente, il professor Franco Bassanini (sinistra indipendente) ha una visione ancora più sconsolata: alla Camera, anche quelli che arrivano lucidi rischiano per davvero di diventare grulli, come si dice dalle parti del professor Giannini.

Ci sono anche, dunque, le insidie dell'ambiente, e a questo proposito mi sembra grazioso e inquietante l'episodio di cui è stato protagonista un missino pugliese che, per difendere il prodotto di un impianto siderurgico della sua amata città, Taranto, ha declamato un inno a questa «alma patria del tubo».

Ottuso naturale, o vittima di quella legge per cui la giraffa, per arrivare alla cima dell'albero, allunga il collo, l'ermellino, per mimetizzarsi coi ghiacci, diventa bianco, e in qualche collegio elettorale, per strappare qualche voto, il discorso del tubo aiuta?

Si commercia un giochetto, della ditta Sebino, intitolato appunto *Le frasi del tubo*, che permette di comporre chiacchiere in politichese. C'è, nella chiusa biblioteca della Camera? Esempio: «Il quadro normativo si propone la ricognizione del bisogno emergente e, con criteri non dirigistici, potenziando ed incrementando in un ambito territoriale omogeneo, ai diversi livelli, la trasparenza di ogni atto decisionale».

Avevamo il problema dei franchi tiratori, poi degli assenteisti, e adesso viene a galla anche quello degli stupidotti, dei cialtronelli.

Mino Martinazzoli, che è una persona seria e sa sempre quello che dice, racconta che una volta nell'aula austera, avendo di fronte un onorevole che sghignazzava allegramente, fece fatica a capire che non era lui il motivo dell'ilarità, ma che il collega stava telefonando dal banco a uno spassoso amico.

Oltre all'irresponsabile che approva senza battere ciglio un progetto che potrebbe significare la spesa di una montagna di miliardi, c'è il diligente che dibatte per giorni e giorni il problema degli insaccati; quanta Iva applicare al prosciutto cotto e al crudo, alla mortadella e ai salamini. Dal che si deduce che le lobby esistono eccome, e ce ne è

347

una, potentissima, formata dai gonzi, che la gente volgare
chiama con un'altra parola.

È nota la risposta di De Gaulle a un estimatore che stava
gridando: «Abbasso i coglioni». «Monsieur, il vostro programma è troppo ambizioso.» Nella vita bisogna accontentarsi.

1989

Beppe Grillo a Sanremo

Si è conclusa la trentanovesima edizione del Festival della
Canzone Italiana: vincitori Anna Oxa e Fausto Leali con *Ti
lascerò*, Toto Cutugno secondo classificato con *Le mamme*,
Cara terra mia cantata da Al Bano e Romina Power al terzo
posto. Presentatori di Sanremo un quartetto di giovani «figli di» dalle belle speranze: Gianmarco Tognazzi, Danny
Quinn, Rosita Celentano e Paola Dominguin. Ma il vero
protagonista è stato Beppe Grillo.

Comincio prendendola alla larga, ma poi arriviamo ai
fatti. Una volta nel museo di Istra, che è una piccola città
russa, mi colpì un insolito quadro del Seicento. Rappresentava una scena curiosa: si vedeva un duro boiardo, con
abiti di velluto e guarnizioni d'oro che, circondato dai suoi
servi, usciva dal ricco palazzo; uno straccione lo avvicinava con aria allucinata e gli mostrava un pezzo di carne cor-
rotta dai vermi.

Spiegava la guida: «L'uomo dalla tunica a brandelli sta
dicendo al signore: "Siete voi che sfruttate la povera gente"; al tempo degli zar solo ai matti era concesso di dire
tutto quello che volevano».

È una vecchia regola dello spettacolo, e funziona sempre: insulta quelli che stanno in platea, e vedrai che ap-
plaudiranno. Il cornuto è ovviamente il gentiluomo che ti
siede accanto. Pirandello ha poi aggiunto la trovata di far
salire i personaggi del dramma dalla sala al palcoscenico:

per farci capire che le storie che si raccontano ci riguardano, e più o meno siamo tutti protagonisti.

Ed eccoci subito all'«evento», come si dice adesso, della settimana, e al suo eroe: festival di Sanremo e Beppe
Grillo. Dopo cinque, estenuanti (per alcuni) serate di canzoni, il comico ligure (ma per me è anche qualcosa di più:
non solo recita, pensa anche) ha assunto il ruolo di primo
attore. Il suo intervento, è ovvio, è ancora molto discusso:
non si accetta l'invito a pranzo, dice qualcuno, per poi in-
sultare la padrona di casa; ma forse nel caso di Lucrezia
Borgia, che ammanniva, come è noto, menù fatali, mi pare
ammessa una eccezione.

I testi di Grillo sono scritti con la collaborazione di Michele Serra, che io considero degno successore dell'amato
Fortebraccio, e di Gino e Michele, due scrittori satirici
dalle molte invenzioni, che non cadono mai nella volgarità.
Tutto in ordine, quindi, dal punto di vista professionale. E
anche da quello dei risultati: applausi, e un indice di ascolto da record. Bene: l'intelligenza, si direbbe, trionfa, anche
in una saga dominata dalla banalità.

Quanto ridere. Ma anche (così è, se vi pare) quanta malinconia, come direbbe un paroliere: per raccontare qualche verità, per esprimere, o per ascoltare, qualche osservazione irriverente, o inconsueta, bisogna aspettare l'annuale convegno nazionale, uno dei due o tre momenti che ci
vedono uniti e raccolti; gli altri sono il concerto di Capodanno e la lotteria di Fantastico.

Il sarcasmo, l'ironia, l'irriverenza, con le debite e anche
insultanti esagerazioni, perché la sferzata, come l'adula-
zione, non conosce il senso del limite, sono concesse, tollerate, e acclamate solo quando si barcamenano tra lo
scherzo e la denuncia. E l'informazione, perché anche il
commento fa parte dell'esercizio, passa dai tg al varietà.

Io non so, anzi lo so benissimo, se intervistare il bambino rapito, tra ragazze pompon ed esuberanze partenopee,
è una bella idea o, come spiega Grillo, una coglionata: ma
mi rendo conto che ormai la televisione, più che a narrare,

mira a sorprendere e a sbalordire. Con le parole e con le situazioni: non si dibatte; si giudica, e alla svelta. E quando non basta la logica, o il settarismo, ecco la «macchina della verità», che dovrebbe chiarire col teleschermo quello che i giudici non riescono a spiegare in tribunale.

Personalmente capisco e anche giustifico la faziosità, purché sia dichiarata, o evidente, o di principio: non si chiede a un giornale di partito, ad esempio, di essere il più possibile obiettivo, o a un missionario di porre in discussione le sue tesi. Trovo che Giuliano Ferrara ha avuto, per fare un caso, una buona trovata con Radio Londra; è giovane, e mi permetto di ricordargli che, oltre al colonnello Stevens, c'era anche Mario Appelius, che in quel dialogo a distanza interpretava la voce del padrone.

C'è, dunque, molta ambiguità in giro, e la ricerca affannosa di temi «eccitanti» e di formule vistose, con molto disordine nell'assegnazione dei ruoli. La signora Carrà che va a intervistare Vittorio Emanuele inutilmente IV, e non sono mosso da spirito concorrenziale, è un po' come se Ferrara facesse un balletto. L'inchiesta sulle coppie che si alternano nei giochi erotici non è la denuncia di una mentalità deviata, ma un campioncino di voyeurismo, per un pubblico familiare. Certo, si può fare anche questo: ma senza il solito alibi del costume e della cultura. È auspicabile che si realizzi l'esortazione di Zavattini: un tempo in cui «buongiorno» significa soltanto «buongiorno».

La caduta del Muro di Berlino

Ho parecchi motivi per ammirare Willy Brandt, la sua vicenda umana, intanto. Figlio di N.N. e di una commessa, ha sofferto l'esilio, l'umiliazione e la sconfitta. La polemica e le ingiurie non lo hanno risparmiato. Sta vivendo un momento di gioia.

Lo conobbi quando era borgomastro di Berlino: non nascose le sue idee. Tutte contro corrente. Diventò cancelliere, e le mantenne. Fu il primo ad andare incontro a quelli dell'Est, e si inginocchiò davanti al ghetto di Varsavia. E una volta, guardando quel Muro che pareva incrollabile, mi disse: «Non bisogna disperare. La storia» spiegò «non conosce la parola mai».

Ho passato una giornata a Berlino, di qua e di là dal Muro, e ho visto finire il dopoguerra.

Mi sento un privilegiato: sono stato testimone di fatti straordinari. Ho visto crescere il fieno sulla collinetta di macerie che copre la cancelleria del Reich; e ho conosciuto la figlia di quel Nikita che fece cadere il mito di Stalin, e diede la spinta a una seconda rivoluzione, che ha corroso lentamente quella cortina che anche il realista Churchill considerava di ferro. C'ero quando alzarono il primo filo spinato, nel caldo agosto del 1961. Ulbricht parlò con Kruscëv: «Lì» aveva detto Nikita Sergeevič «sono i testicoli dell'Occidente. Quando voglio farlo strillare, schiaccio». Poi dette l'ordine. Ed Erich Honecker eseguì.

Avevano inventato questo sbarramento non per paura che il nemico entrasse, ma per impedire che qualcuno uscisse.

Inventarono un nuovo reato per quelli che tagliavano la corda: «Republikflucht», ma dal 1945 al 1989 quattro milioni di cittadini scapparono peccando contro la legge, attratti dal benessere, dalle case spaziose, dalle vacanze all'estero, non sul Mar Nero o a Zakopane, ma alle Seychelles o in quei caldi Paesi che attraggono i nordici col sole e le palme, e soprattutto, niente attività di partito.

La Germania di Walter Ulbricht non ce la faceva a reggere quell'esodo, soprattutto di giovani e di tecnici, e il confronto con l'Occidente; e Ulbricht ricordò quella missiva di Lenin che predica: «Buono e morale è solo quello che serve alla distruzione della società sfruttatrice», e applicò il consiglio del Cremlino: salvare, anche coi reticolati, la Rdt dal collasso. E firmò l'ordine che il delfino Honecker eseguì: «Die Grenze ist geschlossen», la frontiera è chiusa.

Era un sabato pomeriggio, e i lavori cominciarono nella notte. Le truppe alleate osservavano impotenti finestre e porte che venivano sbarrate coi mattoni; guardie che spingevano indietro chi ancora si presentava ai posti di blocco. Commentò esterrefatto il generale Usa Clarke: «Non si sputa in faccia a un bulldog».

Cominciarono alla meglio, poi con meticolosità tedesca alzarono un confine di più di centocinquanta chilometri di cemento, con oltre cento torri di controllo, pattuglie coi cani alsaziani, e riflettori, e più di duecento disgraziati, che tentavano di scappare, ci hanno rimesso la vita.

Il Muro diventò così una attrazione turistica: si andava a visitarlo, si guardava di là. Costruivano fabbriche e grattacieli, ma non erano liberi.

Ora hanno cacciato via Honecker, e fuori pure la moglie, perché anche tra i marxisti è molto vivo il senso della famiglia, e quello della carica.

Ho cercato di parlare col nuovo direttore del «Neues Deutschland», il quotidiano del partito. Lo hanno nominato da due giorni, e non si sente, suppongo, molto sicuro. La redazione lo sconsiglia dal concedere interviste.

Hanno da riflettere. Per anni, evitavano di dare le notizie, ma ormai c'è quella maledetta tv che non conosce confine, così la gente vedeva i fatti, e con particolare interesse quelli che i disciplinati colleghi trascuravano.

Sembra un giorno di festa, su una nostra autostrada. Una fila interminabile di Trabant, motore a due tempi, carrozzeria in plastica, che scoppiettano e riempiono l'aria di fumo. I Vopos, i poliziotti, hanno ricevuto l'ordine di sorridere; una volta quello di sparare. I berlinesi dell'Est vanno a far compere sul Kurfürstendamm, detto un tempo «la vetrina dell'Occidente», nei grandi magazzini KaDeWe, definiti allora «il tempio del capitalismo», si preparano al Natale, ed espongono angioletti dorati e abeti. Dilagano al primo piano i profumi, le tentazioni dell'Ovest, molto richiesta la frutta fresca, particolarmente le banane, poi i transistor, e, frequentati con entusiasmo dai nuovi clienti, i pornoshop. Le dittature, di destra o di sinistra, sono virtuose. Il problema è che da una parte ci sono i soldi, ma niente da comperare; di qua c'è tutto, ma mancano i quattrini.

Sono pochi quelli che tornano indietro; su decine di migliaia, non più di seicento. Ce l'hanno coi polacchi, che possono viaggiare, e comperano e rivendono speculando sul marco; il rapporto è di uno a dieci.

Non si telefona tra le due Berlino, ma dal Grand Hotel, settore socialista, si ottiene con facilità New York.

Ho cercato la madre di Peter: è ormai una vecchia signora. Peter aveva diciotto anni, quando tentò di scappare; gli tirarono e morì dissanguato nella terra di nessuno. Urlava, ma non si poteva aiutarlo. Non può parlare: ha concesso l'esclusiva alla «Bild Zeitung». Sono più di duecento i caduti del Muro: alla Bernauer Strasse qualche corona su una croce li ricorda.

Al caffè Kranzler, sul Ku'damm, ai cui tavoli sedevano Mann e Brecht, per bere la birra bianca che sa di lampone, è un trionfo di torte, cioccolata, panna, davanti alla Porta di Brandeburgo, si annoiano centinaia di fotografi e cameramen. Aspettano «quel momento»; ventidue punti di passaggio sono aperti, ma manca ancora l'Unter den Linden.

Sul grande viale sfilarono, mentre ragazze con le camicette bianche agitavano fiori, le truppe del '17, che scrivevano sui vagoni «nach Paris», e quelle del '39, che si fermarono a Stalingrado. La Renania e la Baviera cattoliche stanno per riaprire il dialogo con la Prussia protestante e luterana.

Si transita liberamente anche alla Glienickebrücke; lo chiamano «il ponte degli spioni». Lì avvenivano gli scambi; passarono, sulla neve sporca, lo scienziato atomico Fuchs, che veniva dai tiepidi laboratori di Londra, e il pilota Powers, che arrivava dal freddo. E si barattavano destini con tonnellate di burro.

C'è un romanzo di Hans Fallada, che fu molto letto negli anni Trenta: *Kleiner Mann, was nun?*, «E adesso, pover'uomo?». «Amo tanto la Germania, e sono contento che siano due» disse uno scrittore francese. Una, darebbe troppi pensieri? Nella notte, gira sul cielo di Berlino il simbolo azzurro, e un poco insolente, della Mercedes.

I due vinti, Giappone e Reich, dopo mezzo secolo, corrono in testa. Noi, come sempre, stiamo in mezzo.

Passo davanti a quella che fu Potsdamer Platz: era il cuore della vecchia Berlino, adesso è un desolante prato, sul quale rotolano barattoli e cartacce spinti dal vento che viene dalle foreste dell'Est. Un pullman di turisti si ferma davanti allo scrostato edificio che fu il Reichstag. Diventerà il punto di incontro di due Stati che parlano la stessa lingua, e hanno lo stesso passato? Ma fin dove arriva il soffio della libertà?

Aveva detto Brandt: «Dobbiamo cercare nuovi modi per alleviare la scissione e lasciare il resto al futuro». Ha visto giusto e lontano. Il trattato di pace con le due Germanie non è mai stato firmato. È passato mezzo secolo dal settembre 1939. Forse ci siamo.

1990-1999
Un sistema allo scoperto

Forse una stagione è finita: quella dell'apparire, del culto del «look». Si potrà andare a Rimini, o in montagna, invece che a Barbados, senza sentirsi fuori del giro. C'è la crisi della Borsa, quella dell'arte informale e della nouvelle cousine: avanti con le polpette.

E.B.

1990

La questione morale

Una volta il cittadino per bene, quando aveva qualcosa da dire in materia penale, si rivolgeva alla questura, ai carabinieri o ai giudici. Adesso c'è chi preferisce la televisione.

È vero che davanti alle telecamere si annunciano gravidanze, rotture di matrimoni, malattie gravi, incidenti quasi fatali, ed è probabile che la tecnologia imponga, invece dei burocratici verbali, le ancora più fedeli registrazioni; e poi c'è anche chi afferma che un fatto non è accaduto se non compare sui piccoli schermi.

Per cui nessuna sorpresa se anche magistrati, sindaci, sindacalisti affidano le loro proteste, invece che «alle competenti autorità», come si diceva, a *Maurizio Costanzo* o a *Samarcanda*. Forse per evitare le logoranti tappe burocratiche, o i prudenti patteggiamenti, nella certezza che ciò che è stato detto davanti a molte migliaia, o a milioni di persone, tutt'al più può finire nel consueto dimenticatoio, ma non affogare subito nel silenzio.

Discutibile è, a mio parere, questo modo di comportarsi, e desidero esprimere la mia profonda gratitudine al presidente della Repubblica che, stanco di questi giochetti delle tre carte basati sulle fuggevoli parole, ha deciso di andare a vedere come stanno effettivamente le cose.

Leoluca Orlando Cascio, rappresentante della gente di Palermo, ha detto che nei cassetti dei magistrati del cosiddetto «Palazzo dei veleni» dovrebbero esserci, occultate o trascurate, le prove dei delitti politici della mafia: chi, e perché, uccise o fece ammazzare Mattarella, La Torre, Reina, Terranova, Insalaco e Costa, personaggi di diverso rilievo, ma dallo stesso destino.

Orlando prima di parlare ha certamente riflettuto: a lungo, suppongo. Poi ha deciso. Adesso Cossiga ha chiamato al Quirinale i colleghi di Falcone perché gli raccontino, carte alla mano, le loro certezze.

Ma Orlando, uomo intelligente, coraggioso, degno di rispetto, con chi ce l'ha? Dove vuole arrivare, o meglio: a chi?

Samarcanda è una buonissima trasmissione: ma le denunce non andrebbero fatte, magari senza la carta bollata, ma con un linguaggio meno disinvolto di quello che comporta un dibattito televisivo?

Questa tv-verità rischia di essere anche strumento della menzogna, della calunnia o della vendetta. Il «caso Palermo» dovrebbe suscitare qualche riflessione, e anche, finalmente, un epilogo. Dobbiamo sapere se i giudici siciliani hanno servito la giustizia, come penso e credo, o sono stati e sono strumenti di qualche potere. Se hanno peccato di omissione: se così non è, Orlando ha inferto un duro colpo alla sua reputazione. Deve portare alla luce quelle prove che il «Palazzo» avrebbe nascosto: senza le quali si possono avanzare delle ipotesi, e non emettere dei mandati di cattura. Cossiga sa che forse la questione più grave per il nostro Paese è quella morale. Agisce di conseguenza. I trionfi delle Leghe davvero non insegnano nulla?

E il discorso può anche estendersi alle crescenti difficoltà che deve affrontare chi lavora per la tv. Siamo arrivati al punto che, per attirare lo spettatore, si teorizza, e si mette in pratica, con dichiarati intenti pedagogici, la tv-menzogna. Pecchiamo, per farvi vedere come è brutto il vizio. Inventiamo il peggio, come se nella realtà non ce ne fosse già a sufficienza. Come se la Rai, o la Fininvest, fossero una succursale delle guardie di Ps, della Curia o della San Vincenzo. È inutile che Costanzo sostenga, e io sono d'accordo, che il giornalista non è un poliziotto: ma Sherlock Holmes ha, per la nostra categoria, un irresistibile fascino. E poi, il piacere dell'accusa, della rivelazione: che si capisce per il Watergate, meno per un disgraziato che, avendone magari piene le tasche, se ne è andato da casa. In America queste trovate le praticano da anni, ma per la ricerca dei grandi delinquenti, e non degli eventuali adulteri.

Sarebbe già una ragguardevole conquista il rispetto dei ruoli: di ispettori Derrick ne basta uno. E nella confusione che dilaga, la prudenza non è mai troppa: vedi le vicende romene. Non sono bastati i falsi trucidati di Timişoara, le false cassette dell'esecuzione del Conducator, gli inesistenti filmetti pornografici interpretati da Nicu e dai suoi fratelli, ecco i falsi diari di Elena Ceauşescu, inventati di sana pianta da due colleghi burloni parigini; ed ecco che un esperto del mondo dell'Est li commenta seriamente in tv col piglio sicuro dell'addetto ai lavori. Il «mostro», la donna cattiva, deve anche rallegrarsi per uno stupro, e annotarlo tra gli avvenimenti degni di nota.

Miriam è morta: il padre era stato accusato di violenza.
Una storia troppi mostri

Miriam Schillaci, tre anni, la bimba di Limbiate che per qualche tempo fu erroneamente ritenuta violentata dal padre, è morta per un tumore sabato a Piazza Armerina (Enna). Il Presidente Cossiga ha scritto ai genitori della piccola: «Quale capo dello Stato e rappresentante dell'unità nazionale, sono qui a chiedervi perdono per le ingiuste sofferenze che la terrena limitatezza dell'attività dello Stato vi ha così crudelmente inferto e per i peccati di indifferenza e leggerezza di cui una intera società si è resa colpevole verso di voi».

Voi, forse, la ricorderete soltanto per il nome: Miriam.

L'ha uccisa quello che una volta si chiamava «il male cattivo». A tre anni.

In Sicilia, l'hanno portata in chiesa con un carro bianco, trainato da cavalli bianchi: è stato il funerale dell'innocenza. Credo che nessun figlio sia stato più amato di lei. Con disperazione, forse con rabbia.

La sua storia comincia, e finisce, in un ospedale. Un medico telefona all'amico cronista: ha in mano «il caso». Un fatto che, probabilmente, non è contemplato neppure nei manuali di criminologia: un padre che violenta una creaturina inerme, quasi inconsistente, ventiquattro mesi, sotto gli occhi della moglie complice, che tace.

E la giustizia, da noi sempre sollecita, scatta: e la stampa gonfia la vicenda. C'è, alla periferia di Limbiate, il mostro, quello che non si è mai visto, un professore, immaginate, dall'apparenza mite, riservato, che ha una doppia vita. Uno di quei meridionali silenziosi, immigrato al Nord alla ricerca di uno stipendio, dopo tanti sacrifici.

Non c'è riguardo per la coppia infame: nome, cognome, prime pagine, anche la freccia per indicare dove stanno di casa, quel grigio palazzone di periferia. E poi c'è anche il dotto pediatra che interviene, e anche se dimostra di non avere capito niente, dà il suo contributo, così il tribunale minorile toglie la patria potestà agli indegni, altro che supposte contro il mal di pancia; qualcuno pronuncia la battuta irridente: «Si sono comperata la bambolina al porno-shop».

Quante parole crudeli, mai un dubbio, colpa della Tachipirina, o di quel grosso e ingombrante insegnante di matematica, e dalla sua torbida sposa, mai il sospetto che quei due depravati potevano essere anche due vittime indifese.

Poi il parere di uno scienziato serio e umano, che con l'ausilio di uno specialista, chiarisce il mistero, nato da una diagnosi sbagliata, da giudici che si sentono infallibili, da giornalisti che non sanno quello che dicono, e mentre inventano nuove regole, non riescono a rispettare neppure il vecchio Decalogo.

Non ci fu dunque violenza. E Miriam esce dalla corsia tra le braccia dei genitori. È un uccellino spaurito, che piange davanti ai corridoi troppo lunghi, agli ascensori, alla gente che non conosce: e non c'è sorriso che la rallegri: «No, dottori» dice Miriam. «No» magistrati. «No» cronisti. No a quelli che il mestiere, l'orgoglio del mestiere, ha reso superbi.

Il professor Schillaci è un cristiano, e prega. Quel frastuono attorno al suo nome, alla sua vita, lo ha reso ancora più solo. E forse anche più duro. Gli avevano impedito di vedere sua figlia, lo avevano definito «inaffidabile». Solo lui, sola Miriam.

Allora il professor Lanfranco Schillaci decide di tornare al suo paese, laggiù. Non ce la fa a vedere quel paesaggio, casamenti, fabbriche, esistenze anonime, che per lui è diventato un'ossessione, fragoroso, impudico; non può resistere in quell'appartamentino dal quale usciva solo per andare a scuola, o per le vacanze. Tre prigionieri, lui, la moglie, la bambina, qualche buona lettura, la tv.

Ma c'è l'ultima verità da scoprire: Miriam ha il cancro. E deve ritornare ancora una volta nelle corsie, tra i camici, in sala operatoria, e affrontare i ferri del chirurgo, e le ore che non passano mai perché non c'è una favola che la consoli o un giocattolo che la distragga.

Qualcuno ha detto: «Non esiste un apprendistato al dolore. Quando ci colpisce abbiamo ancora tutto da imparare».

Il professor Schillaci non ha perduto l'onore, ma la pace. Nessuno è pronto per queste prove. Non c'è solo il destino che le suggerisce, sono trame scritte dagli uomini. Della pena dei signori Schillaci, due miti e inermi signori siciliani, siamo tutti responsabili: almeno colpevoli di indifferenza. Il riscatto possibile è il pensiero che quello che è accaduto a loro, in questo nostro convulso e indifferente mondo, può capitare anche a noi. Miriam è la bambina di tutti. Chi crede preghi, o taccia.

1991

Il Golfo ovvero la guerra in tv

Comincia il 17 gennaio con un bombardamento in mondovisione; obiettivo il palazzo del presidente, a Baghdad.

Qualcuno ha detto che in tv le rivoluzioni vengono meglio delle guerre, ma bisogna accontentarsi. Come è lontano l'inviato speciale che correva, magari a cavallo, a telegrafare i suoi dispacci! I corrispondenti fanno sentire le sirene che suonano l'allarme mettendo il microfono del telefono alla finestra.

Anche noi partecipiamo all'impresa, e mandiamo contro Saddam, nel Golfo – un posto che pochissimi sanno trovare nell'Atlante De Agostini –, millequattrocento soldati, aviatori e marinai: difendiamo la libertà del Kuwait e quella dei distributori di benzina.

La presenza dei «nostri» è stata più rilevante sulla stampa e sui teleschermi che nel campo di battaglia: il cielo, nel nostro caso. Dopo diciassette giorni dall'intervento si contavano trentacinquemila missioni aeree e i nostri caccia bombardieri avevano partecipato solo a dodici di queste.

Il nostro contingente era poco numeroso ma molto loquace. Parlavano tutti e troppo: e così un contrammiraglio è stato rispedito a casa, perché si era lasciato andare con un cronista, mentre un pilota fatto prigioniero si è lasciato andare con gli iracheni. Le interviste sono insidiose quasi come i missili.

Intanto in Italia la gente prendeva d'assalto i supermercati: in pochi giorni gli scaffali sono stati svuotati. Non una crisi alimentare, ma di fiducia. Ricordo della fame di una volta.

I telegiornali ci hanno invaso con le edizioni straordinarie, l'una dopo l'altra, come gli spot: ma in realtà abbiamo saputo poco. Colpa della censura, o della propaganda, e del fatto che i corrispondenti non ci facevano vedere, ma ci riferivano quello che raccontavano i militari.

Gli americani, che durante il conflitto nel Vietnam avevano sperimentato la forza delle telecamere, sono diventati prudenti: giornalisti e operatori alla larga.

Tutto si è poi risolto in centoquattro ore: davvero un lampo. Si è mossa la più forte armata del mondo: settecentomila soldati. Durante l'offensiva sono state sganciate ottantacinquemila tonnellate di bombe. Che hanno lasciato Saddam Hussein perfettamente indenne. Eppure George Bush lo aveva definito «un altro Hitler». Che è stato sconfitto da Schwarzkopf, un oriundo tedesco, e da un negro, il generale del Pentagono Colin Powell. Col petrolio siamo a posto, con gli ideali meno.

«Desert storm» si chiamava l'operazione: ma è sembrata una guerra senza dramma. Sempre le stesse sequenze di repertorio: decolli in continuazione, spari tra nuvole di sabbia, marinai tesi davanti ai radar, e poi tante telefonate, e chi sa che bollette per le tv, e in più il faccione di Maria Giovanna Maglie e la disinvolta eleganza della Lilli Gruber.

Anche la pulzella d'Orléans, suppongo, curava il look.

Gianni Agnelli nominato senatore a vita

Giovanni Agnelli detto Gianni, per tutti «l'Avvocato», è stato nominato senatore della Repubblica. Suo nonno, il fondatore, lo fu del Regno. Credo che sia per lui una soddisfazione: una specie di rivincita, se vogliamo, su chi lo dipingeva come «un personaggio da rotocalco». Per la verità, fino ai quarant'anni, si era presentato sulla scena in modo allegro: la compagnia era quella dell'Aga Khan (Rita Hayworth) o di Porfirio Rubirosa (una specie di harem): per finire a trattare con Gorbačëv o con Bush o col re di Spagna, e per andare alla partita con Kissinger o con David Rockefeller. Ma, gli aveva detto anche il professor Valletta, che gli preparava la successione, c'è una stagione per divertirsi e «per fare utili conoscenze»; e poi Gianni si è giustificato: «Allora c'erano in giro due tipi di uomini:

quelli che parlavano di donne, e quelli che con le donne ci parlavano. E intimamente, io appartenevo a questo gruppo». Le esperienze, i dolori della vita lo hanno cambiato: ha dovuto affrontare momenti difficili, e anche fare scelte drammatiche: i dirigenti giusti, le alleanze leali. C'erano i bilanci in rosso, la concorrenza agguerrita, il caos nei reparti; si contestava non solo l'autorità ma si sparava ai dirigenti, non si lavorava; poi un giorno quarantamila umiliati si ribellarono all'indifferenza e alla violenza, e sfilarono in un interminabile corteo per le strade di Torino. I cartelli dicevano: «Vogliamo lavorare».

Trent'anni fa l'«Unità» pubblicava un articolo duro ma non profetico; diceva: «Tutto potrà accadere, tranne che uno degli Agnelli possa tornare a dirigere una sola delle imprese create dal terribile nonno». Ma il vecchio che lo prediligeva, guardando il ragazzino svelto aveva previsto: «Furbacion del diaol, un giorno metterai tutti nel sacco».

Ci sono tre italiani da esportazione: Fellini, Ferrari e Agnelli. D'accordo: anche Moravia e Montale sono importanti, anche Maurizio Pollini e Giorgio Strehler, però è un discorso per pochi. *La dolce vita* è diventato un modello di maglione, ma è un titolo che indica un'epoca, una maniera di affrontare l'esistenza: senza incertezze, divorandola. E una frase entrata nell'uso: compare, tra virgolette, sul «New York Times» o sul «Figaro», come «pizza» e «amore».

Maranello è un paese della campagna emiliana conosciuto più di una capitale. C'è una fabbrica che costruisce automobili straordinarie: qualcuno le compera soltanto per il piacere di poterle parcheggiare in un posto molto in vista. Secondo Prezzolini, quei «bolidi» sono un capitolo del costume contemporaneo.

Per la gente, Agnelli è semplicemente «l'Avvocato»; la formula delle segretarie e dei dirigenti della Fiat è stata trasmessa alla nazione, che l'ha accolta con lo stesso rispetto.

Hanno fatto una inchiesta: novantanove cittadini su cento sanno chi è il papa, tutti conoscono «Gianni». Nel 1975 il suo viso, disegnato dalle rughe e perennemente abbronzato, è comparso undici volte sulle copertine dei settimanali. Piace.

Quando è stato invitato alla tv per un dibattito con un ministro, che ha pacatamente ridicolizzato («Che pena» scrisse il «Corriere» «vederlo così balbettare»), le impiegate hanno abbandonato in massa gli uffici: una passerella.

Spiega uno psicologo: «È diventato un simbolo: il maschio oggetto per eccellenza. Dai giornali femminili è richiesto soprattutto in costume da bagno o in mutande. Se è possibile anche senza».

Si vendono canottiere con stampata la sua immagine, che a «Paris Match» suggerisce «la effigie del condottiero». Già «Life» aveva intravisto «la fisionomia da Giulio Cesare», mentre l'inviato di un grande quotidiano, pure restando tra i classici e nell'antico, si limitava a riconoscergli «un profilo da centurione romano». «Quando uno è miliardario» dice Fortebraccio «gli manca sempre pochissimo per essere un genio.»

Ma il corsivista dell'«Unità» non interpreta lo stato d'animo dei comunisti, e neppure quello degli avversari. Il richiamo che Agnelli esercita non si può negare; lo avverte, allarmato, anche il segretario dei metalmeccanici della Uil. «C'è il rischio» dice Giorgio Benvenuto «che col fascino della persona che va diritta al problema, che odia i fronzoli e sa adoperare il potere, plagi i sindacalisti.»

E Davide Lajolo precisa: «Riconosciamo l'intelligenza, l'inventiva e la grinta di Gianni Agnelli. Ricordiamo che aveva letto, capito e studiato Gramsci tra i primi, meglio di tanti altri che lo citano spesso a sproposito. È anche preparato e in gamba. Ma ministro degli Esteri o di un altro dicastero?».

Qualche voce contraria non esclude il consenso. «Un avvoltoio» scrive «il manifesto», «circondato dallo zelo tremante dei cortigiani progressisti.» È la caricatura del capitalista.

Ho chiesto a Federico Fellini: «Perché ha successo, per quali ragioni sta diventando una favola?».

«Piace, come piace un attore, e perché la fortuna lo ha scelto. È un vittorioso; mettigli un elmo in testa, mettilo a cavallo. Ha la faccia del re.»

L'opinione di Enzo Ferrari è anche più motivata: «Non lo trovi impreparato su nessun argomento, ama lo sport. Quando lo incontri, una domanda insegue l'altra, come una mitragliatrice. Ha tante curiosità. Ma se non sai, non ti imbarazza. Si può parlare di tutto. Ha una memoria visiva spaventosa. È prigioniero della sua notorietà, è triste. Non può presentarsi per quello che è».

Dice Marella, la moglie: «Ci fu un momento per John Kennedy, ora c'è per lui».

Vuol forse intendere che, nelle masse, si creano, in alcune circostanze, improvvise ondate di simpatia per qualcuno che le aiuta a sperare; anche quando si manifesta un vuoto di credibilità c'è chi lo riempie.

C'è sempre stata, a Torino, una famiglia che per gli italiani contava, e aveva un peso nelle decisioni importanti: si chiamava Savoia, adesso si chiama Agnelli. Le circostanze li favoriscono: gestiscono la loro impresa assai meglio di quanto i politici non abbiano amministrato il Paese. Il popolo, e nessuno sa quanto gli costa, li perdona anche se hanno tanti soldi. «L'ultimo signore d'Italia» così «Stern» ha definito Agnelli III.

I gesuiti consigliavano di parlare poco di Dio e di tacere assolutamente sul Principe. Ma forse vale la pena di tentare un resoconto su questo «manager», o su questo «padrone», che è il diretto responsabile del salario di un operaio su quaranta, della terza industria automobilistica del mondo, che telefona in qualunque momento a Kissinger o allo Scià, emerge tra i dieci gentiluomini meglio vestiti del pianeta, ed è, in Italia, al primo posto tra i ricchi, incanta le signore e i banchieri. «Dal punto di vista sociale» declama un po' enfatico il finanziere André Meyer «è il più affascinante interlocutore che abbia mai conosciuto.»

Questo non sarebbe un merito, perché «lo charme innato» come avverte una raffinata scrittrice «non lo si acquista. Tutt'al più lo si può ereditare, come lo zigomo slavo o la caviglia sottile».

La considerazione e il rispetto, invece no. Bisogna guadagnarseli.

Dunque: colui che i contemporanei chiamano, come si legge in un romanzo di fantapolitica, «se proprio occorre nominarlo», l'Avvocato, è nato il 12 marzo 1921 a Torino. È il primo maschio che rallegra la casa del signor Edoardo, anche lui laureato in legge. Già è arrivata Clara, poi verrà Susanna, detta Suni, poi altri quattro bambini. L'ultimo, il piccolo, lo battezzeranno Umberto, per fare onore a Sua Altezza l'augusto padrino, il futuro sovrano d'Italia.

All'erede viene imposto il nome del nonno ma, per distinguerlo, sarà Giovanni soltanto nei documenti ufficiali e Gianni per tutti. Il suo segno è quello dei pesci, e secondo un'astrologa che si è data la pena di fare l'oroscopo, determina un temperamento dominato da «intuizione e anticonformismo, e da puntiglioso gusto della polemica».

I genitori di questo fanciullo, destinato a far parlare di sé, sono: Edoardo, il vicepresidente della Fiat, e una giovane dalla personalità eccessiva: Virginia Bourbon del Monte, figlia del principe di San Faustino e di una americana, Jane Campbell, che tutti chiamano «Princess Jane».

Virginia Bourbon del Monte, nel pensiero di Susanna, appare «bella, fragile, amava l'allegria, era del tutto ineducata, e follemente generosa»; altri la giudicano semplicemente leggera e frivola. C'è chi sostiene che il matrimonio con Edoardo era stato combinato, che la difficoltà dei rapporti tra i due coniugi brillanti e svagati ha pesato sul carattere dei figlioli, che non hanno avuto affetti e premure costanti, un ambiente familiare sereno, radici profonde.

«Dell'infanzia» mi ha detto un intimo degli Agnelli «a Gianni è rimasto uno schema di vita, un modo di affrontare i contatti umani, che se spinge al controllo induce anche allo scetticismo.»

L'avvocato Edoardo aveva l'aspetto di un gentleman inglese, molto elegante, spesso impegnato in schermaglie amorose, assai prolifico: c'è chi trova ancora un punto di contatto per spiegare l'amicizia e le affinità tra John Fitzgerald Kennedy e Gianni Agnelli. Anche un passato in comune, oltre a esigenze molto simili: alle spalle un Joseph o un Edoardo con spiccate tendenze libertine, una grande fortuna economica, una madre spensierata, perennemente afflitta da gravidanze, una educazione cattolica che dà, del peccato (più o meno sempre quello: sesto comandamento, atti impuri) e degli immancabili castighi, una visione terribile, una voglia golosa di tutto ciò che può procurare piacere.

Di Edoardo ci sono rimaste scarse testimonianze, almeno per quanto si riferisce alle opere. Narra lo storico Valerio Castronovo che nel 1924 accolse «fraternamente» i fascisti che chiedevano aiuto; esercitava, soprattutto, funzioni rappresentative; non lo si riteneva capace, dieci anni dopo, di reggere da solo la responsabilità della Fiat, mentre fu notevole il suo contributo all'invenzione del centro turistico del Sestrière: toccò a lui seguirne lo sviluppo.

Ma ogni apprezzamento è arbitrario: è morto giovane, non ha mai affrontato il rischio del comando. Di solito, è dopo i quaranta che gli Agnelli si rivelano.

Susanna lo ricorda in divisa di orbace, e racconta i ricevimenti e le feste che si facevano in casa; ogni tanto i bambini vedevano la servitù indaffarata, e si spargeva la emozionante notizia: «Stasera vengono i Principi di Piemonte».

Maria José portava il diadema sui capelli biondi, il filo di perle attorno al collo, l'abito di seta bianca scollato, come nelle fotografie di Ghitta Carrel. Umberto indossava l'alta uniforme, magro, composto, sorridente.

«Maria José» dice Suni «era bellissima, assomigliava a Carolina di Monaco, molto timida, occhi celesti, ma anche tanto strana. Quando, dopo l'8 settembre del 1943, con la monarchia in fuga, si rifugiò in Svizzera, non sapeva nulla del marito, neppure dove si trovava.»

Sono tempi di grandi fatti: avanza l'America di Franklin Delano Roosevelt; c'è il «New Deal», e ci sono i raccoglitori di frutta pellegrini dei romanzi di John Steinbeck; finito il proibizionismo, i *racketers* rimpiazzano i *bootleggers*; cambia anche il genere degli affari. Al Capone è finito ad Alcatraz.

Sparisce la Germania di Hindenburg, e al posto del maresciallo sale al potere il caporale Adolf Hitler. Le vetrine dei negozi degli ebrei vanno in frantumi, gli ebrei in esilio.

In Inghilterra, un re rinuncia al trono per sposare una divorziata. Le «stelle» del momento sono Greta Garbo e Marlene Dietrich. Le donne portano le sottane lunghe fin sotto il ginocchio.

Mussolini trebbia il grano nelle terre che erano una volta invase dalla palude; Italo Balbo, per celebrare il decennale del fascismo, organizza spettacolari crociere aeree. In un pallone, Piccard sale nella stratosfera: arriva oltre i quindicimila metri, nello spazio di Gagarin.

Torino ha ancora certi aspetti descritti da De Amicis, un'aria vagamente gozzaniana: «... un po' vecchiotta, provinciale, fresca tuttavia di un tal garbo parigino».

Ma sotto quell'apparenza dignitosa e crepuscolare, si muovono le grandi forze del lavoro, esplodono duri contrasti negli uomini in tuta delle officine del Lingotto, si fa sempre più forte l'aspirazione a risolvere il problema del «potere operaio».

Il primo gennaio 1921 compare nelle edicole un altro quotidiano, «L'Ordine Nuovo», un giornale comunista; il direttore, Antonio Gramsci, chiede «il sostegno dell'avanguardia rivoluzionaria, di quella parte della popolazione che non si scoraggia per qualsiasi insuccesso, che non si demoralizza per qualsiasi tradimento, che non perde la fiducia in sé e nei destini della sua classe anche se tutto sembra piombato nel caos più cupo e atroce».

In Francia, i nomi di Herriot e di Léon Blum dominano le cronache; si affermano due scrittori: Céline e Malraux. Picasso ha appena dipinto *La Musa*; tra poco rappresenterà la crudeltà di *Guernica*.

Molti avvenimenti nel campo dell'automobile: «Vogue», per la prima volta, mette una vettura in copertina; André Citroën lancia la macchina a trazione anteriore, ma la sua industria è rovinata. Compaiono nelle strade l'Austin cinque cavalli e la Panhard sport; i progettisti alla Fiat hanno pronta una minuscola utilitaria, che diventa per tutti la «Topolino». Dentro ci si sta in quattro, se si ha il fisico adatto e molta buona volontà. Ma è una intuizione geniale: libera dalla bicicletta e dalla moto, segna il passaggio a un'altra condizione, è il sogno vicino di aspiranti automobilisti poveri.

«Essere una Agnelli allora» ricorda Susanna «era molto diverso. In classe avvertirono che, chi aveva la media del sette, poteva ottenere l'esonero dal pagamento di metà delle tasse. Era il mio caso, e andai dal preside. Chiese come mi chiamavo, mi guardò e sorrise. Avevo una compagna, Mariuccia Ajmone Marsan, passò alla sezione dove insegnavano tedesco, i suoi decisero così perché era troppo amica mia.

«Ci portavano ogni tanto a casa dei nonni, il senatore sedeva a capotavola, ed era come se avesse staccato il contatto dagli altri. Mangiava sempre le stesse cose: della verdura, pomodori, sedani, beveva un po' di vermut, fumava il mezzo sigaro, e gli piacevano le canzonette che trasmetteva la radio.

«Era un uomo curioso. A mio cugino Giovanni si rivolgeva chiamandolo per cognome: "Di', tu, Nasi"; sopportava solo quelli che gli erano simpatici. Ai prediletti consentiva tutto. C'era un tipo che costruiva microscopi, e che ogni tanto andava a trovarlo. Non ne imbroccava mai uno giusto, lenti sbagliate, pasticci. Ma continuava a proteggerlo.

«Tante volte era stato ricevuto a corte, e fotografato con Vittorio Emanuele III, ma teneva in mostra soltanto una istantanea che gli avevano scattata con Ford.

«Dei fascisti diceva che erano dei gran buffoni, e quel fez con la frangia era proprio il massimo del ridicolo. Per

Gianni, che frequentava il ginnasio, scelse come precettore Franco Antonicelli, che quando tutti andavano in camicia nera, si presentava con cravatta "bombé", molto elegante; poi andò in carcere con altri professori, contrari al regime.

«Non siamo mai stati dei buoni studenti: per la mia licenza liceale mia madre riuscì a ottenere una legge speciale, altrimenti non venivo ammessa; Umberto venne mandato a sostenere gli esami in Sicilia; Gianni, all'università, come molti allora, si presentò in tenuta del Guf a prendere quei diciotto che distribuivano con larghezza. Aveva pessimi voti in condotta.»

Il fondatore non approvava né le amicizie della nuora, né quei trattenimenti. Aveva abitudini molto semplici, non sopportava i riti mondani, non faceva complimenti, non amava riceverne. Al matrimonio di una nipote, commentò brusco: «Quando finisce questo carnevale?».

Virginia non piaceva neppure alla suocera, e le visite di Giovanni Agnelli al figlio seguivano un cerimoniale distaccato e prestabilito. Arrivava puntualissimo, Edoardo usciva dalla biblioteca per andare a riceverlo in cima allo scalone; si davano la mano, compitamente.

I piccoli Agnelli sono intanto affidati alle balie, alle cameriere, alle istitutrici. Imparano subito le lingue, frequentano altri giovanetti dell'ambiente aristocratico. Hanno nomi che indicano un passato e magari un destino: Topazia, Ascanio, Galvano, Tana e Babù. Il nonno racconta che a scuola i bambini delle casate più conservatrici non lo salutavano perché era di origini borghesi; i suoi discendenti però si sono ampiamente rifatti imparentandosi coi Ferrero di Ventimiglia, i Camerana, i Caracciolo, i Montezemolo, i Fürstenberg, gli Hohenlohe, i Rattazzi, i Teodorani Fabbri, i Brandolini d'Adda. Un tripudio di corone.

Clara è la primogenita, porta il nome della moglie del senatore. «Le volevo molto bene» racconta «mentre non mi piaceva l'americana, che trovavo aspra e sgradevole. Nonna Clara era molto gelosa di mia madre, forse perché adorava il figlio. Princess Jane faceva tutto per apparire, per imporsi: vestiti, tè, balli; piangeva se non era invitata a un pranzo importante.»

Clara Agnelli vive col secondo marito, il conte Giovanni Nuvoletti, a Casa Papadopuli, vicino a Mestre, sullo stradone che porta a Treviso. È una villa carica di cimeli e di riferimenti storici: qui, il 14 agosto 1849, il feldmaresciallo conte Franz Radetzky, che un quadro esalta impettito su uno scalpitante cavallo nero, trattò la resa di Venezia. (C'è una poesia che celebra il triste avvenimento, immancabile nei primi libri di lettura: «Il morbo infuria, il pan ti manca, / sul ponte sventola bandiera bianca».)

Qui si conserva ancora il lettino da campo del «fiero» soldato, la culla del Re di Roma, e un suo giocattolo di porcellana.

È come vivere in un altro secolo. Il grande parco, immerso nella nebbia autunnale, accresce le distanze, spegne i suoni lontani. Le lumiere di opaline, gli stucchi, i lampadari, le stampe con scene di caccia, il teatrino col minuscolo palco e le poltroncine coperte di raso, il giardino d'inverno, tante camere da pranzo e tanti salotti esaltano il «disteso» Ottocento qui racchiuso dentro gli antichi muri, protetto dagli alti cancelli di ferro.

Clara è poco appariscente, capelli rossi, sorriso mite, ma ha, come i fratelli, una dote: sa vedere il ridicolo di certe situazioni, la sua conversazione è candida e sincera.

Rievoca l'incontro con Tassilo Fürstenberg, il primo consorte. Doveva essere un giovanotto piuttosto attraente, insolito, dall'aria strampalata, ma suggestiva. Suni lo dipinge come una specie di Charles Bronson: «la faccia un po' selvaggia da tartaro, molti capelli spettinati», e aggiunge che indossava abiti «straordinariamente sporchi»; è un particolare che non si dimentica. Il senatore non lo prendeva sul serio; a una domanda di assunzione alla Fiat, ovviamente in un posto adeguato, risponde che, se principe era, perseverasse in quel ruolo: «*Al'è n'prinssi? Ca fassa el prinssi!*».

«Quando ho visto Tassilo» dice Clara «non sapevo

nemmeno chi fosse, ma forse lui sapeva chi ero io. Avevo diciassette anni, pochi: lo trovavo splendido. Dopo, molto meno. E originale. Il resto non mi interessava. Mi faceva ridere, una cosa che in famiglia apprezziamo molto. Anche Gianni è così, non sopporta chi è banale. Mi portava sempre allo zoo, e non mi rendevo conto del perché: mi pareva una trovata romantica. Poi ho capito: era tirchio, e così mi faceva passare il pomeriggio in un ambiente sano ed economico. Aveva degli occhi chiarissimi e fissando quelli della tigre ruggiva: "Sono una belva anch'io". Sparlo? Ma perché no? Tutti lo ossequiavano: "Altezza Serenissima", e tutti ne erano incantati. Valga come una attenuante.

«Noi Agnelli abbiamo gusti diversi, ognuno fa la sua vita» continua. «Il linguaggio, forse, ci accomuna: evitiamo i contrasti bruschi, scortesi. Siamo individui tremendamente corretti da un punto di vista mentale, non sappiamo fingere, neppure con noi stessi. Ci sentiamo uniti, anche se ci incontriamo di rado.

«La mamma mi viziava in una maniera indecente, è stata la prima pessima educatrice. Gianni era un bambino vivace, andava d'accordo solo coi suoi amici, in particolare con Lodovico Grisi, nipote del principe Chigi, col quale studiava. Lodovico è morto in Russia. Hanno detto che era disperso. Andavano in bicicletta assieme, giocavano al pallone in cortile. Le domeniche erano orribili e Gianni si lamentava.

«Il senatore era meno severo di mio padre, più comprensivo, molto tenero. Non mi ha mai detto buongiorno, né io lo salutavo: pareva quasi che se ne avesse a male. Con la mamma era rude, ma giusto. Miss Parker, la signorina inglese a cui eravamo affidati, mi castigava spesso. Il punito pranzava da solo a un piccolo tavolo, o restava chiuso in camera.

«Al cinema ci portavano raramente, il solo divertimento concesso era invitare i compagni di scuola; venivamo condotti alle giostre di Piazza Vittorio, quando arrivava il Luna Park; qualche viaggio ogni tanto.

«Gli amici copiavano Gianni nel modo di fare, lui parlava così, naturalmente. Non posava. È sempre stato pieno di interessi. Passava delle ore con una locomotiva a vapore e un trenino elettrico. Era piuttosto riservato.

«Con mio padre avevo grossi battibecchi: diceva che pretendevo di dire sempre l'ultima parola, ma anche Gianni veniva spesso sgridato. Suni e Gianni si assomigliano: lei è più aperta, estroversa; lui è più ingenuo, ma sa misurarsi, capisce che essere intelligenti vuol dire anche essere generosi.

«Certo, Miss Parker ha contato molto, col suo rigore britannico. Quando siamo cresciuti, ogni settimana, con i cugini Nasi, ci portavano a lezione di ballo alla Sala Gai, un rispettabile ritrovo di borghesi agiati; il signor Gai e la moglie ci insegnavano il tango e il valzer lento. Noi bambine andavamo anche a scuola di danza da delle emigrate russe, le signore Hutter, a cavallo, al tennis coperto, dalla maestra di piano.

«Mio padre portava Gianni alle partite della Juventus, qualche volta alle corse dei cavalli a Mirafiori, e in giugno al Sestrière.

«Se c'erano visite illustri, non ci presentavano. Mussolini l'ho visto sul balcone e a un ricevimento a Palazzo Madama, quando venne Hitler. Edda Ciano non piaceva a mio padre, e la mamma la invitava quando lui era via. Vedevano Umberto e Maria José, incantevole, ma chiusa, fredda, lui invece era molto attento, fine, si capiva che aveva ricevuto una educazione da re. Frequentavano il Duca d'Aosta; Suni diceva che aveva proprio l'aspetto del Principe Azzurro.

«Quando davano dei balli, invitavano degli artisti: una volta venne a cantare da Parigi Lucienne Boyer, ma noi non la sentimmo. *"Time for bed now"* diceva Miss Parker, e via tutti a letto.

«Nessuna concessione di tipo montessoriano. Un giorno sostenevo che sei era un bellissimo voto, e mio padre scattò: "Cosa hai detto? Ripetilo" e mi diede uno schiaffo.

Anche Gianni le ha prese; mi pare fosse molto bravo in
ginnastica; imparava alla svelta, non perdeva tempo. Non
ho mai visto i miei genitori, e neppure il senatore, a Messa, ma noi andavamo in chiesa. "Poi sceglierete" ci dicevano. Si dovevano anche fare le opere buone, di carità: por-
tavamo la minestra ai carcerati e ai poveri. Ci spiegavano:
"È un atto di umiltà e di obbedienza".»

Susanna ha in mente certe visite a un convento di suore
sulla collina, dove andavano a fare la comunione; dopo il
rito offrivano ai piccoli cristiani devoti la cioccolata calda
e i biscotti a forma di margherita. Poi la superiora, che aveva in faccia qualche pelo duro e un odore di medicinale, li
accompagnava in uno scantinato; al centro erano allineati
tavoli e panche.

Sulla porta aspettavano i vecchi. Entravano con ordine,
ritiravano da un sacco la pagnotta, si sedevano. La monaca cuciniera riempiva le scodelle di zuppa bollente, che i
signorini provvedevano a distribuire. Dopo fumavano anche le barbe, le sciarpe, le giacche dei beneficati.

Accadeva la prima domenica del mese; Clara, Gianni e
Suni venivano portati a conquistare la Grazia. Era una regola. Vigiassa, la cameriera, li svegliava presto, e ammoniva: «Attenzione a lavarsi i denti. Se va giù una stilla d'acqua, non si può più ricevere il Signore. È sacrilegio».

La bocca, per paura della goccia sacrilega, si riempiva
di dentifricio. Partivano in automobile – con Miss Parker –
che imponeva la pietà e il decoro perché la chiesa era lontana, oltre la Gran Madre di Dio. Il prete aspettava già nel
confessionale. C'erano solo loro, nessun altro fedele. Le
navate apparivano deserte.

Susanna è la più vicina a Gianni, «la persona più conge-
niale per lui: hanno periodi di grande amore, poi di difficoltà» dice Umberto. Anche fisicamente si riconoscono: alti,
capelli grigi, sguardo chiaro e ironico. Suni ha sei figli, ed è
divorziata dal conte Urbano Rattazzi. Sa scrivere in maniera
piacevole, ha raccontato con abbandono, in un libro di successo, anche vicende familiari che altri avrebbero taciuto, è

sindaco di Monte Argentario, vicino a Grosseto, come l'Avvocato, che per tradizione, governa a Villar Perosa. Gianni ha avuto il voto di tutti, Susanna no. Deve battersi con l'opposizione, ha accettato la carica come un dovere, un debito morale: qualcosa che chi ha molto avuto deve restituire.

Susanna vive in una bella villa all'ingresso di Porto Santo Stefano. In Comune fa orario di ufficio, non le pesa star sola, ogni tanto la raggiungono i ragazzi che studiano negli States, o lavorano in Venezuela, e i nipotini.

Non si aspettava che il suo manoscritto incontrasse tanto favore, e diventasse un caso letterario.

Gianni lo aveva letto per primo, ma il giudizio non era stato incoraggiante: «Io mi sono divertito, ma è una faccenda che mi riguarda; non credo che interessi agli altri». Molti, specialmente a Torino, si sono indignati: non si aspettavano una cronaca così «sfrontata», ci sono fatti che debbono restare nella complicità dei salotti, non finire nelle rotative.

Susanna non è ipocrita o adulatrice, non fa calcoli. Può dire anche cose avventate, ma non tacere. Sa giudicare, anche se non può estraniarsi da quelli che sono i condizionamenti del suo mondo: è una che cerca, in qualche maniera, di non essere soltanto «Miss Fiat», come l'aveva chiamata un ufficiale inglese. Odia la doppiezza, ma rispetta i ruoli e il gioco delle parti. È cosciente del privilegio di cui gode, anche se, confrontando le sue raffinate merende, i panini col pollo, invidia il castagnaccio delle altre scolare: quel vestito alla marinara, cappotto blu, calze blu, berretto blu, che indossava da piccola, sarà una distinzione che l'accompagnerà per sempre.

Umanamente, si sente coinvolta dalla storia degli altri, e vi partecipa. Ritroverà, anche crescendo, gli odori dell'adolescenza: il sudore delle serve, il puzzo di cibo che esce dalla portineria, l'afrore della signorina che impartisce lezioni a domicilio, poi il fetore dei feriti, dei morti e delle macerie bagnate durante la guerra, l'aria che sa di polvere dei bombardamenti.

Le pare che la sua infanzia sia stata infelice, la ricchezza era un limite, un condizionamento, qualcosa che rendeva lei, Gianni e Clara differenti dagli altri. Non aveva mai soldi in tasca, il permesso di entrare in latteria a comperare la liquerizia o il cioccolato con le figurine, di correre liberamente sui viali di corso Duca di Genova, di mescolarsi a quei bambini che affollavano i giardini pubblici. Il primo denaro di cui dispone lo ha avuto dopo sposata. Non potevano uscire da soli, né salire sul tram, anche se c'era la pioggia, perché era volgare: la passeggiata aveva un orario e una regola, tutti in fila, in buon ordine.

Gianni si ribellava, faceva scherzi ai professori, adesso lo chiamerebbero un contestatore. Fu rinviato a ottobre in tutte le materie, al D'Azeglio, per cattiva condotta: un provvedimento eccezionale, una vergogna. Era molto coraggioso: dovette subire una operazione di mastoidite, dolorosa, e si comportò bene. Non si lasciava, fin da allora, trascinare dalle passioni o dalle vicende «private». Sapeva controllarsi, sapeva già guardare alle cose con un distacco anglosassone.

Di quel tempo, Gianni Agnelli racconta certi momenti magici o buffi. Una volta il padre lo portò al campo di corso Marsiglia, aveva appena acquistato un nuovo calciatore, Hirzer, un ungherese, e volevano provarlo; gli fecero correre i cento metri, tra lo sbigottimento degli altri compagni di squadra. Un tempo da primatista; i tifosi lo battezzarono poi: «la gazzella bianco nera».

«Giocava all'ala» ricorda compiaciuto. Poi parla di Orsi, un altro prodigio: «Lo sa che era un grandissimo suonatore di violino?», scommetteva di infilare in porta, tirando dall'angolo, un pallone su tre. E segnava. Ogni tanto Gianni accompagnava di sera il padre alla stazione di Porta Nuova: era una specie di premio. Il vagone letto lo prendevano soltanto le persone autorevoli: tra i viaggiatori, una volta, c'erano il Duca d'Aosta e il giocatore Munerati, e siccome le attenzioni del ragazzino erano tutte per l'ala destra, l'avvocato Edoardo, che non temeva di provocare traumi, gli mollò due sberle. Gianni doveva nascondere in tasca «*La Gazzet-*

ta dello Sport», che il severo genitore chiamava «l'orribile foglio rosa». Commenta: «Allora, c'era un altro senso della austerità della vita». Gli dico che, secondo Umberto, se lui potesse fare una squadra per soddisfare il suo gusto, ingaggerebbe undici campionissimi e, sempre secondo Umberto, non prenderebbe lo scudetto, perché occorrono anche i gregari, gli sgobboni, ma sarebbe felice di concludere qualche incontro col punteggio di dieci a zero.

«Non mi piacciono i portatori d'acqua» spiega. È un aspetto della sua filosofia: se è possibile, sempre il meglio, cuoco, sarto, tecnico, amministratore. «Le sue preferenze» spiega Suni, la sensibile interprete «vanno a chi vince.»

Non si è sentito troppo frustrato, allora, molto diverso dagli altri: stava coi compagni di scuola, correvano in bicicletta, avevano la stessa paura degli esami. Era avanguardista a cavallo. Ma già quella diventava una prima selezione; non mi pare che fra i galoppatori ci fossero molti discendenti di metalmeccanici.

Ha fatto tre anni di liceo in due, e Franco Antonicelli lo guidava negli studi; non era rigido, ma cortesissimo, però un giorno non si presentò. Lo avevano arrestato con Antonio Monti e Massimo Mila ma nessuno osava dirglielo, parlavano di una malattia, fin che da un cugino seppe la verità. Il senatore, per le faccende che gli stavano a cuore, sapeva scegliere gli uomini adatti, e pensò che Gianni doveva essere educato al di fuori del conformismo, della dottrina del regime.

Miss Parker ripeteva con insistenza ossessiva ai bambini che le erano stati affidati, una frase che era un ammonimento: «Ricorda che sei un Agnelli».

Ho chiesto all'Avvocato: «E se invece si fosse chiamato Giovanni Rossi, nato a Torino nel '21, condizione piccoloborghese, come se la sarebbe cavata, che cosa avrebbe combinato?».

«Chi sa. Ammettiamo che la mia famiglia disponesse di risorse sufficienti per farmi studiare, poi sarei andato soldato, avrei fatto uno sforzo per crearmi una posizione economica, ma raggiunta una certa libertà, non sarei diventato un *businessman*, niente affari, e non avrei fatto vita politica. Una casa editrice, ecco l'attività che mi piacerebbe, l'attualità, fare una stazione televisiva. Mi interessa più un quotidiano di un impianto siderurgico.»

1992

L'innocenza di Moana

Ormai ci siamo: tra poco la pornodiva Moana Pozzi la vedremo, come Cossiga, a reti unificate. Sabato sera è apparsa su Raidue nell'appropriata rubrica *Harem*, poi è passata su Raitre, dove l'attendeva col baffo fremente Sandro Paternostro, sfoggiando quell'inavvertibile eleganza che tanto ricorda la compagnia di riviste *Fanfulla*.

La generosa ragazza ha fatto un figurone in entrambe le esibizioni; per la prontezza e la castità del linguaggio, per il composto atteggiamento: parlava senza birignao, evitando anche la malizia delle signore tanto per bene.

E poi ha tenuto testa impavida anche ai birichini del video, i boy scout che fanno la scorta al gran capo Sandro, affrontando le loro insidiose domandine, forte di quel principio che afferma: «La verità è nuda», e lei non ha alcun motivo di nasconderla.

Il costume evolve: come sono lontani i tempi in cui una intervista-confessione di Pasolini (la sola che esiste negli archivi televisivi, e che viene regolarmente saccheggiata) veniva bloccata perché il povero Pier Paolo aveva da affrontare qualche causa in tribunale. Da quando *L'amante del bandito* doveva cambiar titolo e la peccatrice diventava la legittima consorte del fuorilegge.

Nessun motivo di scandalo da parte mia: mi pare che anche Gesù ebbe motivi di larga comprensione per la Maddalena e per l'adultera, anche se non teorizzò il libertinaggio.

Oltretutto il Parlamento italiano ha tra i suoi membri (scusate: tra i suoi componenti) anche Cicciolina che fa poco squadra perché brilla per assenteismo come l'onorevole Gerry Scotti, impegnato tutti i sabati al circo, e come l'onorevole Matarrese, più preso dagli spogliatoi degli stadi che dalla Camera dei deputati. E mi pare ragionevole la scelta della signora Moana, che vuole rappresentare a Montecitorio il Partito dell'Amore: non capisco, invece, l'associazione coi pensionati, che di solito su questo problema sono costretti ad avere un atteggiamento distaccato.

È probabile che Moana Pozzi raccolga sufficienti consensi per considerarsi onorevole a tutti gli effetti: è anche più rispettabile una persona che dà del suo in confronto di chi si appropria, pure in nome dell'Ideale, di ciò che è di altri.

Peggio chi spoglia il cittadino di chi getta al vento le sue mutandine.

Ma è assai discutibile questa propensione televisiva alle storie o ai personaggi che debbono colpire, sbigottire, sorprendere lo spettatore; non bastano le fanciulle spogliate, o quelle un po' equivoche, come Amanda Lear: ve ne mostriamo una, Eva Robins, che è una contraddizione vivente tra stato civile e torace, e peccato che a un certo punto ci si debba fermare. Che idea.

È un po' triste ricorrere a queste trovate da Barnum: la donna barbuta, il vitello con tre teste, l'uomo che pesa due quintali. Sta scritto: «Non giudicare». E non facciamo della morale di circostanza: ricordo come una esperienza umana assai rispettabile una intervista con la leader delle lucciole, termine poetico per un mestiere che non lo è.

Un discorso casto: non c'era da sottoscrivere un messaggio, ma da ascoltare, e magari da cercare di capire, una vicenda.

Riconosco che Moana Pozzi non è che una espressione disinvolta di questo mondo: ho più comprensione per lei che per quelli che su di lei speculano. Ho conosciuto l'America di Gipsy Rose Lee, la reginetta dello strip-tease che si spogliava recitando i poeti francesi: l'attesa della platea non era per i ritmi di Rimbaud ma per quelli che accompagnavano la caduta del reggipetto. Anche Gipsy, che ha scritto un formidabile libro di memorie, cercava un alibi perché allora, secondo il motto di una ospitale casa di Reno, Nevada, «il sesso era sporco e l'aria pulita, mentre oggi è vero il contrario».

Diceva Pitigrilli che capiva il bacio al lebbroso ma non la stretta di mano al cretino: con le cose che si vedono, sarebbe costretto a girare con le mani in tasca. C'è un tale eccesso nelle rappresentazioni, nelle polemiche, nei contrasti sociali, che la normalità, o il buon senso, sempre deplorato, appaiono stravaganze. In una sola serata, due Moana, fedeli all'evangelico motto che incita la sinistra a ignorare ciò che fa la destra. Ed è tutt'altro che esemplare quello che combina il centro.

Forse Moana Pozzi eccede in impudicizia, ma c'è tanta gente che esagera in impudenza. Si difende con il distacco, con l'ironia, anche dalle teorie che enuncia per giustificare il suo inconsueto lavoro: mima in pubblico due volte al giorno quello che gli altri fanno, ogni tanto, in privato. Vende quel piccolo mistero che c'è in ognuno di noi: esibisce la pelle, e crede di svelare la sua passione. Che non consente l'orario continuato. Moana è anche pluralista: tv pubblica o network privato, socialisti e comunisti, non fa differenza. Aspetta che anche i democristiani si decidano: ha già detto che è cattolica. Come tutti noi, il suo pubblico.

Craxi, Tangentopoli e la fine del Psi

Norberto Bobbio ha sintetizzato in una frase quello che poi è accaduto: «Il Psi corre spensieratamente verso la propria rovina. Ben gli sta».

Andando a rileggere gli appunti raccolti in tanti anni da cronista, si capisce che il disastro politico e morale che ha portato alla scomparsa del partito di Turati, di Matteotti, di Nenni, di Lombardi, di Pertini, forse era evitabile.

Indro Montanelli mi ha raccontato di aver seguito il Congresso socialista che anticipò, all'inizio degli anni Sessanta, l'entrata del Psi nel governo. Un solo delegato si alzò per esprimere la sua contrarietà, un fedele militante, l'onesto senatore emiliano Ferdinando Santi. Durante un intervallo, Montanelli gli chiese il perché di quella dura opposizione: «Io li conosco» disse Santi piuttosto addolorato. «Se quelli siedono a tavola non si alzano più.» E così fu.

Ho incontrato Ottaviano Del Turco, appena nominato segretario del partito nel suo momento più drammatico: la fine. Un abruzzese dalle maniere dirette, il padre segretario della lega dei braccianti, una bella storia: solo la terza media, ma una grande passione per la cultura, la pittura, la musica e i libri. Segretario aggiunto della Cgil con Luciano Lama. La sua devozione a Craxi è storia antica, da quando era ragazzino e Bettino gli chiese perfino di fare il testimone di nozze al figlio Bobo.

Gli ho chiesto: «Lei ha detto che "il Psi è come una vigna invasa dalla peronospora". Chi ha portato la malattia?»

«Ciò che è accaduto negli anni Settanta e Ottanta nel Psi è dovuto al blocco del sistema politico che ha creato un senso di impunità. E questo ha prodotto quello che, secondo me, è stato l'errore più grande di Craxi, e adesso ne paga le conseguenze in modo eccessivo e anche ingiusto. Una volta Bettino affermò: "Io faccio la politica, voi fatevi gli affari vostri". A Bologna, all'Assemblea nazionale gli dissi che lui aveva nel partito più autorità di quanto ne avevano avuta Turati e Nenni. Aggiunsi, usala per fare pulizia. Abbi il coraggio. Dalla platea si alzò un applauso e lui intervenne: "Io del coraggio ne ho da vendere".

«Il secondo episodio fu al Congresso di Rimini del 1987, che fu trionfale per il segretario. Dal palco dissi: "Guardate che nel partito cominciano a circolare troppi uomini molto eleganti, ma negli occhi dei quali non brilla mai la luce della passione politica". Chi mi fece più festa furono proprio quelli dagli occhi spenti.»

Al centro di Tangentopoli, che è una triste e vergogno-
sa pagina della storia della nostra Repubblica, sta Bettino
Craxi. C'è stato un periodo in cui nella pagella dei più potenti della Repubblica, per «Il Mondo», era al primo posto, secondo Gianni Agnelli, terzo Wojtyla.

Innegabilmente Bettino piaceva, e me ne resi conto
quando lessi certi articoli di consenso che non presuppo-
nevano solo la stima, sentimento più che legittimo, ma che
rivelavano anche un insoddisfatto bisogno di protezione.
«Il successo» sosteneva Charlie Chaplin, «rende simpatici.» Si adeguarono al nuovo corso cattedratici e scrittori,
filosofi e divi del microfono, giornalisti televisivi e della
carta stampata: avevano tutti la necessità di un padre. Che
popolo di orfani. Lucio Dalla lo trovava «una persona
davvero amabile, deliziosa, canta molto bene, e conosce a
memoria un sacco di canzoni». Claudio Baglioni avvertì
che «la sua presenza porterà una nuova ventata di entusiasmo nello spettacolo». Renzo Arbore gli chiese di incidere
per lui una sigla televisiva.

Ho scritto: «Credevo che Craxi fosse cresciuto alla
scuola di Nenni, invece si è fatto a quella di Rabagliati».
Poi ho aggiunto: «Il leader socialista ha il suo progetto, e
ha fretta. Dà la sensazione di uno che si sente inseguito dal
tempo, e deve prendere il primo treno per arrivare: è au-
gurabile che, al momento di salire, conosca la destinazione. Di sicuro, sa quello che vuole, e non pare disposto a
sottilizzare sul prezzo. È evidente che uno che conta più
del Santo Padre, non sente il bisogno di spiegarsi con gli
altri: decide e tira dritto».

Giacomo Mancini era stato molto duro con Craxi:
«Non abbiamo più un segretario, ma un capo autoritario
col quale non è più possibile discutere. Una situazione che
non esiste in nessun altro partito socialista europeo, e
nemmeno nei partiti comunisti. Forse nella Corea del
Nord».

Prima di Tangentopoli, un merito a Craxi andava riconosciuto: quello di aver reso il suo partito autonomo ed ef-

ficiente. Di me ha detto in un'intervista a «Panorama»: «Biagi, lo leggo poco, è diventato troppo commerciale, e fa del moralismo un tanto al chilo».

Questa storia del moralismo, per Craxi è stata una specie di ossessione. Poi le vicende ci hanno indotto a dedurre che, per lui, il Codice Penale era più che altro una questione di stato d'animo e non un fatto anche morale. Ha ricevuto una pioggia di avvisi di garanzia che per l'opinione pubblica erano già una condanna. Su 100 italiani, 92, sondaggio de «L'Espresso», pensavano che i magistrati facevano bene a indagare su Craxi, più di 72 auspicavano che si dimettesse.

Bettino non ha accettato né critiche, né consigli. «Parlano come se fossi morto. Mi hanno già seppellito. Meno male che ho fatto i buchi nella bara e continuo a respirare» commenta. Anche se la tempesta incombeva continua con la sua alterigia: «Non mi hanno demolito, anzi rafforzato».

Le uniche responsabilità ammesse sono sempre lievi: «I finanziamenti? Formalmente irregolari ma leciti». Dichiarazione che ha fatto durante un convegno, organizzato dalla rivista socialista «Mondoperaio», dedicato ai rapporti tra corruzione e politica.

Craxi ha spiegato che i fondi dei partiti erano catalogabili in «tre diverse sfere»: quella dei finanziamenti regolari e delle attività istituzionali, quella dei contributi «formalmente irregolari ma leciti» e quella del denaro di «provenienza illegale», raccolto da «profittatori e corrotti che parlano a nome del partito, di cui si appropriano del tutto o in parte e che sfugge alla conoscenza e al controllo del gruppo dirigente centrale del partito».

Successivamente è stato ancora più esplicito: «Io non lo considero un furto, il finanziamento illegale ai partiti, è stato un finanziamento illegale obbligato e costretto».

All'Hotel Raphael, dove Craxi alloggiava quando era a Roma, le visite diventano sempre meno, e ai pranzi, ormai solitari, partecipa solo un incrollabile entusiasta: il segretario dei giovani socialisti.

Il capo si accorge che anche gente della vecchia guardia lo sta piantando: Martelli, il pupillo, Forte, il beneficato, Giulio Di Donato, il vice, perfino Ripa di Meana, di cui è stato testimone di nozze.

Perfino gli imprenditori, che lo avevano seguito con tanta simpatia, cambiano bandiera.

Bettino Craxi è stato il padre padrone del Psi, circondato da stuoli di cortigiani: era ammesso il giullare, ma bandito il dissidente. «Il craxismo» diceva Giacomo Mancini, «è il culto della personalità elevato all'ennesima potenza.»

Chi gli è rimasta sempre fedele è stata la sua segretaria di Milano con cui aveva lavorato per trent'anni, Vincenza Tomaselli. L'ho intervistata nella puntata de *Il Fatto* del 5 novembre del 1996.

«Si è detto che c'è un Craxi buono e un Craxi cattivo. Lei cosa ne pensa?»

«Io ho lavorato con lui perché lo stimavo, e perché era un personaggio costruttivo.»

«Che sbagli crede che abbia fatto?»

«Secondo me Craxi è cambiato un po' a Roma. Evidentemente il potere romano cambia la gente.»

«Quando depositavano, come si è detto, sulla sua scrivania pacchetti di soldi, si sentiva imbarazzata?»

«Io non mi sentivo imbarazzata, prima di tutto perché non ero tenuta a sapere che cosa c'era in quei pacchetti e poi credevo di partecipare alla costruzione di un partito socialista grande e i partiti costano. Lo ritenevo un giusto finanziamento.»

«Pensava che sarebbero finiti tutti nelle casse del Psi?»

«L'uso che ne facevano poi a Roma non lo so.»

«Lei ha avuto problemi giudiziari: perché?»

«Alcune persone hanno dichiarato che sono venute in Piazza Duomo a consegnare dei soldi a me. Per questo sono stata condannata, per favoreggiamento.»

«Lei si sente innocente?»

«Beh, io facevo il mio lavoro di segretaria. Non mi sento

particolarmente colpevole nel senso che c'era un andazzo generale, per cui, non so, forse sbagliavamo noi.»

È la stessa tesi sostenuta da Bettino Craxi quando in Parlamento ha detto: «Basta con l'ipocrisia» confermando che non c'era un partito non corrotto, e che tutti lo sapevano. Questo mi è piaciuto.

L'ho apprezzato di meno quando sono emerse le inesorabili prove. E non mi era piaciuto nemmeno quando sull'«Avanti!», nell'agosto del 1992 aveva scritto, con lo pseudonimo Ghino di Tacco, un vibrante corsivo, alquanto ricattatorio contro chi lo stava indagando: «Con il tempo e attraverso una migliore conoscenza dei fatti, potrebbe perfino risultare che il dottor Di Pietro è tutt'altro che l'eroe di cui si sente parlare e in questo caso, come in tanti altri della vita, non è proprio tutto oro quello che riluce».

Queste parole non avranno mai avuto conferma mentre il Psi scomparirà per sempre. Craxi verrà condannato a cinque anni e sei mesi per la vicenda Eni-Sai insieme a Severino Citaristi, segretario amministrativo della Dc, cinque anni e sei mesi, e a Sergio Cusani, quattro anni.

Falcone: «Si fanno figli non orfani»

Mi è capitato quando uccisero Kennedy: ero in un motel, lungo il Mississippi. Sullo schermo televisivo c'era Walter Cronkite, scamiciato, che leggeva tumultuose notizie di agenzia. Sabato sera, 23 maggio, ero a Milazzo, Sicilia, nella hall di un albergo, una voce ha detto: «Hanno attentato a Falcone». E poco dopo: «È morto». Di fronte a certi fatti ti ritrovi con te stesso, coi sentimenti, e con la memoria. Senti le parole di circostanza: «Sbigottimento, sorpresa, indignazione», e le trovi consunte, e anche un po' sconce. Ho conosciuto – e si è stabilito tra noi un rapporto di amicizia, o di confidenza – tre personaggi essenziali nella vicenda della mafia: Buscetta, il primo «uomo d'onore» che

ha parlato; De Gennaro, il giovane funzionario di polizia
che lo incoraggiò a liberarsi del passato, e ne raccolse le
confidenze; Giovanni Falcone, il magistrato che stese i verbali e tratteggiò la mappa di Cosa Nostra. Ci ha aiutato a
capire.

Ero a cena con Giovanni Falcone e con Francesca Morvillo, una sera del 1987, in casa di un amico, Lucio Galluzzo, a Palermo: a mezzanotte andarono a sposarsi.

«Come due ladri» dissero poi, solo quattro testimoni,
così vuole la legge. Uscivano da tristi vicende sentimentali, e si erano ritrovati, con la voglia di andare avanti insieme, fino in fondo, fino alla strada che dall'aeroporto conduce in città.

«Perché non fate un bambino?» chiesero una volta a
Giovanni. «Non si fanno orfani» rispose, «si fanno figli.»

L'aria della Sicilia non sa di zagare, di mare o di gelso-
mini, odora di domande. La prima, la più angosciosa: chi
uccideranno adesso, a chi toccherà? E perché proprio in
questo momento?

Giovanni Falcone sapeva. Anche Dalla Chiesa cadde
perché era solo, e senza poteri. E qualcuno che adesso
piange farebbe bene, per decenza, a tirarsi da parte.

«Perché uccidano» spiegava Falcone, «ci vuole un'agi-
bilità politica». Debbono sentire che, in qualche modo, sei
abbandonato a te stesso. Ti hanno segnato nel libro, e non
dimenticano.

Mi ha raccontato Tommaso Buscetta che, quando era
un giovanottino, appena arruolato dalle cosche, ricevette
l'ordine di far fuori un traditore. «Ma lui» dice Buscetta,
«era furbo, e andava sempre in giro col suo bambino. Lo
teneva per mano, e allora non si sparava ai ragazzi, ai generali e ai magistrati, c'erano delle regole. Abbiamo aspettato dodici anni, poi andò a spasso da solo, e la sentenza
venne eseguita.»

Falcone è stato discusso e combattuto: dal «corvo», che
cercava di sporcarne la figura, dagli scontri con Meli, un
altro giudice, e poi con Cordova, che lo ha battuto nelle

aspirazioni, nella carriera. Buscetta lo aveva anche avvertito: «Se lei va via da Palermo, lei non si salva».

Falcone e Buscetta, si può dire, si stimano. Sono tutti e due siciliani: si capiscono e si rispettano. Falcone è coraggioso, acuto, e conosce l'argomento: e tratta l'imputato da uomo.

«È onesto» dice Buscetta, «e non è un persecutore. A Vincenzo Rimi sequestrarono anche le vacche, non mangiavano più, nessuno le accudiva, e le bestie creparono. Il dottor Falcone si muoveva nei limiti della legge; non sbatteva dentro tua moglie se non era indiziata.»

Quando abbatterono Lima, Buscetta parlò: «Ora tocca a Falcone. Debbono dimostrare che sono loro che comandano, che hanno in mano il bastone e il destino della nostra isola». Si salva, spiega don Masino, chi fa vita irregolare, niente abitudini, casa, ufficio: «Aveva tanto studiato la mafia» commenta ora, «ma non sapeva con chi aveva a che fare. Ho perso un padre, un fratello».

Sta da qualche parte, in America, e quando vuole, quando può, passano anche mesi, chiama. Un saluto. La voce è sempre la stessa, l'intelligenza anche: «Non sono un pentito» ribadisce, «rinnego Cosa Nostra».

Accenna a un politico molto in voga: «È un cretino, un cretino qualsiasi e puzza come un pesce che si secca al sole, da quattro o cinque giorni». La comunicazione si interrompe. Era commosso.

Rivedo la loro storia, come me l'hanno detta i due protagonisti. Il primo magistrato col quale Buscetta si abbandona è Giovanni Falcone: si incontrano a Brasilia, e il giudice istruttore ha subito l'impressione di trovarsi di fronte a una persona molto seria e dignitosa: «Tutti e due siamo palermitani» dice Falcone. «Bastavano un giro di frasi, un'occhiata, il riferimento a un luogo e a una vicenda, che ci capivamo. Giocavamo a scacchi.»

Lo avverte: «Scriverò tutto quello che mi dice, e farò il possibile per farla cadere in contraddizione».

E Buscetta replica: «Intendo premettere che non sono

uno spione, e quello che dico non è dettato dal fatto che spero di propiziarmi i favori della giustizia; le mie rivelazioni non nascono da un calcolo di interesse. Sono stato un mafioso e ho commesso degli errori, per i quali sono pronto a pagare interamente i miei debiti, senza pretendere sconti. Voglio raccontare quanto è a mia conoscenza su quel cancro che è la mafia, affinché le nuove generazioni possano vivere in modo più degno».

Falcone elenca le scoperte che il discorso di Buscetta consente. Cosa Nostra ha una sua ideologia, anche se censurabile. Sfrutta certi valori del popolo siciliano: l'amicizia, l'onore, il rispetto della famiglia, la lealtà.

Calò butta fuori di casa Buscetta perché sta con una amante. Liggio lo condanna perché è andato con la sorella di un amico. Salamone è offeso perché non ha fatto da padrino al battesimo di suo figlio.

L'onorata società strumentalizza virtù e meriti, è un inganno storico. Proclama che organizza i più deboli, invece fa il suo interesse. Ma dopo Buscetta non sarà più come prima. La sua confessione ha messo a posto le tessere del puzzle, e lo Stato acquista una maggiore credibilità. Quando affrontano i temi politici, Buscetta dice a Falcone: «Stabiliamo chi deve morire prima: io o lei?». Ora si sa come è andata.

Dal suo capo Stefano Bontade anche Buscetta ha imparato a comandare col sorriso. È discreto e misurato: può accettare un mezzo pacchetto di sigarette, mai una stecca. Perché è un messaggio carcerario, come le arance.

Falcone fuma il sigaro, e Buscetta non lo sopporta: non si lamenta, ma fa sapere a un altro magistrato che quel fetore lo distrae.

Mentre lo sta interrogando, c'è una radio accesa col volume troppo alto, e due poliziotti litigano nel cortile. Buscetta si alza e va a chiudere la finestra. Si intendono.

Quando è dentro, sulla porta della cella attacca uno di quei cartelli che si usano negli alberghi: «Si prega di non disturbare». È lui che sceglie gli interlocutori, e li mette in guardia: «Se si crea un polverone, tutto va per aria, e crolla anche la poca fiducia della gente in una lotta vera alla cri inalità organizzata: vedremo come vi comporterete» dice.

La mafia organizza gli attentati al giudice Scaglione, che per Tommaso è una persona per bene, e al questore Mangano, per dimostrare che non sbaglia mai. Non solo uccide, ma toglie anche la reputazione. Buscetta depone senza nascondere la sua parte nel dramma, ammette gesti anche gravi; riferendosi a Cavataio, responsabile di tradimento, dice: «Giurammo di finirlo», non «giurarono».

Quando parla, in tribunale, nessuno dalle gabbie lo interrompe, lo ascoltano in silenzio. Ha ancora prestigio, ma le regole non sono più quelle di una volta.

Falcone ascolta, annota, e anche lui sorride. Sorride anche quando gli arrivano certi avvertimenti: sa che non potrà difendersi quando avrà di fronte i nemici di fuori, e quelli di dentro.

Quando va a Roma, al ministero della Giustizia, lo accusano: «Ti sei messo coi tuoi nemici». Quattro anni prima l'onorevole Martelli lo aveva attaccato. Lui risponde: «Io sono coerente coi miei princìpi; sto con lo Stato». Alle ultime elezioni, non ha votato socialista, ma per il suo collega Ayala, repubblicano. È un laico.

Perché proprio ora quei cinque morti, e quella dozzina di feriti? Perché le istituzioni sono fragili, c'è un vuoto al vertice, nessuno comanda. Perché bisogna distrarre l'opinione pubblica da quello che accade a Milano. Per far capire che non dimenticano. Per ricordare che loro sono i più forti. La strage di Natale, quella del treno 904, fece passare in secondo piano le rivelazioni di Buscetta. Falcone contro Di Pietro. Forse il dottor Giovanni Falcone, giudice, ha reso l'ultimo servizio al suo Paese: a Montecitorio, con un sussulto di dignità, sceglieranno il presidente della Repubblica. Conterà in particolare un voto, quello dell'assassinato. Sognava un'Italia più pulita.

L'ultima immagine che è rimasta nei suoi occhi è quella

di un lembo di Sicilia, il mare, l'erba verde di un pascolo, gli olivi saraceni che tremano nel vento caldo, le buganvillee che stanno sfiorendo.

Le lancette dell'orologio di Francesca Morvillo coniugata Falcone sono ferme alle 18.08. È anche un'ora della nostra infelice storia.

Dopo la morte di Falcone, a luglio, sono andato a Palermo per incontrare Maria, la sorella.

L'aereo dell'Ati atterra e i viaggiatori applaudono. Accadeva, una volta, ma dopo la traversata dell'Atlantico. Siamo a Palermo e un cartellone informa che la Sicilia porge il benvenuto.

Percorro la strada che conduce in città, e altre tabelle assicurano: «Viaggiate tranquilli».

Questa è l'uscita di Capaci: avvenne qui l'esplosione. Non è rimasto alcun segno: tranne l'asfalto fresco e nero. Gli oleandri, avviliti dal vento caldo, sfioriscono: lassù in alto stavano gli uomini sconosciuti, nella casetta accanto a una torre; aspettavano il piccolo corteo, e provocarono lo scoppio.

Era la sera del 23 maggio: tra poco saranno passati due mesi. Morirono Giovanni Falcone, la moglie Francesca Morvillo, gli agenti della scorta: Rocco Di Cillo, Antonio Montinaro, Vito Schifano. «Una strage» scrissero i giornali. E forse per la prima volta anche la gente dell'isola si sentì ferita.

Oggi è festa, è il giorno di santa Rosalia, le botteghe sono chiuse, e i venditori di pane appena sfornato, coi loro banchetti, resistono sotto il sole. A Mondello fanno i bagni, e i cefali guizzano sotto il ristorante Charleston, tra onde dalle infinite sfumature di azzurro.

Passo da via Notarbartolo, quasi deserta, dove abitava il giudice. All'ingresso dell'edificio c'è un albero al quale i cittadini attaccano dei messaggi.

Leggo: «Basta con questo inferno», «Loro col tritolo, noi col cuore e la mente», «Fuori Giammanco nemico di Falcone».

Quella sera la madre di Francesca, che abita in questo palazzo, l'attendeva a cena con Giovanni, sapeva che stavano arrivando da Roma: accese la televisione e vide. Da allora la vecchia signora non parla, non vuole incontrare nessuno.

Giovanni Falcone sapeva. Quando uccisero Lima disse a un amico: «Adesso tocca a me». Nelle massime di Cosa Nostra sta scritto: «La mafia è come una banca: paga con denaro contante. Chi deve avere, avrà; chi ha avuto, ha avuto. I debiti si pagano».

Giovanni Falcone non si illudeva: tutti quelli che hanno guardato dentro Cosa Nostra, senza indulgenze, magistrati o poliziotti, hanno pagato per il loro coraggio, o per un esasperato senso del dovere: e nella sua mente si alternano facce e nomi: Dalla Chiesa e Giuliano, Basile e Chinnici. Prima intimidivano le giurie popolari: sono molti i modi. I soliti bigliettini, le lettere con la data di nascita del destinatario e, alla voce «deceduto», tanti puntini. O anche: «I suoi bambini frequentano l'istituto Jean-Jacques Rousseau», e a uno che aveva la famiglia sul continente mandarono una pagina gialla della guida telefonica, con segnata un'agenzia di pompe funebri, che garantiva «trasporto delle salme ovunque». Falcone in una specie di bunker, la continua sfibrante luce del neon, mai una passeggiata, un pranzo in trattoria, sempre in allarme anche sapendo che, quando vogliono, arrivano. Lo vedono partire per Roma e gli «uomini d'onore» esultano; si sono liberati del nemico. E ci fu la notte del «triunfu»: i boss escono dall'Ucciardone, e tornano a casa, li scarcera la solita sentenza della Cassazione, e si fa gran festa. Ma il Consiglio dei ministri, per suggerimento di Falcone, con un decreto legge li ributta dentro; all'alba si presentano le solite Alfa coi lampeggiatori, e capi e gregari debbono porgere ancora i polsi alle manette. Uno, intanto, ha trovato anche il modo di farsi intervistare. «U triunfu» si spegne in fretta, e poi le assoluzioni di Roma vengono smentite, la tesi di Falcone e di Buscetta – Cosa Nostra è una società criminale, che ha una struttura a piramide, sopra tutte le cosche c'è la Cupola, che decide e comanda – è vera, è accettata.

Ma la vita di Falcone non è serena. È tormentato dall'invidia dei colleghi, dalle rivalità della carriera, dalle maldicenze.

Lo accusano di protagonismo, e non ha mai portato via un processo; di trasformismo politico: venduto a Lima, ad Andreotti, a Craxi; perfino di aver fatto mettere i candelotti di dinamite nella casa dove va a villeggiare, purché si parli di lui. È chiuso, impacciato, e diffida della stampa: «Non sono un personaggio» dice. Soltanto una volta accetta di raccontare qualcosa di sé a tre giornalisti che da tempo lo inseguono, Galluzzo, La Licata, Lodato: magre confidenze, una scarna biografia. Il padre chimico, con lo stipendio degli statali, che parla poco e legge D'Annunzio e Pitigrilli, una madre per niente espansiva e molto rigida, circolo cattolico, e tutti insieme a messa la domenica. Gli insegnano il rispetto di sé, e il senso della responsabilità: gli parlano di quello zio che andò volontario in guerra, falsificando il certificato di nascita, per salvare la patria, e cadde a diciotto anni. Si è laureato con 110 e lode, e ha vinto il concorso senza raccomandazioni: «Io mi sento profondamente giudice» diceva. Ricordava il primo morto di una inchiesta: un operaio, seppellito nel crollo di un cantiere, e i primi ammazzati dalla lupara: due sposi abbattuti da un nipote, poi i cadaveri li aveva buttati in un porcile. «Ma» diceva «anche nel peggiore assassino vive sempre un barlume di dignità.»

Considerava infatti gli interrogatori «un confronto tra intelligenze, tra persone», ed era grato a quel professore di filosofia che gli aveva insegnato «l'amore per la logica».

Faceva finta di ridere delle maldicenze, ma ci pativa; ammetteva che al Palazzo di Giustizia non aveva «mai goduto di grandi simpatie». Ma, diceva Antonino Caponnetto, il suo superiore, che gli aveva voluto davvero bene, «era una di quelle rare creature che il Cielo manda ogni tanto a un Paese che non le merita».

Sono andato a trovare la sorella Maria, coniugata Di Fresco; insegna diritto, è nonna, gli assomiglia tanto, nel volto deciso e fiero, nelle parole misurate, che il rimpianto rattenuto rende ancora più amare.

«Sono passati quasi due mesi dall'assassinio di Giovanni Falcone. Che cosa è successo da allora?»

«Da un punto di vista sociale c'è stato un grande risveglio: nella gente comune, non nelle istituzioni. Mettono fiori e biglietti sulla magnolia davanti alla sua casa; lo chiamano "albero Falcone". Ne ho raccolto qualcuno: "Al nostro defunto benefattore giudice"; un bambino: "Da grande vorrei essere come eri tu"; e ancora: "Spero che dopo di te ci sia un altro uomo coraggioso".»

«Perché lo hanno ucciso?»

«Lo avevano deciso da anni; era il simbolo della lotta alla mafia. E avevano il terrore che la superprocura nelle sue mani potesse colpirli con una forza, con una organizzazione, che non c'erano mai state. È anche un avvertimento agli altri magistrati: lui era il bersaglio più difficile da colpire; state attenti arriviamo dove vogliamo. A Roma, Giovanni se ne andava qualche volta anche in giro da solo, o con un amico, si liberava della scorta. Sarebbe bastato un killer per colpirlo. Invece hanno voluto dimostrare la loro potenza: e lo hanno inseguito in Sicilia, e assieme alla moglie, volutamente. Sapevano che c'era con lui Francesca.»

«Com'era, come persona, Giovanni? Nel suo libro racconta che qualcuno lo descriveva "freddo come un serpente".»

«Era una persona umanissima: era un timido. Diceva che soffriva anche per l'imputato: ma capire non significa perdonare. Aveva il gusto della battuta per rompere la tensione, ed era anche permaloso. Molto affettuoso con tutti noi, anche se non siamo portati ai baci, alle effusioni, contrariamente al carattere siciliano.»

«Che ricordi conserva della vostra giovinezza, della vita in famiglia?»

«Una delle prime immagini che ho di Giovanni è lui appena nato, accanto alla mamma, coi pugni chiusi: anche se ci dividono solo tre anni. Era un bambino coraggioso: non l'ho mai visto piangere. Mia madre diceva sempre: "Gli uomini non piangono", voleva che fosse forte.»

«Vostro padre che lavoro faceva?»

«Era chimico; dirigeva l'Ufficio d'Igiene di Palermo. Lo ricordo sempre seduto al suo tavolo a studiare. Di carattere chiuso; il rapporto tra noi e lui era distaccato.»

«E che cosa sognava per il figlio?»

«Non ci ha mai condizionato nelle nostre scelte; voleva che facessimo quello che ci pareva meglio. Mia madre, invece, pensava che il magistrato era una figura di tutto rispetto. Lui era sicuro che qualsiasi cosa facesse Giovanni sarebbe andata bene: non gli creò mai problemi. Affrontava le materie scientifiche o letterarie con la stessa disinvoltura. In terza media tradusse *Pinocchio* in latino.»

«Perché scelse la carriera del magistrato?»

«Dopo la licenza liceale, diede gli esami e fu ammesso all'Accademia navale, ma dopo qualche mese si accorse che quel clima non era giusto per lui. Tornò e si iscrisse a Legge, e si laureò nei quattro anni, e già si preparava ai concorsi della magistratura.»

«Le disse niente dopo il primo attentato?»

«Tantissime cose, la frase più triste fu: "Tu non lo capisci, Maria, che ormai sono un cadavere ambulante?". Per un certo periodo diventò molto nervoso: non voleva che Francesca rientrasse con lui la sera, voleva che tornasse a Palermo. Diceva: "Io debbo essere lucidissimo, sempre presente a me stesso, non posso avere il pensiero di mia moglie". La paura era una costante della nostra vita.»

«C'era qualcuno con cui si confidava? Le parlava mai del suo lavoro?»

«Con noi in casa non diceva nulla delle indagini, ma parlava delle sue soddisfazioni e delle pene, e dei problemi che aveva a Palazzo di Giustizia.»

«Come visse l'andata a Roma? Perché se ne andò?»

«Se ne è andato, come si capisce dagli appunti che ha

lasciato, perché gli era impossibile lavorare a Palermo in un'atmosfera che gli consentisse di raggiungere quegli scopi che si era posto. Tra lui e il procuratore capo c'era divergenza di vedute. Non esisteva più quell'armonia dei tempi di Caponnetto; sentiva che le cose stavano andando in una direzione sbagliata, ma non voleva provocare un dibattito, che la stampa avrebbe trasformato in una montagna di veleni, che avrebbe delegittimato, a vantaggio della mafia, il Palazzo di Giustizia. Partendo mi disse: "Sono sicuro di poter fare a Roma molto di più di quello che ormai posso fare qui a Palermo".»

«Chi erano i suoi amici?»

«Pochi. Alcuni colleghi, tra cui certamente Caponnetto e Borsellino, e poi qualcuno fuori: anche dei giornalisti.»

«E quelli che l'avversavano?»

«Tantissimi. Sia nella magistratura, sia nella politica.»

«Il giudice Caponnetto ha dipinto Leoluca Orlando come uno che aveva con suo fratello, cito tra virgolette, "rapporti di stima e affetto, e ricambiato". È così?»

«No.»

«Come viveva?»

«Trovava nel lavoro la sua vera realizzazione. Amava il mare, stare coi suoi, con le persone di cui era sicuro al cento per cento.»

«Quali attacchi lo hanno amareggiato?»

«La contesa con il giudice Meli per il posto di consigliere istruttore; gli attacchi ingiusti di un suo ex amico, il giudice Geraci, che l'osteggiò dentro e fuori il Consiglio superiore, e che adesso dice: "Era il migliore di tutti noi"; la posizione del "Giornale", e infine le accuse di Leoluca Orlando che gli attribuiva di tenere chiusa nei cassetti la verità sui grandi delitti. Gli dicevo spesso: "Perché non ti difendi? Perché non li quereli?". E lui sempre pacato: "Maria, le cose vanno fatte nelle sedi istituzionali appropriate".»

«Da bambino aveva fatto il chierichetto. Era religioso?»

«Adesso no. Anche se portava la catenella con la croce.

Abbiamo ricevuto una educazione quasi bigotta. Aveva avuto un professore di filosofia di liceo, molto bravo, ma non cristiano, che lo influenzò. Ma non so che cosa c'era poi dentro di lui.»

«Giovanni Falcone diceva: "Il pensiero della morte mi accompagna ovunque". Si sentiva condannato?»

«Sì. Ma ripeteva: "Il coraggioso muore una sola volta, il codardo cento al giorno". Non dimostrava nessun timore, ma rispettava le regole della sicurezza.»

«Politicamente come si considerava? Era vicino ai socialisti?»

«È sempre stato di sinistra. Parlava molto bene del rapporto che si era creato con Martelli, e gli siamo riconoscenti, ma non era socialista.»

«Perché lo appassionavano le inchieste su Cosa Nostra?»

«Perché erano i problemi della sua Sicilia.»

«Di qualche mafioso, come Buscetta o Calderone, era diventato amico?»

«Diceva che Buscetta era molto intelligente e ne rispettava l'umanità e il coraggio.»

«A che punto è l'inchiesta sulla sua fine? Ne sa niente?»

«Non so nulla. Ma non sono ottimista.»

«Diceva che i siciliani sono diffidenti per natura. Lo era anche lui?»

«Un po' sì.»

«Aveva avuto delle delusioni?»

«Sì.»

«Parlò mai di minacce ricevute?»

«Le solite bare, con la data di nascita e quella di morte in bianco. Un giorno all'Ucciardone stava interrogando un detenuto e un altro prigioniero, armato di pistola, tentò di irrompere nella stanza dei colloqui, ma Giovanni fu più svelto e chiuse la porta.»

«Dei boss conosciuti, chi lo aveva impressionato di più?»

«Sempre Buscetta.»

«In che cosa si sentiva siciliano?»

«Quasi in tutto. Nel modo di pensare, nel pudore dei propri sentimenti, nella tenacia dell'operare, meno che nell'omertà.»

«Si riconosceva un forte istinto. I fatti, diceva, confermavano sempre la sua diffidenza. Perché allora, è caduto in un agguato?»

«Le modalità erano imprevedibili, e poi in quest'ultimo periodo, con l'andata a Roma, si era un pochino rilassato. Il suo punto debole erano i ritorni a Palermo. Credo però che, più di una leggerezza sua, si sia trattato di una trascuratezza di chi doveva proteggerlo. Si capiva che tutti i delitti degli ultimi tempi erano avvenuti col tritolo: dal giudice Chinnici al giudice Palermo.»

«Era chiuso, come dicono?»

«Di carattere, sì. Ma dopo l'incontro con Francesca si era sciolto.»

«Ha detto che la solitudine, il pessimismo e la morte, come racconta la vostra letteratura, caratterizzano il popolo della Sicilia. E in questo ci sarebbe qualcosa che ha a che fare con la mafia?»

«Non credo.»

«Lei, signora, che cosa si aspetta dal futuro?»

«Che la tensione creata da Giovanni possa ispirare una reazione che non si estingua in breve tempo, ma faccia compiere un passo avanti.»

«Pensa che le cose miglioreranno?»

«Come diceva Giovanni, i siciliani sono pessimisti. Abbiamo visto una partecipazione spontanea che non c'era mai stata, ma lo Stato non c'è. Andreotti è venuto per i funerali di Lima, ma non per mio fratello. Neppure un telegramma.»

«L'offesero le chiacchiere che si fecero sul suo amore per Francesca Morvillo?»

«Con noi non ne ha mai parlato, ma aveva per lei un affetto così puro e assoluto che indubbiamente potevano ferirlo.»

«Francesca ha inciso sulla sua vita?»

«Sì. È stata forse la presenza più bella e la sua gioia più grande.»

«E il matrimonio, se non sbaglio, fu celebrato da Leoluca Orlando? Perché finì la loro amicizia?»

«Forse perché non era abbastanza profonda; non ha resistito alle divergenze.»

«La carriera che importanza aveva per lui?»

«Contava, come riconoscimento del suo lavoro.»

«Aveva firmato centinaia di mandati di cattura e spedito in carcere killer e politici. Non temeva la vendetta, o da chi se la aspettava?»

«Da Cosa Nostra; sapeva che non perdona.»

«Che cosa avrebbe rappresentato per lui la nomina a capo della superprocura?»

«La possibilità di dare una sterzata; era convinto che quella struttura, nelle sue mani, avrebbe funzionato come uno strumento valido e mai esistito.»

«Pensava che Cosa Nostra si poteva battere?»

«Sì. Su questo è sempre stato fiducioso. Non credeva nell'infallibilità delle cosche: ci voleva la volontà politica e la collaborazione della società. In particolare dei giovani. Tutti insieme: ognuno al suo posto.»

«Che cosa ha lasciato?»

«Un esempio.»

«Lo ha mai visto felice?»

«Sì, con Francesca.»

E Giovanni Falcone aveva confidato: «A questa città vorrei dire: gli uomini passano, le idee restano, restano le loro tensioni morali, e continueranno a camminare sulle gambe di altri uomini».

Di Pietro: Mani pulite contro Tangentopoli

Due ore e mezzo di colloquio, nel suo ufficio, in tribunale. Piove, e le gocce cadono anche sulla scrivania del dottore, sul mio blocco degli appunti, e l'inchiostro sbava. Due secchi di plastica rossi cercano di proteggere i mucchi di carte dagli effetti devastanti dell'acquazzone. Quattro uomini (un poliziotto, una guardia di finanza, un carabiniere, un vigile) e una ragazza lavorano nello stanzone e catalogano fotocopie, e in una specie di bunker, che l'igiene sconsiglierebbe; altre due persone manovrano computer. È qui dentro, e con questa gente, che il magistrato Antonio Di Pietro ha dato l'avvio, il 17 febbraio, a un'indagine che sta scuotendo l'Italia, e dilaga ormai irrefrenabile. Di Pietro ha la faccia segnata dalla stanchezza, gli occhi lucidi di chi è teso e deve combattere col sonno. Ma mi dice: «Vivo in una serenità totale».

Su questa poltroncina girevole si è seduta una sessantina di personaggi della politica milanese, e anche qualche imprenditore; e una mattina si è presentato un faccendiere, con un pacchetto: «Dovevo consegnare trentadue milioni a un partito, ma penso sia meglio lasciarli qui».

Tutto, apparentemente, comincia un mattino invernale quando, con un mandato d'arresto, un'auto dal lampeggiatore azzurro si ferma al Pio Albergo Trivulzio, ospizio per anziani, e preleva l'ingegner Mario Chiesa, che Craxi bonariamente definisce «un mariuolo».

Lo pescano mentre ha appena incassato sette milioni dal proprietario di una piccola azienda di pulizie che, come tanti altri fornitori, deve versare il suo obolo. Questo ingegnere ha un carattere forte, si potrebbe dire anche spavaldo: per alcune settimane se ne sta in cella e, come è suo diritto, rifiuta di parlare. Almeno coi giudici. I suoi guai sono cominciati quando ha querelato un giornalista, che gli imputava qualche abuso, per diffamazione: e la notizia ha insospettito Antonio Di Pietro. Che ha messo sotto controllo il telefono dell'offeso, e anche la moglie: accumulando pazientemente notizie. Dalla guerra di Troia in giù, nelle grandi storie, entra sempre una donna: e la signora Chiesa, consorte separata, infelice e finanziariamente insoddisfatta, sa tante cose, e ha fatto molti viaggi. In Svizzera.

L'ingegnere continua a tacere, e il dottor Di Pietro dice all'avvocato che lo difende: «Lo consigli pure di pensarci, e intanto beva qualche bicchiere di Fiuggi e di Levissima. Lui capirà». Non so se Di Pietro crede nei benefici effetti delle acque minerali; in questo caso hanno funzionato. A quei nomi erano intestati due conti di Chiesa nelle banche d'oltre confine.

E Chiesa parlò: Di Pietro ha le mani e la costanza dei contadini: che sanno aspettare le stagioni, e i frutti maturi. Perfino nel suo segno zodiacale, Bilancia, sembra ci sia l'anticipazione del destino.

La sua famiglia ha cinque ettari di terra, a Montenero di Bisaccia, nel Molise. È nato lì, quarantadue anni fa. Ha un figlio di diciannove anni, Cristiano, che studia legge, nato dal primo matrimonio, e due bambini, Titti, che ne ha quattro, e Toto, meno di uno: la moglie si chiama Susanna, ed è avvocato. È molto affezionato alla madre, le telefona quasi ogni giorno, e alle due sorelle, più anziane. Ha viaggiato una notte intera per andare al paese. Giorno dopo giorno, ha messo informazioni nel computer, anche particolari all'apparenza trascurabili. E sempre con una preoccupazione, quasi ossessiva: sbagliare, la paura di sbagliare. Di Pietro sa che aspettano un errore per buttare all'aria il suo lavoro. Accumula elementi di accusa, e cerca di avere sempre più prove. Non è Javert, il triste eroe di Hugo, che nel nome della giustizia diventa un persecutore: e lascia in carcere quegli imputati che non mollano gli incarichi pubblici perché possono ancora nuocere. Un certo Sguazzi, presidente delle Ferrovie Nord, ex segretario di Goria, anche dopo un avviso di garanzia, si era affrettato a ritirare le dimissioni.

Ci sono due latitanti: Manzi, presidente degli aeroporti, e l'architetto Larini, grande figura, si fa per dire, dei socialisti milanesi. Ne sa tante: ma, se riesce, non tornerà. Lo addolora la fine drammatica di Renato Amorese, segretario del Psi a Lodi, che per vergogna si è tolto la vita. Per una volta aveva ceduto, e non ha saputo perdonarsi. Nascondeva in una cassetta quattrocento milioni: li aveva tenuti per sé, ma gli pesavano. Non ne aveva parlato neppure con la moglie. Prima di spararsi, le ha raccomandato di restituirli. Poi ha scritto al giudice Di Pietro questa lettera:

«Egregio dottor Di Pietro, mi perdoni, ma sono fortemente prostrato e consapevole dell'errore commesso e del disonore che ne è derivato alla mia famiglia. Le riconfermo che quanto detto circa gli episodi di cui abbiamo parlato è la verità, e che non sono coinvolto in altri fatti di tangenti. Le riconosco e la ringrazio per la sensibilità, pur nella rigorosità giusta delle sue funzioni, che mi ha dimostrato. A mia moglie che era all'oscuro e alla quale ho rivelato i fatti confessati ho anche detto dell'impegno a restituire quanto sarà dovuto e necessario e stia certo, e lo potrà capire parlandole (mi raccomando ancora alla sua sensibilità), che farà di tutto per onorare la promessa. Ho pregato l'avvocato Pellicciotta di aiutarla per quanto necessario. A tal proposito sono a pregarla vivamente (lo consideri un ultimo desiderio), per lei e per i miei figli, di non attuare pignoramenti o sequestri, perché possano realizzare il massimo, e potere così sperare che rimanga qualcosa per andare avanti e far studiare i miei figli. Io, con quello che mi è successo, non sono più in grado di farlo, me ne pento ed è giusto che paghi. Non mi consideri peggio di come già mi sento. Con stima, Renato Amorese».

Di Pietro scopre che gli appalti, almeno dai documenti, sembrano sempre corretti: magari c'è una piccola clausola, dall'apparenza innocua, che una sola impresa può soddisfare. Ad esempio: requisito indispensabile, possedere una fabbrica di acciaio nichelato. Poi funziona un cartello, come quello, se il paragone non è ardito, di Medellín, che regola il commercio delle droghe. Uno fa il capocordata, poi si divide. Le quote sono fissate e non si deroga. Ci si preoccupa anche di precostituire l'attenuante della buona fede, nel caso che l'affare dia luogo a qualche inconveniente: «Io non sapevo», «Io l'ho mandato da un altro». «È la corruzione postmoderna» dice Di Pietro «che non trascura neppure la forma: una quota viene sempre destinata al pagamento delle tasse.»

Ma il magistrato non ha perso la fiducia nella gente. Gli pareva impossibile che il dottor Papi, quello della Cogefar, non sentisse il bisogno di parlare, di liberarsi, dopo un lungo isolamento. Una sera, dopo le otto, Di Pietro va a San Vittore, a parlare col cappellano. «Non voglio, si capisce, che lei mi racconti quello che ascolta in confessione, ma so che il dottor Papi con lei si confida. Gli dica che io aspetto che si faccia vivo, solo questo.» Il giorno dopo Papi lo manda a chiamare, e dice: «Sono pronto». Di Pietro lo fa subito scarcerare: «Mi basta la sua parola. Torni fra una settimana». È sicuro, tornerà. L'architetto Larini, invece, è uscito una sera per portare il cane a fare quattro passi, un poliziotto lo ha visto, ma non si è preoccupato. È ricco, conosce il suo mondo, sa che il silenzio sarà molto apprezzato: può starsene lontano. È probabile che, all'inizio della fosca telenovela della bustarella, ci sia «un grande vecchio»: che ha studiato con intelligenza la trafila, convinto che, alla fine, la nobile causa della democrazia avrebbe protetto corrotti e corruttori. Poi, il sasso, per le ripicche di una sposa tradita e delusa, e per l'avidità del consorte, ha cominciato a rotolare; hanno sempre un inizio apparentemente banale le vicende distruttrici: morire per Danzica? In galera per Trivulzio? Si comincia con gli ospedali, l'edilizia, gli aeroporti, le ferrovie, siamo ora ai mercati generali: ma dopo le case, non arriveranno i terreni? È pure vero che alcuni reati sono caduti, col tempo, in prescrizione: ma certi famosi farabutti, che magari partecipano anche a convegni sull'onestà, dormono proprio tranquilli? E non ci saranno, in futuro, altri onorevoli chiamati a rendere ragione del loro operato? Vedremo.

Trascrivo il resoconto della lunga conversazione.

«Dottor Di Pietro, perché ha voluto fare il magistrato?»

«Sarebbe bello dire per un desiderio di giustizia, ma la verità è che non lo so.»

«Com'è la sua famiglia? Suo padre, sua madre?»

«Mio padre è morto cadendo da un carro di fieno, mentre lavorava; mia madre raccoglieva le olive, e si occupa degli ortaggi, e di qualche animaletto da cortile.»

«Che cosa ricorda della vita di paese?»

«Mi piace soprattutto vivere tra i campi; anche adesso non sto in città.»

«Chi erano i personaggi che la suggestionavano da ragazzo?»

«Mi piaceva leggere testi di mitologia: in particolare mi affascinava Ulisse. Ho frequentato le inferiori in seminario, le superiori in una scuola di telecomunicazioni di Roma.»

«Lei è andato anche a lavorare in Germania: dove, e che cosa faceva?»

«Dopo il militare sono andato nel Baden-Württemberg: ero operaio, pulitore di metalli in una fabbrica di posateria. Facevo il primo turno: dopo le tre e mezzo andavo a tagliare la legna in una segheria.»

«Poi è rimpatriato.»

«Al ritorno in Italia sono stato impiegato all'Aeronautica militare di Milano, e a venticinque anni mi sono iscritto all'università. Appena laureato ho fatto il concorso di segretario comunale; poi per entrare in polizia, e alla fine nella magistratura.»

«Che cosa c'è di bello, e anche di duro, e anche di difficile, nel mestiere di giudice?»

«Il lavoro quotidiano è bello, duro, difficile. E c'è una certa differenza tra quello che tu fai e come a volte sei visto fuori.»

«Lei si aspettava tanta notorietà?»

«No, e me ne rammarico sinceramente. Non vedo l'ora di ritornare normale.»

«Le scritte sui muri, i palloncini, gli adesivi, una ballata addirittura in arabo, giornali, tv, hanno cambiato la sua vita?»

«Mi creda, dentro di me non è accaduto nulla perché io non sono affatto coinvolto dalle manifestazioni di piazza. Sono i destinatari dei miei provvedimenti che fanno rumore, non io.»

«In casa sua come vivono questo momento?»

«In famiglia non ne parliamo proprio, è come se questa inchiesta non esistesse.»

«Si è occupato della corruzione, come dire?, per una scelta, o perché glielo ha imposto la legge?»

«Perché come giudice sono stato incaricato dal capufficio di occuparmi di reati contro la pubblica amministrazione, ho fatto il mio dovere. Prima mi avevano delegato a indagare su un traffico di autovetture. Non c'è alcuna spinta ideologica.»

«Tra lei e gli arrestati cosa si avverte? Una specie di sfida?»

«Alla fine, c'è sempre stato un rapporto leale e corretto. Non credo ci sia qualcuno che possa dire di essere stato menomato dei suoi diritti fondamentali. Anzi, nella scelta drammatica tra privilegiare le esigenze investigative e sacrificare i diritti delle persone, ho rinunciato anche ad approfondire l'inchiesta.»

«È vero che per indurre qualcuno a confessare lo ha fatto piazzare in una cella con dei sieropositivi?»

«Lo nego decisamente e tutte le persone hanno avuto lo stesso trattamento, che peraltro non dipende da me.»

«Un partito, anzi, i socialisti l'hanno accusata di usare sistemi che non si addicono neppure ai mafiosi. Come conduce i suoi interrogatori?»

«Mi limito a fare presente agli accusati quali sono gli indizi a loro carico, e non è vero che uso contro di loro prevaricazioni. D'altronde le interviste che leggo in questi giorni confermano quello che io dico.»

«È vero che lei, da anni, nel suo computer, accumula informazioni?»

«Se intende una schedatura preventiva delle persone dico di no: se, invece, si riferisce a dati raccolti durante atti o inchieste, allora dico di sì.»

«C'è differenza tra chi ruba per il partito e chi lo fa per le sue tasche?»

«È un fatto che riguarda il merito di queste inchieste; e mi consenta di non risponderle.»

«Mi scusi, lei è religioso? Ha fede nella redenzione dei peccatori?»

«Sicuramente sono cristiano, e credo nelle confessioni quando nascono da un tormento interiore.»

«Quando l'uomo che ha davanti ammette le colpe di fronte alle sue contestazioni, che cosa prova?»

«Cerco di capire perché lo fa. Se per un atto liberatorio o per un calcolo di convenienza.»

«E quando lo vede portar via ammanettato?»

«Come uomo mi dispiace.»

«Fra chi paga e chi riceve, oltre la differenza che passa tra l'esborso e l'incasso, quale altra?»

«C'è anche, o può esserci, un terzo: quello che dispone.»

«Lei non pensa che molti dei cosiddetti corruttori erano costretti a dare?»

«Fa parte del merito dell'inchiesta.»

«E non crede che i corrotti pensavano che, in ogni caso, sarebbero rimasti impuniti?»

«Non lo so, e non me lo chiedo.»

«Ma gli italiani non pagano anche per cose a cui hanno diritto?»

«Spesso.»

«C'è un linguaggio con cui si chiede la tangente?»

«Io credo che colui che chiede di volta in volta cambia abito: a volte fa il mendicante, altre il ricattatore, o ancora il portaborse, il ragioniere, e così via.»

«Di tutti i miliardi che hanno viaggiato, quanti pensa siano arrivati veramente alle casse dei partiti?»

«Mi consenta di tacere.»

«Milano è un caso o un aspetto emerso della vita italiana?»

«Sono un giudice, e mi occupo solo dei fatti di Milano.»

«Non c'è la tendenza a distinguere tra la morale dei cittadini e quella dei politici, molto più larga e tollerante?»

«Io ritengo che la morale sia una sola.»

«Mi racconta la sua giornata? È vero che lavora diciotto ore?»

«Le assicuro che io arrivo in ufficio molto presto, e trovo già delle luci accese in questo piano. Vado via tardi, e le luci restano ancora accese.»

«Sua moglie che cosa le dice?»

«Speriamo che finisca presto.»

«E sua madre?»

«Non tenere dentro una persona un minuto in più del necessario. Me lo ripete ogni sera. E aggiunge che ha pregato per quel detenuto.»

«Tutto sarebbe cominciato con la storia dell'ingegner Chiesa, caduto per sette miserabili milioni. È quella carta che ha fatto cadere il castello?»

«Come dice il procuratore della Repubblica, è stato un insieme di circostanze favorevoli a far sì che l'inchiesta prendesse corpo e si sviluppasse. Fondamentale è stato l'apporto di colleghi che stanno lavorando con me.»

«Che cosa teme di più nel corso di un'inchiesta?»

«L'errore.»

«Qual è il peccato che è più disposto a perdonare?»

«Ritengo che tutto sia perdonabile, purché sia vero il pentimento.»

«E quello che la offende di più?»

«La bugia.»

«Ha incontrato in questi ultimi tempi qualche vero pentito?»

«Sì, e debbo dire di più: parecchi, e le assicuro che tra gli inquisiti di questo processo c'è chi si è sentito libero quando è potuto uscire dal circolo vizioso in cui era caduto.»

«Una battuta un po' cinica: c'è chi dice che in Italia non parlano i mafiosi e gli alti dirigenti della Fiat.»

«Innanzitutto è immorale mischiare gli uni agli altri; e poi è un diritto costituzionale scegliere come linea difensiva il silenzio.»

«Non c'è il pericolo che anche il desiderio di giustizia diventi spettacolo? Palloncini, lenzuola, cortei e via dicendo...»

«Questa è già una realtà, vorrei tanto che tutto rientrasse nelle camere asettiche della giustizia.»

«Quali sono i limiti che un giudice deve rispettare?»

«Quelli imposti dalla legge.»

«È possibile che molta gente intascasse centinaia di milioni senza chiedere chi offriva, e da dove venivano?»

«Si è creata nel tempo una abitualità che ha fatto sì che il fenomeno degenerasse a tal punto.»

«Che cos'è che le dà coraggio?»

«In me c'è solo spirito di servizio.»

«A storia conclusa, anche lei, come certi suoi colleghi assai popolari, pensa di entrare in politica?»

«Credo che ognuno debba fare ciò che sa fare.»

«Da ragazzo del Sud, avrebbe mai immaginato di fare tremare certi potenti di Roma?»

«Non so chi deve aver paura.»

«Hanno scritto che lei ha una grinta da poliziotto, la mania del computer, e un'infinita pazienza. Si riconosce?»

«In linea di massima, sì; forse, più che pazienza, testardaggine.»

«Perché qualcuno la descrive come un giudice anomalo?»

«Guardando i fatti di questi giorni, mi sembra che siamo una schiera.»

«Qualche volta è angosciato?»

«Sono molto tranquillo.»

«Quali sono le date che ricorda di più nella sua vicenda umana?»

«Il giorno che ho lasciato la Germania, perché ero felice di tornare a casa.»

«E il 17 febbraio, data di partenza di questa operazione Mani pulite, per lei cosa ha voluto dire?»

«L'inizio dell'insonnia.»

«Una giornalista ha detto che intorno a lei c'è "l'aureola romantica dell'eroe nazionale". Se la sente questa raggiera?»

«Assolutamente no: non ho fatto alcun atto di eroismo, né saprei farlo.»

«Lei ha qualche hobby, qualche passione?»

«Quello del "fai da te". Restauro mobili vecchi, faccio l'elettricista, il falegname, l'idraulico, zappo l'orto: la manualità insomma.»

«Un'altra definizione che dovrebbe piacerle: "il magistrato dal volto umano".»

«È un complimento che mi fa piacere.»

«È impertinente se le chiedo che cosa guadagna?»

«Non ho nessuna difficoltà a dirglielo: quattro milioni e mezzo al mese, compresi gli assegni familiari.»

«Qual è, di tutte le cose che sono accadute, degli elogi, degli applausi, quella che le è piaciuta di più e quella che l'ha addolorata?»

«Mi ha addolorato la strumentalizzazione che si è fatta del suicidio di Amorese, una persona che si è spontaneamente presentata da me e che prima di morire, in un ultimo disperato e nobile gesto, mi ha scritto una struggente lettera in cui mi ha onorato della sua considerazione.»

«Che cosa vorrebbe veramente che dicessero di lei?»

«Vorrei che non si dicesse più nulla.»

Quando mi accompagna alla porta, nel congedarmi, Di Pietro mi ricorda: «Tra quei sessanta che si sono seduti davanti a me ci sono anche persone per bene».

1993

Buscetta rivela i segreti di Totò Riina

Quando succede qualcosa di grosso, Tommaso Buscetta si fa vivo. È sempre molto bene informato. L'arresto di Totò Riina, il 15 gennaio, ha segnato per il vecchio boss un momento indimenticabile. Per colpa del capo dei corleonesi e di Cosa Nostra, «don Masino» ha perduto due figli, un fratello, il genero, un nipote.

Questo è il resoconto del nostro colloquio.

«Hanno preso Totò Riina. Che cosa ne pensa?»

«È stato il primo miracolo del 1993. Una cosa bellissima, che finalmente può dare un po' più di fiducia alle forze dello Stato nella lotta contro la mafia. Ha fatto molto bene al mio morale.»

«Come è riuscito Totò Riina a vivere tanto tempo da latitante?»

«Credo che l'unica risposta la potrebbe dare soltanto lui. Riina godeva di molta compiacenza da parte di alcune persone che io non conosco. Perché è impossibile vivere venti anni nella stessa città e non essere mai preso.»

«Lei questa esperienza l'ha fatta. Quali sono gli inconvenienti?»

«Sono stato per circa sei mesi latitante a Palermo. Potevo uscire nell'orario che mi avevano fissato i miei "amici" di allora. Dicevano: dall'una alle quattro vanno a mangiare ed è l'orario più bello per uscire, per potere incontrare persone. Loro sapevano che i vari poliziotti, i vari commissari andavano a pranzo, quindi la strada era libera. Riina invece camminava per tutte le strade della Sicilia e camminava tranquillamente, fino a stamattina.»

«Chi aiuta e chi protegge il mafioso alla macchia?»

«Questa è una cultura prettamente siciliana. Io credo che tutti i siciliani si prestano volentieri, escluso il poliziotto e il magistrato, a tenere un latitante in casa. Spero sia storia antica, che non si verifichi mai più. L'arresto di Riina proverà al popolo siciliano che è meglio andare d'accordo con la legge che essere contro.»

«Riina è stato arrestato o si è arreso?»

«Questa è una domanda bellissima. Io ho saputo che è stato trovato disarmato, che era in compagnia di un altro con documenti falsi, che non c'era una staffetta che lo proteggeva, come lui era abituato ad avere. E mi sembra una cosa strana come è stato preso, ma tutto è possibile.»

«Riina è un suo grande nemico. Che uomo è?»

«Io non so chi sono stati gli esecutori materiali che mi hanno distrutto mezza famiglia, però so senz'altro che lui ha dato il suo assenso. Quindi per forza di cose è mio nemico. Non ci può essere nessun'altra alternativa. Io ho campato con l'odio di Riina, io ho vissuto pregando Dio che proteggesse l'anima dei miei figli, ma non pensando a Riina. Dio è grande: Riina oggi pagherà.»

«Lei lo conosceva? Me lo descriva.»

«È un po' bassino. Da giovanotto – perché io lo conosco da molti anni – era già un po' tarchiato, una faccia rotonda, due occhi di colore diverso uno dall'altro. O meglio: in uno ha una macchia marrone. Capelli ben rasati: però io sto parlando di un giovane, non so come sia lui ora, non ne ho l'idea.»

«C'era qualcosa di caratteristico in lui?»

«La sua cordialità, la sua maniera di agire sempre con gentilezza, senza mai adirarsi, senza mai dare in escandescenze.»

«Non aveva l'aria di uno feroce?»

«No, assolutamente: tutto il contrario.»

«Da Luciano Liggio che cosa ha ereditato?»

«Si fa molta confusione: lui non ha ereditato niente da Liggio, anzi non sono due persone che si stimano completamente, al cento per cento. Ricordo che nel 1970 fu indicato da Luciano Liggio per sostituirlo nella commissione, ma poi subito dopo Liggio lo tolse e promosse l'altro suo pupillo, Bernardo Provenzano.»

«Non sono tutti e due di Corleone?»

«Esatto. Sono stati da giovani nella guerra con i loro paesani corleonesi.»

«Lei ha conosciuto anche la moglie di Riina?»

«No, non l'ho conosciuta.»

«Di quali delitti lo considera responsabile?»

«Di tutti. Dal primo omicidio del 1981, quello di Stefano Bontade, a oggi: di tutti, nessuno escluso. Senza il suo volere nessuno si sarebbe mosso.»

«Otto anni fa lei mi ha detto: "Riina è in Sicilia". Che cosa le dava questa certezza?»

«Una certa esperienza della vita: ne ho viste tante, di tutti i colori. E poi perché io conosco l'individuo. Sono tipi che non possono perdere di vista i problemi che essi stessi hanno creato. C'è bisogno della loro presenza. Non possono lasciare le loro cose all'aria, e dire "poi tornerò tra tre o sei mesi". Perderebbero potere, seguaci.»

«Ce ne sono degli altri in giro?»

«Ma certo. Lei deve aiutarmi, deve dirlo che non bisogna cantare vittoria, abbassare la guardia. Oggi è un gran giorno, ma non si è vinta la guerra. Però la vittoria è a portata di mano. Forse nessuno si rende conto del terremoto che è successo oggi. Ma io lo capisco.»

«Lei crede che Riina sia ricco?»

«Lo credo fermamente.»

«Sotto di sé aveva molti soldati?»

«La Sicilia intera.»

«Lei pensa che abbia avuto una parte nella morte di Falcone e Borsellino?»

«Senz'altro. È stata ideata da lui. Non so chi sia l'esecutore. Naturalmente non ho prove per poterlo accusare davanti a nessuna magistratura, ma come uomo posso dire che è senza dubbio lui che ha ordinato quelle stragi.»

«Come ha potuto, mentre era clandestino, sposarsi e mettere al mondo dei figli?»

«Con la compiacenza che proteggeva un latitante come lui, è la cosa più facile che esista al mondo, in Sicilia.»

«E cosa lo avrà spinto a mollare, se ha mollato?»

«Non vorrei avventurarmi in labirinti. Ma io credo che lui non abbia mollato. Uno che ha il potere per tanti anni è difficile che lo lasci.»

«Non crede che fosse ormai stanco e che si sentisse alla fine?»

«È molto prematuro poterlo stabilire, e poi bisognerebbe tirare a indovinare.»

«L'ultima volta che ci siamo parlati lei ha detto: "Cosa Nostra è in crisi". Qualcuno ha sghignazzato. Ne è ancora convinto?»

«Convintissimo. Guardi il finimondo che è successo oggi, è incredibile. Io parto da un punto di vista: se lui non ha mollato, se lui è stato preso per un'indagine dell'autorità di polizia, si è arreso perché la gente s i è stancata di lui. È stato lui l'artefice maggiore del suo danno.»

«Pensa che parlerà, che sia già potenzialmente un pentito?»

«No, assolutamente. Non credo che il governo italiano dovrebbe proporgli di collaborare. Dovrebbe solo giudicarlo. Se vuole parlare, parli: dica quello che vuole. Ma non bisogna scendere a nessuna trattativa con un individuo del genere, che ha ordinato tutti gli omicidi dal 1981.»

«E crede che piglieranno anche l'ultimo grande delle famiglie, Nitto Santapaola?»

«Sì, adesso ci credo. Perché la gente in Sicilia comincia a sentire che lo Stato, forse per la prima volta da secoli, comincia a essere presente.»

«Qualcuno si chiede perché Buscetta sia tornato in America senza andare a deporre a Palermo.»

«È una cosa difficile da spiegare. Vorrei farlo di persona. Non come una confidenza, ma per renderla pubblica. Però così, dall'America, non ce la faccio. Ho le mie buone ragioni, e non deve pensare che siano infondate.»

«Dopo il mafioso, diciamo così, "romantico", come lei, e dopo quello crudele e disumano, come Riina, è in vista un nuovo genere?»

«Io credo di no. Io penso che non ci saranno più mafiosi perché nessuno ci crederà più.»

«Se lei fosse messo di fronte a Riina, che domande gli farebbe?»

«Perché hai fatto tutto questo? Perché hai distrutto tutte queste famiglie, quelle dei morti e anche quelle dei vivi?»

«E che affari ha combinato lui in questo tempo?»

«I soliti affari. Anche quelli che a prima vista sembrano puliti, perché ormai il mafioso sa fare anche quelli, con i soldi che ha.»

«Lui entrava nella droga?»

«A pieno merito o demerito. Io ho detto a Giovanni Falcone: lui fabbricava cinquanta o cento chili per volta. Questo ho spiegato, nel 1984.»

«Adesso ci sono dei latitanti di Mani pulite. Chi li aiuta, come fanno a cavarsela?»

«Un momento fa le ho detto che avrei preferito fare questa conversazione di presenza. Perché ci sono cose di cui preferirei prima parlare con lei.»

«Ricorda l'ultima volta che ha visto Totò Riina?»

«Nel 1980.»

«Dove?»

«A Palermo. E precisamente nella tenuta di Salvatore Greco, di Michele Greco.»

«E perché era venuto là?»

«Ci andava quasi tutti i giorni là: era la sede delle riunioni.»

«E che cosa è accaduto quella volta?»

«Solita amministrazione mafiosa, niente di particolare. Avevamo avuto delle discussioni con Pippo Calò, così Pippo Calò si era rivolto a lui, e io ero stato chiamato da tre membri della commissione che volevano che ci riappacificassimo: "Siete stati per tanti anni uniti, tanto amici e adesso non sta bene che le persone estranee discutano le vostre faccende". Questa è stata l'ultima volta che l'ho visto, intorno al novembre del 1980.»

«Vi siete detti niente?»

«No, non ci siamo detti niente. Lui avrebbe preferito che la svolta tra me e Calò fosse degenerata in un'altra situazione, perché già allora aveva intenzione di liberarsi della mia persona.»

«Da che cosa nasceva il suo conflitto con Calò?»

«Il mio conflitto con Calò nasceva dal fatto che si era completamente legato ai corleonesi e non teneva in considerazione le amicizie antiche.»

«Come pensa che passerà queste ore Totò Riina in carcere?»

«Le passerà a scrutare chi è stata la persona che lo ha venduto alla giustizia. Se c'è stato qualche errore da parte sua nel valutare qualche cosa. E scoprirà certamente chi lo ha giocato.»

«E potrà organizzare ancora delle vendette?»

«Passerà molto tempo prima che ne abbia la possibilità. Immagino che le autorità carcerarie considereranno chi è Riina e useranno certe accortezze.»

«Allora è finito Totò Riina?»

«Sì. Totò Riina è finito.»

Le due verità di Andreotti

Il 27 marzo 1993 la procura di Palermo ha presentato domanda al presidente del Senato per l'autorizzazione a procedere contro il senatore Giulio Andreotti per il reato di concorso esterno in associazione mafiosa. Il 13 maggio il Senato ha concesso l'autorizzazione a procedere contro il senatore Andreotti. Lo stesso Andreotti ha votato a favore.

«Prima o poi le vecchie volpi finiscono in pellicceria» diceva una volta Craxi: e alludeva a Giulio Andreotti. Adesso invece lo difende, non solo perché «gli anni passano e gli uomini cambiano», ma perché è convinto che la parte dello «zio», che qualche pentito di Cosa Nostra attribuisce all'ex presidente del Consiglio, non è proprio tagliata su misura. Come poteva per tanto tempo ordire, nelle stanze del potere, bieche manovre, senza che qualche ministro, o qualche sottosegretario si insospettisse?

E chi è che lancia le prime accuse? Chi scatena la campagna? Se la memoria funziona, Leoluca Orlando si indigna quando, per le elezioni europee, è costretto a porre il dilemma «O me o Lima», e De Mita sceglie Lima. E Lima chi è? Il rappresentante in Sicilia di Andreotti e, soprattutto, un mafioso. Un tale Pellegriti assicura che è stato proprio l'onorevole andreottiano il mandante dell'uccisione di Mattarella: e Falcone lo incrimina, perché è anche convinto che il pentito è gestito dai Servizi. Ed ecco che si fa vivo Leonardo Messina. Racconta, nientemeno, che Andreotti è stato «punciutu»: lo ha saputo da altri detenuti. Ilarità: Andreotti può essere anche Belzebù, ma è difficile vederlo mentre, per rispetto del cerimoniale di iniziazione, si scotta le dita col santino che brucia e poi fa uscire qualche goccia di sangue.

Poi interviene Buscetta: seppe, non vide, di alcuni compari che sarebbero andati a Roma a rendere grazie al senatore a vita Giulio, che si era dato benevolmente da fare per un processo in Cassazione. Tra gli introdotti nello studio di piazza Montecitorio ci sarebbe stato anche Filippo Rimi: peccato, osservano i diligenti cronisti, che in quel tempo fosse detenuto. Poi c'è un viaggio nell'isola di Andreotti su un aereo che i Salvo avrebbero noleggiato proprio per lui: ne possedevano già uno ma, evidentemente, quel giorno era impegnato.

Arriva alla fine Balduccio Di Maggio e porta una simpatica nota di colore, un tocco di sentimento: Balduccio è l'autista di Riina, e assiste al bacio del capo che accoglie, festosamente, l'onorevole appena arrivato da Roma in casa di Ignazio Salvo, al centro di Palermo. Che in quel momento è agli arresti domiciliari. Dal che si deduce che la «piovra» è anche un'associazione, non poi tanto segreta, di deficienti. Il «terzo livello» sarebbe quello, a giudicare dai comportamenti, dei subnormali.

E queste che ho succintamente esposte sono alcune osservazioni sui fatti narrati, che però non inficiano per niente, sempre a mio parere, il comportamento del dottor Caselli e della procura di Palermo. Caselli, arrivato da Torino, raccoglie quello che Falcone e Borsellino avevano seminato. Non va a caccia di elementi di accusa: trasmette al Parlamento quello che alcuni testimoni hanno raccontato. Offre materia di giudizio, non anticipa delle sentenze. Va negli Usa, ma per un appuntamento che era stato chiesto da tanti mesi, prima che lui arrivasse a quello che fu definito «il Palazzo dei veleni»: e parte solo quando gli americani danno il via.

Non indaga per una specie di ossessione di giustizia: chiede, come il Codice impone, l'autorizzazione a procedere. Potrebbe interrogare Andreotti solo se l'indiziato stesso lo chiedesse: vietato ricorrere a intercettazioni, a confronti, a tutte quelle procedure che possono riguardare i cittadini, ma che escludono, e qualche volta salvano, i parlamentari. Il tribunale di Palermo è da sempre al centro della bufera: ma ora non dovrebbe essere delegittimato dai sospetti. Si muove, mi sembra, con grande trasparenza e secondo le regole della procedura: e manda, coi pacchi che spedisce a Roma, non solo indizi da discutere e da valutare, ma anche fantasiose stupidaggini. Se questi giudici sbagliano, «l'onorata società» ne trae vantaggio, e se la spassa.

Andreotti chiede di essere sottoposto al vaglio dei ministri, perché si sente al centro di una persecuzione. Rispetto la sua richiesta; ma mi riesce difficile evitare una considerazione: quelli che lo accusano non sono solo appartenenti a una banda criminale, ma l'espressione di una forte corrente di minorati. Ci hanno offerto del Diavolo perfino una versione appassionata: è così difficile resistere all'abbraccio di Riina? Penso con malinconia che noi, sudditi della Repubblica, non possiamo scegliere chi deve misurare le nostre azioni: e da Orwell abbiamo imparato che per qualcuno la legge è più uguale.

In questa vicenda storica, perché è in gioco non solo la reputazione e la vita di alcune persone, ma anche il passato e la speranza del nostro Paese, si inseriscono anche molte, troppe spinte al protagonismo. I congiunti dei caduti per le bombe e la lupara meritano comprensione e rispetto, ed è legittima la rivendicazione dei meriti e del sacrificio dei loro cari, ma anche certi silenzi sono delle condanne. Sciascia venne dileggiato quando parlò di «professionisti dell'antimafia»: ma ci sono anche dolori che hanno favorito carriere. Siamo da sempre malati di reducismo: e in Sicilia ci fu un lungo strascico burocratico provocato dalla sistemazione dei garibaldini.

Caselli e i sostituti procuratori trasmettono, perché sia rispettato, il diritto, anche quello della difesa. Che Andreotti fa benissimo a esercitare: alla coscienza dei suoi colleghi affida la valutazione della sua lunga consuetudine con il potere, che – come si è visto – fa soffrire anche chi lo ha. Qualcuno ha detto che dove comincia il mistero finisce la giustizia. Forse è venuta l'ora di chiarire qualcuno degli infiniti enigmi che ci opprimono. Quanto buio. Altro che terra del sole.

Attentato all'Italia

Nella notte tra il 26 e 27 maggio 1993 esplode una bomba di grande potenza di fronte all'ingresso secondario dell'Accademia dei Georgofili a Firenze, ai piedi della storica Torre del Pulci. La bomba era stata nascosta all'interno di un furgone Fiat Fiorino.

Cinque i morti: Angela Fiume, la custode, il marito Fabrizio Nencioni, le loro due figlie Nadia di nove anni e Caterina di cinquanta giorni, battezzata la domenica prima, Dario Capolicchio, studente spezzino ventiduenne; i feriti sono quarantotto.

Il mondo sarà sgomento per l'attentato di Firenze: c'è un nome, Galleria degli Uffizi, che riassume la gloria del passato. Io penso di più a quei cinque morti, alle decine di feriti e alla trepidazione che d'ora in poi tornerà a opprimere gli italiani.

Si ricomincia: e vengono in mente altre storie, una vecchia angoscia. E poi, che cosa accadrà? Chi sono, e dove colpiranno?

Risento l'ululato continuo, straziante, delle autoambulanze: ero in uno studio della Rai, e con stupido candore pensavo che stessero girando uno sceneggiato. Sempre esagerati, dicevo. Piazza Fontana, Banca dell'Agricoltura. La terribile normalità del male. Forse un ordigno in una borsa di plastica, nascosto sotto uno di quei tavoli dove si compilano i moduli, la fila della gente che sospira davanti agli sportelli, ragazze degli uffici, pensionati, le facce di tutti i giorni.

Piazza della Loggia, Brescia: quegli urli, una folla impazzita, quello che rimane sul selciato, le macchie di sangue che si secca, poi l'inesorabile cerimoniale che segue le sciagure, e incoraggia perfino il sospetto: chi specula? A chi giovano queste lacrime? I sindacati deplorano, i partiti si associano, si indignano le assemblee, i telegiornali mandano gli operatori e ai funerali donne velate di nero si disperano seguendo bare avvolte nel tricolore.

Lo sappiamo: ci si abitua anche al dolore. Si sa che ogni guerra ha i suoi caduti. Ma qui chi è che combatte, e per quale causa? Volevano distruggere gli arazzi dei Medici, i Simone Martini, i Botticelli, Masaccio o i pochi Leonardo, o la nostra speranza?

Vogliono dire agli stranieri: state a casa vostra, dimenticate la terra dove tra i limoni imperversa la lupara, perché questa è invece, come diceva Lamartine, la terra dei morti; o fare sapere che non dobbiamo cercare di andare tutti d'accordo, per cambiare la situazione, perché c'è un potere che non vuole, non può mollare, dato che davanti a sé non ha che il nulla?

Vogliono dire che dobbiamo rassegnarci a convivere con il terrorismo?

L'ho visto, l'ho vissuto anche in altre contrade. Nell'Irlanda assediata dagli attentati, con le autoblindo per le strade, le macerie, i teatri chiusi, gli alberghi per metà diroccati, e nelle stanze risuona spesso il segnale d'allarme, le cariche d'esplosivo che ammazzano anche gli scolaretti, o i lentigginosi frequentatori dei pub, si salta per aria tracannando birra o whisky, o entrando nel grande magazzino, poi le veglie funebri, con i mazzetti di primule sulla porta del defunto, e la lunga veglia prima della sepoltura, e gli amici cantano nenie strazianti, che sanno di brina e di prati bagnati dalla pioggia, favole di donne o di cavalli.

Non ci sorprendiamo più: dicono gli analisti che si può contemperare vita e orrore. Lo avevamo già imparato negli anni Quaranta: rastrellamenti, deportazioni, fucilazioni in massa. Adesso una catena di delitti, di boati, la voglia di stragi colpisce, senza discriminazioni, quelle che i sociologi chiamano «le strutture del sistema».

Sono ancora sicure le massime autorità che l'ordigno di

via Ruggero Fauro, a Roma, fosse un aggeggio manovrato dai mafiosi offesi da alcune trasmissioni televisive? Che programmi sono stati diffusi nei dintorni dell'edificio disegnato dal Vasari, per alloggiare l'innocente amministrazione di Cosimo I, quelle logge che ospitano le raccolte dei granduchi, i capolavori che esaltano la bellezza dei secoli?

È tornata l'ora della follia come in un romanzo di Thornton Wilder, *Il ponte di San Luis Rey*.

C'era una diligenza che passava su un viadotto, e qualcosa cadeva, precipitavano tutti in un fiume, e Wilder immaginava le loro vicende, chi erano, che cosa facevano. Già: quella famiglia fiorentina, padre, madre, due bambini, dormivano; che cosa sognavano, che cosa immaginavano per l'avvenire? Come si passa dal gioco, o da un abbraccio, al funerale, così senza una ragione? Perché bisogna pure spiegare anche la fine, e darle una dignità.

E adesso le solite parole, lo sdegno, la condanna, il telegramma o la corona di fiori del presidente della Repubblica, la preghiera del Santo Padre, che invocherà la pace: ma a chi si rivolge, Santità? «Uomini d'onore», oppure «idealisti» feroci, estremisti pronti a tutto, o delinquenti mascherati da gentiluomini, che camminano nell'ombra? Sotto con le ipotesi, con le dichiarazioni ufficiali: e siamo pronti con i cortei, facciamo una catena umana, che cosa esponiamo alla finestra, o al balcone? È scattato l'inizio di un incubo, la fine di un'illusione. Tornano a colpire tutto, e ovunque.

Come ai tempi dell'Italicus, ricordate? Quel treno che collegava Roma al Brennero. Dalle lamiere roventi di quel convoglio devastato tirarono fuori, sempre in una notte d'estate, dodici corpi straziati.

Anni bui, anni neri. Ritornano, con i loro misteri mai risolti, con gli sconosciuti che parcheggiano l'auto micidiale, o depongono la scatola di latta, la valigia abbandonata in un angolo, o nell'ultimo vagone, per cancellare non solo delle esistenze, ma l'immagine serena di un'Italia che significa il Duomo di Orvieto, edificato per consacrare il miracolo di Bolsena, o il Colosseo, o i pini di Roma, o le sirene dei mari siciliani, il sorriso delle ragazze, Palazzo Vecchio o Palazzo Rucellai, l'ospitalità, il gusto di vivere di un popolo.

Pietà è morta; e ritornano scene che sembrano cancellate dalla coscienza e dalla mente: le barelle con gli infermieri che corrono, i volti sconvolti dai grumi e dal terrore, i racconti smarriti di chi ha vissuto una trama inconcepibile e misteriosa. Ammazzano anche la speranza.

1994

Berlusconi premier, primo governo della Seconda Repubblica

A prima vista mi è sembrato più che un Consiglio dei ministri un consiglio di famiglia. C'è infatti l'avvocato di fiducia: Cesare Previti; il gran cerimoniere: Gianni Letta; e c'è Giuliano Ferrara, che potrebbe anche essere considerato l'intrattenitore.

Poi torna in pista un bel gruppo di reduci di tutte le battaglie: ex democristiani, ex liberali, ex socialisti, ex missini; credo che nessuno avvertirà l'assenza degli ex saragattiani e dei seguaci dell'edera: ormai sono come il panda e il lupo delle nevi, se ne occupa il Wwf.

Che strano governo e che incredibili manovre. Silvio Berlusconi che cerca di coinvolgere il popolare Antonio Di Pietro, puntando sulle sue innegabili risorse di seduttore: ricordate quando mandava mille rose a Raffaella Carrà? Chissà, mi chiedo, quanti garofani avrà inviato a Bettino Craxi? Ma nessuno, tra i sagaci cervelli che frequentano via dell'Anima, gli ha detto che non bisogna indurre in tentazione (il capo del governo è cattolico) i giudici che, magari, si stanno occupando di qualche congiunto? Che c'è qualche differenza tra un *anchorman* e un pubblico ministero?

E Oscar Luigi Scalfaro che scrive all'onorevole Berlusconi una lettera per ricordargli che bisogna rispettare l'unità della Patria? Aveva forse il dubbio che il Cavaliere la trattasse come Milano 2: si affitta, si vende? Mi meraviglia che non abbia aggiunto una postilla: «Si ricordi che anche lei è italiano».

Ma che Paese è questo che fa venire in mente, più che i soliti Dante, Michelangelo, Leonardo, il compianto Leopoldo Fregoli, in arte «trasformista»?

Berlusconi si è circondato di professori: ma sono convinto che darà più retta al suo infallibile istinto che alla loro sapienza.

Per essere franco non è stato bello lo spettacolo del tira e molla per l'assegnazione del ministero dell'Interno: pareva che l'onorevole Roberto Maroni detto Bobo (ce n'è sempre uno) non dovesse entrare al Viminale ma in cabina; ma anche per la Lega gira la «Ruota della fortuna». Ha vinto Bossi e ha perduto qualcosa il decoro. Dopo la tanto criticata spartizione e gli usi nefasti del manuale Cencelli ci risiamo.

Si capisce pertanto l'amarezza di chi non ha avuto la poltrona. Ha molte buone ragioni, per esempio, il professor Vittorio Sgarbi: ha più audience dell'onorevole Ferrara ed è rimasto fuori. Anche lui è fazioso, anche lui sa attaccare, e invece di dare *Lezioni di sesso*, come fa Giuliano, pratica: le fotografie con ragazze disinibite dimostrano che non è platonico. Potevano almeno dargli, se c'è il problema delle culle, il nuovo dicastero della Famiglia.

Qualcuno ha scritto che la sorgente disapprova quasi sempre il percorso del fiume: adesso Silvio Berlusconi deve accontentare, e alla svelta, l'elettorato, che è impaziente e al quale ha fatto tante promesse. Se può mantenerle, allora faremo tanta festa.

1995

Montanelli: il rifiuto del compromesso

Chi sa perché, ma mi è tornata in mente una frase di Tolstoj: «Niente è più triste della fine di un amore». Ho pensato a Indro Montanelli, alla chiusura de «la Voce». Alla sua solitudine in queste ore: i giornali hanno una sorte che assomiglia a quella degli uomini, decadono, stentano, spariscono, segnano un momento della storia che si scrive ogni mattina, e muoiono. Per Montanelli si è dissolto un sogno: capita a tutti. Ma per lui quel quotidiano era anche una ragione di vita, una passione. Certo scriverà ancora articoli, libri, è un grande solista del nostro mestiere: ma, forse, si era abituato al podio, sceglieva lo spartito, dava gli attacchi, di sicuro «il Giornale» e «la Voce» hanno eseguito il suo repertorio. E come chiede il suo carattere, ha sempre cercato di imporre programmi inconsueti: che dovevano rispecchiare la sua cultura, e soprattutto il suo umore. Come facevano, del resto, Prezzolini e Longanesi, Ansaldo e Guareschi: capaci di rovinare un'amicizia con una battuta, o di andare in galera per una vignetta. Eccessivi, se volete, ma leali; strampalati o contraddittori, ma non servili. «Mussolini ha sempre ragione» inventava Longanesi, compiaciuto per lo slogan, e il duce poi faceva sospendere «Omnibus». Ha detto Abe Rosenthal, leggendario direttore del «New York Times»: «Il vero giornalismo rimane nella scoperta continua, un esercizio e un'avventura intellettuale. Ed è per questo che si può fare solo se si è indipendenti».

Montanelli si affida al lettore, che ha sempre considerato il vero padrone, e che ha servito con dedizione: dai fronti di guerra, nei giorni bui e incerti, sempre facendosi coinvolgere dai fatti, senza rinunciare alle sue idee, che sono quelle di un conservatore, in un Paese che non ha poi molto da custodire, di un liberale, che parte monarchico e poi si ritrova con La Malfa, che si proclama di destra e polemizza con Fortebraccio, ed è trattato adesso con rispetto dall'«Unità». Ora fa un bilancio e pensa che la borghesia non gli è stata vicina; ma l'edicola non è sentimentale. La gente legge anche per trovare delle conferme, o degli incoraggiamenti: ha concluso la sua vicenda coraggiosa «L'Europeo» che aveva scoperto e rivelato verità nascoste con memorabili inchieste sulla mafia e sulla corruzione, ha smesso di uscire «La Notte», che Nino Nutrizio aveva inventato facendone un modello della stampa di servizio. Perché stupirsi? Finita «La Domenica del Corriere» che accompagnò il destino di tre generazioni: nei disegni di Beltrame c'erano anche i morti di «Tripoli, bel suol d'amore» e quelli di El Alamein, e i balilla che salvavano le lavandaie in pericolo di annegare, le vittorie di Carnera e quelle di Coppi, Nuvolari e Varzi, le tessere annonarie e le sirene dell'allarme, il bandito Musolino e il bandito Giuliano. Finite non solo tante riviste letterarie, ma anche molti settimanali: e si diceva «rotocalco» anche per indicare una dose di volgarità attribuita più ai temi trattati che al sistema tipografico.

E la crisi dilaga, e non solo per ragioni economiche, che rendono angosciosi i problemi dell'editoria, ma anche per il clima velenoso che si respira. Impera una specie di oltranzismo, si alzano barricate ideologiche e tra le armi consuete di certi polemisti c'è anche l'ingiuria e il sospetto. Ma esistono antiche regole che dovrebbero essere rispettate; dice sempre Rosenthal, che non è comunista: «Noi non siamo preti o suore, ma abbiamo dei princìpi etici: che sono dettati soprattutto dal rispetto di se stessi e del proprio lavoro. Il nostro ruolo è infatti quello di far sì che altri non abusino del potere».

Un bel programma. Montanelli deve essere sereno: ha insegnato a noi più giovani che una voce può essere anche flebile: l'importante è, se la musica non piace, uscire dal coro.

1996

Il mostro di Firenze

Non mi piace quell'aria di sfida che si respira nei tribunali. Antonio Di Pietro contro Fabio Salamone, Bergamo contro Brescia, Palermo, sembra, contro tutti. Di sicuro, ostile ai giornalisti perché pubblicano le notizie che magistrati, funzionari, commissari, carabinieri fanno circolare tra i cronisti prediletti.

Ma quello che è accaduto a Firenze incoraggia la speranza. Il mugnaio tedesco che non voleva cedere un pezzo di terra a Federico il Grande, gli disse: «Ci saranno pure dei giudici a Berlino». Di sicuro, ce ne è anche in Toscana, e anche altrove.

Mi associo al candido Renzo dei *Promessi sposi*: «A questo mondo c'è giustizia, finalmente!». È così insolito un procuratore generale che smonta una serie di accuse, che intende il suo ruolo non come conquista della condanna, ma ricerca della verità. Non conosco la causa, i documenti, le prove: ma sono certo che se non esiste il fatto non ci può essere neppure l'indizio. Per quello che ho letto, non mi piace nulla della biografia di Pietro Pacciani, già condannato all'ergastolo per quattordici omicidi. Mi pare che abbia anche un esasperato senso della famiglia, dato che aveva attenzioni eccessivamente affettuose per le figlie.

Ma non sempre la figura dello sporcaccione e del violento coincide con la psicologia del mostro: il *Monsieur Verdoux* di Chaplin tagliava a pezzi le donne ma redarguiva i monelli che non rispettavano i fiori e tiravano la coda ai gatti.

Non capisco come si possa essere schierati per la tesi dell'innocenza o per quella della colpa di fronte a questo «caso»: che non può ridare libertà a Pietro Pacciani, e incrina quella che il dottor Piero Tony, il procuratore generale protagonista del clamoroso ribaltone, ha definito «l'altissima professionalità» dei colleghi che l'hanno preceduto, e della polizia che ha condotto l'inchiesta: fischi per fiaschi, si dovrebbe concludere.

Se la sua analisi sarà accettata si eviterà un incredibile errore: non sarà possibile riparare a una reputazione, già offuscata da pesanti ombre, ma è diverso essere visto come un prepotente e un amorale o come un assassino.

Nessuno potrà rimediare a quegli anni che Pacciani ha trascorso dietro le sbarre: l'indennizzo che lo Stato concede in queste circostanze, per ogni giorno perduto, mediamente è una cifra che varia dalle cinquanta alle centomila lire.

In un romanzo di uno scrittore marxista ungherese, Tibor Déry, vittima della rivolta di Budapest, un vecchio professore dice a una allieva: «Ragazza mia, non si può riparare a nulla; non si può riparare alla vita».

C'è da rimanere sgomenti pensando che la requisitoria, nel processo Contrada, il questore accusato di rapporti mafiosi, è durata diciannove udienze, su centodiciannove dell'intero dibattimento. Che cosa significa? Gli argomenti erano chiari e convincenti? È immaginabile la stessa procedura in una corte londinese?

Il sacrificio dell'innocente ha un senso soltanto nella lettura della Bibbia: Dio che chiede ad Abramo di sgozzare sul monte l'inconsapevole Isacco è un Creatore crudele, che per fortuna si ravvede.

Il cittadino non può essere immolato al culto del Codice. Ho segnato sull'argomento, una osservazione di Albert Camus: «Prendiamolo per ciò che ha di umano, senza trasformarlo in quella terribile passione che ha mutilato tanti uomini».

Ciò che è accaduto a Firenze è stato considerato da qualche commentatore «sconvolgente». Per me, indipendentemente da qualunque sentenza, è impressionante, perché esce dalle consuetudini, ma positivo. Vuol dire che c'è sempre la possibilità di rivedere un giudizio.

Negli ultimi quindici anni quasi il quarantaquattro per cento degli imputati è risultato assolto, anche se col nuovo Codice il dato si è ridimensionato. In pratica su tre milioni e mezzo di incriminati, un milione e mezzo era stato poi mandato a casa, senza scuse. A Firenze si sono confrontate due incertezze, due dubbi: quello della difesa e quello dell'accusa. Non c'è argomento che a un profano risulti inconfutabile. Nei delitti del Mugello non c'è ancora un sicuro assassino: Pietro Pacciani è un guardone, un erotomane, ma non sembra dimostrabile, a tutt'oggi, che sia stato lui a uccidere sedici innamorati e a sfregiarli, con perizia chirurgica, con una violenza «da bassa macelleria», per un'altra versione.

E avrebbe fatto tutto da sé. Ha contro più di cento testimoni, e le telecamere lo hanno ripreso assente, disperato, sconvolto dall'ira o dal pianto. Moralmente è una persona spregevole, ma l'ergastolo ha bisogno di riscontri assoluti.

Dietro alla vicenda del presunto «mostro» che chiede: «E allora mi fanno sortire?», c'è quella dei magistrati chiamati a decidere della sua sorte: un assillo e un tormento. Per il dottor Pier Luigi Vigna, capo della procura, colpevolista, che sostiene: «La nostra inchiesta meritava più attenzione», per il dottor Tony che non crede che Pacciani sia il protagonista di quelle storie allucinanti.

Poi ci sono i parenti dei poveri morti, quasi trascurati dalle cronache. Per loro non ci sarà mai una consolazione, qualunque sia il verdetto. È difficile essere garantisti quando pensi a quel giovanotto o a quella ragazza che andava, invece che a un convegno d'amore, a un appuntamento con l'omicida.

Poi c'è la gente che considera una anomalia l'accusatore che, rivedendo gli atti, ne dà una interpretazione del tutto diversa dai suoi predecessori, risponde prima alla sua coscienza, poi all'opinione pubblica. Che vorrebbe la belva, vera o supposta non importa, in gabbia: perché si sentirebbe liberata da un incubo. È orrenda anche l'idea che chi sfregiò due giovani corpi possa assistere indifferente al triste spettacolo che non ha una fine.

Mastroianni, un amico che non c'è più

Oltre a Federico Fellini ho avuto anche un altro amico nel mondo del cinema, Marcello Mastroianni. Con Marcello ci siamo incontrati tante volte e ho passato con lui piacevolissime serate, e mi ha permesso di essergli vicino alla fine della sua vita.

Era un po' di tempo che non ci vedevamo, sapevo che

era stato male e aveva dovuto interrompere, per un periodo abbastanza lungo, il lavoro teatrale che stava portando in giro per l'Italia, *Le ultime lune*, scritto da Furio Bordon. Era la storia di un vecchio professore universitario che si ritira in una casa di riposo, per non essere di peso al figlio, in attesa della fine.

I giornali parlarono della sua salute. Decisi di chiamarlo, era l'inizio di febbraio del 1996. Lo trovai a Parigi. Era il solito Mastroianni: simpatico, molto ironico, a volte in modo anche un po' provocatorio, ma sempre con quel suo fare come se lui fosse poco coinvolto da ciò che gli stava accadendo. Mi disse che aveva visto una puntata de *Il Fatto* dove era intervenuta Sophia Loren e che l'aveva trovata bellissima, come se per lei il tempo si fosse fermato.

L'avevo intervistata in occasione del suo sessantesimo compleanno e una rivista americana l'aveva decretata l'attrice più affascinante. Mi disse di lei che era la donna con cui aveva avuto la storia più lunga: «La nostra vicenda dura dal 1954 e non è ancora chiusa».

Gli piaceva il fatto che Sophia non era solo una brava attrice, ma una persona vera: «Me ne rendo conto quando mi accoppiano d'ufficio con attrici somare. Capita magari che siano gentili e carine, e allora la cosa è sopportabile; ma a volte sono solo asine, e in questo caso aspetti la fine del film come una liberazione».

Il loro primo film era diretto da Alessandro Blasetti: *Peccato che sia una canaglia*, poi ne seguirono altri tredici.

Mi chiese quanto ascolto avesse fatto la puntata con Sophia Loren, gli risposi che era stata vista da circa dieci milioni di telespettatori di media e lui mi disse: «Io ne faccio di più». Quel suo modo di ridere lo sento ancora, era irresistibile. Dopo poco tempo sarebbe ritornato in teatro a Bologna, all'Arena del Sole, e concordammo che ci saremmo incontrati e nell'occasione lo avrei intervistato. Così accadde e la sera del debutto Mastroianni andò in onda a *Il Fatto*.

«Ben tornato Marcello. Quando si esce dalla malattia, sembra che tutto ricominci. È così?»

«Be', che proprio ricominci è forse eccessivo, perché anche stando male, adesso non vorrei apparire patetico, sciocco, banale, io non ho smesso di pensare alla commedia che ho dovuto sospendere. Anzi ti dirò, forse per effetto proprio della malattia, sono tornato in teatro più carico di quando ho cominciato.»

«Lo dicono i sondaggi, e credo che sia vero: sei l'attore più amato dagli italiani. Ti consola?»

«Mi fa piacere. Sarebbe sciocco negarlo. Certo che mi fa piacere, se mai mi domando il perché.»

«Alla nostra età è giunto il momento dei bilanci. Cosa vedi dietro di te?»

«Io vedo un lungo film. Che è cominciato nel 1949. Di questo lungo film ho dei momenti, ho degli episodi più cari. È inevitabile, devo citare il nostro amico Fellini, o Visconti o altri, ma in realtà poi è un film che ancora non è terminato. Quello che vedo più vivo alle mie spalle sono i ricordi della prima giovinezza, le condizioni un po' precarie in casa, non un po': molto precarie. Ma, del resto, così viveva l'ottanta per cento degli italiani. Le discussioni su come pagare la bolletta della luce. La guerra, la guerra nella sua brutalità. Quando si hanno diciassette, diciotto anni è anche una grande avventura...»

«Ha fascino?»

«In un certo senso sì. Nel film di Ettore Scola, *Che ora è?* c'era un punto in cui io raccontavo a Massimo Troisi la storia dei bombardamenti; si andava un po' a soggetto, e io dicevo: "Sai, si faceva a chi arrivava primo al rifugio". Questa era la forza della gioventù. E, allora, questi ricordi sono quelli che hanno segnato di più la mia vita: molto più del cinematografo, del successo, della popolarità, dei soldi, delle piscine. Quando mi guardo indietro penso alla scuola, anche ai balilla, ai campeggi, a mia madre, a mio padre, a mio fratello e alla guerra.»

«Ci sono state molte donne nella tua vita: cosa hai dato e cosa hai ricevuto?».

«Mi hanno dato amore, forse io ne ho dato meno, riflettendo seriamente e onestamente. Ma questo, forse, è anche dovuto alla nostra natura: l'attore vuole essere sempre al centro dell'interesse; è come l'*enfant gâté*, come dicono i francesi, un bambino viziato. E, secondo me, è meno capace di offrire amore, perché è già tanto amato, è amato da tutti. Quindi, quelle donne che hanno fatto parte della mia vita, forse, hanno offerto più di quanto io non abbia dato in cambio, almeno un paio di volte. Eh sì, perché dare, dare, ma fino a un certo punto.»

«Che cosa ti manca, Marcello?»

«Non mi manca niente. Io ho sempre amato lavorare tanto. Vuol dire che non mi sono mai fermato, e questo è dovuto, forse, anche a una poca ricchezza spirituale. Ad esempio: io non amo andare al cinema, non amo andare a teatro; i concerti, i musei non ne parliamo. La lettura? Sono un lettore mediocre. E allora come riempire gli spazi? Con il lavoro. E poi questo mestiere è bellissimo.»

«Agli uomini della nostra età si chiede: hai dei rimpianti?»

«Ma sì, certo, chi non li ha. Guardando indietro uno si rende conto che avrebbe potuto fare meglio, di più, forse essere più generoso, più onesto no, io sono stato abbastanza onesto: più utile agli altri, questo sì.»

«C'è una parte, un personaggio che ti manca, nella scena e nella vita?»

«Mi piacerebbe fare un vecchio Tarzan. Tutti mi prenderanno in giro: ma come un vecchio Tarzan? Sì, perché io non sono mai stato quell'uomo giovane robusto. Mi piacerebbe da vecchio darla a bere, da vecchio non si può pretendere che uno abbia i muscoli. Ma il problema non è quello. Tarzan è un eroe che non conta più nulla. Nessuno lo rimpiange più e potrebbe essere un film umoristico, ma anche, a una lettura un po' più profonda, la condizione della terza età, della solitudine di un uomo che è stato un eroe, ma che neanche più il coccodrillo ha bisogno di lui.»

«Che cosa vuol dire per te recitare?»

«Vuol dire proprio divertirmi, essere ancora bambino ai giardinetti, giocare a guardia e ladri. Difatti i francesi, non vorrei apparire uno snob, dicono *jouer*, non "recitare", perché recitare è già fingere. Loro dicono "giocare". Non è molto più bello?»

Aveva ragione Mastroianni: la sua intervista superò l'ascolto di quella della Loren: undici milioni di telespettatori.

Gli fui accanto nell'ultima parte della sua vita perché accettò la mia proposta di scrivere un libro su di lui che uscì a ottobre del 1996, poco prima della sua morte.

L'idea mi venne dopo l'intervista. Era molto piacevole conversare con Marcello, c'erano tra noi due molte affinità generazionali, e poi il legame con Federico Fellini: un amico che tornava spesso nel rimpianto e nei nostri discorsi. Avevo scritto, quando mi occupavo di cinema, di lui e dei film che aveva interpretato, ben centosessanta, e poi la sua vita era molto affascinante. Conosciuto in tutto il mondo come latin lover. Una definizione degli americani, che aveva in qualche modo segnato la sua vita e che non gli piaceva. «Ci sono dei geometri» diceva, «che hanno avuto più storie di me.»

Ci rincontrammo a Bologna, a pranzo, e ci accordammo su tutto. Poi, nel pomeriggio lo accompagnai a Cesena, dove alla sera era a teatro. Durante il viaggio in auto, non mi ricordo di cosa stavamo parlando, mi disse: «Enzo, ho il cancro».

Non sapevo cosa rispondere, non me lo aspettavo, i giornali avevano scritto che non era stato bene, ma a seguito di una caduta, non vi avevo dato molto peso anche se, riguardando in televisione l'intervista, soprattutto i primi piani, sul volto c'erano già i segni del male.

Risposi: «Io ho sei bypass» che non voleva dire niente se non che la vita continua anche quando ti danno per spacciato. La tournée teatrale fu un successo straordinario.

Nei giorni a venire ci incontrammo spesso e ogni tanto mi chiedeva: «La gente mi applaude per come ho recitato o perché sa della malattia?».

Diceva il protagonista de *Le ultime lune*: «Vorrei morire a Natale». Sipario.

1997

Il Carroccio contro l'Italia

Durante il suo discorso-proclama al terzo Congresso federale della Lega Nord, il 16 febbraio, l'onorevole Bossi ha gridato: «Terroni». La contessa Bellentani, a Villa d'Este, all'amante [un famoso setaiolo comasco] che durante un ballo le espresse lo stesso concetto territoriale, sparò una rivoltellata. Un'altra vittima della geografia.

In un film di Germi, una vecchia siciliana, in viaggio verso il Nord, commentava: «A Milano ci sta gente cattiva: mangiano riso». Anche il cibo divide: c'è l'Italia dell'olio e quella del burro.

Più complicato, e anche più ingiusto, fare (come usa il leader della Lega) una questione di origine e di sangue: che di solito si usa applicare ai bovini. Ci sarebbe una inconfondibile stirpe padana: da considerare (non è sottinteso, ma esplicito) la eletta, vittima purtroppo dei soprusi di Roma.

Certo, la Penisola è segnata da contrasti, da diversità sociali, economiche, di storia e di tradizioni, ma Albert Einstein, compilando un modulo, alla domanda «razza?», rispose: «Umana».

Non parliamo neppure la stessa lingua, che del resto è stata inventata a Palermo e dintorni; sul vocabolario, per indicare un certo frutto, c'è scritto «mela»; nel Veneto lo chiamano «pomo», in Calabria «milu», in Sicilia «pumo» e in Lombardia «pomm».

In Emilia e nella Bassa Padana, c'erano paesi dove le ragazze si sposavano regolarmente incinte: in Sicilia esponevano alla finestra, dopo la prima notte di nozze, lenzuola con tracce di sangue: e suppongo ci siano state anche stragi di galline.

Confermo, da queste parti circolano tipi fisicamente diversi: l'alpino ha la testa larga e il sardo piccola, ma quando si trovarono sul Piave non ci fu distinzione di elmetti.

Bisognerebbe battersi invece contro gli equivoci e i luoghi comuni: questa non è per niente la «terra del sole». Manchester ha un clima migliore di Milano, e Venezia è di norma più fredda di Londra e più calda di Casablanca. Cade più neve a Cervinia che sulla taiga siberiana.

Spirano sulla Penisola tutti i venti: la bora, il maestrale, il libeccio e lo scirocco, ma succede anche in Baviera e nello Schleswig-Holstein.

Uno strampalato personaggio, che aveva come suggeritore un politologo avvilito, ha occupato la scena, con alcuni comprimari, lanciando un programma rivoluzionario: secessione.

«Abbiamo deciso di batterci contro l'Italia» è l'ultimo grido di guerra. E la tragica mascherata continua: con le camicie verdi, il governo padano, il parlamento di Mantova, con tanto di patetici ministri che giocano alla politica, e in più una corte suprema, che non si sa chi giudicherà. Poi, recentissima proposta, il Totopadania: e nella schedina suppongo entreranno Seregno e Vimercate.

Adesso, però, dal folclore, dalla patria sì bella e perduta, si passa alla «rivolta fiscale»: la gente del Nord non dovrebbe più pagare le tasse a «Roma ladrona». L'odio e l'egoismo si ispirano, nientemeno, all'esempio del pacifista Gandhi, che lanciò una campagna contro l'acquisto del sale, sul quale speculavano gli occupanti inglesi.

Va detto che i «lumbard» seguono il capo all'osteria, non quando si tratta di bruciare i libretti di abbonamento alla Rai – ricordo di altri roghi e di altri tempi –, o di non versare l'imposta straordinaria sugli immobili: pagano. Ma Bossi ha lanciato il Carroccio contro l'Italia: nessuno sa dove si fermerà.

La morte di Lady D

Non sempre le favole delle principesse finiscono bene. Era ormai diventata una sigla: Lady D, un personaggio della mediocre società mondana e della cronaca rosa. Inseguita da un malinconico destino e dai paparazzi.

Un suo bacio valeva, sul mercato degli scoop, un miliardo. La nostra storia sembra segnata dagli «scatti» fatali: il medico di fiducia filma l'agonia di Pio XII; e organizza un'asta. Un intraprendente fotoreporter becca Jacqueline Kennedy nuda sull'isola di Skorpios: del resto, lei ha sottoscritto un contratto con Onassis che contempla non più di due prestazioni erotiche alla settimana. Clausola forse superflua, commenta la Callas: «Ha voluto dare un nonno ai suoi figli».

Mai come di questi tempi si è parlato tanto di «privacy»: e in Italia abbiamo addirittura uno specialista che deve stabilire quando è stata violata. E mai come adesso tutti se ne infischiano: se c'è il diritto alla riservatezza c'è anche quello, sostengono, della cronaca. Si può dire o no che il papa ha il Parkinson, e fatica anche a parlare? Solo il portavoce Navarro è autorizzato a smentire.

Non c'è il pudore delle immagini e neppure, ed è più grave, quello dei sentimenti. Continua la romanza Pavarotti-Nicoletta: stanno sistemando una casa a Modena. E allora: forse perché i tenori non hanno un cuore e un umano desiderio della capanna?

È sempre un inconveniente essere personaggio: si raccontano perfino le ultime ore di Napoleone e mai quelle consuete del signor Rossi. E la stampa ha bisogno di protagonisti, meglio se femminili: senza Elena di Troia, ci mancherebbe un capolavoro della letteratura. E figuratevi senza Eva. Avevamo già avuto la stagione di Soraya e di Farah Diba: ci hanno fregato i fondamentalisti islamici. Le ragazze di Montecarlo non sono una leggenda, ma un dépliant turistico: aleggia, attorno alle loro figure, una frizzante atmosfera da operetta. Alla marcia reale ha già provveduto Franz Lehár: «Tace il labbro, t'amo dice il violin».

Restano, come aveva previsto Farouk, soli i re delle carte e quello d'Inghilterra: Carlo sarà il sovrano del Duemila. Per adesso deve accontentarsi di essere principe di Galles, duca di Cornovaglia, conte di Carrick, barone Renfrew, Signore delle Isole e Gran Camerlengo di Scozia.

E inoltre, vedovo, e legittimamente disponibile per quella matura signora a cui confidava, in un'intercettazione telefonica, perché è un sentimentale: «Vorrei essere il tuo Tampax».

Se n'è andata Diana, quella moglie non amata, una brava signorina di buona famiglia, che forse aspirava, più che ad alloggiare nel castello di Windsor – dove occorre un completo da equitazione al mattino, un abito da pomeriggio per la colazione, la gonna per il tè, e la sera si pranza in «lungo» –, una pacata esistenza da moglie benestante. Forse non era preparata a quella parte: a quel marito che si occupa di storia e di archeologia, che sa comandare un dragamine e pilotare un jet, e suonare il violoncello, che ama Bach e sopportava appena i Beatles. Diana ha concluso decorosamente la sua missione, ed è morta per un incidente banale, come una qualsiasi sfortunata automobilista di questa terra. Carlo aveva confessato una volta: vorrei sposare una che abbia interessi che io capisco e posso condividere. Ma non c'era niente da spartire.

1998

Clinton e lo scandalo Lewinsky

La domanda la pone un giornalista francese: in quale altro Paese del mondo un giudice ottiene soldi e mezzi sofisticati per mettere nei guai il capo dello Stato? E tutto comincia con le chiacchiere di una donna.

È anche vero che, senza Elena, non ci sarebbe stata la guerra di Troia, che il naso di Cleopatra ha avuto un peso determinante nella Storia, e che c'è sempre di mezzo una signora Eva che porge la mela tentatrice.

È una ragazzetta di ventiquattro anni, Monica Lewinsky, che dà il via alla campagna che mette in crisi il potere di Bill Clinton. E questo potrebbe anche indurre a qualche riflessione sulla funzione della stampa e la forza dell'opinione pubblica: è il «Washington Post» che con delle inchieste di due sconosciuti cronisti fa sloggiare Nixon dalla Casa Bianca.

Ma dietro ai due baldi giovanotti c'è anche la signora Katharine Graham (affascinante il libro delle sue memorie), una dama dal carattere di ferro e dalle convinzioni profonde: crede che sia compito dell'informazione battersi contro certi privilegi o certi abusi: col rischio, anche, di perdere le licenze per le sue stazioni radio e tv che dipendono dalla politica.

L'America non si scandalizza perché il presidente ha avuto un rapporto amoroso con una signorina che ha l'età di sua figlia: anche i patriarchi della Bibbia attivavano la circolazione con l'aiuto di disinibite e disabbigliate fanciulle, e non mi pare che fossero puniti per questo.

Bill potrebbe avere mentito sotto giuramento, e indotto la giovane amica a fare altrettanto. Ma nega. Il pericolo che corre, e che potrebbe costringerlo alla ˜esa, è che il tribunale dimostri che ha cercato di intralciare il normale corso della giustizia.

La verità prima di tutto: poi ci può essere anche il perdono, o una diminuzione della pena. L'avvocato di Monica tratta: lei dirà quello che sa, e senza omissioni, e le sarà garantita l'immunità.

Povero Clinton, che deve affrontare, oltre a Saddam Hussein, la sfida economica giapponese, il problema della pace in Medio Oriente, e deve decidere se bombardare l'Iraq, in nome degli Usa o di Miss Lewinsky. Perché la gente maliziosa ipotizza un movimento di portaerei che hanno per bersaglio prima di tutto le chiacchiere e le polemiche.

Clinton in queste ore vive la solitudine del comando: tocca a lui l'ultima parola. Se non colpisce le installazioni militari di Saddam Hussein dà prova di debolezza, e fa una figuraccia con l'Onu e col mondo; se ordina il fuoco dà l'impressione di voler incendiare le prime pagine dei giornali, che narrano le sue telefonate con la vezzosa Monica e quelle che l'imprudente fanciulla faceva con l'amica infedele Linda Tripp. Un fumetto con parecchie comparsette ignobili.

Raccontano gli osservatori internazionali che Monica, per i mass media, ha battuto Fidel Castro: gli inviati hanno abbandonato L'Avana perché la giovinetta e Washington contavano di più. È una mia convinzione che spesso ciò che accade nel condominio è più interessante di quello che avviene a Pechino o nella Terra del Fuoco.

Ma il povero Bill che di faccende legali si intende, perché è avvocato, sa che un altro processo lo aspetta: quello provocato dalla denuncia di Paula Jones, la ragazza sentimentale dai denti di acciaio che è decisa a mangiargli un bel pacco di dollari.

Clinton punta a salvare la reputazione: e questo scandalo lo danneggia, e si capisce perché desidera sollecitamente chiarezza.

Intanto noi europei facciamo qualche confronto: l'immoralità, almeno per noi italiani, è più misurata sui soldi che sugli amplessi. Clinton è inseguito dal procuratore Kenneth Starr: la procura di Roma, a suo tempo, quando venne battezzata «il porto delle nebbie», intrallazzava con i finanzieri e con la politica. Quante belle feste, con trasferte in America.

Le bustarelle viaggiavano, vedi il caso Necci, ad «alta velocità».

1999

Un Benigni per tre Oscar

Roberto Benigni con *La vita è bella* a Hollywood ha vinto tre Oscar: miglior film, miglior attore protagonista, migliore colonna sonora. Come in tutte le storie del mondo a qualcuno piace ad altri no. Accadeva anche con lo stesso Chaplin. A noi piace molto e ci permettiamo di offrirvi una piccola antologia ricavata dai tanti nostri incontri televisivi.

Roberto e le origini.

«Anagraficamente, più che come corpo e anima, sono nato, scusi la precisione, in provincia d'Arezzo. Misericordia. Però sono sempre vissuto a Prato, nel paese di Vergaio. Sempre in Toscana però. Io credo che essere nato in Toscana abbia determinato cose che non si possono determinare, signor Biagi. È come se io dico a lei: se fosse nato, diciamo alle Canarie, lei a questo punto sarebbe a sguazzare con una bella biondona nelle ondacce.»

«Quando si è accorto che faceva ridere la gente?»

«Diciamo il preciso istante l'avevo pure segnato, aspetti un po'. Ecco qua, era il 12 luglio del 1968. A un certo punto io passavo per la strada, fermai uno in bicicletta e gli dissi: "Come va?". Quello scoppiò a ridere. Allora dissi: "Scusi che ore sono?". Se mi facessero la domanda vorrei rispondere con precisione. Erano le 15.45 del 12 luglio del 1968.»

Roberto e le donne.

«Il mio sistema di corteggiamento è sempre stato piuttosto brutale. Non è come l'umorismo, non aveva delle vie di mezzo...» «Lei non allude.» «No, non alludo, ho sempre voluto far capire direttamente...» «Qual era l'intenzione. E che risposte ha trovato, capivano o no?»

«No, a me m'hanno rovinato le donne: troppo poche.»

Roberto e la politica.

«Io sono d'origine contadina e quand'ero bambino il mio babbo tutte le sere, verso le nove di sera, si alzava e siccome non avevamo il bagno in casa prendeva un foglio di carta gialla, quella che davano nei negozi per incartare la roba, se lo metteva sotto il braccio e diceva: "Io scendo in campo". Questa frase, quando l'ho risentita, quando abbiamo sentito Berlusconi a reti unificate dire agli italiani "io scendo in campo", il mio babbo ha fatto due occhi: ma come, con tutti i soldi che ha, non si è fatto neanche il bagno in casa quello sporcaccione?»

«Di D'Alema e Veltroni che cosa pensa?»

«D'Alema e Veltroni sono comunisti, non so se lei è d'accordo. Secondo me sono comunisti. Io sono stato una volta a mangiare in casa loro. Mi hanno detto: "Vieni, Benigni, che ceniamo con dei bambini". Sono andato là e ho capito. Un pentolone enorme, un bollito, mi sono messo a mangiare, ho preso un piedino, una cosina, come uno zoccolo duro, era proprio un bollito un po' duraccio. Poi sono andato a pigliare il digestivo da Fini, s'è bevuto un bicchiere d'olio di ricino, due manganellate a testa e ci siamo addormentati. Insomma ha ragione Berlusconi a dire che sono comunisti veramente. Ha trovato un'idea strepitosa, molto moderna.»

«E Prodi?»

«Prodi è un uomo dalla chiappa generosa, è una persona che dà soddisfazione al popolo italiano. Prodi è un uomo di parola, disse quando ci furono le elezioni: "Se vinco farò il presidente del Consiglio", e l'ha fatto. È una persona della quale io mi fido. Prodi diciamo dà soddisfazione al popolo italiano perché Prodi è... ti viene voglia di prendergli la ganascia insomma, come si fa a non voler bene a Prodi?»

«E Buttiglione?»

«Ma Buttiglione va a destra a sinistra, di là, di qua, di qua e di là. Con tutti questi balletti più che don Sturzo mi ricorda Don Lurio.»

«Infine vuoi dir qualcosa di Bossi?»

«Bossi ha un po' l'aria, in Toscana diciamo, del bischeraccio, quando lo si aspetta al bar: "Ueè è arrivato Bossi, allora questa secessione?". E poi due risate. Con il dio Po, la Madonna Tevere, Gesù bambino Arno, ha un po' l'aria dei Celti. Da un giorno all'altro arriva alla Camera con un elmo, due corni, lo scudo. È capace di tutto Bossi.»

Roberto e la fede.

«Come immagina Dio? Un gran vecchio con la barba? Il triangolo con l'occhio dentro?»

«Più che l'occhio nel triangolo anche un bell'orecchio nel quadrato non sarebbe male come visione, o un naso in un cubo secondo come geometricamente vogliamo... non so come mai Dio è legato a questa cosa geometrica, forse per abituare i bambini alla matematica... L'occhio nel triangolo mi ha sempre fatto un po' effetto: questa cosa che mi guardava da dentro a un triangolo e mi diceva: "Calcolare l'area a occhio".»

Roberto e io.

«Che bellezza di donna, perché lei è uomo e donna insieme. Nel senso che io la vedo come "panbiagi", un panico, una cosa proprio che...»

«È un po' confuso, mi pare.»

«Io a Biagi voglio bene, non so se l'ho mai detto in diretta, ma lo voglio dimostrare baciandolo sulla guancia sinistra. Mi posso un po' spogliare?»

«Ragionevolmente...»

«Io vorrei manifestare con forza perché io uso il corpo come una... lei mi dice basta, in base al grado di spogliamento lei mi dice basta. Perché io voglio dimostrare agli italiani la mia gioia.»

«Qui ci fermiamo, siamo già in mutande.»

«Dottor Biagi, lei mi dice quando mi devo fermare...»

«Si fermiii...»

«Come congedarmi da questa intervista con Biagi? Io vorrei congedarmi con circa 15 secondi di silenzio accanto a Enzo Biagi per farvi rendere conto che l'intervista è vera e non c'erano dei montaggi. Mi vorrei mettere il più vicino possibile a Enzo Biagi e farvi vedere come stiamo bene vicini.»

Il boom di preti e suore in video che lottano per l'audience

«Siate allegri!» esortava san Paolo. I fraticelli di san Francesco si rotolavano giocondi sotto la pioggia. La prossima celebrazione cristiana è il Giubileo: esultate, insieme alle compagnie di viaggio e agli albergatori. Per rallegrare il popolo, la televisione ci ha offerto una bella sfida, che aveva tutta l'aria di essere stata inventata da un anticlericale: preti contro suore. Il programma si intitola abusivamente *Furore*, ed è condotto da un bravo giovane che suggerisce, più che l'immagine della veemenza, l'idea di un uso smodato di Tavor. Si sono fronteggiate due squadre, una capeggiata da don Mazzi, che tra i vari «numeri» ha presentato anche quello della «tonaca ballerina», l'altra guidata da suor Paola, che è tifosa di Maria Vergine e della Lazio. Non c'è peccato nel confondere le trombe che segneranno l'ora del giudizio finale, e il fischietto dell'arbitro, l'unico italiano che rispetta davvero il tempo regolarmente. Appartengo a una generazione che è stata ossessionata dal rispetto dei simboli: la divisa, la bandiera, la bilancia, la spada, e resto convinto che se l'abito non fa il monaco in qualche modo lo distingue. Sono stato informato che Dio ha bisogno degli uomini; e i suoi ministri, per far presente che esiste, anche delle telecamere; ma senza esagerare.

È noto che anche il papa segue la tv, e telefonò a Vespa, in diretta, che lo accompagnò perfino, da quanto si vide, in un viaggio in Brasile. D'accordo con chi auspica, in attesa dell'eterna letizia (che, con quei supposti cori di angeli e di cherubini, fa pensare al Paradiso come a un Sanremo senza fine), le modeste gioie di questa patria terrena, ma il misticismo si concilia difficilmente coi reggiseni trasparenti di Anna Falchi. Insomma: ci sarà pure qualche differenza tra il *Cantico dei cantici* e *Acqua azzurra, acqua chiara*. Non è che i missionari invece che in Africa debbono andare a quelli che don Mazzi chiama «i programmi popolari», dove si impone non il senso del Vangelo ma quello delle «scalette»: introduzione, orchestra, cantante, prete, giornalista Bisio inviato più che speciale, perché non deve capire proprio niente, suorona, risultato del primo tempo, e mentre nei conventi scatta l'ora di meditazione in cappella, in tv parte l'intervista a suor Paola allo stadio. È un po' di moda l'uso accentuato dei personaggi che hanno i colori delle macchiette: il primo a lanciarli fu Mike con *Lascia o Raddoppia?*, che il severo onorevole liberale De Caro definì bonariamente «una passerella di umanità».

C'è troppa generosità in giro, troppa brava gente che rischia di sputtanarsi (mi correggo: di perdere di immagine, come si usa dire adesso) con la giustificazione che lo fa «a fin di bene».

Siate meno generosi, caro don Mazzi e reverenda suor Paola, la televisione è un mezzo corruttore, crea suggestioni e notorietà effimere, confonde le facce con le teste. Gesù non teneva conto dell'Auditel, lo ascoltavano contadini e pescatori, ma il messaggio ha circolato ugualmente. Don Mazzi, che è persona pia e generosa, si è definito «prete di frontiera» e va rispettato. Posso dire che ne ho conosciuti anch'io, che non sono un cattolico osservante, e che li considero tra le figure più drammatiche ed esemplari del dopoguerra: don Zeno, don Milani, don Mazzolari. Don Mazzi non ha il compito di alzare «l'audience di quasi due milioni», ma di salvare qualche anima. Il «conduttore» Alessandro Greco crede di avere dato «la risposta giusta a chi ha un'idea troppo seria della religione». Sono tra quelli, ma non mi pare che ci abbia convinti.

2000-2007
Gli anni dell'editto

*Ai futuri giornalisti non ho nien-
te da insegnare. Dico solo: siate
perbene, noi siamo testimoni e
non protagonisti. Viviamo in un
Paese libero e la libertà è anche
quella di dire le cose che non vanno, per rendere migliore la vita
della gente. A chi mi chiede se c'è
un prezzo da pagare per essere indipendente rispondo «no». Certe
volte le mie idee non coincideva-
no con quelle di un ministro. E
dovendo scegliere, fra me e lui,
non c'era gara.*

E.B.

2000

Con la morte di Craxi si chiude un'epoca,
la stessa di Mitterrand

Ha detto un poeta tedesco: «Con la morte si spengono le fiamme dell'odio». E anche il clamore delle polemiche. L'ultima immagine di Bettino Craxi che ricordo è sconvolgente: un vecchio dal volto gonfio che piange rievocando il suicidio di un compagno coinvolto, forse anche innocente, nelle inchieste di Tangentopoli. Il ritratto di un uomo finito, che ha trascinato nella sua avventura, che ha avuto anche momenti di grande dignità, il partito socialista. Con lui, penso, s'è chiusa un'epoca, che è stata anche quella di Reagan, della Thatcher, quella di Mitterrand e, siamo nell'attualità, anche quella di Kohl.

«Non si può regnare ed essere innocenti» sostenevano i giovanotti che organizzarono la rivoluzione francese. Diceva anche Bettino, alludendo ad Andreotti: «Prima o poi le volpi finiscono in pellicceria». Ma s'è visto che è un rischio che corrono tutti i frequentatori del bosco; e così Craxi ha dovuto cercar rifugio in quelli che i suoi ultimi e fedeli estimatori chiamavano l'esilio di Hammamet. Che per la giustizia era una latitanza. È stato costretto ad andarsene dai magistrati, non da misteriosi avversari, che lo accusavano di reati comuni, non dell'ormai quasi irrilevante violazione delle leggi sul finanziamento dei partiti.

Pensare che nel 1992 affermava con baldanza: «A quanto mi risulta sono l'unico candidato alla presidenza del Consiglio». Finito lui, finito il Psi.

In qualche modo anche altri onorevoli della sua stagione lo difendevano. Ammise il Dc Forlani: «In Italia non ci sono vergini». E non si capiva dov'era lo svantaggio, ma non c'erano neppure martiri: se l'erano passata, anche servendo la democrazia, e in particolare quella cristiana, abbastanza bene. «Il convento è povero, ma i frati sono ricchi» diceva il compagno Formica.

Craxi aveva la filosofia di Sansone e la morale di chi pensa: «Se siamo tutti un po' sporchi, siamo tutti incolpevoli», facciamo pace e il lupo, o la volpe, dormano con l'agnello o col cinghiale, ma certo il sonno della pecorella sarà più agitato.

Non ho mai fatto parte della squadra di Craxi né condiviso il suo esercizio del comando, che ha ceduto a tanti compromessi, ma non è il momento di riaprire polemiche sulla sua vita. Aveva conti in sospeso coi tribunali, ma da queste parti va a spasso, con un ergastolo alle spalle, uno degli assassini di Aldo Moro. L'amarezza di Craxi, penso, nasceva dal fatto che conosceva tante storie e si confrontava. Si sentiva non solo perdente, ma anche perseguitato.

Eppure aveva predicato contro la doppia morale, «una per il principe e una per i sudditi, una per lo Stato e una per i cittadini, una per il partito e un'altra per il popolo». Sosteneva che lui di certi traffici non si occupava, anzi non ne sapeva nulla, ma – spiega un proverbio americano – «una foglia non può diventar gialla senza che lo sappia tutto l'albero».

I suoi successori, come suggeriva un politologo, hanno guidato il Psi «con la massima dignità possibile verso l'estinzione». Bettino Craxi lascia del compianto, del rammarico e anche qualche rimorso. I garofani rossi che l'accompagneranno nell'ultimo viaggio sono appassiti.

La sottile «prepotenza» delle Borse e dei giornali

«Il successo» diceva Charlie Chaplin «rende simpatici.» Dipende, mentre quasi sempre, è la conclusione di un poeta tedesco: «Con la morte si spengono le fiamme dell'odio».

Sono affermazioni discutibili, e mi sono tornate in mente leggendo i necrologi in memoria di Enrico Cuccia.

Lo incontravo, ogni giorno, camminava a testa bassa, quasi strisciando accanto ai muri, come per non farsi notare. O lo vedevo alla libreria Rizzoli, sempre solo, mentre passava da un banco all'altro, sfogliando copertine. Non mi sembra abbia mai fatto acquisti.

Era uno degli uomini più potenti di questo Paese, ma non credo abbia coltivato un rapporto sociale. Cognato di un famoso impresario teatrale, Remigio Paone, nessuno, penso, lo ha mai visto in platea. Ogni mattina, prima di andare in Mediobanca, entrava in chiesa: chi sa come avrebbe amministrato bene l'evangelico soldo della vedova.

Dicono che si considerava il tutore (in senso economico) delle grandi famiglie dell'industria: e salvò anche la Fiat in crisi, ricorrendo nientemeno che a Gheddafi, perché è risaputo che il denaro non odora né di petrolio né di pelo di cammello.

Era un alpinista nel mondo degli affari, una specie di Compagnoni, e la sua biografia è un succedersi di «scalate»: conclusa la fusione tra Montecatini ed Edison, nasce la Montedison sulla quale lui si arrampica, pianta la sua bandiera, poi la consegna a Eugenio Cefis, che rappresenta l'Eni, il capitalismo di Stato. Poi liquida il «dottore», se la riprende e la passa ai privati.

La ritoglie dalle mani non più forti di Raul Gardini, e passa a salvare la Mondadori, nei guai perché ha tentato la televisione, dove grandeggia ed emerge invece Silvio Berlusconi.

Che a Cuccia non piace, scrive l'attento biografo Giuseppe Turani, ma ha abbastanza argomenti e potere per ordinargli di liberare la casa editrice di Segrate dai rischi del precipizio.

«Per ogni uomo che incontri qualcosa in te nasce e qualcosa in te muore» è un motto americano. Cuccia l'ho solo intravisto, come un'ombra, mentre ho parlato alcune volte con il suo nemico Michele Sindona: quando era potente, a New York, alla Franklyn Bank, e Andreotti lo salutava come un salvatore della Patria, poi in carcere, a Voghera, due o tre giorni prima che si togliesse la vita. Non mi sembrò una persona disperata, era contento di potere parlare con me, per una ripresa televisiva, «così – disse – i miei familiari potranno vedermi».

Michele Sindona è un capitolo non esaltante nelle memorabili imprese di Cuccia: non seppe reagire alle minacce del suo conterraneo, che gli annunciò che avrebbe fatto sparire l'avvocato Ambrosoli, liquidatore della sua banca. E così fu.

Cuccia non ne parlò con nessuno, perché si rendeva conto che Sindona manteneva anche le promesse più bieche: sapeva perfino in che collegio studiava il figlio del capo di Mediobanca.

Non fiatò, e si giustificò davanti ai giudici: «Non avevo prove, e nessuno mi avrebbe tolto una denuncia per calunnia». La vedova di Giorgio Ambrosoli non seppe trattenere le lacrime e disse: «Per questo si è lasciato uccidere un uomo».

Aveva ragione il grande romanziere Heinrich Böll: «Si parla della violenza delle barricate, dei cortei, degli scioperi, e mai di quella della Borsa o delle banche».

E si potrebbe aggiungere: o di quella dei giornalisti; noi possiamo distruggere il bene più importante di un individuo, la sua reputazione.

E poi non c'è modo di riparare: «La rettifica – diceva Mario Missiroli – è una notizia data due volte». Purtroppo non si può rimediare alla vita.

Vojislav Kostunica. *Il presidente jugoslavo racconta*

«Signor Presidente, credo che, in questi giorni, lei abbia vissuto le ore più difficili, ma anche le più belle, della sua vita. Vuole raccontarle?»

«Tutto è successo in pochissimo tempo. Questi pochi giorni mi sembrano un sogno. Un sogno che ho inseguito per tutta la vita. È la prima svolta politica, dopo cinquantasei anni di regime comunista, compresi i dieci di Milosevic. Ed è avvenuta in modo pacifico. Finalmente ci sono segnali di democrazia. Il mondo ha appoggiato il cambiamento, specialmente nel momento in cui è avvenuto. Dopo la Primavera di Praga dell'89, questo è il crollo di uno degli ultimi regimi del mondo comunista. Ai Serbi e alla Jugoslavia c'è voluto molto più tempo.»

«Quali sono i problemi più urgenti che dovrà affrontare?»

«Senza alcun dubbio i problemi politici. Quando parlo di cambiamenti penso alla normalizzazione dei rapporti all'interno dello Stato e alla costruzione delle istituzioni democratiche, alla normalizzazione dei rapporti tra la Serbia e il Montenegro e delle relazioni con la comunità internazionale, soprattutto con i Paesi europei. Affrontando quei problemi si smuoveranno anche tutti gli altri, quelli economici per esempio.»

«Un tempo si diceva che la Russia era il vostro naturale protettore. Oggi?»

«La Russia è ancora importante nei Balcani. La sua presenza, oltre a quella dei Paesi della comunità europea e dell'America, è necessaria. C'era quando si sono svolte importanti trattative che ci riguardavano: Dayton dopo il conflitto in Bosnia, il Kosovo, ma anche quando abbiamo avuto crisi interne, come le elezioni amministrative del '96. La Russia in tutte quelle occasioni era presente come componente del gruppo di contatto e dovrà essere così anche nel futuro. Solo in questo modo è possibile dare un equilibrio a questa area.»

«E dall'America e dall'Europa che cosa vi aspettate?»

«La repubblica federale jugoslava si aspetta più dall'Europa che dall'America. Noi sentiamo di appartenere alla comunità democratica dei popoli europei.»

«I bombardamenti della Nato che cosa hanno lasciato nel cuore del popolo jugoslavo?»

«Hanno lasciato il dolore, non potremo mai dimenticare. Abbiamo la consapevolezza che è stato commesso un delitto, noi lo ripeteremo sempre. Questa tragedia poteva essere evitata, principalmente dallo stesso Milosevic che per tanti anni ha fatto una politica sbagliata. La Nato e gli Stati Uniti avevano il dovere di valutare le terribili conseguenze: le vittime tra i civili, i danni alle infrastrutture. No, i Serbi non possono dimenticare.»

«Il Kosovo resterà un problema?»

«Sì, ma non è soltanto un problema per la Serbia e per la Jugoslavia. Il Kosovo è un problema per tutti i Balcani, per l'Europa e per la coscienza del mondo. In Kosovo in questo momento regna il caos, si commettono delitti, non si rispettano le leggi. Questo, il mondo civilizzato e l'Europa non dovrebbero permetterlo. L'intervento della comunità internazionale per impedire la catastrofe umanitaria, per portare la libertà e la sicurezza, per favorire la nascita della società multietnica, come dicono gli americani, ha avuto l'effetto contrario. In Kosovo non c'è pace né per i serbi né per la maggior parte degli albanesi stessi che temono i loro connazionali estremisti. Questo è il Kosovo oggi.»

«Ha qualche difficoltà con il Montenegro?»

«I rapporti con il Montenegro sono tesi per la politica fatta dal regime di Milosevic, che negli ultimi anni non rispettava l'uguaglianza dei diritti. Milosevic però rappresentava anche un alibi per una parte delle forze politiche del Montenegro che hanno cercato di creare, più o meno apertamente, uno Stato e delle istituzioni parallele, sognando l'indipendenza. I cambiamenti democratici in Serbia renderanno possibile un domani un dialogo democratico con il Montenegro, che porterà a nuove soluzioni costituzionali attraverso una verifica della volontà del popolo della Serbia e del Montenegro se vivere nello stesso Stato o no. Se la volontà dei montenegrini sarà di non far parte della federazione, questa volontà andrà rispettata, anche se la storia, i rapporti comuni e la situazione attuale fanno pensare che prevarrà l'intenzione di uno Stato comune.»

«Secondo lei, occorre un dittatore per tenere unite diverse etnie?»

«Gli Stati si frantumano a causa dei dittatori. Noi ne siamo l'esempio migliore. L'ex presidente Tito è riuscito a tenere unita la Jugoslavia, fino a che è rimasto in vita. Sembrava un idillio tanto che il mondo aveva tanta simpatia per questo Paese. Ma nel momento in cui se n'è andato questo Stato ha cominciato, anche sotto la spinta di forze esterne, a disgregarsi. Etnie diverse possono convivere nello stesso Paese solo grazie alla democrazia, al dialogo.»

«Nei Balcani ci sarà finalmente la pace?»

«Sì, nei Balcani ricomincerà a regnare la pace. E questa volta la Serbia sarà uno dei principali garanti della stabilità in questa zona dei Balcani. L'instabilità, secondo me, si sposterà a sud, in Kosovo, in Macedonia e in Albania dove c'è una specie di guerra civile legalizzata tra il nord e il sud del Paese.»

«Chi è stato Milosevic?»

«Era un burocrate comunista, senza molte convinzioni, che nel periodo delle insoddisfazioni sorte in varie regioni dello Stato jugoslavo, e in particolare nello Stato serbo, ha saputo strumentalizzare abilmente i sentimenti nazionali del suo popolo. Prima ha risvegliato questi sentimenti e poi ha lasciato la sua gente a una brutta sorte. Di Milosevic si parla come di un nazionalista. Ma in realtà non lo è, ha usato la politica nazionale per conquistare il potere e per rimanere in sella il più a lungo possibile. Io non sono convinto che nel senso più propriamente ideologico Milosevic sia un comunista, il suo programma era costruito per mantenere il potere. Milosevic non ha convinzioni forti, ed è omologabile al mondo democratico occidentale dove le convinzioni e i valori politici diventano sempre meno importanti.»

«Quali le sue colpe?»

«Con la sua politica ha scatenato conflitti per cui la maggior parte dei serbi è dovuta andarsene dalla terra dove viveva. E infine ha provocato dissidi tra Serbia e Montenegro. Un'altra colpa è che, per quanto fosse difficile la situazione in Kosovo e complessi i rapporti tra serbi e albanesi, Milosevic non ha fatto nulla per iniziare un dialogo. Ed è responsabile dell'instaurazione, in quella regione, della sovranità internazionale al posto di quella jugoslava.»

«Il tribunale internazionale dell'Aja lo vuole giudicare. Perché lei non è d'accordo?»

«Non sono d'accordo, perché il tribunale internazionale è un'istituzione più politica che giudiziaria e perché il nostro diritto costituzionale non prevede una simile collaborazione. Tutto quello che potrebbe minacciare la pace e il processo di democratizzazione nei territori jugoslavi, come anche la collaborazione con il tribunale dell'Aja, è discutibile.»

«Pensa che sia il suo popolo a doverlo giudicare?»

«Il popolo deve giudicare tutti i suoi capi, si tratti di Slobodan Milosevic o di chiunque altro. Il popolo ha giudicato Milosevic per un lungo periodo e la sua condanna l'ha espressa con le elezioni del 24 settembre. Questa per lui è stata la punizione maggiore, una cosa che non poteva neppure immaginare. E grazie a un Milosevic con le spalle al muro siamo arrivati a un pacifico trasferimento di potere nel nostro Paese, un cambiamento tanto necessario.»

«Suo figlio è fuggito a Mosca. Lui ha detto che rimane per fare opposizione. Come e con chi?»

«Io non so se il figlio di Milosevic sia fuggito o no. È una questione di poco interesse, anche perché non è in politica. Per quanto riguarda le ambizioni politiche di Milosevic, le giudicherà non soltanto il popolo della Serbia, ma soprattutto il suo partito. Molti dei suoi stanno arrivando alla conclusione che il partito socialista serbo può essere salvato anche senza di lui. Avrà la possibilità di continuare a guidare il suo partito? Io personalmente penso di no.»

«Lei come è entrato in politica? E perché?»

«Io mi sono sempre occupato di politica, fin dagli studi. Negli anni '70, nel pieno del regime di Tito, come studente della facoltà di giurisprudenza dell'università di Belgrado, mi chiedevo se fosse possibile la democrazia senza l'opposizione, senza un'opposizione istituzionalizzata. Su questo argomento ho fatto il mio dottorato di ricerca. Più tardi ho affrontato il problema dell'opposizione in altri modi, non solo teoricamente, provando a me stesso, ma anche alla nostra opinione pubblica, che il sistema democratico è impossibile se non si dà il diritto agli avversari politici di esprimere il proprio punto di vista attraverso i mezzi di comunicazione, e di andare quindi alle elezioni in modo paritario. Dopo la caduta del muro di Berlino, ho pensato che questo mio pensiero dovesse essere applicato. Sono rimasto in politica più a lungo di quanto lo volessi. Fino ad accettare di presentarmi alle elezioni come candidato dell'opposizione democratica serba, o, forse ancora di più, come candidato dell'opinione pubblica democratica della Serbia.»

«La definiscono un nazionalista. Che cosa significa: amor di patria o un esasperato spirito della propria parte?»

«Nel mio caso il nazionalismo vuol dire controllo costante e una continua preoccupazione per quello che succede al mio popolo. Nulla più di questo, senza preclusioni nei confronti degli altri popoli. Sono interessato soltanto al destino dei serbi che durante questo secolo hanno sofferto molto, e soprattutto negli ultimi dieci anni con lo sfascio della Jugoslavia. Il mio è un nazionalismo difensivo, benevolo nei confronti degli altri popoli, soprattutto se lo si paragona a quello aggressivo che ha delle pretese imperialiste e che si diffonde anche in altri Paesi. E questo lo dimostra nel modo migliore il fatto che durante le elezioni sono stato appoggiato anche dai rappresentanti di alcune minoranze come gli ungheresi e i bosniaci.»

«Come può stare un nazionalista nell'Europa di oggi?»

«Nello stesso modo in cui in Europa sta il nazionalismo dei francesi, degli italiani, dei britannici, dei tedeschi. Il mio nazionalismo non va oltre. Questi Paesi però non devono affrontare i nostri problemi. È per questo che il loro nazionalismo non è così evidente come il mio. Ma in sostanza non c'è nessuna differenza.»

«Che cosa teme di più in questo momento?»

«Il mio timore principale è che la democrazia, che in questo momento tutti vogliono, possa essere minacciata da alcune forze non democratiche, dalla violenza o dalla voglia di rivincita che c'è in una parte della società, ma io spero che non si arrivi a questo. E poi, naturalmente, ho paura delle responsabilità di un impegno così importante e così grande per la nazione, un dovere che mi viene dalla fiducia di tanta gente. Non potete non pensare che si tratta di una responsabilità enorme.»

«Quali sono le sue speranze per il futuro?»

«Devo dire che le speranze le avevo perse, alla fine degli anni '80 quando sono caduti i regimi nei Paesi comunisti, e pensavo che anche qui sarebbe cambiato qualcosa e velocemente. Non è stato così. In questo momento io guardo con un'enorme speranza al futuro della Jugoslavia, della comunità serba e montenegrina. In pochi giorni sono cambiate moltissime cose: si stanno mettendo le basi delle future istituzioni democratiche e dell'apertura verso gli altri Paesi. La cosa che mi incoraggia davvero è che l'immagine dei serbi, degli jugoslavi, è cambiata in fretta e positivamente nel mondo. L'ultimo muro, ancora più forte delle sanzioni, poteva essere la demonizzazione del mio popolo. Oggi invece gli jugoslavi sono considerati in maniera molto differente e tutto quello che è successo qui viene guardato con molta attenzione.»

«Cosa può fare l'Italia?»

«l'Italia fa parte di quei Paesi che capiscono perfettamente i problemi del mondo balcanico. È sempre stata presente nella nostra storia e ha dimostrato negli ultimi anni sensibilità e amicizia nei nostri confronti. Il problema è che molti fuori dalla Jugoslavia ci hanno fraintesi a causa dell'atteggiamento degli Stati Uniti, dei diversi interessi delle loro lobby e della propaganda dei media. L'opinione pubblica americana non sa neanche dove si trovano la Jugoslavia e il Kosovo. L'Italia conosce molto bene la nostra realtà e, non solo per la sua vicinanza geografica, è destinata ad avere comprensione per il nostro popolo e a capire chi siamo noi oggi.»

2001

Genova, i fiori e le opere di bene

Ciampi dice: «Gli italiani vogliono la verità». Che è fuori di ogni dubbio una nobile pretesa, ma mi viene in mente, come ricordava un mio vecchio direttore, che «uno solo la possedeva, e finì in croce».

Poi commentava: «Non mi pare del resto, che questa sia una delle massime aspirazioni dell'Ordine dei giornalisti».

Allora: bisogna raccontare, senza riguardo per nessuno, quello che è accaduto a Genova in occasione del G8. Lo chiedono in tanti: il Parlamento, i vescovi, e magari i cittadini, che sono importanti anche quando non vengono chiamati a votare.

«Il Secolo XIX» il prestigioso quotidiano ligure diretto da Antonio Di Rosa, un mio collega bravo e galantuomo, ha chiesto a Berlusconi: «Presidente, lei ha visto che cosa è successo nelle strade di Genova?». Risposta: «Io ero impegnato a far fare bella figura all'Italia».

Nessuno si azzarda a negarlo: non c'era mai stato un capo del governo tanto impegnato, fino a scegliere le tovaglie per i banchetti e l'intonaco per certe facciate.

Oltre ai fiori, forse, bisognava dedicare magari qualche attenzione in più alle opere di bene.

Era presumibile che gli occhi del mondo fossero puntati su quello straordinario convegno, e si poteva anche immaginare che gli eventuali contestatori non si sarebbero lasciati sfuggire un così importante palcoscenico.

Ed è bello e nobile che si voglia capire quello che è accaduto al di là delle cerimonie ufficiali: c'è anche un giovane morto e un carabiniere sotto inchiesta. E Genova è passata da Giovan Battista Perasso che lancia un sasso all'invasore austriaco, a Carlo Giuliani, che cerca di buttare un estintore nella jeep della «Benemerita».

Adesso, come è consuetudine, partirà l'inchiesta ufficiale: e penso che a queste indagini solenni si addica la definizione che Churchill appioppò al Cremlino: «Un enigma avvolto nel mistero».

Andiamo: ci sono voluti diciotto anni per arrivare a una sentenza sul disastro del Vajont; forse i discendenti degli scomparsi avevano qualche difficoltà, lo dico senza ombra di offesa, a ricordare il nome del morto.

E il DC9 dell'Itavia, buttato giù dai proiettili, non dall'incuria dei meccanici o dall'imperizia dei piloti, lo ricordate? Lo sapete che il proprietario della compagnia aerea, il signor Davanzali, innocente e vittima anche di una concorrenza senza riguardi, ne uscì rovinato? Come si era permesso di mettersi sulle rotte della compagnia di bandiera? Mentre sulle strade di Genova imperversava la tempesta, Berlusconi – lo ha detto al cronista – era impegnato a farci fare bella figura. Forse non c'è riuscito: disordini ne accadono ovunque, ma quello che è successo dalle nostre parti è stato un dramma.

No, l'Italia non ha brillato; e quel disastro era prevedibile come la neve d'inverno.

Come è immaginabile che la responsabilità dei guai non sarà data a ministri o a politici, ma a De Gennaro, il capo della Polizia, perché ci sono anche le botte che le «forze dell'ordine» hanno distribuito sulle teste dei ragazzi contestatori.

C'è la descrizione di un giovanissimo detenuto nel carcere di Pavia, che all'onorevole Giuliano Pisapia, in visita, suppongo di controllo e di consolazione, «ispira solo tenerezza, la faccia viola delle manganellate, l'occhio destro rosso di sangue».

Oltre ai danni che i pacifisti hanno provocato, vetrine spaccate, cassonetti incendiati, negozi distrutti, auto ribaltate, un campionario di ribalderie, c'è anche chi suppone che qualche onorevole incoraggiava quella «maschia gioventù» nell'intrepida impresa. Diceva il vate Gabriele D'Annunzio: «C'è sempre uno stupido che le inventa e un cretino che le perfeziona».

Poi nella sarabanda che all'inizio sembra una smargiassata goliardica, si insinua la tragedia: non si può giocare a ladri e a guardie quando si è già anagraficamente «grandi», perché invece di fare «bum» con la bocca, c'è chi lo fa con la pistola. Nella globalizzazione c'è posto per tutti: per i retori e per gli sconsiderati.

Manhattan, Italia

C'è una frase di John Steinbeck che mi pare di circostanza: «Talvolta abbiamo sbagliato, imbroccato il sentiero errato, abbiamo fatto una pausa per rinnovarci, riempirci il ventre e leccarci le ferite; ma non siamo mai scivolati all'indietro, mai». Lo credo anch'io, e sono certo che ce la faranno. Poi amo quel Paese: nel 1915 vennero a dare una mano a mio padre, dopo il 1940 sono venuti a soccorrere me.

Ho conosciuto alcuni inquilini della Casa Bianca: Eleanor Roosevelt, ad esempio, e Robert ed Edward Kennedy; vi andai ai tempi di Johnson poi entrai nella Sala Ovale con altri giornalisti e un uomo di governo italiano, e ricevetti la consueta stretta di mano e il consueto sorriso di Richard Nixon.

Al numero 1600 di Pennsylvania Avenue di Washington (D.C.) risiede uno dei signori del mondo. Mi raccontò la signora Roosevelt: «Il giorno dell'attacco giapponese venne a cena tardi. Era stanco, taciturno. Lo incoraggiai: "È più facile vivere conoscendo il peggio che nell'incertezza"».

Non ho mai apprezzato quelli che scrivevano «Amerika» sui muri: tutto arriva da laggiù. Partirono da quelle parti i Figli dei Fiori, la contestazione studentesca, la Jesus Revolution, Malcolm X e Martin Luther King che insegnava: «Siate prudenti come serpenti e semplici come colombe».

Diceva: «Io ho un sogno», e predicava «la grande comunità d'amore che provvede luce e pane per i viaggiatori solitari della mezzanotte». Lo uccisero a Memphis, e lo portarono al cimitero su un carretto da campagna, trainato da due muli. Sul marmo hanno inciso questo versetto: «Libero, alfine, grazie Dio Onnipotente, io sono libero alfine».

Qualcuno ha detto che la violenza è americana come la torta di mele: e anche Anna, quando c'erano da conquistare le terre del West, prese il fucile. Le carovane avanzavano con la Bibbia, il Winchester, la botticella del whisky e il sacco delle sementi.

Oggi gli Stati Uniti vivono la seconda Pearl Harbor: e ancora una volta l'attacco è arrivato dal cielo. Ma le bombe sono scoppiate tra le mura di casa, sui grattacieli di New York e di Washington, il Pentagono è in fiamme.

L'America è in stato di guerra, e se una volta si diceva che non esistono isole felici, possiamo aggiungere: nemmeno sicure. Quattro aerei, pilotati da cinquantacinque Kamikaze islamici, parola giapponese diventata di uso corrente, da quando i volontari del Mikado facevano esplodere i loro bombardieri contro le corazzate Usa, sono stati dirottati sul Pentagono, simbolo del potere militare di Washington, e sulle torri gemelle di New York, espressione della forza economica.

È stata addirittura evacuata la Casa Bianca: Bush, per ore e ore, ha guidato dal Cielo, competenza normalmente di Dio, il più forte Paese del mondo, quello che ha accolto tutti i pellegrini e le vittime della crudeltà europea, il laboratorio delle esperienze della scienza e anche della cultura di questo travagliato pianeta.

Anche per questo partecipo al dolore e alla paura degli americani: sia accolto come un piccolo segno di gratitudine di un italiano che sa quanto deve alla bandiera con le stelle e le strisce.

Un mese dopo il primo attacco su Kabul. Il fronte invisibile dei nostri soldati

Partono i nostri soldati, e per il momento non c'è stato, come al solito, l'intervento delle mamme. Quelle italiane sono particolarmente sensibili; come se i militari francesi o britannici fossero tutti orfani.

Nel 1940, nelle vetrine delle botteghe, venne attaccato un cartello tricolore, invenzione, credo, di Leo Longanesi. Diceva: «Siamo in guerra».

Di sicuro era superfluo; ce ne accorgemmo subito: tutto venne razionato, dal pane alle scarpe. Ogni mattina, alle dieci, prova generale delle sirene, e sulle tavole, trionfo dei surrogati: pessimi, ma patriottici. Finivano quasi sempre con un «ital». Ricordo una tisana che avrebbe dovuto sostituire il tè: «Vegeital».

È passato un mese esatto, 7 ottobre. Era domenica, quando l'aviazione americana compiva il primo raid su Kabul. Missione compiuta, una pioggia di bombe.

Risposta al terrorismo, non del tutto convincente per quei «civili» che le hanno viste, magari per l'ultima volta, cadere su povere case di fango, e anche su un edificio della Croce Rossa.

Errore tattico, o strategico, ma i bollettini militari non prendono nota di questi fatali incidenti. C'è un bel romanzo ispirato dal primo conflitto mondiale: *All'ovest niente di nuovo*, dice il bollettino, ma se ne è andato il protagonista della sconvolgente storia, entrerà nella statistica dei caduti, e nella memoria di chi gli ha voluto bene.

Abbiamo ottenuto di mandare alcuni nostri reparti a combattere accanto agli americani, che di questa collaborazione avrebbero magari fatto a meno: è stato necessario insistere, è un successo di Berlusconi e della nostra diplomazia. Sono certo che faremo buona figura.

Li ho visti a Beirut, al comando del generale Angioni: bravissimi, e rispettati, nonostante uno sbarco che ebbe involontarie scenette comiche, perché non funzionavano le passerelle.

Li ho visti a Sarajevo: anche lì, erano i più graditi. Dividevano il rancio con i ragazzini affamati. Proteggevano le chiese e i monasteri; quello che ci distingue, di solito, è l'umanità.

Noi non siamo dei dominatori, e quando andammo a conquistare l'Etiopia, avendo alla fine perfino la stima del Negus, inventammo una canzone che diceva: «Faccetta nera, sarai romana». Più tardi venne il razzismo, che fu un frutto della dittatura, non un sentimento della gente.

«Siamo in guerra» e non è più quella terribile e quasi romantica con le tavole di Beltrame sulla «Domenica del Corriere», ma quella che non si vede in televisione, dove gli inviati sono quasi tutti ragazze, forse perché anche l'occhio vuole la sua parte, e di solito un albergo è il quartier generale.

«Disonoriamo la guerra» diceva uno scrittore francese. Ma c'è anche chi la considera «santa». È una virtù che non le riconosco.

Cavour ottenne di mandare i piemontesi in Crimea, Berlusconi (con le dovute distanze: abbiamo la fortuna di averlo per contemporaneo) ce l'ha fatta a convincere Bush, Blair e Chirac ad aggiungere un posto a tavola, e a far sedere anche lui.

Buon viaggio, ragazzi, per questa patriottica avventura, nientemeno che in Afghanistan. «Scendiamo in campo» direbbe Benigni, che riesce a inventare un sorriso anche tra le lacrime. Buon viaggio di andata e ritorno.

New York, ritorno nella città ferita che sta cercando i suoi nuovi simboli

Quando penso all'America, scopro che nel mio cuore ci sono una città, New York, e un fiume: il Mississippi. Indimenticabili, perché appartengono ai sogni e ai film dell'adolescenza, a certe letture e fanno parte del mito. Si vendono distintivi di plastica con la scritta: «I love New York».

Parlo per me: specialmente adesso. Con la gentile guida del comandante dei pompieri, l'italo americano signor Nigro, sono andato a vedere la grande fossa scavata dai terroristi, dove erano le torri gemelle: hanno distrutto un simbolo e ferito un popolo. Oggi New York è stupefatta, sconvolta nelle antiche regole e nelle convinzioni. Perfino nei riti: anche le luminarie natalizie sono meno festose, ci sono in giro meno disoccupati travestiti da Babbo Natale. Ho chiesto allo scrittore Paul Auster che cosa è cambiato nella vita della città: «Quasi tutto e quasi nulla. Ha sofferto, è stata in lutto. È come se a qualcuno di noi fosse morta una persona cara, la mamma, il fratello, un parente. Ma la gente deve tornare al proprio lavoro, alla propria vita. Anche qui, nel nostro piccolo quartiere di Brooklyn, dodici dei trenta vigili del fuoco della nostra stazione sono morti. C'è stata una enorme fiaccolata per strada: all'inizio erano cento persone, si è conclusa con un corteo di migliaia, che procedevano con le candele verso la caserma. Si sono scambiati parole, strette di mano e abbracci coi pompieri sopravvissuti. C'era la sensazione di un lutto collettivo, di una comunità colpita da una tragedia.

«Non so che cosa sostituirà le torri. A New York certo i simboli non scarseggiano: la statua della Libertà, l'Empire State Building, il Ponte di Brooklyn. Ma questa storia è appena iniziata. Quando si svilupperà riusciremo ad avere una prospettiva e a capire come saranno le nostre vite nel futuro. Per la prima volta l'America è stata vulnerabile agli attacchi del mondo esterno. È stato un trauma psicologico, una forte emozione: forse siamo stati un po' ingenui. l'ansia è una conseguenza di questa situazione: è difficile assorbire quello che è successo.

«Cosa ci aspettiamo per il nuovo anno? A questo punto molti di noi sono felici di essere vivi».

Adesso nell'immenso buco provocato dall'esplosione si muovono piccole scavatrici gialle: hanno già recuperato qualche centinaio di cadaveri, mentre si è aperta la caccia a Bin Laden e alla colonna dei terroristi in fuga. Non sanno che sono gli «yankees» i più forti produttori del mondo di carne, uova, formaggio, tabacco, cotone, granturco, carbone, petrolio, gas naturale, acciaio, sottomarini atomici e bombardieri strategici. I padroni delle più grandi aziende del pianeta, dell'esercito più numeroso, dell'acquedotto più lungo (centotrentasei chilometri), quelli che leggono di più e pagano meglio i politici, che ogni trentasei secondi rubano un'auto e ogni trentasei minuti (statistiche di qualche tempo fa) ammazzano un uomo. Hanno anche i poveri meglio vestiti e tanta energia elettrica (che spreco di luci, anche di giorno) quanta ne distribuiscono, tutti insieme, Russia, Inghilterra, Germania, Francia e Canada. Hanno inventato il telegrafo, la sedia elettrica, la macchina da cucire, la rotativa, la posta aerea, la linotype e il fonografo, i fumetti a colori, hanno fatto volare i fratelli Wright e hanno registrato i novecento brevetti di Edison. Hanno anche tanti problemi: il sesso, i giovani, le razze, la recessione, la guerra dell'Afghanistan e quella al bisogno.

Hanno una lingua con molte sfumature: «great man», grand'uomo, erano ad esempio Fermi o Toscanini, «big man», grosso, è uno che ha potere: l'editrice Luce, e «genius» non è il dottor Sabin, lo scopritore del vaccino antipolio, ma uno che è svelto a far soldi. Sono i nipoti dei Padri Pellegrini che, alla ricerca di terra e di perfezione, salparono sul «Mayflower» per trovare, «oltre il vasto e terribile oceano», ciò che angosciava i loro cuori: «la libertà dell'anima». Li seguirono i quaccheri, gli ugonotti, i luterani, i cattolici, i perseguitati e gli infelici. «People of plenty», è stato detto, popolo dell'abbondanza.

Hanno adottato il motto del liberalismo: «Lasciate fare, lasciate passare». Dicono anche «good man», è il brav'uomo, padre di famiglia, la persona per bene, che paga le tasse (malvolentieri), il George F. Babbit del romanzo di Sinclair Lewis, il difensore tenace di una certa concezione della società, della gerarchia e dell'ordine: predica una ideologia che vuole sia sua, ed è invece della classe che comanda.

«Sono dei bambini» disse Einstein «a volte graziosi a volte scapestrati. È male quando cominciano a giocare con i fiammiferi, farebbero meglio a insistere con i cubetti. Sanno dimenticare in fretta.» Proprio non direi: quell'aereo suicida che rompe anche il mito dell'isolazionismo è ricordato anche da patetiche distese di indumenti delle vittime. Ci sono i grembiulini dei bimbi uccisi, come si vedono ad Auschwitz, ci sono le bancarelle coi «poster», conciliano dolore e commercio, c'è la memoria della paura. Ho parlato con la garbata signora Karen Klomp che dirige l'asilo nido «Battery Park City Day Nursery», a pochi passi dalle torri e le ho chiesto se qualcosa è cambiato anche per i piccoli.

Racconta: «La mattina dell'undici settembre c'erano centoventuno iscritti alla nostra scuola. Oggi sono solo quarantasei. Abbiamo dovuto licenziare otto delle nostre insegnanti, e questo è stato molto triste.

«L'altro cambiamento è che molti alunni non sono tornati nelle loro case, ora vivono in abitazioni temporanee. Anche i giochi sono mutati: fanno i vigili del fuoco, o i poliziotti, e indossano gli elmetti, ma non ci sembra che siano stati traumatizzati.

«Nel mio ricordo è cominciato come un qualsiasi martedì. Quando il primo aereo ha colpito il bersaglio, erano le 8.45, e i bimbi che stavano giocando con le loro maestre in giardino sono rientrati velocemente, e quando anche il secondo ha colpito ci siamo resi conto della gravità della situazione. Abbiamo cercato i genitori chiedendogli di venire a prendere i loro piccoli. Le insegnanti hanno continuato a cantare e a raccontare storie per tranquillizzarli.

«Quando è crollata la seconda torre è arrivata una nuvola di fumo, l'elettricità è saltata ed eravamo completamente al buio. Abbiamo trovato delle candele di compleanno, e le ragazze le hanno accese, come si trattasse di un gioco perché i bambini non avessero paura. Poi è arrivato un padre con un pulmino e ci ha portato al traghetto per andare con un rimorchiatore dall'altra parte dell'Hudson, a Jersey City. Ora molti di noi hanno perso il senso dell'orientamento, perché non ci sono più quelle torri come punto di riferimento».

Sono andato a trovare il signor Michael Higson, non vedente. Forse deve la vita a Roselle, il suo cane. Racconta: «Il cane è i miei occhi. Si spaventa se io mi spavento. Il suo compito è fare in modo che camminiamo senza correre rischi. Lavoriamo insieme.

«Quel giorno Roselle si è comportata benissimo, è stata straordinariamente calma mentre scendevamo le scale della torre, allontanandoci dall'ufficio e mentre eravamo fuori e gli edifici crollavano.

«Quel giorno c'era anche il mio amico David Frank: siamo rimasti insieme e ci siamo aiutati a vicenda.

«Abbiamo fatto uscire i nostri ospiti per primi, poi ho chiamato mia moglie per dirle che era successo qualcosa e che stavamo abbandonando la torre. C'erano carta e detriti che cadevano dalle finestre. David lo vedeva e io lo sentivo. L'aereo aveva colpito il grattacielo diciotto piani sopra di noi. Abbiamo sentito un odore che io ho subito riconosciuto: carburante di un jet. Da allora molte cose sono cambiate: non ho più un ufficio dove andare a lavorare. Abbiamo perso dei conoscenti che erano nell'edificio e sono morti. Ci sono stati molti eroi quel giorno, che ha segnato anche per me una svolta: do un valore diverso al tempo che trascorro con mia moglie e la mia famiglia. È cambiata anche la mia visione del mondo. Se sono indignato coi terroristi? Certo che lo sono. Ma non è il mio compito giudicare, lo farà Dio. E certamente non ci sono dubbi sulla sua sentenza: nessuno ha il diritto di uccidere gli altri.

«Io sono cieco, mia moglie è su una carrozzina a rotelle. Siamo "disabili". In tutti i Paesi ci sono dei diversi e vengono trattati in modo diverso. Siamo spesso visti come persone meno capaci perché gli altri possono vedere e camminare. Per questo siamo discriminati e molte volte non ci sono garantiti gli stessi diritti. Ma questo non mi dà la facoltà di far saltare un edificio.

«La vita non tornerà mai alla normalità: non credo, a questo punto, che siamo in grado di dire che cosa è. Ma possiamo andare avanti e sforzarci di lavorare insieme per combattere il terrorismo. Se non lo facciamo, accadrà di nuovo».

È pessimista Gore Vidal: «L'altruismo non è nella natura degli americani. Siamo interessati solo a noi stessi, alla nostra prosperità, e la forma che abbiamo scelto per ottenerla è l'impero globale. Abbiamo bisogno della retorica per giustificare i circa 400-500 interventi armati effettuati dagli Stati Uniti negli ultimi quarant'anni contro Paesi stranieri. E abbiamo fatto finta di avere buone ragioni per attaccare l'isola di Granada o il Guatemala o per portare un governo liberale in Iran. Una volta dichiaravamo di combattere il comunismo, anche in Paesi che non ne avevano mai sentito parlare. Adesso parliamo di lotta contro il terrorismo e se non ci fosse lo inventeremmo per poi andare a impegnarci in quella che chiamiamo guerra, ma che non lo è. Inoltre, secondo la costituzione, gli Stati Uniti non possono entrare in un conflitto senza la dichiarazione del Congresso. Tutte le guerre che abbiamo combattute a partire dal '47, calde, fredde o tiepide, sono state illegali, contro la Costituzione. L'America è stata come un elefante maldestro e in libertà, in giro per il mondo, che combatte; combatte, combatte e alla fine qualcuno ha risposto al fuoco».

«New York, New York» cantava Liza Minnelli. È una

città che io amo: l'ho vista per la prima volta mezzo secolo fa, quando il volo per arrivarci, con molte tappe, durava quasi ventiquattro ore. Forse è vero, come mi disse un uomo scettico ma intelligente, il dottor Eugen Dollmann, l'interprete dei colloqui di Hitler e Mussolini: «Non bisognerebbe mai ritornare dove si è stati felici».

Di sicuro, ci sono situazioni e anche emozioni incomparabili, che non si rinnovano. Allora per me fu la scoperta dell'America: ed ero giovane, e l'avevo sognata nei film di Hollywood, e nei racconti di Hemingway, di Faulkner o di Saroyan; un suo libro era proprio intitolato: *Che ve ne sembra dell'America?*

In fondo a Park Avenue a New York, sul grattacielo che celebrava un simbolo del potere, era accesa la sigla azzurra di una compagnia aerea. Quando coi colleghi ci sedevamo di fronte a trionfi di pollo fritto e a enormi bistecche da cowboy, io che arrivavo dall'Italia sconfitta e razionata, mi sentivo quasi imbarazzato.

Maria Romana De Gasperi, che accompagnò il padre nel viaggio a Washington, mi raccontò che il nostro presidente del Consiglio si premurava, prima di uscire dall'albergo, di controllare che le luci fossero spente. In Italia c'era anche la fame, e Fiorello La Guardia, sindaco di New York, fece dirottare nei nostri porti piroscafi carichi di grano diretti in Irlanda.

Dopo Pinocchio e il cappello Borsalino, cominciammo a esportare il cinema neorealista, la nuova moda e la pizza: che fu una specie di contropartita per la Coca-Cola; seguirono l'espresso e gli spaghetti.

Fu una bella, indimenticabile avventura: a Chicago fui invitato a cena dal professor Enrico Fermi. Del suo lavoro mi disse soltanto: «Ho cominciato gli esperimenti a Roma con pezzetti di ceralacca».

La moglie, la signora Laura, mi confidò che aveva intenzione di scrivere un libro di memorie: *Atomo in famiglia* e fui felice di darle un mano per l'edizione italiana: feci da facile intermediario con la Mondadori. Scrisse anche una biografia di Mussolini e fui lieto di poter collaborare a qualche ricerca di materiale.

La mia amica Natalia Murray mi accompagnò a casa di Eleanor Roosevelt, ci offrì il tè in un modesto salottino borghese. Era molto impegnata dalle conferenze e dalle collaborazioni giornalistiche: era stata la intelligente compagna di un grande uomo.

Dilagava il maccartismo, l'odio per i comunisti, per avere il passaporto c'erano impegnativi formulari da compilare; tra le domande alle signore una, a dir poco imbarazzante: «Ha mai esercitato la prostituzione?».

Nelle vetrine delle librerie era esposto un calendario che comperai: c'era una donna nuda distesa su un drappo di velluto rosso, mostrava le ascelle, i seni piccoli e turgidi, e una nuvola di capelli chiari, come gli occhi innocenti: dopo imparai che si chiamava Marilyn Monroe.

Memorie. Nel novembre del '63 sostai all'Holiday Inn di La Crosse, una cittadina del Wisconsin, il giorno in cui assassinarono John Fitzgerald Kennedy.

La sala del ristorante era affollata: c'era un gruppetto di vecchie signore che bevevano il tè e ridevano delle loro storie, alcuni camionisti, qualche commesso viaggiatore. Una cameriera dai capelli rossi arrivò correndo dalla cucina e gridò: «Hanno colpito il presidente». Non ho incontrato John, mentre ho intervistato i due fratelli Robert e Ted: una dinastia drammatica.

Quando mi chiedono: «Tra i tanti che hai conosciuto in America, chi ti porti dietro nella memoria?», io rispondo Albert Bruce Sabin. Nel mio studio, accanto alle fotografie che hanno segnato la mia vita, c'è anche la sua: un bel vecchio, la barba bianca dei patriarchi, il sorriso ironico dietro le lenti. E una dedica affettuosa che nei momenti difficili mi incoraggia. Il suo vaccino ha sconfitto la poliomielite: non volle brevetti, non volle un dollaro, non ebbe il Nobel: ma non fece un dramma per il mancato riconoscimento svedese. Gli diedero più di quaranta lauree «ad honorem» e la massima onorificenza degli Stati Uniti.

Aveva qualche passione: la musica (il prediletto Rossini), lo studio (è la mia ricreazione, spiegava), i fiori: «Sono qualcosa di magico» diceva.

2002

Storie italiane. Torna la protesta in ordine sparso

Pareva che non dovesse accadere più, che non fosse più tempo di dissenso, di protesta, d'indignazione. E invece è come se si fossero rotti gli argini o fosse saltato il tappo della bottiglia, con tutte le marce, i cortei, i girotondi, le manifestazioni, gli appelli, i comizi, gli scioperi che si susseguono ogni giorno, piccoli e grandi, annunciati e selvaggi, ma pacifici, venuti a segnare l'inaugurazione della primavera. In attesa della giornata romana del 23 marzo, costruita dal basso della società, e dello sciopero generale d'aprile. Non soltanto per l'articolo 18 dello Statuto dei lavoratori e per la previdenza, ma per il futuro e per la dignità dei cittadini.

Qualche studioso ha fatto di recente voti affinché non scompaia, tra maggioranza e opposizione, quello spazio neutro d'incontro capace di assicurare una convivenza. Una specie di terra di nessuno dove le menti più assennate dei due schieramenti potrebbero ragionare tra loro. Ma è immaginabile, visti gli oltranzismi e la durezza del presidente della Confindustria e del presidente del Consiglio che dice di non aver paura della piazza, anche se non sembra? (A Barcellona ha persino usato parole dai toni minacciosi nei confronti dello sciopero e degli scioperanti.) Ed è possibile, vista la campagna di stile totalitario che la maggioranza, allibita dalla forza del sindacato e dall'esplodere dell'opinione pubblica, fa quotidianamente contro chi accusa di rompere una pace sociale immaginaria? Sembra che la contrapposizione, la critica, il duro confronto non vengano accettati come strumenti elementari di una democrazia previsti dalla Costituzione, agli articoli 18, 39 e 40. Sembra quasi che la maggioranza, oltre a poter contare su tre reti televisive e, più o meno, sulle tre reti della Rai-Tv, ambisca anche al controllo dell'opposizione uscita ora dal letargo.

Dove e come nascono la rabbia e la ribellione di milioni di persone che scendono in piazza spesso per la prima volta nella vita, attori di opposizione civile, morale, ma anche politica? Non sono soltanto le tute blu o le tute bianche di un tempo, ma il nuovo ceto medio, insegnanti, professionisti, impiegati, uomini e donne che lavorano nei servizi e molti di loro possiedono anche la partita Iva che, secondo certi politici della maggioranza, rappresenta il marchio dell'elettore berlusconiano. Il risveglio da un lungo sonno. Giuristi, avvocati, professori universitari si sono espressi contro le leggi di pertinenza personale del presidente del Consiglio (successioni, falso in bilancio, rogatorie, conflitto d'interessi), poi il campo della protesta per la legalità si è allargato ad altri temi e sono spuntati i piccoli intellettuali, maestri, ricercatori, persone che in provincia e nelle grandi città rappresentano il tessuto sociale di oggi.

Chi sono politicamente? In maggioranza elettori e astenuti dell'Ulivo, ma anche delusi della Casa delle libertà. Non sono dei qualunquisti, come qualcuno ha detto. Cercano solo un modo diverso di far politica. Il grido di Nanni Moretti ha dato il la al grande disagio sommerso di cui i dirigenti dell'Ulivo, che soltanto adesso cominciano nebulosamente a capire quanto sta succedendo, non si erano accorti, seguitando nella loro debole opposizione senz'anima, più attenti ai tatticismi che alla società. Non pensavano probabilmente di dover rendere conto del passato che invece va discusso anche perché – lo si capisce nelle pubbliche assemblee – gli elettori hanno una memoria di ferro, non dimenticano nulla, dai «ragazzi di Salò» di Violante agli errori politici commessi da D'Alema soprattutto ai tempi della Bicamerale.

Il movimento non è omogeneo. Polverizzato. Quelli di

Genova hanno generato centotrenta Forum sociali, ci sono poi i professori, i girotondisti, le neofemministe, le reti mediatiche. Chi ha per obiettivo l'indipendenza della Rai, chi la scuola pubblica e la giustizia. E poi il sindacato e i partiti del centrosinistra che con il nuovo movimento devono fare i conti, volenti o nolenti. Il '68 non c'entra per nulla e neppure il '77. Il movimento di oggi rammenta piuttosto la marcia milanese dei trecentomila organizzata dal Manifesto il 25 aprile 1994 dopo la prima vittoria di Berlusconi. E gli scioperi e le manifestazioni operaie ricordano lo sciopero generale dell'autunno di quell'anno, allegro, sicuro di sé, pieno di voci, di canti, di Berlusconi in maschera e di tamburi di latta.

Morte di Marco Biagi

In questo momento non ricordo chi ha detto questa frase, ma mi è rimasta impressa: «Il sangue si secca molto presto entrando nella storia». Forse è vero: rimangono delle date, il racconto di un fatto, un giudizio che poi il tempo approfondisce o muta.

Penso alla vittima, e penso anche al ragazzo che ha eseguito la «sentenza». È lui il protagonista. Nei vecchi plotoni di esecuzione si caricava qualche fucile a salve perché nessuno dei soldati si sentisse responsabile di una morte. Anche alle Fosse Ardeatine quelli che sparavano sui prigionieri erano in tanti, li avevano ubriacati di cognac, non sapevano nulla di quegli uomini con le mani legate dietro le spalle. E voglio credere che il giovanotto che a Bologna ha obbedito agli ordini non sapesse nulla di quel mite professore dai capelli grigi; penso a una definizione del codice inglese che parla degli «imbecilli morali».

Un tempo anche gli assassini politici «avevano un cuore». Recita un personaggio di Camus: «l'odio pesava su quelle anime come una sofferenza intollerabile». Ho conosciuto un partigiano che durante la Resistenza doveva attentare al persecutore Carità, alleato dei nazisti. Lo vide uscire col nipotino per mano e non sparò.

A una finestra di via Valdonica, a Bologna, la signora Biagi aspettava il marito, col cuore in sussulto: sapeva delle minacce che il professor Biagi aveva ricevuto. Sparano e pensano di ammazzare anche delle leggi e delle idee. Questa la loro opinione, la loro teoria.

È vero, è giusto: nessuno può essere processato per le sue opinioni. Ma ci siamo chiesti se, senza le teorie razziste di Rosenberg, ci sarebbe stato Heinrich Himmler? Rosenberg non portava gli ebrei nelle camere a gas: si limitava a teorizzarne lo sterminio.

Marco Biagi, origini montanare, vita e studi nella mia città, nella mia Bologna: che non merita queste ignominie e questo dolore. Brava gente, non solo perché la chiamano anche «la dotta» (o «la grassa»), ma perché, come sempre, sa fare la sua parte: anche quando il copione è un dramma.

Durante l'occupazione i tedeschi offrivano sale a chi denunciava un partigiano: ma mangiarono insipido. Non scapparono sotto le bombe se qualcuno chiedeva aiuto. È per questo che io la amo, e vorrei che la rispettassero.

Immagino quante parole grosse e nobili verranno dette e sentite ma la cronaca le ha ormai consumate. In questa vicenda c'è una vittima, un insegnante di diritto che, ironia della sorte, è stato condannato senza alcun codice.

Ma ci sono anche degli sconfitti: quelli che lo hanno ucciso, che si sentiranno ancora più respinti e disprezzati. Loro dicono che abbattono «le strutture del sistema», ma sul marciapiede rimane una chiazza rossa e una borsa di pelle abbandonata.

Lo sappiamo: ci si abitua a tutto, anche allo sgomento, al sospetto, al dubbio. Si sa che ogni guerra vuole i suoi morti. E anche le parole si logorano e il cerimoniale si esaurisce. La vedova Biagi non ha voluto i funerali di Stato. I sindacati deplorano e condannano, i partiti si associano, le autorità mandano corone, il telegiornale manda gli operatori: poi in una casa restano una donna e i suoi figli, e un vuoto che nulla potrà mai riempire.

L'*Editto Bulgaro*

Il pomeriggio del 18 aprile, come tutti i giorni, ero nella redazione de *Il Fatto* insieme con i miei collaboratori, quando arrivò quell'agenzia che mi ha cambiato la vita.

Il presidente del Consiglio Silvio Berlusconi, l'imprenditore che tanto aveva fatto e detto per avermi alla sua corte, dalla Bulgaria, durante una conferenza stampa nel World Trade Center di Sofia, «la Sapiente», guarda l'ironia della geografia, con il Primo ministro Simeone Sassonia Coburgo Gotha, accusò il collega Michele Santoro, il bravissimo comico Daniele Luttazzi e il sottoscritto: «La Rai tornerà a essere una tv pubblica, cioè di tutti, cioè oggettiva, cioè non politica, cioè non partitica e non faziosa come è stata con l'occupazione militare della sinistra. L'uso fatto da Biagi, da quel... come si chiama? ah, Santoro, e da Luttazzi della televisione pubblica pagata con i soldi di tutti è stato un uso criminoso. Preciso dovere di questa nuova dirigenza sia quello di non permettere più che questo avvenga. Ove cambiassero non c'è un problema ad personam, ma siccome non cambieranno...».

I telefoni cominciarono a squillare, tutte le testate cercavano di avere da me un commento, una replica, il nostro fax e la nostra mail furono intasati di messaggi di solidarietà. Ricordo che avevamo appena registrato la puntata della sera, ma con Loris pensammo di sostituirla con la mia risposta al Premier.

In un primo momento non ero d'accordo, non avevo mai utilizzato per me un programma, ma quello che mi convinse fu la seconda parte del discorso di Berlusconi, quella in cui diceva «Ove cambiassero...».

Gli risposi: «Da Sofia il presidente del Consiglio, Silvio Berlusconi, non trova di meglio che segnalare tre biechi individui, in ordine alfabetico: Biagi, Luttazzi, Santoro. Quale sarebbe il reato? Stupro, assassinio, rapina, furto, incitamento alla delinquenza, falso e diffamazione? Denunci. Poi il presidente Berlusconi, siccome non prevede nei tre biechi personaggi pentimento e redenzione – pur non avendo niente di personale – lascerebbe intendere, se ho capito bene, che dovrebbero togliere il disturbo. Signor presidente Berlusconi, dia disposizioni di procedere perché la mia età e il senso di rispetto che ho per me stesso mi vietano di adeguarmi ai suoi desideri. Sono ancora convinto che in questa nostra Repubblica ci sia spazio per la libertà di stampa. E ci sia perfino in questa azienda che, essendo proprio di tutti, come lei dice, vorrà sentire tutte le opinioni. Perché questo, Signor presidente, è il principio della democrazia. Sta scritto, dia un'occhiata, nella Costituzione. In America, ne avrà sentito parlare, Richard Nixon dovette lasciare la Casa Bianca per un'operazione chiamata Watergate, condotta da giovani cronisti alle dipendenze di quel grande e libero editore che era la signora Katherine Graham, proprietaria del «Washington Post». Questa, tra l'altro, viene presentata come televisione di stato, anche se qualcuno tende a farla di governo, ma è il pubblico che giudica. Nove volte su dieci, controllare, *Il Fatto* è la trasmissione più vista della Rai. Lavoro qui dal 1961 e sono affezionato a questa azienda. Le voglio bene. Ed è la prima volta che un presidente del Consiglio decide il palinsesto, cioè i programmi, e chiede che due giornalisti, Biagi e Santoro, entrino nella categoria dei disoccupati. L'idea poi di cacciare il comico Luttazzi è più da impresario, quale lei è del resto, che da statista. Cari telespettatori, questa potrebbe essere l'ultima puntata de *Il Fatto*. Dopo 814 trasmissioni, non è il caso di commemorarci. Eventualmente, è meglio essere cacciati per aver detto qualche verità, che restare al prezzo di certi patteggiamenti.

«Signor presidente Berlusconi, non tocca a lei licenziarmi. Penso che qualcuno mi accuserà di un uso personale del mio programma, ma ho voluto raccontare una storia che va al di là della mia trascurabile persona e che coinvolge un problema fondamentale: quello della libertà di espressione».

2003

Il vigliacco e la bambina

Il «Diario» di Anna Frank si conclude con un'affermazione generosa, ma che la cronaca smentisce: «Eppure, gli uomini non sono cattivi». Invece, le prime pagine dei giornali sono dominate da un titolo: «Torna Unabomber, grave una bambina». Ha nove anni e ha perso un occhio e tre dita: durante un picnic sulle rive del Piave ha visto un pennarello, lo ha raccolto e le è esploso nelle mani.

Alla malvagità si aggiunge la vigliaccheria, la voglia di sorprendere con l'insidia, e immagino l'ignobile sconosciuto in attesa del risultato: chi colpirò? Stavolta, vittime della turpe avventura sono due cuginetti che stanno giocando agli esploratori, e vedono un curioso oggetto giallo, sembra una grossa matita colorata: tolto il cappuccio, un'esplosione.

La bambina Francesca non grida, non piange, non dice nulla, parla la madre: «Ho sentito lo scoppio, mi sono girata e ho visto mia figlia che sanguinava». Sarà segnata per tutta la vita.

Penso all'uomo che ha inventato l'ordigno; non a quello che può avere nel cuore, ma nella testa. Faccio il mio mestiere da più di sessant'anni, ho incontrato gli autori di crimini spaventosi, ci sono nomi di stragi che la storia non cancellerà mai: Oradour, Lidice, Marzabotto, e c'è poco spazio per la meraviglia o lo sdegno, ma vorrei vedere la faccia di chi ha collocato l'arnese, l'ha costruito e ha atteso l'effetto. Uno scoppio: fatto. Ho ascoltato il portavoce di Forza Italia dire che la colpa di Marzabotto è dei partigiani; Reder, che comandava i reparti della Wehrmacht, ed era sbronzo, violentò anche una ragazza, su indicazione del camerata che l'aveva preceduto. Era austriaco, ed è morto nel suo letto a Vienna. E a Marzabotto è caduto il mio compaesano don Giovanni Fornasini; era salvo e tornò per non lasciare i suoi parrocchiani. Quando diedero la medaglia d'oro per lui a sua madre, lei morì di crepacuore. Don Giovanni non faceva politica, serviva il suo Signore, e i cristiani che gli avevano affidato. Tracciò nell'aria un segno di croce per assolvere vittime e carnefici.

Montanelli: un giornalista senza aggettivi

Sono stato a Fucecchio. Nel cimitero c'è un'urna: Indro Montanelli. Sotto, la signora Maddalena, la madre, e Sestilio, il preside, il genitore. Vidi Indro anche l'ultima sera, in clinica; sulla porta mi voltai per salutarlo ancora. «Enzino, che brutta botta» disse. Forse sentiva che non c'era domani.

Curzio Malaparte, altro «maledetto toscano», disse nel finale: «Mi dispiace morire prima di Montanelli». Indro, ne sono sicuro, queste parole non le avrebbe nemmeno pensate. Era uno dei pochi capaci di ammettere pubblicamente: «Mi sono sbagliato e chiedo scusa».

Suo padre lo avrebbe voluto diplomatico, e se c'era uno che mancava di prudenza era lui. Qualcuno, polemizzando, diceva: «È un fascista», mentre risulta tale solo per ragioni anagrafiche. Credo abbia avuto un solo padrone: il lettore.

Una volta gli dissi: «Se dovessi descrivere alla svelta che tipo sei, che cosa diresti?». Risposta: «Non c'è dubbio. Uno al quale sta molto a cuore il successo. A cui piace essere in sintonia con il pubblico».

E aggiungeva: «Il gusto dell'azzardo, la battuta, adopero tutto quello che mi serve per catturare l'attenzione e la simpatia di chi mi legge». Ci riusciva.

Tutto nella sua vita è stato insolito: dalla bravura al nome. Al carattere: «Niente» mi diceva «riesce a cancellare certe profonde tristezze, il mio bisogno di solitudine e di raccoglimento. Ho sempre presente la precarietà di quello che sono, di quello che faccio. Non resta nulla del nostro lavoro: in questo Paese quando uno muore muore per sempre».

«Ma che cosa ha di speciale?» diceva qualcuno di Indro. A pensarci bene, niente. Scriveva degli articoli che erano letti e dei libri che si vendevano.

Sarebbe potuto essere dieci volte onorevole e magari anche ministro (disastro scampato), ma nonostante la trovata imprevedibile e gli umori variabili era anche timido. Diceva Longanesi che andava in mezzo agli altri per sentirsi più solo.

Nato nella terra delle beffe, discendente di quei tipacci come il Boccaccio o il Cellini, che diventavano matti per raccontare qualche tiro burlone, e ancora di più per inventarlo, era nella realtà una persona gentile, spesso con un temperamento malinconico. Il massimo dell'insulto che gli ho sentito pronunciare è: «Gli è un bischeraccio». E c'è già nel giudizio un fondo di cordialità.

Credo che nella sua esistenza ci sia stata una passione esclusiva: il giornalismo. Per il resto, Indro non cedeva a quelle diffuse tentazioni che sono l'invidia, l'avidità, l'intrigo e la furbizia. Quando sbagliava era sempre per eccesso, mai però in malafede. E poi era capace di chiedere scusa. Non è da tutti. Ha vissuto quattro o cinque guerre: Etiopia, Spagna, Finlandia, Norvegia, e poi tutto il resto, e non so quante rivolte.

Era un liberale, secondo le etichette, ma secondo me le sue antiche simpatie andavano agli anarchici: era un individualista sfrenato. Non era uno che si aggregava, non voltava la gabbana, che era sempre la stessa, cambiava itinerario perché gli sembrava più giusto. Diceva: «Basta non dicano che siamo ladri».

Quando ha fondato «il Giornale», il suo, dicevano gli amabili competenti che era «la fine di un'epoca», quella della «primadonna», e Montanelli rappresentava «il canto del cigno di una certa generazione».

Non è andata così.

Gli ho voluto bene e me ne ha voluto. Manca, e non solo a me.

Nilde Iotti: «Usciti dall'Urss Palmiro mi disse: finalmente liberi!»

L'ho vista sempre così: la camicetta, il filo di perle coltivate, il fazzolettino gualcito tra le mani che le serviva, penso, per scaricare la tensione.

Era piacevole parlare con Nilde Iotti: forse perché ritrovavo gli accenti delle mie parti, forse perché nella sua vicenda c'era qualcosa che appartiene alla mia generazione.

È stata, per quasi vent'anni, la compagna di Palmiro Togliatti. «Ha dato» diceva «un senso alla mia vita.»

Dal suo ricordo usciva un personaggio che accettava senza rimpianti le prove che gli erano state imposte dalle sue scelte e che non aveva nessun attaccamento alle cose, tranne che per i libri. Infatti si rammaricava spesso per alcune casse di volumi che non gli erano mai arrivate dall'Unione Sovietica.

Degli avversari rispettava più di tutti Alcide De Gasperi, anche se provava per lui un certo risentimento: credeva alla possibilità di un discorso con la Dc, e si sentiva deluso. Gli piaceva di domenica passeggiare a lungo sulle colline, si era comperato un buon giradischi per ascoltare il prediletto Mozart e faceva il tifo per la Juventus. All'inizio del campionato di calcio ritagliava da un giornale il calendario delle partite e lo riponeva nel portafogli e spesso polemizzava con Dozza, sindaco di Bologna, tifoso rossoblu. Anche durante l'esilio voleva sapere che cosa aveva combinato la squadra del cuore.

Una vita sobria; sveglia alle sei, si preparava il caffè da solo, poi al lavoro: scriveva e verso le nove andava al Partito. A tavola era di gusti semplici, molti formaggi e qualche volta la paella.

Nel pomeriggio era sempre alla Camera; dopo cena, spesso rivedeva i componimenti di Marisa, la figlia adottiva: voleva che arricchisse lo scarso vocabolario dei bambini che nascono in campagna, o in una famiglia operaia.

Con Leonilde non parlavano mai di lavoro, le questioni del partito rimanevano fuori di casa. Era opinione assai diffusa considerarlo distante, gelido, calcolatore: del resto ne aveva viste e passate tante.

Per lei, invece, era «delicato, molto attento, affettuosissimo». Si sentiva, e magari era, solo, ma – spiegava Togliatti – «un politico non può avere amici». E in verità, non si è mai letto, o saputo, di qualche aspetto di vita sociale.

«Hanno detto» mi raccontò Nilde Iotti «e forse anche per polemica politica, dei suoi legami con Stalin e della sua soggezione, anche nei giorni difficili. In realtà lo conosceva poco: si erano incontrati in tre o quattro occasioni. Lo ammirava come lottatore duro e tenace, ma capì le rivelazioni del XX Congresso e ne fu sconvolto. Anche con Nikita non c'erano affinità culturali.»

Nilde Iotti era diventata comunista quasi naturalmente: seguendo i fatti. Suo padre era deviatore delle ferrovie, un socialista umanitario, un seguace di Prampolini e aveva avuto alcuni guai dal fascismo. L'aveva mandata, con qualche sacrificio, a scuola e poi all'università: e la ragazza, alla «Cattolica», aveva preso la laurea in lettere. Era sempre stata seria e brava.

Tra i vicini di casa c'era un calzolaio e lo mettevano spesso dentro. Nell'inverno del 1943 vide il primo morto sulla strada, disteso nella neve, ed era anche lui del Pci; seguiva i discorsi che Palmiro, Ercole Ercoli, teneva alla radio di Mosca e la convinsero proprio da un punto di vista morale.

Diceva: «La freddezza e il cinismo di Togliatti erano una maniera di difendersi dai fatti che lo turbavano profondamente. Le critiche lo ferivano».

Le chiesi se il suo rapporto col segretario dei comunisti l'avesse danneggiata o favorita: «È stato un ostacolo. Formalmente la sua vicinanza mi ha avvantaggiata: stavo accanto a un protagonista. Ma la sua natura era lontana dalle piccolezze, dai ripicchi, dai giochi mediocri. L'educazione lo portava a guardare in fondo, all'essenzialità dei problemi. La sua presenza ha avuto un ruolo non secondario nella mia maturazione».

Ammetteva che non le pesava il fatto che il legame tra lei e Palmiro non fosse «regolare». Nel rapporto personale no, ma nel rapporto col mondo onestamente il caso aveva contato. «Allora» disse «comportava affrontare certe situazioni pubbliche molto sgradevoli.»

Riconosceva anche che era stata una rinuncia molto faticosa non avere avuto figli, ma superata quando arrivò Marisa perché la relazione tra lei e Togliatti era piena, ricca. «Se avessimo avuto un bambino non sarebbe stata diversa. Maternità non è solo partorire: è crescere con loro, soffrire e vivere insieme. Quello che più conta nella vita in due è il rispetto reciproco.»

Che cosa amava di più in Togliatti? «La sua natura umana. Aveva una sensibilità viva, una forte disponibilità a comprendere. So che l'immagine di lui è diversa, ma io l'ho conosciuto in un altro modo. Si difendeva da fatti che lo turbavano profondamente, ma la sua intelligenza gli imponeva di accettarli come momenti nel cammino della civiltà. Avevamo anche gusti diversi, ma non intaccavano l'essenziale. Ci legavano la stessa concezione della vita, gli ideali per cui lottavamo, il piacere della cultura, forse perché sono cresciuta fra la povera gente. Le discussioni su un'opera, un film, uno spettacolo erano cose importanti: per me hanno tanto fascino. Rimpiango questa comunione. Adesso c'è la solitudine.»

Le chiesi che cosa le era rimasto dell'educazione cattolica. «Io ero molto osservante. I miei non si erano sposati in chiesa, ma mio padre aveva scelto fra cattolici e fascisti. Ho vissuto il distacco dalla religione in modo razionale:

spesso ho notato negli ex praticanti una animosità verso l'organizzazione ecclesiastica che li rende settari e anticlericali. Io no. Mi è rimasta la convinzione di avere toccato con mano grandi valori, una grande forza spirituale della società. Non ho però dubbi o ripensamenti.»

Mi raccontò anche che nonostante fosse «isolato, distante, con pochi contatti con gli altri» con lei si abbandonava. E una volta, arrivando a Vienna, di ritorno dall'Unione Sovietica, si lasciò andare: «Finalmente liberi». E nell'autunno del 1946 da Belgrado le scrisse una lettera nella quale c'erano programmi: «Noi costruiremo qualcosa di nuovo».

C'era qualcosa che avrebbe voluto o potuto fare per lui e non aveva fatto? «Quando uno scompare, sì pensa ciò che poteva essere: in certi momenti di tensione, forse avrei potuto aiutarlo di più. È stata una unione piena, tesa, non sciatta, e questo mi consola un po'. Mi ha lasciato una grande eredità: la purezza della sua fede.»

Quando se ne è andata si è chiuso un altro capitolo della nostra storia. Tutti la ricordavano come «una signora»: piacevano la sua grazia, la sua tenerezza, e anche la sua umanità. L'ho incontrata alcune volte: ero rimasto colpito dalla sua pacatezza, e anche dalla sua umanità. Il tema del discorso molto spesso era lui, «il gelido Palmiro»: uno che diceva che «non poteva coltivare amicizie» almeno nel senso comune «per non creare rapporti falsati».

2004

I bambini di Atocha devastati dall'odio

Favola per una triste domenica. C'è una città di questo mondo, non così lontana da noi, che si chiama Madrid. E ci sono, naturalmente, tanti bambini che vanno all'asilo, e tante mamme che la sera, magari reduci dal lavoro, li vanno a prendere per riportarli a casa. Ma giovedì sera sette ritardano. Piove e sette piccoli pensano che sia colpa del brutto tempo. E invece alcune madri non arriveranno. Non è colpa dell'acquazzone e del freddo che fa rabbrividire, ma centonovantanove creature umane, tra cui Patricia che aveva sette mesi, sono state dilaniate dalle bombe. Ci sono anche gli uomini cattivi, e tra loro c'è perfino chi crede di lottare per una causa buona.

Padre nostro che sei nei cieli, scendi tra noi: tra l'orgoglio e la disobbedienza di Adamo, e Auschwitz e Hiroshima ci sono file immense di peccatori che compiono eccidi e sventolano bandiere predicando un loro futuro ideale.

Penso a quei bambini di Atocha che, come ogni sera, aspettavano la mamma che invece tardava ad arrivare, con l'ombrello o il cappottino di tela incerata. La mamma non arriverà più, non arriverà mai. Quei bambini hanno imparato una parola che non conoscevano: «Eta», «Al Qaeda»: per loro significa morte e scoperta del dolore. Non è colpa degli Spiriti che, dopo l'Ave Maria si dissetano alle fonti, né del Demonio tentatore, ma dei perversi sentimenti che talvolta devastano il cuore dell'uomo. E nel magro vocabolario dei bimbi si aggiunge un'altra nuova parola: malvagio, e la signora maestra spiega che vuol dire che è peggio di cattivo. Vuol dire crudele, sleale, perverso. Altro che quello che insegnavano una volta a scuola, Nerone, Borgia e via dicendo. Si sapeva chi erano: ora il mistero protegge i terroristi, Dio o la coscienza no. Prima o poi, assassini, il conto arriverà.

Oggi la Loren compie settant'anni. Sophia. Pane e cinema

Settanta: auguri, Sophia, mito di una generazione. Anzi, di padri e figli. Penso che festeggerà la ricorrenza, ma, suppongo, senza candeline: solo champagne e ricordi.

Incontrai Sophia il giorno in cui compiva quarant'anni e mi disse: «Immagino una vecchiaia molto serena, magari da nonna». In quell'occasione, in America, il «Ladies Journal», una specie di Bibbia delle signore, dedicò all'avvenimento quattro pagine e la copertina. Sophia lo meritava: con Colombo, Pinocchio, Marconi, Borsalino, Fermi era uno dei pochi nomi da esportazione.

Intervistai anche la madre, la signora Romilda Villani, che, con apprezzabile sincerità, rievocò la sua vita e quella, assai più fortunata e radiosa, della sua creatura: una fragile bimbetta che per tutta l'adolescenza sembrava destinata a soccombere, e invece verso i quattordici, «miracolo di Dio, sbocciò come un fiore»: i prodigi della Provvidenza e degli ormoni sono imperscrutabili.

«Quando venne alla luce» ricordava mammina (così la chiamavano le figlie quando andavano in visita e le telefonavano) «le misero al collo, per segno di riconoscimento, una catenina con il numero 19.» Romilda, allora, suonava il piano e recitava in teatro particine senza importanza, ma le frustrazioni non avevano avuto peso, perché il successo della sua ragazza l'aveva ampiamente consolata. Era contenta di essere suocera del famoso produttore Carlo Ponti, che aveva la sua stessa età. Diceva: «Per Sophia è padre, fratello, amico, amante e marito». Non è, pensai, un impegno da poco.

Nel racconto della signora, che era candido, esplicito e cordiale, c'era il rispetto delle date e il gusto dei particolari: debutto, pressoché irrilevante, nel *Quo vadis*, Oscar nel 1961, ma conservava le piccole abitudini quotidiane: dalla verdura in padella, ai peperoni, al ragù. Giudizio finale sintetico: «Lei è un classico. Come la Garbo».

Andai sul set, dove Sophia stava girando con Mastroianni *La pupa del gangster*: con piacere, contento di portare il mio modesto contributo a quel pubblico riconoscimento. Non era un compleanno, ma un genetliaco, come quello che a scuola, ai miei tempi, veniva solennizzato per onorare la regina Elena.

Era bellissima. Indossava un abito da *entraîneuse*; gambe lunghe e scoperte, seno in mostra, grandi occhi, capelli rosso fiamma, mi vergognavo a guardare, non sapevo, nonostante possieda un certo senso dell'orientamento, dove posare lo sguardo. Mi parve un personaggio complesso, un miscuglio di pigrizia orientale e di volontà teutonica, la febbre di diventare qualcuno e il bisogno di solitudine, la ricerca dell'omaggio delle folle e la necessità di chiudersi in casa.

«Per me il cinema» mi disse «significava soprattutto lavorare, il pane. Il successo cos'è? Fare le cose che più ti piacciono, ma non ho mai sacrificato un figlio per una parte, non ho mai frequentato corsi di recitazione, ho dovuto coltivarmi, imparare le lingue, ho fatto tutto da me.»

Le chiesi di darmi un giudizio su Sophia Loren. «Mi piace perché è rimasta Sofia Scicolone. Rifarei tutto anche se in certi momenti ho sbagliato. Dagli errori si impara moltissimo.» Aveva delle paure, era religiosa? «Mi spaventa il buio. Me lo porto dietro dall'infanzia. Mi fa venire in mente la guerra, le bombe, le incursioni. Temo gli imprevisti, quello che può accadere domani.» Religiosa? «A mio modo. Credo in qualche momento.» Ho sotto gli occhi una fotografia di Sophia. È con Marcello Mastroianni in una scena di un film: *Ieri, oggi, domani*. Marcello ha un sorriso ironico, altro che latin lover. Lei è proprio bellissima.

La pistola di Arafat

Il lavoro mi ha fatto incontrare gente di ogni tipo: sono stato alla Casa Bianca, a Sing Sing e a Tokyo il mio vicino di camera in albergo era l'astronauta russo Gagarin.

Le ultime ore di Arafat mi hanno ricordato l'intervista più inconsueta della mia vita: il raìs parlava tenendo davanti a sé una rivoltella. Idee bizzarre si alternavano nella mia mente e pensavo a dove avrebbe dovuto, a parer mio, già opportunamente piazzarla. Forse perché ho un'istintiva diffidenza per le armi, anche se mi rendo conto che possono essere utilizzate tanto per una rapina quanto per legittima difesa.

Riconosco che Arafat per il suo popolo può essere considerato un apostolo, un liberatore, per qualcun altro un avventuriero. Chiesi al capo dell'Olp che cosa univa la sua gente agli israeliani e cosa, invece, li divideva: «Siamo cugini» rispose. «Siamo tutti figli di Abramo. Ciò che ci divide è l'occupazione della nostra terra. E tutti i dolori che il nostro popolo ha pagato e le perdite che ha subito. La metà dei palestinesi è immigrata fuori dalla sua patria e chiede di ritornare: loro, i padri, i figli e i nipoti. Lei lo sa: ci sono dei poveri e dei ricchi in questo mondo, uomini che devono andare in cerca di pane, c'è chi può avere successo e chi no. Ad esempio, noi abbiamo fatto queste esperienze, abbiamo vissuto in società diverse dalla nostra, affrontato problemi di ogni tipo, però abbiamo la più alta percentuale di laureati del Medio Oriente. Poi abbiamo un grande rispetto per la donna, che è il guardiano della nostra esistenza e la curatrice del nostro fuoco, della nostra storia e della nostra civiltà. E si ricordi che per l'arabo il fuoco è il simbolo della vita.» Anche di quella vita che è in bilico in un ospedale militare di Parigi.

Pubblico, privato e l'incerto confine

Ci sono alcune cose che mi uniscono al presidente della Repubblica Carlo Azeglio Ciampi. Siamo tutti e due vecchi ragazzi classe 1920 e l'8 settembre 1943 decidemmo di entrare nei partigiani di Giustizia e Libertà e poi per tutta la vita ci siamo portati dietro quello che abbiamo imparato sui monti, lui della Toscana, io dell'Emilia, il rispetto per gli altri, qualunque fosse la loro opinione, e la giustizia sociale.

Per due volte, rimandando alle Camere prima la legge Gasparri, poi, in questi giorni, la legge di riforma dell'ordinamento giudiziario, il presidente ha ancora una volta difeso l'Italia democratica dalla «palese incostituzionalità» dei cambiamenti proposti e recentemente, premiando alcuni miei colleghi, ha esortato la categ\ a mantenere la schiena dritta di fronte al potere: quelle role mi hanno preoccupato. Ma come mai dal Colle arriv\ queste esortazioni? E perché c'è bisogno che il Quirin\ insista sui valori della Resistenza che dovrebbero natu\mente far parte della nostra storia, e sul rispetto dei ruol\o ho ottantaquattro anni e ricordarlo non è un vezzo, qu\li sono ovviamente portato a guardare al passato: in ques\ caso non posso non tener presente la lezione che ha dato tutti noi il mio amico Montanelli. Diceva Indro: «Noi ab\iamo un unico padrone, il lettore. Ed è nostro dovere far\i conoscere la verità». E se è democraticamente insopporta\ bile che alcuni cittadini facciano un uso privato del potere che il popolo gli ha concesso, tentando di modificare leggi per risolvere questioni personali invece di lavorare per il bene comune, è altrettanto insopportabile che ci sia qualcuno della mia categoria che non tiene la schiena dritta. Cerchiamo di guardare quello che sta accadendo a pochi chilometri di distanza da noi nella Spagna di Zapatero, che sta tentando di rendere la televisione di Stato indipendente dalla politica con confini ben delineati: quello che è privato è privato e quello che è pubblico è pubblico. La Rai, che è la più grande produttrice di cultura del nostro Paese, deve essere difesa, come ci ha detto il presidente della Repubblica, dalla logica del profitto.

2005

Giovanni Paolo II, il prete polacco

Nel 2000 Karol Wojtyla compì 80 anni e pochi giorni prima andai in Polonia per realizzare uno «speciale» dal titolo *Karol Wojtyla, appunti su un prete polacco*, che andò in onda la sera del 17 di maggio, il giorno prima del suo compleanno. Mi sentivo di fargli gli auguri come coetaneo, come cristiano, come peccatore che lo ha amato perché ha convissuto col do... e ripensando a certe pagine di Bernanos che racco... la solitudine di un parroco, io pensavo alla sua. E... come Sua Santità aveva anche il senso dell'umorism... llora scrissi: «Noi abbiamo un detto popolare, per d... che un fatto è insolito: "a ogni morte di papa". Lung... alute, Santo Padre, anche perché siamo coetanei, cla... 1920».

Qua... o lo vedevo affacciarsi su piazza San Pietro per bene... e la folla, il mio sguardo si fissava sul tremito della sua ... no, guardando quegli occhi azzurri vedevo la pena per... il male del mondo. Io ho sempre amato la Polonia, ... ella che custodisce il cuore di Chopin, quella dei campi ... i segala e dei malinconici canneti, la polvere delle cantorie, i volti severi dei Santi, il profumo della cera che brucia e dell'incenso che svanisce. Rivedendo il papa ripensavo ai suoi momenti drammatici, quando il male e la cattiveria umana l'hanno colpito e prima di cadere ha mormorato: «Perché lo hanno fatto?». Ed è stata la domanda che si sono rivolti anche milioni di persone. È molto difficile uscire dall'ovvio, dai ragionamenti banali, per tentare di capire un gesto che alle menti educate pare intollerabile. Già: perché voler uccidere un sacerdote che predica la legge della carità e dell'amore? E perché fu colpito Gandhi, la più indifesa delle creature, che insegnava la non violenza? Anche allora, risuonarono colpi di rivoltella. E anche allora, solo una frase sospirata: «Oh Dio».

La verità è che, da sempre, chi si fa strumento di ribellione cerca di abbattere i simboli: una vecchia e stramba regina che passeggia sulle rive di un lago, un fragile uomo coperto di un telo bianco, che emana rispetto e luce, si lancia la bomba sulla carrozza che trasporta il sovrano, o sulla divisa del carabiniere, o sulla toga del magistrato, persino sulla portatile del giornalista. Non ci sono ostacoli, o limiti, per chi è ottenebrato dalle ideologie. Nessuno pensava che anche la tonaca del papa potesse attirare il revolver di un esaltato.

Certo, un obiettivo assai facile: ho in mente alcune fotografie che ritraggono quel prete arrivato dalla Polonia durante i suoi viaggi: mentre si china a baciare la terra dell'Irlanda; in Messico, sorride sotto un cappellone di paglia; con un bambino tra le braccia nello Zaire; premuto dalla folla, o solo davanti a tutti.

Giovanni Paolo II ha sempre affrontato il pericolo con la serenità di chi sa che, anche quando il fango sale, bisogna essere pietra, per segnare la strada giusta della storia.

Il mestiere, che ci rende freddi ma non indifferenti, insegna che, passato il momento dell'emozione, si riaccende la polemica. E così fu che alla notizia degli spari qualche stolto sventolò la bandiera; qualcun altro chiese di rinviare il referendum abrogativo della legge 194 sull'aborto, temendo che i cattolici intransigenti potessero trarre, da quanto era accaduto, dei vantaggi. Anche i buoni sentimenti rischiano di soffocare sotto le ondate asfissianti della retorica, o delle visioni più o meno evangeliche.

La prima volta che il terrorista turco, che aveva attentato alla vita del papa, decise di raccontare la sua storia davanti alle telecamere, lo fece con me. Le più grandi reti televisive americane, Cbs, Nbc, Abc, registrarono il nostro incontro con Mehmet Ali Ağca per trasmetterlo via satellite nel loro primo telegiornale. La Rai era collegata in Eurovisione.

«Signor Ağca, che cosa prova quando legge nei giornali che la definiscono un killer?»

«Io non sono un killer. Il Sinodo dei vescovi brasiliani ha detto che chi ha fame ha diritto di rubare. Un missionario del ministero del dittatore Pinochet ha detto che dove c'è fame è possibile tutto. Nei Paesi occidentali parlano soltanto di killer. Ma non voglio scaricare la mia responsabilità attuale sugli altri.»

«Lei crede che qualcuno sia responsabile della sua condizione?»

«Ci sono condizioni reciproche che influenzano l'uomo e la società. Quando un individuo commette un delitto è condannabile. L'umanità ha creato queste condizioni disu-

487

mane, anche la società è condannabile. Abbiamo realizzato incredibili progressi materiali, ma nel mondo c'è anche un'incredibile degradazione spirituale.»

«Lei sembra quasi un apostolo. Lei apparteneva a un'associazione di stampo nazista che si chiama "Lupi grigi".»

«Non è nazista. "Lupi grigi" è un'organizzazione nazionalista.»

«Come ricorda il giorno in cui, in piazza San Pietro, ha attentato alla vita del pontefice?»

«Con perfetta lucidità.»

«Come ha fatto un tiratore scelto ed esperto come lei a sbagliare la mira da 5 metri?»

«Be', c'è stata confusione.»

«Per lei il papa chi era, un obiettivo, un uomo, il rappresentante di una grande religione o un nemico della patria?»

«No, no, niente di tutto questo. Per me era l'incarnazione del capitalismo.»

«Lei si batteva per denaro oppure per un ideale?»

«Ho vissuto tutta la mia vita in povertà e tutti lo sanno.»

«Quando ha incontrato il papa, in carcere, che cosa ha provato?»

«Il mio incontro con il papa rimarrà come il più bel ricordo della mia vita. Io sono molto riconoscente al papa. Lo vedo come il simbolo dell'umanità. Ma non condivido la sua mentalità cristiana.»

«A un certo momento qualcuno l'ha avvicinata e l'ha convinta a entrare nell'organizzazione dei "Lupi grigi". Che cosa le hanno detto per convincerla?»

«Non mi hanno convinto: io sono entrato nell'organizzazione nella speranza di migliorare il nostro Paese, per distruggere l'attuale sistema politico ed economico. Ma purtroppo, tanti anni dopo, ho capito che la rivoluzione armata, la destabilizzazione non migliorano le condizioni politiche umane.»

«C'è un personaggio della storia che lei ammira?»

«Il profeta Maometto.»

Ho ripensato a quando il Santo Padre ha dovuto affidarsi ai chirurghi e, congedandosi dai fedeli in attesa della benedizione, si è raccomandato: «Pregate per me».

E le stesse parole Giovanni Paolo II le ha pronunciate, la primavera scorsa, sul letto di morte. Quell'uomo, che sembrava immortale, e che aveva superato tutto, ha dovuto arrendersi, come ognuno di noi, alla sofferenza e al destino. Ed è morto, più che come un pontefice, protetto dagli ovattati uffici del Vaticano, come un uomo, mostrando il dolore e tutta la sua solitudine. Questa è la cosa che mi ha fatto più soffrire perché ho sempre pensato al polacco Wojtyla come a una persona che amava i silenzi, i grandi spazi, le montagne, la neve, e tutto quello che ha fatto, anche di diverso rispetto ai suoi predecessori, ad esempio lo sport, erano sempre discipline solitarie: la canoa, lo sci, il nuoto, le passeggiate nei boschi. Siccome nel passato qualcosa di simile ho fatto anch'io, mi riconoscevo in quel signore dai capelli bianchi e nella sua ricerca di meditazione.

Quando è morto il Pontefice ho provato molto dolore perché ho avuto la sensazione che veramente quella morte segnava la fine di un'epoca e quindi anche di un pezzo importante della mia vita. Molti hanno paragonato la scomparsa di Giovanni Paolo II alla caduta del Muro di Berlino o alla fine del comunismo, intendo fatti epocali: non sono d'accordo. Il 2 aprile 2005 è morto un uomo che con le carezze a un bambino, la stretta di mano a una ragazza di colore, la benedizione ai detenuti di Regina Coeli, le parole pronunciate per la prima volta al Parlamento italiano, aveva aiutato gli uomini a sperare. Questo uomo, figlio di un operaio e di una casalinga che arrotondava le scarse entrate con qualche lavoro di cucito, ha affrontato tutti i drammi della nostra generazione: le invasioni, la fame, la paura. Nelle sue ore buie si affidava alla nera Madonna di Czestochowa che ha il volto segnato dalla fatica e dal dolore, come le donne della campagna o quelle dei ghetti. Sapeva com'era difficile potere studiare, com'era già un privilegio sedere sui banchi di scuola e com'è duro portare a casa una paga: era andato a spingere vagoni carichi di calcare alla Solvay, passando tutte le notti sui libri. Era cresciuto dalle parti di Oswiecim, che sulle carte della Wehrmacht è segnata come Auschwitz, e ha sentito il fischio dei treni che scaricavano povera gente umiliata all'ultima stagione della vita: Birkenau, nome gentile che vuol dire «il posto delle betulle». Non era antisemita, come molti dei suoi compatrioti (che fino a qualche anno fa distinguevano tra le vittime: 3 milioni di ebrei, 3 milioni di polacchi), anzi, aiutava gli ebrei. «Abolire le frontiere» proclamò nel primo messaggio al mondo dalla Cattedra di Pietro e verso la fine del suo pontificato chiese scusa al popolo ebraico per le persecuzioni e l'Olocausto, seguendo la strada aperta da Giovanni XXIII che nel 1959 aveva soppresso l'espressione «perfidi giudei» nella preghiera universale del Venerdì Santo e l'anno dopo aveva tolto dal rito del battesimo l'invocazione: «Abbia in orrore la perfidia giudaica».

Hanno detto di Wojtyla che era un reazionario. Condannò la pillola, l'unione libera, la sessualità, era contro i campi di concentramento comunisti, ma fu anche avverso alle terribili disparità economiche che dividono individui e Stati. I suoi princìpi lo inducevano ad affermare che si può, ovviamente, non essere cattolici, ma se si accetta questa regola, bisogna rispettarla. Chi non ha visto le processioni pasquali sui monti della Polonia non sa che cos'è la devozione: migliaia di pellegrini che accorrono, coi loro lunghi carri, da ogni parte, recite della Via Crucis nell'alba gelida, tra umidi boschi di faggi o di abeti, massi portati come espiazione fino alle vette, per ricordare Gesù che si trascina sul monte Calvario.

Wojtyla era colto: già da studente si distingueva. Primo in greco, latino, letteratura, poco portato invece alla storia, alla fisica e alla chimica. Parlava inglese, francese, tedesco, russo e spagnolo. Fu durante il Concilio Vaticano II che scoprì i grandi problemi del mondo, ma nessuno è riuscito a definirlo: falco o colomba? Conservatore o progressista? Strinse la mano a Marchais ma anche a Edward Kennedy. Invitò a colazione l'agnostico Pertini, si parlarono con franchezza. Nacque un'amicizia che il telefono mantenne viva. Celebrò la sua prima messa quando in Polonia al potere andò un governo che combatteva la Chiesa. Diventò vescovo e dovette, per insegnare ai ragazzi il catechismo, rischiare la prigione.

Ha incontrato i rappresentanti di tutte le chiese. Ha ricevuto Gorbačëv e ha attraversato la Porta di Brandeburgo con il cancelliere Kohl. Ha conosciuto la miseria dei contadini, è stato nelle città della disperazione, da Sarajevo a Beirut. È salito a Cuba su un palco insieme a Fidel Castro, andò in visita in Nicaragua durante il regime e fu ritratto al fianco del dittatore Pinochet. Noi italiani lo abbiamo rispettato e gli abbiamo voluto bene. Nel periodo della sua agonia, vedevo i suoi occhi azzurri che inseguivano i fotogrammi del suo mondo: le violette che spandono un sottile profumo intorno al cuore di Chopin, il suono delle trombe che accompagnano l'apparizione della Madonna di Czestochowa, la rassegnazione del suo popolo. Karol Wojtyla, quando era un giovanotto a Cracovia, avrà forse sentito quella canzone che dice: «È un giorno come gli altri. Fuori fa buio, e il lavandino sgocciola».

Questioni di cuore del vostro cronista

Questo non è un pezzo di stretta attualità, ma siccome a voi non ho mai nascosto niente, non voglio mancare al nostro incontro. Scrivo queste righe dopo un appuntamento che, per me, è più importante delle primarie, delle polemiche sulla trasmissione di Celentano (intelligente e coraggiosa) e sui problemi (gravi) del bilancio della Rai. Il fatto è che martedì 25 ottobre, al Centro Cardiologico Monzino di Milano, mi sono sottoposto a un piccolo ritocco, a una messa a punto, come si dice, del mio impianto idraulico. Faccende di cuore, ma non sentimentali.

In momenti come questi, e alla mia età, capirete che è facile cedere ai pensieri, soprattutto alle nostalgie del passato. È capitato anche a me. Allora, voglio raccontarvi quello che ho pensato.

Prima di tutto, sono contento di essere, in questo momento, nel nostro Paese anche se ha tanti guai, una Finanziaria che ha ogni giorno bisogno di ritocchi (a spese, ovviamente, di noi contribuenti), frizioni tra il Colle e Palazzo Chigi, una maggioranza tenuta insieme con la colla, Follini che va, Fini che probabilmente sfiderà Berlusconi e il Ponte sullo stretto di Messina che, dice l'Europa, non si deve fare. Che vuol dire addio sogni di gloria e Guinness dei primati per il Cavaliere. Allora, direte, perché sono contento? Perché conosco la forza della mia gente, perché mi vengono in mente la dignità di Luigi Einaudi e di Alcide De Gasperi, la pulizia morale di Ferruccio Parri e di Enrico Berlinguer, il carattere (non sempre facile) di Sandro Pertini e la tenacia con la quale Carlo Azeglio Ciampi ci protegge. Certo, sono i pensieri di un signore che ha vissuto per quasi un secolo, sono i rimpianti per quello che c'è stato e che, nel ricordo, è sempre più bello; ma, credetemi, è anche la speranza. Io di farcela, poi di farcela tutti insieme. Arrivederci.

Bianco e nero per un simbolo

Pochi giorni fa ho visto su un quotidiano una foto che mi ha colpito e che, secondo me, spiega meglio di cento articoli che cos'è la guerra. Era l'immagine di un corpo devastato, trovata da due bravi giornalisti di RaiNews 24, Sigfrido Ranucci e Maurizio Torrealta, tra le tante foto di uomini, donne e bambini uccisi dal fosforo bianco americano a Falluja nel novembre del 2004. Su quel corpo è rimasto un numero di identificazione, 0115-04-F-04, e su quello che doveva essere stato un giubbotto, una scritta: «Press». Dunque era un giornalista, forse un fotografo o un operatore, comunque venuto chissà da dove per raccontare quello che accadeva in Iraq, ma gli hanno impedito di vedere come andava a finire, di fare il suo mestiere.

Credo che quello scatto in bianco e nero debba diventare un simbolo, ricordare che l'informazione non si può negare, che è un diritto dei popoli conoscere la realtà della storia. Mi pare che la tendenza, in questo momento, sia un'altra. La vicenda di quel collega andrà comunque oltre la sua vita, così com'è stato per il giovane cinese di fronte al carro armato in piazza Tienanmen, per la bambina con le vesti stracciate dalla bomba su Hiroshima, per il ragazzino con le mani alzate nel ghetto di Varsavia tra le SS, per l'ultimo sorriso di Enzo Baldoni in pochi sfuocati fotogrammi e per l'inquadratura di Ilaria Alpi e dell'operatore Miran Hrovatin su quella maledetta jeep a Mogadiscio. E all'elenco si aggiungono il ricordo di Mariagrazia Cutuli, uccisa vicino a Kabul, di Raffaele Ciriello colpito da una raffica a Ramallah, e di tanti altri caduti perché pensavano che tutti avessero il diritto di sapere. Allora non dimentichiamoli e noi che siamo del ramo, anche se non andiamo alla guerra, cerchiamo di raccontare ogni giorno una piccola verità.

2006

Il nostro «Corriere»: centotrent'anni senza enfasi

Centotrent'anni e, come diceva mia madre riferendosi ai suoi ottanta, mi viene la battuta: vi sembrano pochi? Io credo che questo secolo e quasi mezzo del «Corriere» (nacque oggi, 5 marzo, ed era il 1876) sia lo specchio onesto, con i compromessi imposti da due guerre e da una dittatura, delle vicende del mondo. Quando penso a questo giornale, vi associo il rimpianto per mio padre: sarebbe stato orgoglioso di vedere il nome del figlio sotto la testata di questo quotidiano fatto in una grande città, Milano.

Avevo fin da ragazzo l'idea di fare il giornalista. Lo scrissi anche in un tema e la mia professoressa di italiano lo mandò al Duce. Non ho mai saputo se ha avuto il tempo di apprezzarlo. C'erano, sul «Corriere», letture che mi appassionavano e collezionavo le critiche cinematografiche di Filippo Sacchi. Uno dei miei miti era Orio Vergani e ricordo ancora come «attaccava» il suo articolo per la morte di D'Annunzio: «Il trentunesimo è arrivato». Ricordate i versi del Poeta? «Siamo trenta su tre gusci, su tre tavole di ponte.» Dal primo numero del giornale che state leggendo, centesimi cinque, sede in Galleria Vittorio Emanuele, vorrei riproporre qualche riga del «fondo»: «Pubblico, vogliamo parlarti chiaro... Ormai tu non ti lasci gabbare dalle frasi... La tua educazione politica è matura. l'arguzia, l'*esprit* ti affascina ancora, ma l'enfasi ti lascia freddo e la violenza ti dà fastidio». Pare scritto oggi. Tanti nomi, tante firme in questi centotrent'anni, tanti tipografi, stenografi, linotipisti, segretarie, telefonisti: ognuno di loro ha dato tanto al giornale e noi, che con loro abbiamo lavorato, li dobbiamo ringraziare perché ogni mattina hanno fatto sì che il vostro e il nostro «Corriere» andasse in edicola libero, nonostante quello che succedeva nel Paese e in via Solferino, i fallimenti, la P2, i cambi di proprietà e le ultime scalate dei prestanome. Soprattutto, nonostante i governi. Una confessione: oggi, e per tante ragioni, mi manca il mio amico Indro.

Gheddafi un tipo da Actor's Studio

Il colonnello Muhammar Gheddafi, che guida la Libia dal 1969 e che è riuscito a tenere testa per anni ai potenti Stati Uniti, non andrebbe mai sottovalutato. Nell'ottobre 2004 il rais libico e il premier Silvio Berlusconi, durante il loro incontro a Mellitah, decisero di far diventare il 7 ottobre il giorno dell'amicizia tra i due popoli, data che era invece ricordata per la cacciata degli ultimi italiani dallo

stato africano. Passò solo un anno e Gheddafi celebrò la
ricorrenza definendo gli italiani «fascisti che si erano im-
possessati di tutto». Quella del ministro Roberto Calderoli, che su Rai Uno mentre è intervistato da Clemente Mimun, credendo di rendersi simpatico, fa vedere la ma-
glietta della salute con le vignette satiriche contro Maometto, è stata ingenuità o stupidità? Conseguenze: il giorno dopo a Bengasi i mussulmani organizzano una manifestazione contro il consolato italiano e Gheddafi, per difendere l'incolumità del nostro personale diplomatico, ordina all'esercito di intervenire: quattordici morti e cinquantacinque feriti. Il colonnello ne sa una più del diavolo, prende la palla al volo e prima scagiona il dentista ber-
gamasco per poi attaccarlo in diretta tv: «In Italia c'è un
ministro fascista che ricorre a un linguaggio razzista, da
crociato, colonialista e retrogrado» aggiungendo: «Se l'I-
talia vuole che i suoi concittadini residenti in Libia vivano
in pace, deve pagare il prezzo. Lo deve fare per garantire
che non occuperà la Libia una seconda volta». È vero, come sostiene lo storico Angelo Del Boca, che i libici da noi
hanno solo avuto promesse mai mantenute a partire dal
1956 quando ci impegnammo a costruire, come risarcimento, un ospedale a Tripoli. Mai visto. Nel 2004 il rais
chiese a Berlusconi la costruzione di un'autostrada, sempre come risarcimento. Vorrei ricordare che i colonialisti
italiani costruirono l'acquedotto portando l'acqua nelle
città e che i tombini degli scarichi hanno sopra il simbolo
del comune di Roma. Detto ciò, penso che il colonialismo
non dovrebbe più esistere sulla faccia della terra. Purtroppo non è così. Intervistai per la Rai il colonnello
Gheddafi il 14 aprile del 1986, il giorno in cui gli americani bombardarono Tripoli, Bengasi e la sua base un paio
d'ore dopo il nostro incontro. Aspettai due giorni in una
stanza dell'albergo Al Kabir a Tripoli, era pieno di giornalisti, gli scontri tra la Libia e gli Stati Uniti duravano ormai
da sette anni da quel famoso 2 dicembre del 1979 quando
venne data alle fiamme l'ambasciata americana in Libia.

Ricordo che la mia finestra guardava sul porto: pochi bastimenti all'attracco, un paio di sommergibili dall'aspetto dimesso. Non c'era nulla che rivelasse un clima da battaglia: il cielo era azzurro e terso, l'aria aveva il tepore della primavera. La città viveva la sua giornata normale. Gli studenti in divisa uscivano dalle scuole. Ogni tanto dalla moschea, diffusa dagli altoparlanti, la voce del muezzin invitava alla preghiera. A mezzogiorno mi vennero a prendere. Finalmente arrivammo alla presidiatissima caserma di Bab Al Aziza, da varie parti spuntavano le torrette dei mezzi blindati, cannoncini, mitragliere. Al centro la famosa tenda dove il colonnello lavorava; in due baracche di legno, stazionava la guardia del corpo, robusti giovani che scrutavano tutto con cordiale insistenza. Dopo poco arrivò Muhammar Gheddafi, sorridente, camicia e pantaloni kaki: mi salutò in italiano. Nell'intervista fu ironico, rabbioso e anche beffardo quando disse che Reagan, allora presidente degli Stati Uniti, non lo avrebbe mai incontrato perché era matto. Come prima cosa gli chiesi se temeva, da un momento all'altro, un attacco. Mi rispose che non esistevano problemi tra la Libia e l'America anche se non c'era accordo sulla politica internazionale. Gli dissi che gli americani li ritenevano responsabili di attentati: quello dell'aereo di Atene e quello della discoteca di Berlino. Lui replicò: «E noi li sfidiamo a offrirci una prova, anzi noi abbiamo altre prove». Ma io insistetti: «Ma se l'America attacca, conferma che reagirà puntando sulle città del sud d'Europa?». La risposta fu la conferma: «Perché l'attacco partirà dal sud dell'Europa. Gli obiettivi saranno le nostre case, le nostre industrie, le nostre città e ciò significa uccidere noi e i nostri figli e, per il principio del trattamento reciproco, noi dovremo colpire gli stessi obiettivi, le basi da dove partono gli attacchi». Volli capire meglio e gli chiesi quale trattamento avrebbe riservato all'Italia. Gheddafi rispose in modo categorico: «La Sesta Flotta parte dal Sud Italia. Impedite alla Sesta Flotta di fare aggressioni, evacuate le basi americane».

La sensazione fu quella di avere davanti un politico accorto che sapeva benissimo che la televisione era già allora l'arma più forte, quando dichiarò che in caso di necessità avrebbe puntato i suoi cannoni verso l'Italia si tolse gli occhiali scuri e spostò il suo sguardo verso l'obiettivo della telecamera con un tempo da attore dell'Actor's Studio.

Finalmente le Olimpiadi

Finalmente le Olimpiadi sono arrivate e il tedoforo, nonostante le tante insidie, è riuscito ad accendere il braciere. Certo, essendo un simbolo poteva essere un fuoco più modesto, visto i problemi che abbiamo col gas. Ma è l'atleta che rende lo sport popolare e con le sue imprese lo fa amare ed è questo che voglio raccontare anche se non ho mai fatto una discesa nemmeno con uno slittino e quando dalle mie parti arrivava la neve non si vedeva l'ora della primavera. Tra i monti l'inverno è più lungo. Ho sempre, invece, amato le imprese degli sportivi e vederli con gli sci ai piedi mi ricorda gli acrobati del circo. Negli anni la magia di questo sport è entrata nelle case di tutti grazie alla televisione. Nel 1988, addirittura, fu interrotto il Festival di Sanremo per trasmettere l'ultima gara di Alberto Tomba che gli procurò la seconda medaglia d'oro a Calgary, in Canada. Sono nato nel 1920 come Zeno Colò, anche lui di un paese dell'Appennino tosco-emiliano, io di Pianaccio, lui di Abetone, distanti poco più di trenta chilometri. Io credo che Zeno Colò sia stato il più grande campione di sci alpino: iniziò a quattordici anni e a quindici era già in Nazionale. Era quello che si dice un talento naturale: due medaglie d'oro nel 1950, una in discesa libera, l'altra in slalom gigante ai Campionati del Mondo in Colorado, Stati Uniti. Due anni dopo, oro in discesa libera, la sua specialità, alle Olimpiadi di Oslo. Era straordinario guardare Colò mentre volava sulla neve, in quella posizione «a uovo», da lui inventata e sperimentata. Figlio di boscaioli, nella stretta di mano aveva la forza dei montanari e anche le loro poche parole. Le vittorie di Zeno Colò divennero leggenda in tutto il mondo. Nel 1956 i Giochi invernali arrivarono a Cortina d'Ampezzo, ma lui, il campione, non poté difendere i nostri colori perché nel frattempo squalificato con l'accusa di professionismo: aveva dato il suo nome a un paio di scarponi. Lo incontrai all'inizio del 1959, scrivevo per «La Stampa»: «Vai all'Abetone a intervistare Zeno Colò, ma prima passa da Modena, hanno appena chiuso i casini» mi disse il direttore. Quando incontrai l'ormai ex campione in lui c'era tutta l'amarezza dell'uomo a cui erano stati tolti, tra guerra e squalifica, gli anni più importanti. Allora gareggiava tra i maestri di sci. Gli raccontai la mia fermata a Modena, e l'incontro con una garbata signora, tenutaria di una «casa», la quale per dimostrarmi il danno e il dolore, riaprì il locale. Spalancò addirittura le finestre. Tutto era in ordine. «Senta» diceva «senta che materassi.» Intanto faceva rimbalzare le molle. «E guardi che pulizia.» Tutto era rimasto come prima: i salottini la sala da pranzo per le «pensionate», mancavano soltanto le signorine. C'era ancora un lieve sentore di acqua di colonia, di disinfettante, di sudore. La signora aggiunse: «E adesso a Modena abbiamo gli allievi dell'Accademia e cinquecento soldati della caserma di fanteria disorientati. Cosa faranno quei poveri giovanotti?». Ricordo ancora la fragorosa risata di Zeno Colò, la nostra generazione era cresciuta con i casini. Dopo aver visto in tv l'inaugurazione dei Giochi Olimpici di Torino penso che se anche le discese di Colò fossero state riprese, avrebbe avuto gli stessi ingaggi dei suoi eredi e quindi il boscaiolo dell'Abetone non avrebbe avuto la necessità di usufruire della legge Bacchelli per poter sopravvivere. Voglio ricordare il mio conterraneo per quello che fece nel 1947, quando realizzò il record di velocità scendendo dal Cervino con ai piedi sci di solo legno e senza casco, sfiorando i centosessanta all'ora. Sono contento che le Olimpiadi si svolgano a Torino perché è un po' distante da tutto e per questi quindici giorni sarà al centro del mondo.

Alla città sono legato perché, quando gli altri giornali mi licenziavano, Giulio De Benedetti, che fu un grande direttore, mi diceva: «Che bella notizia», e «La Stampa» mi offriva un posto di lavoro. Penso anche che se i Giochi sono in Piemonte una parte del merito va sicuramente all'avvocato Giovanni Agnelli che tanto li aveva voluti. Dei nostri incontri ne ricordo uno in particolare: mi portò a visitare il Museo Nazionale del Risorgimento a Palazzo Carignano: ci fermammo nell'aula del Parlamento Subalpino, dove erano stati seduti Cavour, D'Azeglio, Gioberti, Garibaldi, Balbo. L'Avvocato mi disse: «Quando uno pensa alla storia d'Italia, dovrebbe partire proprio da qui». Lasciamo le malinconie e, come ha detto Luciana Littizzetto, «Godiamoci la festa».

I misteri di sua Eminenza

Poco più di un mese fa se ne è andato Paul Casimir Marcinkus, l'uomo della finanza vaticana, il capo dello Ior, l'Istituto per le Opere Religiose, amico del «banchiere di Dio» Roberto Calvi e di Michele Sindona. Grazie all'arcivescovo americano persino la Santa Sede ebbe il suo «caso»: la banca vaticana fu compromessa dal crack del Banco Ambrosiano, e dalla misteriosa morte del suo presidente Roberto Calvi, trovato impiccato il 18 giugno del 1982 sotto un ponte di Londra. Nel 1998 l'inchiesta sulla fine del banchiere fu riaperta e, dopo aver riesumato il cadavere, i sostituti procuratori della Repubblica di Roma Luca Tescaroli e Maria Monteleone stabilirono che Calvi era stato ucciso. E di Marcinkus e del suo ruolo si ridiscusse ancora. Non ho mai conosciuto il prelato americano, ma ho incontrato Roberto Calvi due volte. La prima, a cena, ospite di un amico. Lui era ancora potente ma non mi fece alcuna impressione. Era domenica, e parlò della sua casa in campagna, a Drezzo, al confine con la Svizzera, di uova fresche e di animali. Non invitava alla cordialità. Aveva gli occhi di ghiaccio, per questo era soprannominato «il cobra». Poi l'ho incontrato dopo l'arresto avvenuto nel maggio del 1981, arresto che fece scalpore e che fu duramente criticato in Parlamento da Flaminio Piccoli e da Bettino Craxi, segretari della Dc e del Psi. Ci fu un processo, un tentato suicidio e la condanna a quattro anni per aver violato le norme valutarie con il conseguente fallimento del Banco Ambrosiano. Nonostante la sua freddezza, Calvi mi diede l'impressione di un uomo solo, eppure, poco tempo prima, Marcinkus aveva detto di lui, durante un'intervista: «Abbiamo fiducia in questo banchiere». Mi pareva di essere di fronte a un uomo fuori dal mondo, non riusciva a immaginare, dopo quarant'anni di fatiche e di emozioni, una vita senza impegni, senza far niente. Neppure il discorso sui figli pareva rianimarlo. Gli chiesi che cosa gli insegnava, e mi rispose freddo: «Niente, perché li vedo poco». A certe domande non volle rispondere, neppure accennare: niente Gelli, niente P2. Si arrabbiò quando allusi a un finanziamento che, attraverso l'America o la Germania, sarebbe arrivato a un partito italiano: «Non rispondo a domande del genere» mi disse. Non mi sembrò un uomo di forte carattere, con i baffi e i capelli tinti, il volto pallido, una specie di angoscia nelle parole, portava addosso i segni della sconfitta. Era riuscito a intrecciare i suoi «numeri» con preti e massoni, onorevoli e servizi segreti, aveva dato soldi al «Gazzettino» (Dc) e a «Paese Sera» (Pci), con Marcinkus aveva cercato le pecorelle smarrite per poi tosarle insieme, era stato in società con Sindona e con Pesenti, ma ora al vecchio «giocoliere» cominciava a cadere qualche pallina.

Allora mi domandai: «Come si è arrivati a questo disastro? Perché chi doveva non ha parlato? Perché chi ne aveva l'obbligo non è intervenuto?».

Qualche giorno prima di morire Roberto Calvi scrisse una lettera a papa Giovanni Paolo II nella speranza di avere un aiuto per salvare quello che rimaneva del Banco Ambrosiano e per togliere lo Ior dalle mani di Marcinkus che mantenne, invece, il suo incarico fino al 1989. Il contenuto della lettera venne reso noto molti anni dopo dal figlio del «banchiere di Dio». Scriveva il 5 giugno 1982 Calvi: «Santità, sono stato io ad addossarmi il pesante fardello degli errori nonché delle colpe commesse dagli attuali e precedenti rappresentanti dello Ior. Sono stato io che, su preciso incarico dei suoi autorevoli rappresentanti, ho disposto cospicui finanziamenti in favore di molti Paesi e associazioni politico-religiose dell'Est e dell'Ovest».

Qualche mese dopo la morte del banchiere incontrai la vedova, Clara Calvi, le chiesi quando cominciarono i guai per suo marito. Lei mi rispose: «Mio marito era innocente e chi doveva pagare, chi doveva presentarsi come imputato, era lo Ior e un altro gruppo italiano che non dico. Alla vigilia del processo io mi precipitai da Marcinkus e lo supplicai di fare qualcosa, di assumersi le sue responsabilità. Non mi meravigliai che l'altro gruppo privato si difendesse come poteva, ma da parte della Chiesa non mi sarei mai aspettata che non si prendesse le sue responsabilità. Mio marito era in prigione e si era stancato di pagare per gli altri».

Adesso con la morte di Paul Marcinkus svanisce l'ultima possibilità di conoscere la verità su uno dei tanti misteri d'Italia, un intreccio tra massoneria, mafia, servizi segreti, Vaticano, riciclaggio di denaro sporco, traffico d'armi per la guerra delle Falkland, finanziamenti alla dittatura di Somoza e al sindacato cattolico polacco Solidarnosc, un intrigo internazionale che costò alla Chiesa 1500 miliardi di vecchie lire oltre ai pesanti giudizi morali.

Una dittatura crudele e stupida

La storia di Slobodan Milosevic si è conclusa il 18 marzo scorso con la sepoltura all'ombra di un vecchio tiglio nella sua villa a Pozarevac, a ottanta chilometri da Belgrado. Ex presidente di banca, era stato nominato nel 1986 leader del partito comunista serbo, nel 1989 presidente della Serbia fino al 25 settembre del 2000, giorno della sconfitta elettorale. Migliaia di nostalgici alle esequie, qualche venditore di ricordi di un potere che per fortuna non esiste più. Milosevic è stato il protagonista di quattro conflitti che per dieci anni hanno insanguinato l'ex Jugoslavia: Slovenia, Croazia, Bosnia e Kosovo. Per questo era soprannominato il «Macellaio dei Balcani» e «Hitler II». Lo sanno bene le madri di Srebrenica dove a Tuzla, nella sede dell'Unione delle donne, le poche sopravvissute al massacro del 1995 (oltre ottomila vittime tra adulti e ragazzi), alla notizia della sua morte hanno esultato. Slobodan Milosevic era rinchiuso nel carcere dell'Aja dal 2001 e sulla sua testa pendevano sessantasei capi di imputazione; tra questi, tre per crimini contro l'umanità (omicidio, deportazione e persecuzione) e uno per crimini di guerra. Il tribunale dell'Aja, che lo accusava anche per «aver pianificato, istigato, ordinato ed eseguito o in qualunque altro modo sostenuto e favorito la campagna di terrore e violenza diretta verso civili albanesi in Kosovo», stava per concludere il processo che probabilmente avrebbe condannato l'ex leader serbo al carcere a vita. Figlio di un padre catechista, la madre insegnante, tutti e due morti suicidi, Slobo era considerato un uomo dalla doppia personalità, quella ufficiale che usava nei rapporti di politica estera, lo rendeva quasi presentabile. È lui il garante della pace di Dayton nel novembre 1995, che dopo quattro anni di guerra mise la parola fine al conflitto nell'ex Jugoslavia, dopo duecentomila morti e più del cinquanta per cento della popolazione fuori dalla propria casa. Poi c'era l'aspetto del fanatico che voleva costruire la «grande Serbia», utilizzando la pulizia etnica e la sua mitomania lo spinse a portare la Serbia in guerra contro quasi tutto il mondo senza pensare alle conseguenze per il suo popolo. Nell'aprile del 1999 ero a Belgrado sotto quelle che venivano definite le bombe intelligenti. Era incredibile come i proiettili lanciati dalle navi o dagli aerei facevano centro. Una notte, con la mia troupe, andammo a vedere quel che restava del grattacielo della televisione: quattro colpi piazzati su quattro. In alto e in basso, grandi macchie nere provocate dal fumo delle esplosioni e dieci persone che lavoravano uccise. Mi ricordo che c'era il tentativo di continuare una vita normale e forse, in segno di sfida, si faceva musica in piazza, ma nella mia memoria non c'era molta gente ad ascoltare: l'esecuzione serviva più alla propaganda di Milosevic che al morale della popolazione. Vedevo i sacrifici della gente e il terrore nei loro volti a ogni sirena che lanciava l'allarme di un possibile bombardamento. Ho sempre pensato che la guerra va disonorata e più che mai in quei giorni mi sentivo pacifista, come oggi per la guerra in Iraq, e provo ansia per quello che potrebbe accadere in Iran. Di solito le dittature sono crudeli; se poi mettono in piedi anche una burocrazia stupida come quella che c'era a Belgrado, la pena aumenta. Nessuno conosceva il conto dei morti. E io provavo simpatia per quella gente che non sapeva perché nessuno la informava, ma aveva capito che era iniziata una partita mortale. La fine di Slobodan Milosevic fu decisa dal suo stesso popolo, quando il 25 settembre del Duemila elesse al suo posto, alla pres`denza della Serbia, Vojislav Kostunica, un professore di diritto che nel 1992 aveva fondato il Partito Democratico Serbo. Durante i bombardamenti della Nato Kostunica aveva attaccato la comunità internazionale e allo stesso tempo accusato Milosevic di aver portato il Paese alla rovina. Qualche giorno dopo la sua elezione lo intervistai e gli chiesi chi era stato Milosevic. Lui mi disse: «Un burocrate comunista che ha saputo strumentalizzare abilmente i sentimenti nazionalisti del suo popolo. Milosevic ha usato la politica nazionale per conquistare il potere e per rimanere in sella il più a lungo possibile. Era soprattutto un uomo privo di valori». Gli chiesi anche quali erano le sue colpe. Mi rispose: «Con la sua politica ha scatenato conflitti per cui la maggior parte dei serbi è dovuta andarsene dalla terra dove viveva. Per quanto difficile fosse la situazione in Kosovo e complessi i rapporti tra serbi e albanesi, Milosevic non ha fatto nulla per iniziare un dialogo». Allora Kustunica era contrario a che Milosevic fosse giudicato dal tribunale dell'Aja, che considerava una istituzione più politica che giudiziaria: per lui l'ex leader doveva essere giudicato dal suo popolo. Sempre quando ero a Belgrado, una domenica ho visto entrare allo zoo una fila di orfanelli che saltellavano sotto la pioggia. Oggi mi chiedo se i maestri avranno avuto il coraggio di raccontare loro che le belve sono feroci, ma che gli uomini azzannano non per la fame ma per il potere.

Un consiglio ai giovani colleghi

È vero: c'è una stagione della vita in cui, più delle speranze, contano i ricordi. E come ha detto un grande scrittore non bisogna averne paura. Appartengo a una generazione nata subito dopo la Prima guerra mondiale e che ha pagato il conto della Seconda. Questi appena passati sono stati i giorni della memoria: il 25 aprile con l'anniversario della Liberazione, ma soprattutto il 22, perché in un piccolo comune della Bassa Romagna, Conselice, provincia di Ravenna, è stato inaugurato il Monumento alla Libertà di Stampa. Nella piazza è stata sistemata una vecchia «pedalina», la macchina che veniva usata una volta nelle stamperie. Ma, durante la Guerra di Liberazione le stamperie erano più che altro clandestine, soprattutto in quella zona, e sfornavano, oltre a migliaia di volantini, addirittura dodici testate, tra cui «l'Avanti», «l'Unità», «La Voce Repubblicana», «Noi donne» e i giornali delle Brigate partigiane come «Il Garibaldino» e «Il Combattente». Nessuna di queste tipografie clandestine fu mai scoperta e il monumento voluto dall'Anpi, dalla Federazione Nazionale della Stampa e dal Comune di Conselice è dedicato a quei 140 tra donne, uomini e ragazzi che, rischiando la vita, portarono avanti la loro guerra di libertà. Mi sento vicino a quella gente perché i quattordici mesi in cui ho fatto il partigiano sono il periodo che ricordo con più orgoglio ma anche con tanti rimpianti. Ripensare alla vecchia «pedalina» mi fa rivivere quei giorni: avevo ventiquattro anni e molte illusioni. Ognuno di noi portò nella Brigata non solo le sue idee e la sua storia, ma anche le proprie capacità e quello che faceva nella vita. Così, io che non ero uno stratega e di campagne militari conoscevo solo quelle napoleoniche, pensai che era importante raccontare la situazione del nostro Paese e i princìpi che ci avevano spinto a combattere i nazifascisti. Da due anni ero giornalista professionista, così con i pochi mezzi che avevamo, feci un giornale, «Patrioti», due pagine che stampavamo oltre il fronte, a Porretta Terme. Ne uscirono tre numeri. Non avemmo la fortuna dei compagni di Conselice perché la nostra tipografia una notte fu perquisita, ma grazie a Dio la stampa e la consegna del nostro foglio erano avvenute meno di ventiquattro ore prima. Il primo numero uscì il 22 dicembre 1944; accanto al logo della testata, dove oggi viene messa la pubblicità, scrissi: Esercito Partigiano, Divisione Bologna. L'editoriale portava come titolo «Perché l'Italia viva». Cominciava così: «Ciò che hai fatto non sarà dimenticato. Né i giorni, né gli uomini possono cancellare quanto fu scritto col sangue. Hai lasciato la casa, tua madre, per correre alla montagna. Ti han chiamato "bandito", "ribelle"; la morte e il pericolo accompagnavano i tuoi passi. Scarpe rotte, freddo, fame, e un nemico che non perdona. Sei un semplice, un figlio di questo popolo che ha sofferto e che soffre: contadino o studente, montanaro od operaio. Nessuno ti ha insegnato la strada: l'hai seguita da solo, perché il cuore ti diceva così. Molti compagni sono rimasti sui monti, non torneranno. Neppure una croce segna la terra dove riposano. La tua guerra è stata la più dura, tanti sacrifici resteranno ignorati. Contadino o studente, montanaro od operaio, ti sei battuto da soldato. E da soldati sono caduti coloro che non torneranno…Giosuè Borsi, poeta e combattente, lottò e cadde per un'Italia più grande,

ma soprattutto "per un'Italia più buona". Anche tu vuoi
che da tanti dolori nasca un mondo più giusto, migliore,
che ogni uomo abbia una voce e una dignità. Vuoi che ciascuno sia libero nella sua fede, che un senso di umana solidarietà leghi tutti gli italiani tornati finalmente fratelli.
Vuoi che questo popolo di cui sei figlio viva la sua vita,
scelga e costruisca il proprio destino. Non avrai ricompense, non le cerchi. Sarai pago di vedere la patria, afflitta
da tante sciagure, risollevarsi. Uno solo è il tuo intento:
perché l'Italia viva».

Lo firmerei ancora e sono grato a tutti quelli che hanno
voluto ricordare con il monumento di Conselice quanto è
importante, per la democrazia, una stampa libera. E mi
permetto un consiglio ai miei giovani colleghi, soprattutto
alla luce di quanto, nel nostro mestiere, è successo in questi ultimi anni: andate a vedere la «pedalina» e riflettete
sull'epigrafe dettata da Giampiero Saviotti: «Donne e uomini della Resistenza contro la dittatura fascista e gli invasori nazisti fecero vivere la libertà di stampa conquistando
insieme l'unità della Patria, la democrazia, la Costituzione,
la pace tra i popoli».

Senza vergogna. E senza rancore

Una volta tanto sono costretto a dare ragione al Cavalier
Silvio Berlusconi, che qualche lettore ricorderà come ex
presidente del Consiglio. In un comizio il leader dell'opposizione ha detto, riferendosi alla mia rubrica su queste
colonne, che sono vecchio e rancoroso. Ho ottantasei anni, quattro nipoti, chissà che non ce la faccia a diventare
bisnonno, e non mi sono mai vergognato dei miei capelli
bianchi. Questo per dire a un giovanotto settantenne che
l'età non è una colpa e si può convivere con una faccia con
le rughe. Per quanto riguarda il «rancoroso», invece non
sono d'accordo: l'aggettivo non è appropriato e vorrei rassicurare l'onorevole Berlusconi. Non gli porto rancore per

la cacciata dalla Rai, figuriamoci, piuttosto ho criticato il suo governo perché convinto che portasse allo sfascio il mio Paese, perché non potevo sopportare le leggi ad personam e le bugie per far credere agli italiani di vivere nel paese delle meraviglie. E poi, come fa a dare del rancoroso a me lui, un uomo che non è capace di accettare la sconfitta, che ha esasperato il clima politico tanto che un suo alleato è riuscito a offendere Rosy Bindi nel modo che nemmeno all'osteria del mio villaggio potevano immaginare? Ancora: può un ex capo di governo strizzare l'occhio alle signore dichiarando che adesso avrà più tempo per loro? E come giudicare non il comizio, ma l'arringa a «Porta a porta», peraltro senza contraddittorio? Infine l'incitamento a scendere in piazza: «Attenzione a non tirare troppo la corda» ha detto il capo di Forza Italia a Napoli. «Se questa Italia che sto conoscendo perde la pazienza e scende in piazza, peggio per loro.» Vede, Cavaliere, anche su questo non siamo d'accordo: conosco il mio Paese e so che è più maturo di quanto lei pensa, so che rispetta la democrazia e mi auguro che oggi glielo dimostri ancora una volta nelle urne. Senza rancore.

E Pasolini mi disse: «Ho cancellato la parola speranza»

Ricordo certi colloqui con Pier Paolo Pasolini e soprattutto una frase: «Vedo di fronte a me un mondo doloroso e sempre più squallido. Non ho sogni, quindi non mi disegno neppure una visione futura».

Nelle sue parole c'erano innocenza e bisogno di verità. Non temeva la vecchiaia né aveva più paura della morte: «Ne ho avuta molta a vent'anni. Ma era giusto perché allora, attorno a me, venivano uccisi dei giovani, venivano trucidati. Adesso non l'ho più. Vivo un giorno per l'altro, senza quei miraggi che sono alibi. La parola speranza è completamente cancellata dal mio vocabolario».

Perché concludo il libro con Pasolini? Perché in poche

parole lui è riuscito a rappresentare uno stato d'animo che è anche mio. È vero, mi sono nascosto dietro le parole del poeta, ma non è facile mettere a nudo quello che si prova, si è sempre un po' portati a recitare una parte. Anche per me lo scrivere non ha rappresentato solo il lavoro, è stato tutto nella mia vita. So bene che è un mio grande limite, ma non sarei capace di fare niente altro, non ho hobby, non so pescare, giocare a carte, il giardinaggio non mi ha mai attratto, faccio sempre più fatica a leggere, mi interessano solo le biografie nella speranza di trovare un po' della mia vita e dei miei pensieri in quelli degli altri. Non ho mai avuto frequentazioni mondane, raramente partecipo a iniziative pubbliche, perché mi danno la sensazione di essere ancora più solo. Sto con la mia famiglia e frequento pochi amici: Loris, che mi scrocca sempre un pasto caldo, Missoni che ha per me un grande affetto, ricambiato, Giancarlo Aneri e Giorgio Bocca con i quali mi incontro per il premio «È giornalismo». Infine Franco Iseppi che mi tiene informato sulle vicende della Rai e per lui credo sia diventato un incubo la mia domanda: «È previsto qualcosa per noi? Ci faranno fare qualcosa?». Ma gli amici servono anche per questo. Ricordo quando fu direttore generale della Rai, e la prima volta che lo andai a trovare al settimo piano di viale Mazzini, là dove c'è il cavallo, mi tolsi la soddisfazione di andare a pisciare nel bagno dove erano stati i grandi direttori generali: Ettore Bernabei e Biagio Agnes.

Gli amici della mia generazione, invece, uno alla volta se ne stanno andando: Federico Fellini, Dario Zanelli, Renzo Renzi, Giuliano Lenzi, Sandro Bolchi, l'ultimo Pietro Garinei. Mi manca la sua telefonata domenicale che arrivava anche quando la Roma aveva perso. Mi mancano i suoi commenti a quello che scrivo, mi manca il suo affettuoso: «Tieni duro». Mi mancheranno le nostre discussioni guardando la partita in tv nelle sere d'agosto, e le nostre silenziose passeggiate nei boschi. Da quando Pietro era rimasto vedovo, quei pochi giorni che si concedeva lontano dal suo Sistina, li passava con me a Pianaccio.

Il ruolo del regista non lo abbandonava mai; come arrivava organizzava la mia giornata: «Enzo devi camminare. Domani andiamo a Porretta. Andiamo a prendere i prosciutti a Pietracolora». E alla sera mi diceva: «giochiamo», che voleva dire metterci a cantare le nostre canzoni, e quasi sempre vincevo io perché me ne ricordavo di più. Inevitabile era la sigla di chiusura prima della buonanotte: «Roma nun fa' la stupida stasera» di Garinei e Giovannini, musica di Trovajoli, interpreti Pietro e Enzo.

Per scrivere un libro che parla anche della vita dell'autore, la mia segretaria Pierangela mi ha preparato tanto materiale e una scatola di vecchie foto dove ho trovato quelle di quando andavo a scuola a Bologna, che si fanno a fine anno: tutti in fila, i più piccoli in piedi sulla panca nascosta dai più grandi e il maestro al centro. Rivedo i miei compagni: sorridenti, pantaloni alla zuava, chi aveva i soldi portava i maglioni come Robert Taylor, che fu un bellissimo di Hollywood. (...)

C'è qualcuno che ha detto che questa generazione, la mia, non ha avuto altro che il tempo di morire. Ma c'è una cosa che è ancora più triste, perché è vero che ci sono molti morti nella nostra vita, ma come ha detto Bernanos, «più morto di tutti è il ragazzo che io fui». Voglio dire che quello che la guerra ha portato via e che nessuno ci potrà mai più rendere sono le illusioni, i sogni e gli errori dei vent'anni.

Forse è qui la nostra unica grande attenuante, quella di una generazione che non ha mai avuto la giovinezza.

2007

La mia Italia che non si arrende

Torno in tv dopo un intervallo durato cinque anni: insormontabili ragioni che chiamerò tecniche mi hanno impedito di continuare il mio programma. Sono contento, perché alla mia rispettabile età c'è ancora chi mi dà una testimonianza di fiducia e mi offre lavoro. Ma non voglio portar via il posto a nessuno: non debbo far carriera, e non ho lezioni da dare. Voglio solo concludere un discorso interrotto con i telespettatori, ripartire da dove c'eravamo lasciati e guardare avanti.

Quante cose succedono intorno a noi. Cercheremo di raccontare che cosa manca agli italiani e di che cosa ha bisogno la gente. Fra poco sarà il 25 aprile. Una data che è parte essenziale della nostra storia: è anche per questo che oggi possiamo sentirci liberi. Una certa Resistenza non è mai finita. C'è sempre da resistere a qualcosa, a certi poteri, a certe promesse, a certi servilismi. Il revisionismo a volte mi offende: in quei giorni ci sono state anche pagine poco onorevoli; e molti di noi, delle Brigate partigiane, erano raccoglitici. Ma nella Resistenza c'è il riconoscimento di una grande dignità. Cosa sarebbe stata l'Italia agli occhi del mondo?

Sono un vecchio cronista, testimone di tanti fatti. Alcuni anche terribili. E il mio pensiero va ai colleghi inviati speciali che non sono ritornati dal servizio, e a quelli che speciali non erano, ma rischiavano la vita per raccontare agli altri le pagine tristi della storia. I protagonisti per me sono ancora i fatti, quelli che hanno segnato una generazione: partiremo da uno di questi, e faremo un passo indietro per farne un altro, piccolo, avanti. Senza intenzione di commemorarci.

Indice dei nomi

Abatantuono, Diego 331
Adenauer, Konrad 69
Aga Kahn, Karim 78 363
Agča, Mehmet Ali 487
Aggradi Ferrari, Mario 131
Agnelli, Edoardo 367 368 371 377
Agnelli, Gianni 363-365 367 368 370 371
    373-378 383 499
Agnelli, Susanna 367 368 370 372 374-
    376 378
Agnelli, Umberto 367 368 371 375 378
Agnes, Biagio 508
Aiché, Nanà 98
Ajmone Marsan, Mariuccia 370
Albertazzi, Giorgio 256
Alberti, Lucia 195
Alessandri, Marcello 114
Alessandrini, Emilio 182
Allen, Woody 279
Almirante, Giorgio 149 155 224
Alpi, Ilaria 493
Ambrosoli, Giorgio 305 306 448
Amendola, Giorgio 267
Amery, John 15
Amorese, Renato 401 402 409
Amosov, Nikolaj 168
Andreoni, Carlo 28
Andreotti, Giulio 71 199 208 261 265 282
    283 308 393 398 415-417 445 448
Aneri, Giancarlo 508
Angela, Piero 116
Angeloni, Maria Elena 211
Angioni, Franco 460
Ansaldo, Giovanni 423
Antonicelli, Franco 371 378
Appelius, Mario 350
Arafat, Yasser 483-484
Arbore, Renzo 383

Arden, Elisabeth 62 282
Asche, Virginia 165
Assetta Binda, Aldo 114
Astaire, Fred 96
Auster, Paul 461
Ayala, Giuseppe 390

Baader, Andreas 321
Babel', Isaak 212
Bacchelli, Riccardo 498
Bach, Johann Sebastian 213 435
Badaloni, Nicola 99
Badoglio, Pietro 214
Bagarella, Calogero 228
Baglioni, Claudio 383
Baker, Josephine 96
Bakunin, Mikhail 181 213
Balbo, Italo 369, 499
Baldisserri, Marco 177
Baldoni, Enzo 493
Balducci, Armenia 196
Barde, Jeanine 15
Barletti, Antonio 110
Barnard, Christiaan Neethling 163-165
    168 169
Bartali, Gino 30 77
Bartoli, Domenico 135 200
Barzini, Luigi 8 135 209
Basile, Emanuele 392
Bassani, Giorgio 209
Bassanini, Franco 346-347
Baudelaire, Charles 96 240
Bebawi, Claire 152
Bellentani, Pia 432
Bellotti, Pietro 227
Beltrame, Achille 424 460
Ben Bella, Ahmed 116
Bene, Carmelo 269

Beneforti, Walter 159 160 162 224 226
Benelli, Giovanni 309
Benigni, Roberto 279-281 437 438-440 460
Benso, Camillo conte di Cavour 202 331 460 499
Benvenuti, Nino 110
Benvenuto, Giorgio 365
Berardi, Rosario 322
Bergianti, Euridia 284
Bergman, Ingmar 255
Berlinguer, Enrico 211-214 216 217 265 266 492
Berlinguer, Giovanni 212
Berlusconi, Silvio 333-337 339 421-422 438-439 447 455-456 460 470 472 473 492 494-495 506 507
Bernabei, Ettore 111 112 115 117 118 508
Bernanos, George 486 509
Berneschi, Alfredo 151
Berruti, Livio 108 109
Bertani, Odoardo 238
Berti, Nanda 62
Berti, Ugo 62
Bertoli, Gianfranco 182
Bertuzzi, Irnerio 126 127 133
Bettiza, Enzo 336
Bevilacqua, Antonio 30
Biagi, Enzo 8 112 117 118 277 294 313 355 384 431 438 440 443-444 472-473 475 509
Biagi, Lucia 60-62
Biagi, Marco 470 471
Biagi, Marina Orlandi 471
Bignardi, Agostino 238 240
Bin Laden, Osama 462
Bindi, Rosy 507
Bismark von, Otto 330
Blaiberg, Philip 165 168
Blair, Tony 460
Bluette, Isa 24
Blum, Léon 369
Blyt, Ann 64
Bo, Carlo 243
Bobbio, Norberto 381
Bocca, Giorgio 112 252 315 508
Bolchi, Sandro 508
Bolis, Paolo 114
Böll, Heinrich 448
Bolognini, Paola 77

Bompressi, Ovidio 218 221 223
Bonaparte, Napoleone 434
Bongiorno, Mike 78 81 82 205 442
Bono Parrino, Vincenza 346
Bontade, Stefano 389, 411
Bordiga, Amadeo 213 268
Bordon, Furio 428
Bordoni, Carlo 296 306 307
Borghese, Valerio 208
Borsalino, Giuseppe 482
Borsellino, Paolo 396 412 416
Borsi, Giosué 505
Boselli Agnelli, Clara 366 371 372 375 376
Bossi, Carmelo 110
Bossi, Umberto 422 432-433 439
Botticelli, Sandro 419
Bourbon del Monte, Virginia 367 371
Boyer, Lucienne 374
Bozzi, Pierangela 509
Brancati, Vitaliano 38 171
Brandt, Willy 320 321 350 354
Brasillach, Robert 15
Brecht, Bertold 293 353 89 197 198 257 258
Brežnev, Leonid 206 280
Brissoni, Alessandro 63
Bronson, Charles 372
Brown, Hubert 145
Bruneri, Mario 35 77
Brusadelli, Stefano 346
Bubbles, Melody 95 97
Budigna, Luciano 81
Buonarroti, Michelangelo 37 422
Buscetta, Tommaso 340 342 345 386-390 392 397 409 413 416
Bush, George Herbert Walker 363
Bush, George Walker 458 460
Buttiglione, Rocco 439
Buzzati, Dino 8 137

Caetani Benedetto (papa Bonifacio VIII), 255
Caglio, Anna Maria Moneta 65 66
Cagol, Margherita 263 264
Calabresi, Gemma 218
Calabresi, Luigi 188 208 217-218
Calamai, Marisa 33-35
Calderoli, Roberto 495
Calderone, Giuseppe 397
Calderoni, Venusta 31-36

Callas, Maria 434
Calò, Pippo 389 414
Calogero, Guido 181-184
Calvi, Roberto 299 300 302-303 308 313 499-501
Calvino, Italo 174
Campbell, Jane 367 372
Camus, Albert 426 470
Canella, Giulio 35 77
Canesi, Carlo Alessandro 300
Cantor, Eddie 96
Capanna, Mario 174
Capolicchio, Dario 418
Caponnetto, Antonio 393 396
Capovilla, Loris 119-120
Caprio, Giuseppe 309
Carini, Bruno 49
Carli, Guido 330
Carné, Marcel 25
Carnera, Primo 424
Carney, David 108
Carrà, Raffaella 350 421
Carrel, Ghitta 368
Carrisi, Al Bano 204 348
Carrol, William C. 165
Carter, James Earl 280
Casadei, Raul 328
Casalegno, Carlo 321-322
Casaroli, Paolo 43-44 46
Cascio, Leoluca Orlando 357 358 396 399 415
Caselli, Gian Carlo 416-417
Casero, Giuseppe 124
Cassola, Carlo 153
Castro, Fidel 437 491
Castronovo, Valerio 368
Catti, Maria Romana 69-70
Cattucci, Franco 114
Cavallari, Mario 27
Cavallari, Vincenzo 27
Cavallaro, Melchiorra 341
Cavallero, Pietro 158 160 163
Cavataio, Michele 390
Cazzaniga, Vincenzo 131 257
Ceausescu, Elena 359
Ceausescu, Nicu 359
Cecchi, Ezio 29 30
Cefis, Eugenio 224 225 302 447
Celentano, Adriano 491
Celentano, Rosita 348
Céline, Louis-Ferdinand 369

Cellini, Benvenuto 476
Cesarini, Ezio 7
Cesarini, Metello 201 206
Cetta, Franco 116
Chaplin, Charlie 383 425 438 447
Chesneaux, Jean 254
Chierici, Maurizio 201 204
Chiesa Sala, Laura 400
Chiesa, Mario 400 401 407
Chinnici, Rocco 392 398
Chirac, Jacques 460
Chopin, Frédéric François 486 491
Churchill, Winston 330 351 456
Ciampi, Carlo Azeglio 455 484 492
Ciano, Edda 374
Cicciolina (Ilona Staller) 380
Cicogna, Marina 195
Cimatti, Marco 30
Ciriello, Raffaello 493
Citaristi, Severino 386
Citroën, André 370
Clair, Renè 97
Clark, Jim 113
Clay, Cassius 110
Cleaver, Eldridge 145
Clinton, Bill 435-437
Cocteau, Jean 96
Cogliati, Ottavio 110
Colò, Zeno 497 498
Colombo, Carlo 76
Colombo, Cristoforo 482
Colombo, Emilio 29 205
Colombo, Fulvia 63
Conforto, Giuliana 272
Connally, John 138
Consolini, Adolfo 110
Conti, Rosalia 245-246
Contrada, Bruno 426
Cooley, Denton 166-167 169
Coppi, Fausto 30-31 77 424
Coppola, Agostino 311
Cordova, Agostino 387
Cori, Ivan 27
Cossiga, Francesco 248 282 358 359 379
Cossutta, Armando 307
Costa, Roberto 114
Costanzo, Maurizio 357 359
Craxi, Bettino 328-330 336-337 381-386 393 400 421 445-446 500
Craxi, Bobo 382 415
Croce, Benedetto 78 214 231

513

Crockett, Campbell 142
Cronkite, Walter 386
Cuccia, Enrico 305 447 448
Cucciolla, Riccardo 195
Cuccurullo, Vincenzo 10
Curcio, Renato 262-264 315 322
Cusani, Sergio 386
Cutolo, Raffaele 326
Cutugno, Toto 348
Cutuli, Mariagrazia 493

D'Alema, Massimo 439 469
D'Ambrosio, Gerardo 179 182 186-188
D'Annunzio, Gabriele 393 457 494
D'Aragona, Ludovico 28
D'Azeglio, Massimo 499
D'Hospital, Jean 149
D'Inzeo, Piero 110
D'Inzeo, Raimondo 110
Da Vinci, Leonardo 419 422
Dall'Oglio, Alessandro 65
Dalla Chiesa, Carlo Alberto 230 263 314-
    316 319 387 392
Dalla, Lucio 383
Darida, Clelio 332
Darvall, Denise 164
Davanzali, Alberto 456
De Almeida Guimares, Cristina 340 342
De Amicis, Edmondo 369
De Bakey, Michael 165
De Benedetti, Giulio 107 111 499
De Feo, Italo 111 112
De Gasperi, Alcide 16 55 69 71 73 135
    214 270 477 492
De Gaulle, Charles 113 132 133 149 348
De Gennaro, Gianni 340 387 456
De Kruif, Paul 142
De Martino, Francesco 201
De Mauro, Mauro 134
De Michelis, Gianni 330
De Mita, Ciriaco 330 333 336-337 346
    415
De Piccoli, Franco 110
De Pisis, Filippo 8
De Poletti, Marcella 57
Degoli, Lando 77
Degrelle, Léon 14
Del Boca, Angelo 495
Del Buono, Oreste 62
Del Turco, Ottaviano 382
Delconsole, Milena 227

Deleuze, Gilles 248
Delfino, Giuseppe 110
Delle Chiaie, Stefano 186
Delle Fave, Umberto 185
Depredhomme, Richard 30
Déry, Tibor 426
Di Bella, Franco 294 296
Di Cillo, Rocco 391
Di Crescenzio, Emilio 5
Di Donato, Giulio 385
Di Giacomo, Vittorio 116
Di Maggio, Balduccio 416
Di Pietro, Antonio 386 390 399-403 409
    421 424
Di Rosa, Antonio 455
Di Vittorio, Giuseppe 198
Dietrich, Marlene 369
Dimitrov, Georgi 216
Doblin, Alfred 89
Doletti, Mino 5
Dollmann, Eugen 466
Dominguin, Paola 348
Donat Cattin, Carlo 283
Donati, Maria 24
Donnarumma, Elvira 24
Dozier, James Lee 314
Dozza, Giuseppe 477
Dubcek, Alexander 206
Dubost, Charles 166

Ebert, Friederich 9
Edison, Thomas Alva 462
Einaudi, Luigi 492
Einstein, Albert 432 463
Eisenhower, Dwight 17 90
Emanuelli, Enrico 62 117
Enriques, Federico 62
Erhard, Ludwig 92
Esfandiary Bakhtiari, Soraya 434
Evola, Julius 180

Fabbo, Dora 316
Fabbri, Marino Giorgio 225
Fabbris, Gabriele 43
Fabris, Tullio 184
Falchi, Anna 441
Falcone, Giovanni 312 342 358 386-395
    397-399 411-413 415 416
Falcone, Maria Di Fresco 391 394-395
Falivena, Aldo 114 118
Fallaci, Bruno 61

Fallaci, Oriana 61 301 310
Fallada, Hans 89 353
Fanfani, Amintore 47 65 71 82 94 111 130 131 150 330
Faranda, Adriana 272 273
Faretti, Nazareno 201 204 205
Farioli, Lauro 105
Farioli, Umberto 264
Farris, Daniele 44 45
Fattori, Giorgio 62
Faulkner, William Cuthbert 175 466
Fausti, Franco 332, 333
Federico IX di Danimarca 13
Fellini, Federico 203 364-365 427 429 431 508
Feltrinelli Giangiacomo 118 207 208 209 210 211
Feltrinelli, Antonio 141
Fermi, Enrico 462 466 482
Fernandez, Dominique 153
Ferrara, Giuliano 349 421 422
Ferrari, Enzo 364 365
Ferri, Assunta 31-36
Fiasconaro, Luigi 182
Filogamo, Nunzio 78
Fini, Gianfranco 439, 492
Fioravanti, Valerio 289-292
Fiore, Mary 130
Fiori, Publio 332 333
Firpo, Luigi 346
Fiume, Angela 418
Flaubert, Gustave 178
Fo, Dario 254 255
Foik, Marian 108
Forconi, Giacomo 110
Forlani, Arnaldo 446
Formica, Salvatore Rino 446
Fornasini, don Giovanni 475
Fort, Caterina 56-60
Fortebraccio (pseudonimo di Mario Melloni) 349 365 423
Fossa, Maria 32 33 35 36
Foster Dulles, John 90
Frajese, Paolo 114
France, Anatole 153
Franceschini, Alberto 315 322
Franchi, Ovidio 105
Frank, Anna 474
Frank, David 464
Fratello, Rosanna 195
Freda, Franco 180-187

Fregoli, Leopoldo 422
Fuchs, Klaus Emil Jules 353
Fuksas, Massimiliano 173
Fürstenberg, Tassilo 372
Fustagni, Carlo 114

Gable, Clark 10
Gabré (pseudonimo di Gabriele Vanorio) 24
Gagarin, Jurij Alekseevic 369 483
Gaiardoni, Sante 110
Galli, Ernesto 174
Gallo, Paolo 113
Gallo, Salvatore 113
Galloni, Giovanni 274
Galluzzo, Lucio 387 393
Gambino, John Charlie 311-312
Gandhi 36 146 176 433 486
Garbo, Greta (pseudonimo di Greta Lovisa Gustafsson) 369 482
Gardini, Raul 447
Garibaldi, Giuseppe 27 156 172 499
Garinei, Pietro 118 508 509
Garson, Greer 64
Gasparri, Maurizio 484
Gatti, Adolfo 152
Gavallotti, Carlo 238
Gelli, Licio 294 296 299-302 308 313 500
Geraci, Gaetano 57
Geraci, Vincenzo 396
Germi, Pietro 36 432
Gheddafi, Muammar 280 447 494-496
Ghedini, Spero 28
Ghetti, Augusto 137
Ghidoni, Giancarlo 182
Giacalone, Nicola 343
Giannettini, Guido 187 188
Giannini, Guglielmo 202
Giannini, Luigi 23
Giannini, Massimo Severo 345-347
Gide, André 178
Gierek, Edward 212
Giglio, Tommaso 62
Gioberti, Vincenzo 499
Giolitti, Antonio 201
Giolitti, Giovanni 330
Giordani, Brando 114 329
Giordani, Sergio 118
Giovannini, Sandro 28 118 509
Girardengo, Costante 8
Girardi, Francesca 474

Gironi, Roberto 227
Girotti, Raffele 227
Girotto, Silvano (Frate Mitra) 315
Giudici, Franco 137
Giuliani, Carlo 456
Giuliano, Giorgio Boris 392
Giuliano, Salvatore 424
Gladstone, William Ewart 330
Gombrowicz, Witold 296
Gomulka, Wladyslaw 212
Gonella, Guido 112
Gorbačёv, Michail 363 491
Goria, Giovanni 401
Gorini, Natale 28
Gorresio, Vittorio 82
Graham, Katharine 436 473
Gramsci, Antonio 198 213 267 268 365 369
Grandi, Dino 7
Greco, Michele 414
Greco, Salvatore 414
Green, Julien 76
Grillo, Beppe 348 349
Grimaldi, Carolina 368
Grisi, Lodovico 373
Gronchi, Giovanni 82 110 130 131
Grosz, George 8
Gruber, Lilli 363
Guareschi, Giovanni 62 79 117 423
Guattari, Felix 248
Guerra, Tonino 288
Guerri, Sergio 309
Guitton, Jean 119
Guttuso, Renato 195
Guzzi, Rodolfo 308 312

Haakon VII di Norvegia 13
Hamsun, Knut 15
Harlow, Jean 5
Harrington, Michael 143
Haydy, Hugh 144
Hayworth, Rita 363
Hemingway, Ernest 466
Herriot, Édouard 369
Higson, Michael 464
Himmler, Heinrich 180 471
Hindenburg von, Paul 369
Hirzer, Férénc 377
Hitler, Adolf 15 22 82 90 286 363 369 374 466 502
Hohenzollern di, Federico II, 16 425

Hohenzollern-Sigmaringen di, Michele I 13
Honecker, Erich 351 352
Hope, Bob 96
Hrovatin, Miran 493
Hughes, Langston 145
Hugo, Victor 401
Hussein, Saddam 362 363 436
Hutter, Bella 374

Infelisi, Luciano 223 227
Ingrao, Pietro 149 155
Insalaco, Giuseppe 358
Iotti, Nilde 477, 478
Ippolito, Felice 152
Iseppi, Franco 508

Johnson, Lyndon 145 457
Johnson, Stone 108
Jones, Paula 437

Kappler, Herbert 320
Kassam, Farouk 434
Kaye, Danny 80
Kelly, Grace 78 163
Kennedy, Edward 457 491
Kennedy, John Fitzgerald 113 137-139 145 176 366 368 386 467
Kennedy, Jacqueline 138 139 434
Kennedy, Robert 320 457 567
Kennedy, Ted 467
Kerenskij, Aleksandr Fёdorovič 155
Kesselring, Albert 320
Khomeyni, Ruhollāh Mosavi 280
King, Martin Luther 146 175 176 177 458
Kissinger, Henry 363 366
Klomp, Karen 463
Koch, Robert 164
Kohl, Helmut 445 491
Konkrite, Walter 137 138
Kruscёv, Nikita 113 346 351 478
Kustunica, Vojislav 449 503 504

La Cava, Gregory 80
La Guardia, Fiorello 466
La Licata, Francesco 393
La Malfa, Ugo 269 423
La Pira, Giorgio 124
La Torre, Pio 315
Lajolo, Davide 365
Lama, Luciano 382

Lamartine de, Alphonse 419
Lami, Edgardo 131
Larini, Silvano 401 403
Lauro, Achille 332
Laval, Pierre 15
Lavorini, Ermanno 177 178
Leali, Fausto 348
Lear, Amanda 380
Lee, Gipsy Rose 96 97 380 381
Lee Masters, Edgard 153
Lehár, Franz 434
Lenin (pseudonimo di Vladimir Ilich
    Uljanov) 351
Lenzi, Giuliano 508
Lenzi, Secondo 17-20
Leone, Giovanni 150 328
Leone, Sergio 195
Leoni, Adolfo 30
Lertes, Peter 14
Letizia, Giuseppe 230
Letta, Gianni 421
Lewinsky, Monica 435-437
Lewis, Sinclair 463
Liggio, Luciano 228-234 236 311 389 411
Liguori, Paolo 173
Lilli, Virgilio 8
Lima, Salvatore 388 392 393 398 415
Littizzetto, Luciana 499
Livingstone, David 5
Lo Schiavo, Giuseppe Guido 68
Lodato, Saverio 393
Lollobrigida, Gina 163
Lombardi, Angelo 81
Lombardi, Riccardo 381
London, Jack 5
Longanesi, Leo 423 459 476
Longo, Luigi 212 216 265
Lopez, Donato 158-163
Lopopolo, Sandro 110
Loren, Sophia (pseudonimo di Sofia Sci-
    colone) 83 428 431 481-483
Lorenzon, Guido 183 185
Loretti, Irnerio 132
Lorusso Francesco 247 248
Lucchese, Franco 114
Luccherini, Enrico 195
Luna, Alberto 114
Luttazzi, Daniele 472-473

Macario, Erminio 16 24
MacCharty, Joseph 90

Maes, Tove 38
Maggi, Carlo Maria 179
Maglie, Maria Giovanna 363
Magni, Fiorenzo 30
Magnoni, Pietro Alessandro 300
Malagodi, Giovanni 82
Malaparte, Curzio 8 15 82 475
Malatesta, Errico, 180
Malcolm X 144-147 458
Maldacea, Nicola 24
Malraux, André 369
Mambro, Francesca 289 293
Mancini, Giacomo 383 385
Mangano, Angelo 390
Mann, Thomas 353
Mantovani, Nicoletta 434
Manzi, Giovanni 401
Manzoni, Carlo 238
Marchais, George 491
Marcinkus, Paul Casimir 309-310 499-
    501
Marcoaldi, Franco 116
Marconi, Guglielmo 482
Marcuse, Herbert 174
Marino, Leonardo 218 219 221 222 223
Mariotti, Delio 111
Maroni, Roberto 422
Marotta, Giuseppe 43
Marotta, Maria 126
Marotta, Michele 283
Martelli, Claudio 385 390 397
Martinazzoli, Mino 347
Martini, Simone 419
Marx, Karl 20 213
Mastella, Clemente 223
Mastroianni, Marcello 427-428 430-431
    483
Matarrese, Antonio 380
Mattarella, Piersanti 358 415
Mattei, Enrico 124 126 128 131 135 200
Matteotti, Giacomo 99 202 381
Mattioli, Bruno 223 225
Mazzarella, Carletto 114
Mazzetti, Loris 472 508
Mazzi don, Antonio 441 442
Mazzini, Mina 228
Mazzolari don, Primo 121 442
Mazzoli, Salvo Ricci 114
McHale, William 126
McKay, Claude 144
Meciani, Adolfo 178

Melega, Sibilla 207-211
Meli, Antonino 387 396
Menichelli, Pio 116
Merlin, Angela 50 98-102
Messina, Leonardo 415
Meyer, André 366
Miceli Crimi, Joseph 301 304
Micozzi, Marcello 223
Mieli, Paolo 173
Mila, Massimo 378
Milani don, Lorenzo 174 205 442
Milosevic, Slobodan 449-452 501-504
Milva (pseudonimo di Maria Ilva Biolca-
    ti) 228
Mimun, Clemente 495
Minnelli, Liza 465
Missiroli, Mario 448
Missoni, Ottavio 508
Mitterrand, François 320 335 445
Molander, Gustav 38
Monachesi, Sante 260
Monastero, Frank 340
Mondadori, Arnoldo 64 65
Mondaini, Sandra 36
Monelli, Paolo 8
Monroe, Marilyn 467
Montagna, Ugo 64-68
Montaldo, Giuliano 195 248
Montale, Eugenio 364
Montanari, Ada 32 34
Montanelli, Indro 8 112 203 252 253 267
    382 422-424 475-477 485 494
Monteleone, Maria 499
Montesi, Wilma 64-65 68 327
Monti, Antonio 378
Monti, Attilio 185 200 202 204
Montini, Giovanni Battista (papa Paolo
    VI) 217 266
Montinaro, Antonio 391
Morandi, Giorgio 83
Moravia, Alberto 83 174 209 255 281 364
Moretti, Marino 6
Moretti, Mario 263 264
Moretti, Nanni 469
Moro, Aldo 71 106 111 151 153 155 201
    203 260-266 272 274 446
Moro, Tommaso 338 339
Morucci, Valerio 272 273
Morvillo, Francesca 387 391-392 394
    398-399
Mozart, Wolfgang Amadeus 477

Mozzati, Michele 349
Munerati, Federico 377
Murray, Natalia 467
Musolino, Giuseppe 424
Musso, Francesco 110
Mussolini, Benito 8-9 82 90 94 129 202
    206 237 263 267 291 369 374 423 466-
    467
Muti, Ettore 200
Muto, Silvano 67

Napolitano, Giorgio 223
Nardone, Carmine 159 224 226
Navarra, Michele 228 229 230 231 232
Navarrini, Nuto 24 184
Navarro Valls, Joaquín 434
Negri, Ada 102
Nenni, Pietro 27 64 69 81 94 266 270 329
    381-383
Nietzsche, Friedrich 180 298
Nigro, Daniel 461
Nisticò, Vittorio 134
Nixon, Richard 145 224 255 284 436 457
    473
Norton, Ray 108
Notarnicola, Sante 158 160 163
Novak, Kim 127
Nutrizio, Nino 117 424
Nuvolari, Tazio Giorgio 424
Nuvoletti, Giovanni 372

Oberth, Hermann 14
Onassis, Aristotile 434
Orange Nassau di, Giuliana d'Olanda 13
Orange Nassau di, Guglielmina d'Olan-
    da 13
Orsi, Raimundo 377
Ortelli, Vito 31
Ortolani, Umberto 313
Orwell, George 417
Oxa, Anna 348

Pabst, Georg 25
Pacchetti, Rino 124 132
Pacciani, Pietro 425 427
Pace, Lanfranco 173
Pacelli, Eugenio (papa Pio XII) 87-90
    121 434
Padovani, Lea 16
Paglierini, Luigi 61
Pahlavi, Farah Diba 434

Pajetta, Giancarlo 50 64
Paladini, Riccardo 114
Palmieri, Alessandro 53
Palmieri, Lea 62
Palmisano, Aldo 114
Paone, Remigio 447
Papi, Enzo 403
Pappalardo, Franca 56 58
Paranzani, Lucia 232
Parini, Ermes 238
Park, William 142
Parri, Ferruccio 16 135 492
Pascal, Blaise 129
Pasolini, Pier Paolo 237-238 240 379 507
Pasquariello, Gennaro 24
Pasquinelli, Maria 23
Pasteur, Louis 141 163-164
Paternostro, Sandro 379
Paulas, Margherita 124
Pavarotti, Luciano 434
Pavelic, Ante 15
Pavone, Tommaso 67
Peci, Patrizio 263 264 317-322 328
Peci, Roberto 319 323
Peck, Gregory 64
Pedretti, Dario 289
Pellicciotta, Massimo 402
Perasso, Giovan Battista 456
Pertini, Sandro 266-269 381 491-492
Pesenti, Carlo 500
Pétain, Philippe 15
Petri, Elio 195
Petri, Luigi 201-203
Petrolini, Romeo 24
Petruccioli, Claudio 173
Picasso, Pablo 369
Piccard, Auguste 369
Piccioni, Attilio 64 69 200 202
Piccioni, Piero 64 66
Piccoli, Flaminio 185 330 500
Piccone Stella, Antonio 79
Pierini, Franco 201
Pietrostefani, Giorgio 218 222-223
Pinelli, Giuseppe 188-192 217 219
Pinelli, Lucia 189-191
Pinochet, Augusto 487 491
Piperno, Franco 173
Pirandello, Luigi 8 328 348
Pisapia, Giuliano 456
Pitani, Nino 238
Pitigrilli, Dino Segre 381 393

Pollini, Maurizio 364
Ponti, Carlo 482
Ponzi, Tom 223-226
Powell, Colin 363
Power, Romina 204 348
Powers, Francis Gary 353
Pozzetto, Renato 333
Pozzi, Moana 379-381
Prampolini, Camillo 478
Previti, Cesare 421
Prezzolini, Giuseppe 364 423
Prodi, Romano 331-333 439
Provenzano, Bernardo 228 411
Pulci, Luigi 418
Putinati, Otello 28

Quinn, Danny 348
Quintanilla, Roberto 210
Quisling, Maria 14
Quisling, Vidkun Abrahm Laurents 14

Rabagliati, Alberto 383
Radetzky, Franz 372
Radford, Peter 108
Ramos-Alvarez, Fernando142
Ranuccio, Sigfrido 492
Ranuzzi, Corrado 43 44
Rasputin Grigorij Efimovic 79
Rattazzi, Urbano 375
Ratti, Achille (papa Pio XI) 89
Rauti, Pino 186 187
Ravel, Emilio 329
Ravera, Camilla 268
Raviart, Riccardo 114
Ray, James Earl 176 177
Reagan, Ronald 445 497
Reale, Nicola 158
Reder, Walter 475
Renoir, Rita 95 97
Renzi, Renzo 508
Revel, Jean-François 150
Reverberi, Emilio 105
Reviglio, Franco 331
Ricci, Rolando 224 226-227
Ricciardi, Giuseppe 56 58
Rigoni Stern, Mario 366
Riina, Totò 228 234 345 409-417
Rimbaud, Arthur 240 381
Rimi, Filippo 416
Rimi, Vincenzo 388
Rinaldi, Antonio 240

Ripa di Meana, Carlo 385
Rizzi, Livio 53
Rizzotto, Placido 229-231
Robespierre de, Maximilien 283
Robins, Eva 380
Rocchi, Rolando 332-333
Rockefeller, David 363
Rockefeller, Nelson 346
Rognoni, Giancarlo 179 208
Roll, Vera 24
Rollino, Roberto 114
Roncalli, Angelo Giuseppe
    (papa Giovanni XXIII) 115 118-123
    115 149 490
Roosevelt, Eleanor 457 467
Roosevelt, Franklin Delano 368-369
Rosalba, Mario 17 19-20
Rosati, Alexandra 273
Rosati, Luigi 273
Rosenberg, Alfred 471
Rosenthal, Abe 423-424
Rosi, Francesco 134
Rossi, Emilio 114 321
Rossini, Gioachino 140 468
Rousseau, Jean-Jacques 392
Rovoletto, Adriano 158-161 163
Rubirosa, Porfirio 363
Rudolph, Wilma 110
Rumor, Mariano 47 201
Ruskaja, Jía 8
Russo, Domenico 315
Russo, Franco 173 174

Sabaudi, Giulio 110
Sabin, Albert Bruce 139 140 141 142 143
    462 467
Sacchi, Filippo 494
Salamone, Fabio 424
Salinelli, Mario 311
Salk, Jonas 141-142
Saltini don, Zeno 83-87 115 442
Salvaneschi, Nino 57
Salvini, Guido 301
Salvo, Ignazio 416
Sanna, Ciro 10
Santapaola, Nitto 413
Santi, Ferdinando 382
Santoro, Michele 472 473
Saragat, Giuseppe 111 112 185 205 271
Saroyan, William 466
Sassonia-Coburgo-Gotha di, Boris III 13

Sassonia-Coburgo-Gotha di, Leopoldo
    III 13
Sassonia-Coburgo-Gotha di, Simeone 13
Sauro, Nazario 7
Saviotti, Giampiero 506
Savoia di, Maria José 368 374
Savoia di, Umberto 13 368 374
Savoia di, Vittorio Emanuele III 89 370
Savoia di, Vittorio Emanuele IV 350
Sbrani, Franco 32
Scaglione, Pietro 228 390
Scalfaro, Oscar Luigi 421
Scalzone, Oreste 173
Scelba, Mario 90 112
Schiaffino, Rosanna 163
Schifano, Vito 391
Schillaci, Lanfranco 361
Schillaci, Miriam 359 361
Schoenthal, Inge 207 208
Schubert, Franz 5
Schumann, Robert 69
Schwarzkopf, Herbert Norman 363
Sciascia, Leonardo 417
Scola, Ettore 429
Scott Fitzgerald, Francis 96
Scott King, Coretta 175-176
Scotti, Gerry 380
Scotti, Vincenzo 332
Segala, Renzo 64-65
Segni, Antonio 115 131
Semenza, Edoardo 137
Serani, Luciano 116
Serra, Michele 349
Serri, Marino 105
Setti Carraro, Emanuela 315
Seye, Abu 108
Sgarbi, Vittorio 422
Sguazzi, Patrizio 401
Shabazz, Betty 144
Shumway, Norman 165
Sibilia, Antonio 326
Sindona, Michele 279 296-297 303 305-
    306 320 448-500
Sinesio, Getty 284
Sinesio, Giuseppe 283
Sjöberg, Alf 38
Sodano, Gianpaolo 332-333
Sofri, Adriano 218 221-223
Soleri, Marcello 128
Sorisi, Leoluchina 229 231-232
Sossi, Mario 261 320

Spadolini, Giovanni 329-330
Spagnuolo, Sebastiano 227-228
Spataro, Giuseppe 105
Spencer, Diana 435
Stagno, Tito 116
Stalin, Josif 17 90 112 214 216 281 351 478
Stanley, Henry 5
Starr, Kenneth 437
Steinbeck, John 369 457
Stevens, Harold 350
Stevenson, Adlai Ewing 138
Stiz, Giancarlo 181 183
Strehler, Giorgio 364
Stuparich, Giani 81
Sturzo, Luigi 82 91-94 439

Tagliamonte, Aldo 115
Talamona, Mario 311
Tamaro, Remigio 23
Tambroni, Fernando 105 130 216 225 248
Tarantino, Emilio 114
Taviani, Paolo Emilio 68
Taylor, Robert 509
Telmon, Sergio 238 240
Teodorani Fabbri 371
Terracini, Umberto 267 268
Terranova, Cesare 228
Tescaroli, Luca 499
Thatcher, Margaret 445
Thomas, Everett 166
Thyraud de Vosjoli, Philippe 133
Tito (presudonimo di Josif Broz) 20 22 281 451 453
Togliatti, Marisa 478 479
Togliatti, Palmiro 16 20 50 69 70 81 106 112 213 214 216 268 270 477-480
Tognazzi, Gianmarco 348
Tognazzi, Ugo 82 257
Tolstoj, Lev Nikolaevic 422
Tomaselli, Vincenza 385
Tomasi di Lampedusa, Giuseppe 171
Tomba, Alberto 497
Tondelli, Afro 105
Tonelli, Giancarlo 45
Tony, Piero 425 427
Torrealta, Maurizio 492
Tortora, Enzo 326-328
Toscanini, Arturo 462
Totò (pseudonimo di Antonio De Curtis) 216

Trapé, Livio 110
Tregillus, Sylvia 141
Treves, Claudio 28 267
Trilussa (pseudonimo di Carlo Alberto Salustri) 329
Tripp, Linda 437
Trockij, Lev 112 155 268
Troisi, Massimo 429
Trombini, Romeo 32
Trovajoli, Armando 509
Truman, Harry 17
Tse Tung, Mao 202 259
Turani, Giuseppe 447
Turati, Filippo 28 267 381 382

Ulbricht, Walter 351
Undant, Sigfried 38

Valachi, Joe 340
Valerio, Giorgio 227
Valletta, Vittorio 131 363
Valli, Alida 69
Valpreda, Pietro 180 183 185
Vasari, Giorgio 420
Vassalli, Giuliano 152
Vecchietti, Giorgio 65
Veltroni, Vittorio 79
Veltroni, Walter 438
Venè, Gianfranco 201 204
Ventura, Giovanni 180-188
Verga, Giovanni 171
Vergani, Orio 8 29 494
Verne, Jules 234
Veronesi, Erasmo 49
Verratti, Ciro 108
Vespa, Bruno 441
Viarisio, Enrico 24
Vidal, Gore 465
Viel, Augusto 210
Vigna, Pier Luigi 427
Vignali, Gino 349
Villani, Romilda 482
Viola, Guido 298 306 314
Violante, Luciano 469
Visconti di Modrone, Luchino 429
Vittorini, Elio 171
Viviani, Luciana 49
Volonté, Gian Maria, 195 196 198 200 256
Voltaire (pseudonimo di François-Marie Arouet) 77

Von Braun, Werner 14
Von Trips, Wolfgang 113

Wagner, Richard 213
Washkansky, Louis 164-165
Weber, Carl Maria von 77
West, Mae 82
Wilde, Oscar 178
Wilder, Thornton 420
Williams, Esther 63-64
Windsor di, Carlo 434-435
Wojtyla, Karol (papa Giovanni Paolo II)
     383 485 487 489-491 500
Wollemborg, Leo 153
Wright, Orville 462
Wright, Wilbur 462

Zaccagnini, Benigno 261 265
Zacconi, Giuseppe 178
Zamboni, Anteo 237 238
Zammatti, Carlo 128
Zamparini, Primo 110
Zanazzi, Valeriano 30
Zanelli, Dario 201 206 508
Zangheri, Renato 248
Zanone, Valerio 329
Zapatero, José Luis Rodríguez 485
Zavattini, Cesare 350
Zavoli, Sergio 115 116 124
Zevi, Bruno 174
Zolli, Paolo 346
Zorzi, Delfo 179

Indice

Prefazione di Loris Mazzetti   V

1940   Il mestiere del cronista   5
1945-1949   Il duro ritorno alla vita   11
1950-1959   L'Italia del grande sogno   41
1960-1969   Un popolo di telespettatori   103
1970-1979   La lezione del dolore   193
1980-1989   Un Paese nuovo, non migliore   277
1990-1999   Un sistema allo scoperto   355
2000-2007   Gli anni dell'editto   443

Indice dei nomi   511

Finito di stampare nell'ottobre 2009 presso
il Nuovo Istituto Italiano d'Arti Grafiche - Bergamo

Printed in Italy